정책관리론

민 진

도서출판 대영문화사

머리말

정책이 성공하면 국민을 기쁘게 하고 웃게 하지만, 그것이 실패하면 국민을 괴롭히고 울게 한다. 그런데 정책관리자들은 주인인 국민을 행복하게 할 책무가 있다. 나아가 세계평화를 이룩하는데 기여하여야 한다. 그렇게 하려면 정책관리자는 정책의 오류와 시행착오를 줄이며, 공익(국익)을 증진하고 고객인 국민을 위해 정책의 질(質)을 높여야 한다.

정책은 왜 성공하고 왜 실패하는가? 라는 질문에서 출발하여 이 책을 저술하게 되었다. 저자는 30년 전에 이 주제로 『한국행정학보』에 논문을 게재했었다. 정부가 바뀌고, 국민도 바뀌었으며, 정책환경도 바뀌었지만 정책을 성공시키고자 하는 욕구와 정책이 실패하지 않기를 바라는 마음은 국민, 정부 그리고 전문가 모두 여전하다.

저자는 정책이 학문연구의 대상이면서도 관리의 대상이라는 점에서 길을 찾고자 하였다. 따라서 책의 제목을 『정책관리론』으로 선정하였다. 그런데 저자가 재직중인 대학이 국방대학교라 정책관리를 국방문제에 적용하면서 탐구해 본 것이다.

『정책관리론』은 이런 배경에서 정책의 모든 과정과 단계에 직접 관여하거나 담당하며, 간접적으로 영향을 주고 있는 기구와 집단 그리고 정책행위자들에게 요구되는 정책관리적 지식과 정보를 제공하기 위하여 작성되었다.

이 책은 총 5부로 구성되며 제1부 정책관리의 기초, 제2부 정책행위자, 제3부 정책의 과정, 제4부 정책의 관리, 제5부 정책사례연구로 구분되어 집필되었다. 세부적인 구성 내용은 다음과 같다.

제1부 '정책관리의 기초'에서는 정책관리의 기초와 기본을 이루는 개념을 다루었는데 제1장 '정책관리의 의의와 국방정책', 제2장 '정책의 기반과 환경', 그리고, 제3장 '정책의 가치'를 포함한다. 제2부 '정책행위자'에서는 정책과정 및 정책단계에 참여하거나 영향을 주는 개인, 집단 그리고 기구에 대한 것으로서 제4장 '정책행위자와 국민', 제5장 '공식적 정책행위자', 그리고 제6장 '비공식적 정책행위자'를 포함한다. 제3부 '정책의 과정'에서는 정책관리를 과정이나 단계적으로 구분하여 설명하는 것으로 제7장 '정책의제 형성', 제8장 '정책의 기획과 분석', 제9장 '정책의 결정', 제10장 '정책의 집행', 그리고 제11장 '정책의 평가'를 포함한다. 제4부 '정책의 관리'에서는 정책과정, 정책행위자 이외에 관리적 관심을 끌고 있는 주제 중에서 선별하였는데 그들은 제12장 '정책의 품질관리', 제13장 '정책의 변동과 정책 간 관계', 그리고 제14장 '정책홍보와 공공갈등관리'를 포함한다. 제5부는 '정책사례연구'로서 제15장 '국방정책 사례'를 신설하였으며 여기에 국방·시설관리 정책사례, 베트남전쟁 정책사례, 그리고 국방개혁법 정책사례를 작성하였다.

저자는 이 책을 집필하면서 다음과 같은 점에 유의했다.

첫째, 이 책의 제1의 고객은 현재의 정책관리자이며, 제2의 고객은 정책관리자를 준비하는 사람이다. 따라서 다양한 정책이론의 소개나 논점을 제시는 하지 않았다. 그 대신 저자가 이론을 소화하여 독자들에게 이를 제공하려 했다. 정책이론보다는 정책실천에 관심이 있는 사람에게 더 적합할 것이다.

둘째, 정책관리론은 정책의 유형이나 종류에 관계없이 관리적 측면에서 적용하여 활용할 수 있다. 저자는 가능한 한 일반적 명제들을 발견하고 이를 제시하려 했다. 다만 국방분야의 정책사례를 많이 제시한 점이 다른 저서들과는 다르다. 정책관리의 일반성에 국방정책의 특수성을 가미하였다.

셋째, 저자는 이 책에서 최대한 간결하게 문장을 다듬고 쉬운 용어를 사용하려 했다. 또한 독자들의 이해를 돕기 위해 <참고> 사례를 제공하였으며, 필요한 <도표>를 제공했다.

넷째, 독자들은 2015년에 저자가 대영문화사에서 출판한 『한국정책체계론』으로 이 책이 부족한 부분(정책행위자)을 보완하기 바란다. 물론 정책이론 부분에 대해서는 기존의 정책학 관련 저서와 논문을 참고하기 바란다.

저자가 정책관리에 관심을 갖기 시작한 것은 서울대학교 행정대학원의 석사학위과정을 입학하던 1978년부터이다. 이즈음 국회 입법조사국의 행정사무관으로 근무하였다. 하지만 본격적으로 저술을 준비한 것은 거의 20년 전으로 거슬러 올라간다. 1997년 김경호 님, 진정구 님, 이영대 님 등 학문적 열의와 공무원으로서 기초가 튼튼한 세 사람을 만나 『(가제)정책학개론』의 목차를 설계하면서 본격적인 저술 준비에 들어갔다.

저자가 국방대학원 및 국방대학교 교수로서 <공공정책론>, <정책관리론>을 강의하면서 틈틈이 주제별로 준비한 내용을 수정과 보완작업을 거쳐 이제 발간하게 되었다. 준비기간이 길었기 때문에 전체적 서술체계의 구성, 사용하는 용어의 통일, 문맥과 장절 분량의 조절 등에서 다소 애로를 겪기도 하였다.

이 책을 쓰면서 여러분들의 도움을 받았다. 우선 일반사회의 정수를 가르쳐주신 살레시오고등학교의 장용운 선생님, 국회 입법과정에 대해서 관심을 일깨우신 건국대학교의 한정일 교수님, 정책학 분야에 가르침을 주신 서울대학교 행정대학원의 은사님들께 감사의 마음을 전한다.

정책학 및 관련분야의 동료 교수 및 전문가, 대한민국 정부(국회, 행정부 및 사법부 등)에서 정책관리 업무에 종사하는 공무원, 그리고 정부 외 영역에서 정책에 관심을 갖는 분들에게 정책공동체의 일원으로서 감사드린다.

그리고 저자가 30년 이상 재직한 국방대학교(원)에 감사한다. 국방대에서 수업 중에 안보과정 및 석·박사 학위과정에 재학 중인 공무원 및 장교들과 토론과정이 매우 유익하였다. 또한 국방대 도서관과 국방전자정보체계를 통해 유익한 자료를 활용하였다. 특히 2012년에 1년간 플로리다주립대(FSU)에 방문교수로서 기회를 주어 저서의 집필이 쉬어졌다.

책의 제목을 정하며 체계를 잡고 교정하는 과정에서 김민석 박사, 고영석 박사, 신성균 소령, 지일표 대위 그리고 미국 플로리다주립대에서 수학 중인 딸 나온이 참여하였다. 그리고 최하림 군은 도표를 작성하는 데 도움을 주었다. 이 분들에게 감사한다.

이상진·문영세·부형욱·(故)라기산 교수님을 비롯한 국방대학교 교수님들의 격려가 큰 힘이 되었다. 아내 인경님과 아이들 나온, 지원, 장현 그리고 상원과 함께 출판의 기쁨을 갖고 싶다. 끝으로 전문서적의 출판사정이 여의치 않은 데도 쾌히 이 책을 출판해주신 대영문화사 임춘환 사장님과 편집부 직원님들에게 감사드린다.

2016.5.10.
저자 민 진 씀

차 례

제 2 부 정책행위자

제 5 부 정책사례연구

제 1 부

정책관리의 기초

제 1 장 정책관리의 의의와 국방정책

제 1 절 정책과 정책관리

정책은 매우 다양하게 사용되고 있다. 여기서는 정책은 무엇인가? 정책은 어떤 형태로 존재하는가? 정책의 구성요소는 무엇인가? 정책의 특징과 정책의 관리는 무엇인가 등에 대하여 살펴본다.

1 정책의 의의

1) 정책의 정의

정책은 매우 다양하게 정의되고 있다. 이는 정책을 보는 시각이 학자마다 다를 수 있기 때문이다.[1] 저자는 정책을 '정부 또는 정부기관이 국익 또는 공익을 보호

1) 정책에 대한 정의는 학자들에 따라 정책의 과정적 측면을 강조하는 견해, 정책의 내용적 측면을 강조하는 견해, 정책의 기능적 측면을 강조하는 견해, 정책의 구조적 측면을 강조하는 견해, 포괄적 견해, 그리고 정책의 개념 대신 특성을 강조하는 견해 등으로 구분할 수 있다. 민진, 『정책관리론』(서울: 국방대학원, 1997), pp. 28-31.

하고 증진시키기 위하여 결정한 정부의 활동에 관한 기본적 행동노선'이라고 정의하고자 한다. 다시 말해서 정책이란 '정부의 활동에 관하여 결정한 기본적인 행동노선'이다.

이러한 정책의 정의에도 불구하고 정책의 내용 및 표현 양식은 매우 다양하다. 아래에서는 정책 정의에 따라 정책 개념의 특징을 정부의 결정으로서 정책, 정부의 의사결정으로서 정책, 정부의 기본적인 행동노선으로서 정책으로 구분하여 상세하게 살펴보고자 한다(민진, 1997: 31-34).

2) 정책의 특성

(1) 정책은 '정부(政府)'의 결정이다.

정책은 정부나 정부기관이 내린 결정이다. 여기서 정부나 정부기관은 행정부, 입법부, 사법부는 물론 지방자치단체를 포함한다. 보다 구체적으로 행정수반과 장관, 위원장, 국회의원, 그리고 지방자치단체의 장과 지방의회, 교육감 등이 국가의 의사를 결정한다. 따라서 정책결정의 주체는 정부이며, 결정된 정책은 권위성과 강제성이 있고, 정책결정과정에서는 국익과 공익을 추구한다.

첫째, 정책은 정부(政府)의 의사결정이다. 정책의 주체를 민간기업이나 시민사회단체 등에까지 확대하는 견해도 있으나 본서에서는 정부의 의사결정에 한정한다. 왜냐하면 정책 개념의 외연을 확대하는 것은 논지의 전개를 어렵게 할 뿐만 아니라 혼란을 가중시킬 수 있기 때문이다. 그러나 정부의 의사결정과 개인·시민사회단체·기업 등 비정부의 의사결정에서도 유사점을 발견할 수 있다. 다만 국제연합(United Nations) 같은 국제기관은 여러 나라에 적용될 수 있는 국제적 정책을 결정하는 주체가 된다. 정부는 다른 나라의 정부와 함께 조약을 체결하는 등 공동으로 정책을 결정하기도 한다.

둘째, 정책은 권위성(權威性)을 갖는다. 정부가 내린 공식적인 의사결정은 권위를 갖게 되고 따라서 국민은 물론 외국도 이에 대해 신뢰하고 이에 따라 행동한다. 정책은 합법적이고 공식적인 절차를 밟아 결정되고 집행된다. 이러한 정당한 절차를 거친 정책 중에는 그 내용이 강행(强行)규정인 경우 국내의 외국인도 구속할 수 있는 강제성을 갖는다. 임의(任意)규정인 경우에도 상당한 구속력을 갖는다.

셋째, 정책은 '국익(國益)'과 '공익(公益)'의 달성을 추구한다. 정책은 국가와 국가 간의 관계에 있어서는 국익을 추구하며, 국가 내에서는 국가와 국민과의 관계 또는 지방자치단체와 주민 사이에서 집단 간, 지역 간, 계층 간의 갈등을 해소하고 전체적인 국민의 복지를 향상하거나 공해를 제거하려는 공익을 추구하는 활동이다.

(2) 정책은 정부의 '의사결정(意思決定)'이다.

정책은 정부의 의사를 결정한 것이다. 따라서 정책결정은 의사결정의 속성을 거의 동일하게 갖는다. 의사결정이란 장래의 행동 방향을 모색하고 그에 대한 결단을 내리는 것이다. 의사결정의 결과로서 정책은 다음과 같은 특징을 갖는다.

첫째, 정책은 '문제의 해결 및 예방'과 관련되어 있다. 정책은 정부가 해결해야 할 문제, 그리고 예방해야 할 문제에 대한 의사결정이다. 해결(또는 예방)해야 할 문제의 내용은 각국마다 차이가 있다. 또한 해결해야 할 문제의 수준은 국가적 수준, 부처의 수준, 그리고 지방자치구역의 수준 등으로 구분할 수 있다.

둘째, 정책의 '과정성(過程性)'이다. 정책은 일정한 과정이나 단계를 거쳐 작성된 산물이다. 특히 정부의 의사결정은 제도화된 절차로서 정치적·행정적 절차를 거친다. 이런 절차나 단계를 거치면서 결정된 정책의 내용에 따라서는 집단 간의 이해관계에 영향을 주게 되므로 결정과정에서 집단 간의 이해가 반영된다. 정부의 의사결정은 그 중요도에 따라서 국회나 지방의회라는 결정기구를 활용한다. 따라서 정책은 보통 복잡하고 동태적인 과정을 거친다.

셋째, 정책의 '구조성(構造性)'이다. 대체로 정책은 정책목표와 정책수단이라는 구조로 형성되어 있다. 정책의 목표란 정책이 지향하는 또는 달성해야 할 목표를 뜻하며, 정책의 수단이란 이 목표를 달성하기 위한 조치의 내용, 방법, 자원, 그리고 절차 등을 뜻한다. 정책의 구조성에서는 해결 또는 예방해야 할 정책의 목표와 이를 위한 수단 간의 인과관계를 상정한다. 따라서 정책의 목표만 나열되거나 정책의 수단만 제시된 것은 정책이라고 볼 수 없다.

(3) 정책은 '기본적인 행동노선(行動路線)'이다.

정책은 정부의 여러 가지 활동 중 기본적인 행동노선[2]을 나타낸 것이다.

첫째, 정책은 정부의 '기본적(基本的)'인 의사결정이다. 정책은 정부의 여러 활동 중 가장 근본적이고 기본적인 활동에 관한 의사결정이다. 즉 정책은 미시적인

2) 정정길 교수 등(2012: 47)은 이것을 '기본방침'으로 표현한다.

문제보다는 거시적인 문제에 대한 결정이다. 정책은 정부의 활동 방향과 원칙 등을 결정하는 것이기 때문에 거기에는 사회적 가치가 표현되는 경향이 있다. 실제로 국가의 기본적인 가치나 구성 원리 등은 각국의 헌법(憲法)에 나타나 있다(예 인간의 행복을 추구할 수 있는 권리). 여기서 기본적이라 함은 성문헌법이나 법률에 규정된 가치를 구현하는 정도로 이해하는 것이 바람직하다.

둘째, 정책은 정부의 '행동노선(行動路線)'을 나타낸다. 정책은 정부기관이 따라야 할 행동노선이며 행동방침이다. 정부의 개입과 불개입, 작위와 부작위, 기존 활동의 계속과 중단과 같은 정부의 역할 변경, 그리고 기존 역할의 추가와 삭감 등은 정부정책의 핵심적 행동노선이다. 따라서 정책은 사업계획의 형태로 보완되기도 한다. 정책은 선언적인 의미를 넘어 보다 구체적인 것이므로 정책담당자들에게 활동의 범위와 한계를 설정해준다.

3) 정책의 표현 양식

정책의 표현 양식은 다양하며 법률, 행정규칙, 조례, 조약, 국가계획, 조치 및 제도라는 이름으로 작성되고 선언된다. 이 중 가장 대표적인 정책의 표현 양식은 법률과 조약이다. 이렇게 표현 양식이 다르기 때문에 정책의 특성은 유사점이 많지만 정책과정이나 정책내용에서 차이점도 발견된다. 특히 국가 내와 국가 간, 법령의 수준별, 정책의 종류별로 차이를 보인다. 즉 법령과 조례 등은 국내의 정책에 대한 것이며, 조약은 국가 간의 정책으로서 이들은 서로 많은 차이를 보인다. 법률은 명령 등 행정규칙과 정책의 위계가 상하관계에 있으므로 역시 정책과정에서 많은 차이를 보인다. 그리고 제도나 조치 등도 독특한 특성을 보인다.

참고 **정책의 표현 양식**

- 법률: 국적법, 국민기초생활보장법, 군사기지 및 시설보호법, 국회법, 민사소송법
- 행정규칙: 국적법시행령, 군단사령부령, 국회규칙, 대법원규칙
- 조례: 서울역사박물관 유물수집 및 관리 조례, 논산시 도로점용료 징수 조례
- 조약: 대한민국정부와 가나공화국 정부 간 상수도건설 사업을 위한 대외경제 협력개발 기금차관에 관한 약정
- 국가계획: 경제사회발전5개년계획

• 조치: 8.3 긴급조치, 화폐개혁조치, 전쟁개시선언
• 제도: 교육제도, 대학입시제도, 병역제도, 조세제도, 국민연금제도
• 결의: 국제연합의 코소보 문제에 대한 결의

2 정책의 구성요소

1) 정책의 구성요소의 의의

정책의 구성요소는 정책에 포함되어야 할 내용물을 의미한다. 이런 내용물은 학자에 따라 여러 가지로 제시되나(노화준, 2012), 국내에서는 정책목표, 정책수단, 그리고 정책대상집단이라는 정책의 3대 요소를 많이 따르고 있다(정정길 외, 2012; 권기헌, 2014; 최봉기, 2008).

저자는 정정길 교수가 제안한 3대 구성요소 외에 정책주관기관을 추가하여 제시한다. 정책활동은 정책대상집단 홀로 수행되는 것이 아니라 쌍방적인 것으로서 정책주관기관과 정책대상집단 모두를 고려해야 한다고 보기 때문이다.

앞에서 정책의 개념을 정의하면서 정책의 구조적 측면으로 정책의 목표와 정책의 수단으로 구분하여 소개한 바 있다. 이것은 정책이 갖추어야 할 외형적인 필수조건이다. 정책의 목표와 정책의 수단 간의 관계는 정책의 원인과 결과를 나타낸다. 정책은 정책수단이라는 원인을 통하여 결과적으로 정책목표를 달성하고자 하므로 이들은 인과관계를 갖는다. 이를 저자는 인과관계성(因果關係性, causal relations)이라 부르겠다. 정책의 인과관계성은 정태적이다.

한편 정책대상자나 정책주관기관은 사회적 속성을 드러내면서 그들 간에 상호작용을 하며, 정책의 인과관계와도 교호작용을 한다. 정책은 그것을 관장하는 기관과 대상집단에 의해 인과관계의 내용이 다양하게 변화하고 복잡하게 얽히게 된다. 이들 중 정책주관기관과 정책대상집단의 상호작용은 정책구조의 정태성을 역동적으로 변화하게 하는 주된 요인이다. 따라서 저자는 정책주관기관과 정책대상집단의 관계를 역동관계성(力動關係性, dynamic relations)이라 부르겠다. 정책의 역동관계는 동태적이다. 이들을 다음과 같이 정리할 수 있다.

참고 정책의 구성요소

① 인과관계성: 정책목표와 정책수단
② 역동관계성: 정책주관기관과 정책대상집단

2) 정책의 제 구성 요소

(1) 정책목표

정책목표(policy objective)란 정책을 통해서 달성하려는 미래의 바람직한 상태를 말한다. 환언하면 그것은 정책이 추구하는 미래상이며 희망하는 결과이다. 정책목표는 정책의 제 과정에 영향을 미친다. 즉 정책의 개발과 분석의 방향을 제시하고 집행의 행동지침이 되며 평가의 기준이 된다(김신복, 1982: 39-40).

정책목표는 여러 가지 기준에 따라서 분류할 수 있으나 소극적 목표와 적극적 목표로 구분하는(정정길 외, 2012: 37-42) 것이 유용하다. 목표의 성질이 다르면 목표를 해결하는 수단도 달라지기 때문이다. 여기서 소극적 목표는 치유적 목표라고 하는데 정책목표가 문제가 발생하기 이전의 상태로 돌아가는 것이다. 예컨대 혼잡한 교통난의 해결, 환경파괴의 억제 목표 등이 그것이다. 한편 적극적 목표란 창조적 목표라고 하는데 과거에 경험해보지 않은 새로운 상태를 창조하려는 것으로서 정부가 적극적인 태도를 보이는 경우이다. 예컨대 우주개발정책, 전국민의 주택소유정책, 첨단공업육성정책 등을 들 수 있다.

정책목표들은 서로 충돌하거나 보완적일 수 있으며, 계층을 이루기도 한다. 경제정책의 목표와 복지정책의 목표는 서로 충돌할 때도 있지만 서로 보완적일 때도 있다. 이를 목표의 계층제(hierarchy) 혹은 목표-수단의 연쇄(end-means chain)라 부른다. 상위목표를 달성하기 위해 중간목표는 그것을 달성하기 위한 수단이 되고, 최하위목표는 중간목표를 달성하기 위한 수단이 된다. 예를 들면 복지정책의 목표—노인정책의 목표—노인주택정책의 목표의 연계관계가 그것이다. 이들을 그림으로 나타내면 [그림 1-1]과 같다.

(2) 정책수단

정책수단(policy instrument)이란 정책목표를 달성하기 위하여 정부기관이 사용할 수 있는 각종의 수단이라 할 수 있다. 이를 정책도구라고도 부른다(Howlett, 1991: 2).

정책수단의 종류는 그 분류 기준에 따라 여러 가지를 들 수 있다(유훈, 1992: 142-149). 그 내용을 보면 보조, 규제, 조작, 유인, 능력 부여, 지급보증 등을 들고 있다. Schneider와 Ingram(1950: 514)이 분류한 권한수단, 유인수단, 능력수단, 상징수단, 학습수단 등이 쓸모가 있는 것 같다.

그림 1-1 정책목표의 계층제

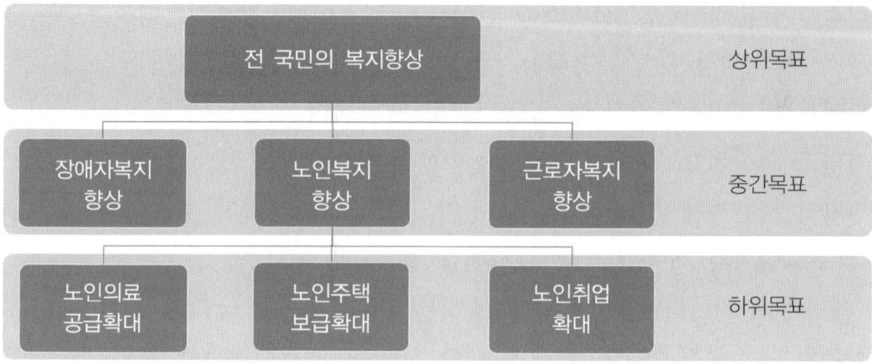

권한수단은 문제해결과 관련한 법적 권한을 의미하고, 유인수단은 대상 집단의 정책에 대한 순응을 유도하기 위한 수단이며, 능력수단은 정책이 요구하는 활동을 할 수 있는 정보, 교육, 자원을 제공할 수 있는 능력을 의미한다. 그리고 상징수단은 정책대상의 신념이나 가치에 의존하는 수단이며, 학습수단은 집행과정에서 학습을 하는 경우의 수단이다.

한편 정책수단은 실질적 정책수단과 실행적 정책수단으로 구분할 수 있다(정정길 외, 2012: 43-46). 실질적 정책수단은 정책의 실질적 내용을 말한다. 따라서 실질적 정책수단은 개별 정책의 내용에 따라서 달라진다. 예를 들면 노인복지정책의 수단으로 노인주택의 보급 증대, 취업의 확대, 의료 공급의 확대 등을 들 수 있다. 앞에서 언급한 바 있는 사업이나 계획사업이 포함된다. 실행적 정책수단은 실질적 정책수단을 실행하기 위한 수단으로 보조적 정책수단이라고도 하는데 조직이나 집행기구, 인력, 자금, 물자, 정보 등의 제 자원을 말한다. 공권력도 여기에 포함한다. 이것은 정책의 종류에 따라 달라진다.

(3) 정책주관기관

정책주관기관은 정책의 제 과정에서 정책을 관장하고 책임을 지는 기관이다. 이것을 정책결정기관, 정책집행기관으로 나눌 수 있고 필요하면 정책평가기관도 추가할 수 있다.

정책결정기관이란 정책목표를 확정하며 정책을 대외적으로 책임진다. 보통 정부 각 부처가 여기에 해당한다. 정책집행기관은 정책을 집행하면서 구체화하고 지시점검하거나 직접 공공서비스를 전달하는 기관이다. 정책집행기관으로는 정부의 청급 이하의 행정관청, 특별행정기관, 지방자치단체의 행정기관 등을 들 수 있다. 공기업과 비영리공공기관 등 공공기관도 포함되며 위임된 범위 안에서 개인이나 사기업도 포함된다. 구체적인 정책집행행위자들은 주로 공무원들이다. 끝으로 정책평가기관은 자체평가기관과 외부평가기관으로 구분하며 후자로는 국무총리 소속 국무조정실과 대통령 소속 감사원을 들 수 있다.

예컨대 우리나라에서 복지정책에 관한 결정기관은 국회의 보건복지위원회와 행정부의 보건복지부이다. 집행에 대한 책임은 보건복지부가 지며 직접서비스를 전달하는 기관으로는 국립의료원, 국민의료관리공단, 지방자치단체의 시군구를 들 수 있다. 끝으로 평가기관은 국무조정실과 감사원을 들 수 있다.

(4) 정책대상집단

정책대상자 또는 정책대상집단은 정책과 관련한 의미있는 공중을 의미한다. 의미있는 공중이란 정책과 직접·간접적으로 관련이 있는 수혜자나 피해자 등을 포함하며 소위 이해관계자(stake-holders)이다.

수혜자, 수혜집단은 정책을 실시함으로써 혜택과 편익을 얻는 사람들이다. 피해자 또는 피해집단은 정책을 실시함으로써 규제를 당하거나 비용을 부담하는 사람들이다. 정책의 대상 집단에는 내국인뿐만 아니라 외국인도 일정한 범위 안에서 포함될 수 있으며 자연인과 법인을 구분하지 않는다. 정책대상자들의 규모와 능력은 정책의 형성과 집행 등에 영향을 미친다.

대부분의 경우 정책의 대상은 사람에 국한되나 때로는 자연도 해당된다. 국토

개발정책에서 토지나 산지와 같은 국토와 자연이 정책대상이 되며, 환경정책에서는 공기 등 자연환경이 환경보호의 대상이 된다.

사람 이외의 정책대상들은 정책주관기관과 상호작용을 할 수 없다고 보이나 자연, 자원, 그리고 환경 등도 사람과의 관계에서 일정한 상호작용을 한다고 본다. 예컨대 노인정책의 정책대상집단은 노인 본인이나 노인을 부양하거나 간호하는 자녀와 요양원들이 관계자라 할 수 있다.

3 정책관리의 의의

1) 정책관리의 의의

국가를 통치하고 운영하기 위해서는 정책이라는 수단을 사용하지 않을 수 없다. 그런데 법률, 조약, 조례, 사업, 그리고 기타 제도 등 정부가 관리해야 할 정책의 수가 급증하고 있으며 그 내용이 매우 다양하므로 관리를 잘못하면 정책은 성공하지 못하고 실패하거나 정책 하나하나가 의도하는 효과가 충분히 발휘되지 않을 가능성이 높아지고 있다. 이로 인해 국민들은 정부에 대해 불만을 갖게 되고, 개인적으로는 행복하지 않으며 국가나 자치단체는 번영하기 어렵게 된다. 따라서 정책은 더 이상 방치의 대상이 될 수 없다. 적극적으로 정부가 관리하고 관심을 가져야 한다.

정책관리(policy management)란 정부의 관리 대상으로서 정책(政策: policy)을 상정하고 이를 효율적으로 기획·운영·평가하는 것으로 전체적이며 체제적인 관리를 의미한다. 즉 정책체제 수준에서 정책의 품질을 관리하는 것이다. 따라서 정책관리는 개별정책 하나하나를 관리하는 것보다는 전체적·종합적 관리, 혹은 과정별·분야별 정책관리를 의미하지만, 정부 활동이 워낙 다양하고 다수이기 때문에 이들을 개별적으로 관리하는 것이 어느 정도 한계가 있으므로 개별정책과 제도 하나하나를 관리 대상으로 하는 것이 유용하다.

개별정책들은 각각 정책의 필요성 때문에 제도화된 것으로 독자적 특성을 가지며, 각각 추구하는 가치를 갖는다. 정책을 관리하는 과정에서 공통적으로 효율성을 추구하지만, 개별정책에 따라서 국민의 행복, 복지증진, 경제성장, 문화창달, 환경보호, 민주성, 형평성, 국가적 자존심, 세계평화와 같은 가치들을 포함하므로 이들을 달성할 수 있도록 하는 것이다.

2) 정책관리자의 의의

정책관리를 누가 할 것인가? 일반적으로는 입법부, 사법부, 행정부, 대통령과 지방자치단체 등을 열거할 수 있지만 이 중에서도 특히 대통령과 행정부가 많은 정책들을 계속적으로 관리해야 할 책임이 있다고 할 수 있으며, 입법부와 사법부는 국가기능 상 주어진 범위 내에서 정책관리자로서 감독과 통제하는 역할이 기대되고 있다.

정부가 전체적으로 정책을 관리해야 하며, 이들은 행정수반(실)로 모아진다. 대통령실이나 국무조정실에서 이들을 총괄적으로 관리한다. 그렇지만 개별정책이나 제도들은 실제로 행정각부와 이를 위임받은 기관에서 담당하게 된다. 각 부·처·청·위원회 등은 정부구조 분화에 따라 각각의 임무를 수행한다. 하나의 정책이나 사업을 하나의 부처, 위원회, 그리고 청에서 담당하며, 그것도 소속 실·국·과에서 전담하여 관리할 수밖에 없다. 예컨대 고위공무원 인사정책은 중앙인사기관(예 인사혁신처)에서, 지식재산권 정책은 특허청에서, 노사문제는 고용노동부에서, 군사문제는 국방부에서, 외교문제는 외교부에서 전담한다. 그런데 2개 이상의 부처나 기관이 함께 관여해야 할 정책이 있다. 이때는 정책의 협력과 공조가 필요하게 된다.

정책을 관리하는 것은 정책의 인과관계구조인 정책의 목표와 정책수단, 역동관계 구조인 정책주관기관과 정책대상집단, 그리고 정책환경의 변화에 대한 대응 등 정부기관이 이들 개별대상은 물론, 그들 간의 연계와 상호작용을 관찰하고 분석하면서 전체적으로 효율을 추구하고 개별가치들을 달성하는 목적지향적 활동이다.

정책관리를 잘하기 위해서는 정책관리자에게 개별정책에 대한 이해는 물론이고 정책체제에 대한 전반적 이해와 관리자로서의 경험 및 능력이 요구된다.

제 2 절 국방과 국방문제

1 국가방위의 의의

보통 국방이라는 말은 본질적으로 '국가의 방위,' '국가를 방위하는 것', '국가가 스스로를 방위하는 것'으로 설명되고 있는데 국가와 방위의 결합어임에는 틀림없다(민진 외, 2015: 2). 그런데 국방이라는 용어는 국가안전보장, 방위, 군사방위 등의 개념과 혼용해서 사용되고 있으므로 이들 간의 개념을 명확히 하여 사용할 필요가 있다. 그런데 국가에 대한 관이 다소 변화하고 있어서 국방의 개념을 규정하는 것이 쉽지는 않다.

국가방위란 국가가 방위력을 가지고 적국의 침략이나 테러집단의 테러를 배제하거나 억지하는 활동을 뜻한다.[3] 여기서는 이들을 방위의 주체, 방위의 객체, 방위의 목적과 목표, 방위의 수단 그리고 방위활동으로 구분하여 차례로 살펴보기로 한다(민진 외, 2015: 6-9).

1) 방위의 주체

누가 국가를 방위하는 행위자인가? 방위(defense)의 주체는 개인, 가정, 기업, 조직, 국가, 국가연합 등 방위대상에 따라 다양하다. 그렇지만 국가방위의 주체는 보통 국가이며, 그것의 실체는 통치권을 행사하는 정부이다(민진 외, 2015: 6).

그런데 국가방위의 주체가 오로지 국가뿐인가에 대해서는 이의가 있다. 대부분 국가만이 국가방위의 주체임에는 틀림없으나 정치단체 역시 국가방위의 주체가 될 수 있다. 예컨대 팔레스타인 해방기구(PLO)는 이스라엘의 침략에 대한 방위의 주체이다.

또한 동맹국이나 집단방위기구가 국가방위의 주체가 될 수 있다. 예컨대 대한민국을 방위하는데 대한민국과 미국이, 일본을 방위하는데 일본과 미국이 상호방

3) 일본의 핫도리 미노루는 국방을 '국가가 그 독립, 안전, 그리고 평화를 확보하기 위하여 침략에 대하여 군사력을 불가결의 요소로 하는 방위력을 가지고 반응하는 활동이다'라고 정의한다. 핫도리 미노루(服部 實), 『防衛學概論』(東京: 原書方, 1980), p. 15.

위조약이나 동맹·우호협정을 통해 방위의 주체가 되고 있다. 영국, 프랑스, 독일 등은 북대서양조약기구(NATO)를 통해서 집단적인 방위를 하고 있다. 한편 국제연합(United Nations: UN)은 국제연합군을 두어 세계의 평화유지를 위해 평화유지군(Peace Keeping Organization: PKO)을 두고 있다.

국가 간 연합세력이 국방의 주체가 될 수 있다. 상설적인 군대는 아니지만 전쟁이 일어났을 때, 혹은 침략행위가 있을 때 국가 간에 연합군을 형성하기도 한다. 예컨대 1991년 걸프전에서 연합군이 결성되어 전쟁을 치루었으며, 2015년에는 예멘과 대립하여 이슬람 연합군이 결성된 바 있다.

그런데 한 국가 내에서 내전이 일어날 경우에는 정부군끼리 전투가 벌어지기도 한다. 아프리카의 리비아 내전에서는 정부군과 반군이 격전을 치루었으며 상당수의 아프리카 지역 국가에서 아직도 내전이 종식되지 않고 있다. 한편 2014년 우크라이나와 러시아간의 분쟁에서는 우크라이나 내부에 러시아를 편드는 저항군이 있었다.

2) 방위의 객체

방위는 침략과 테러에 대한 반응활동이다. 따라서 방위의 객체는 침략과 테러이다. UN은 1967년 12월 18일 '침략의 정의문제특별위원회'를 설치하여 침략을 정의하였는데 침략이란 '어느 국가에 의한 타국의 주권, 영토보전, 또는 정치적 독립에 대해 또는 UN의 목적과 양립하지 않는 다른 방법에 의한 무력의 행사'라고 정의한 바 있다.

한편 핫도리 미노루는 침략이란 '국가 또는 정치단체 등에 의한 군사력의 선제행사'라고 하면서 반란, 내전, 민족해방전선, 혁명과 반혁명 등 간접침략에서 군사력 실태를 나타내는 것도 침략의 정의에 포함시켜야 한다고 하였다(服部 實, 1980: 16).

테러(terror) 혹은 테러리즘(terrorism)이란 "비국가행위자들이 정치적·사회적 목적을 달성하기 위하여 공포를 동반한 정치동기의 불법폭력"(김응수, 2012: 158)이라고 할 수 있다. 테러리즘은 보다 객관적인 범죄의 상태를 강조한 것임에 반해 테러는 주관적인 심리상태로서 극도로 불안한 상태를 지칭한다. 현대의 테러리즘은 초국가성을 띠고 있으며, 최근 가장 대표적인 테러사건은 9·11 테러사태로 이것은 2001년 9월 11일 미국 뉴욕에서 알카에다집단에 의해 세계무역센터가 폭파된 사건이다. 그런데 이 테러사태는 다국적 구조를 띠고 있고, 위협의 강도가 매우 높다.

3) 방위의 목적과 목표

국가방위의 목적이 추상적이라면 국가방위의 목표는 보다 구체적인 것으로 침략과 직결되어 있다(민진 외, 2015: 7). 소극적으로 타국의 침략에 대응하는 것이고 적극적으로는 타국을 침략하기 위한 것이다.

국가방위의 목적은 국가의 독립, 안전, 그리고 평화의 확보이다. 이들을 방위목적의 3요소라 한다. 국가의 독립은 대외주권의 독립성을 의미한다. 국제법에서는 이를 독립권이라 부른다. 국가의 안전이란 침략의 위해가 없는 것, 침략이라는 위해가 닥쳐오지 않는 것과 같은 상태이다. 국가의 평화의 확보란 전쟁, 전쟁기관이나 수단, 그리고 폭력이 없는 상태, 침략을 받지 않은 상태를 의미한다. 국가방위의 목표는 적의 침략을 억지하고 침략을 배제하는 것이다. 침략의 억지란 침략을 할 수 없도록 사전에 억지하는 것인데 반해, 침략의 배제란 적의 침략이 있을 때 이를 배제하는 것이다.

그런데 국가방위의 목표는 대체로 소극적이지만 때로는 적극적인 국가전략의 일환으로 전개되기도 한다. 북한의 선군정치에 따른 군사우선 정책이 그것이다. 북한은 핵무기를 개발하여 체제의 생존과 대외적 정책을 선제적으로 진행시키려 한다.

또한 세계를 지배한 경험이 있는 국가들에서 국방은 군사적으로 타국을 지배하여 중상주의적 정책에 따라 경제적 이익을 확보하기 위한 것으로 드러난다. 로마제국의 유럽 및 아프리카 북부 지역에 대한 침략과 지배, 몽골 제국의 아시아 및 유럽에 대한 침략과 지배, 근대에 들어 유럽 열강들의 아시아, 아메리카, 아프리카 지배를 위해 그들의 군사력을 활용해왔다. 또한 현대에 들어 일본은 동아시아 공영권에 따라 식민지배를 확대하였고, 독일의 나치와 이탈리아의 파시즘 세력은 유럽 지역을 침공하였으며, 공산주의 종주국인 소비에트연합(구 소련)은 동구권 국가를 침략하여 이들을 공산권국가로 편입시켰다.

4) 방위의 수단: 방위력

방위력이란 적의 침략을 억제하고 배제할 수 있는 수단이 되는 능력이라고 할 수 있는데 이 중 전자를 억지력, 후자를 배제력으로 부른다. 억지력이든 배제력이든, 방위력은 군사력을 기본으로 한다(민진 외, 2015: 7-8).

방위력은 국력을 기반으로 한다. 국력이란 국가의 바람직한 목표를 달성하기 위한 국가의 전체적 능력을 의미한다. 국력의 요소에 대해서는 여러 학자들이 제시하고 있는데 그 요소로는 지리, 인구, 자원, 공업과 기술력, 국민의 사기, 군비, 리더십, 정부의 질, 외부조건과 환경 등을 들고 있다.

특히 클라우스 크노르(Klaus Knorr, 1956: 19-28)는 국력을 방위력과 결부시켜 전쟁능력을 언급하면서 전쟁능력이란 필요한 때에 군사력이나 전투력을 증대시킬 수 있는 능력이고 현재 군사력에 대한 잠재군사력을 의미한다고 강조한 바 있다.

요컨대 방위력의 구성요소는 군사력, 민간방위, 인구와 방위의식, 경제력, 정치적 리더십, 그리고 지리 등을 들 수 있다. 여기서 군사력은 현재적인 방위력으로서 그 본질은 전투력이며 지휘, 통신, 인사, 정보, 병참 등의 제 능력으로 조정된다.

5) 방위활동

방위활동은 대외적으로 적의 침략을 사전에 억제하는 억제활동과 사후에 거부하는 거부활동이, 대내적으로는 이런 활동의 전제 요소가 되는 방위력의 조성활동이 주된 구성요소이다(민진 외, 2015: 8).

대외적 억제활동은 정부 수준에서는 단계적으로 동원정책을 세우며 억제를 위한 외교활동을 전개하고, 군사수준에서는 억제를 위한 군사전략을 세우고 집행한다. 예컨대 시위나 전개, 동원편성과 경계, 선전 등을 실시한다. 그런데 핵시대에 들어와서는 억제의 중요성이 더욱 커졌다.

대외적 거부활동은 적의 침략을 받았을 때 초기의 대응활동이며, 이 활동 이후는 전쟁상황과 다를 바 없다. 즉 군사력의 동원을 의미하므로 정부 수준에서는 전쟁의 개시, 침략의 거부를 결정하고 군사 수준에서는 전시체제 편성과 운영, 전시작전과 전투의 개시, 민간 수준에서는 민간자원의 전시자원화로 이행한다.

군사력 조성활동에는 정부 수준의 병력 및 군사력의 증강에 관한 방위정책을 결정하고 군사 수준에서는 장병의 교육훈련, 군사시설 및 무기체계의 설치와 운영을 통하여 평시에 전쟁을 준비하는 방위활동으로 전쟁수행능력을 향상시키는 것이다. 민간 수준에서는 방위경제활동을 실시한다.

2 국방문제

국방정책을 논하기 위해서는 먼저 무엇이 '국방문제(defense problem)'인지를 규명해야 한다. 국방문제는 시대와 국가에 따라 달라질 수 있으나 저자는 다음과 같이 제시한다.

1) 전쟁의 개시와 중지, 종료에 관한 문제

전쟁(war)이란 "상호 대립하는 2개 이상의 국가 또는 이에 준하는 집단이 정치적 목적을 달성하기 위해 군사력을 비롯한 모든 수단을 사용하여 자기의 의지를 상대방에게 강요하는 조직적인 폭력행위이다."(합동참모본부, 2010: 312). 전쟁은 선전포고와 더불어 개시되고 강화조약으로 무력투쟁이 종결될 때까지 계속된다.

전쟁은 국가와 국가 간에 혹은 국가와 준국가단체 간에, 국가와 불특정 테러집단 간에 일어날 수 있다. 전쟁의 개시, 전쟁의 일시 중지(소위 휴전), 그리고 전쟁의 종료 문제는 평상시의 국방문제는 아니지만 국가의 존망과 번영, 평화의 유지와 보존, 국민의 생명과 재산권의 보호에 치명적인 영향을 미친다.

2) 국방력의 활용 및 준비와 관련한 문제

국방문제는 전쟁이 발발할 때, 전투를 수행할 때 적과 아군 간에 물리적 충돌이 일어나게 되며 이때 국방력 특히 군사력을 활용하게 된다. 적과 싸워서 승리하고 적의 공격을 억제하기 위해서는 군사전략, 군구조와 이를 뒷받침할 군사능력이 필요하다.

군사전략(military strategy)이란 국가목표를 달성하기 위해 군사력을 건설하고 운용하는 술과 과학이며, 군구조(military force structure)란 국방 및 군사업무 수행에 관련된 전반적인 군사력의 조직 및 구성체계로서 육군, 해군, 공군이 상호 관련되는 체계이다.

군사능력은 다음의 지표에 의해 평가된다. 전력구조는 방위전략의 구성과 규모를 의미하며, 현대화는 부대, 무기체계 및 장비의 기술적 정교함을 의미하고, 대비태세는 지정된 결과를 획득하기 위한 부대 및 무기체계의 능력을 의미하며, 지속능력은 부대 및 무기체계의 유지 능력을 의미한다(합동참모본부, 2010: 56). 이 밖에 전시나 비상시에 대응하여 군사력의 동원문제가 포함된다.

3) 국방력의 육성과 유지 관리에 관한 문제

전쟁을 수행하기 위해서는 국방력을 양성하여 준비하고 이들을 관리하여야 한다. 전쟁과 전투를 수행하기 위해서는 엄청난 자원이 필요하다. 장병 등 인적 자원은 물론, 무기체계와 장비 등 물적 자원, 그리고 정보자원 등이 요구되는데 막대한 예산과 긴 시간이 요구되는 경우가 허다하다. 국방기획관리제도, 국방중기계획 등은 예산재정 분야의 문제이며, 징병제도, 복무규율, 인사제도 등은 국방력의 육성 및 유지와 관련된 문제이다.

4) 기타 국방활동에 관한 문제

기타 국방활동으로는 군대와 민간사회와의 관계, 군사외교의 문제 등과 위기시의 계엄 등이 포함된다. 군대와 민간사회와의 관계에서는 민군관계에 관한 기본원칙(문민화 등), 대언론관계, 대국회관계 등이 포함된다. 군사외교에는 군사동맹의 결성과 유지 및 강화를 포함하여 국방문제를 해결하기 위한 국가 간의 군사외교가 포함된다.

참고 **정책으로서 「군사기지 및 군사시설 보호법」**

① 개요: 「군사기지 및 군사시설 보호법」은 군사시설을 보호하고 군사작전을 원활하게 하기 위해 제정된 법률 형식의 정책으로 2008.9.22. 제정된 이후 6차 개정을 거쳐 현행법률(제12902호, 2014.12.30. 일부개정)에 이르렀다. 이 법률의 하위법령으로 군사기지 및 군사시설 보호법 시행령 그리고 동 시행규칙이 있다.

② 「군사기지 및 군사시설 보호법」에서의 정책 구성요소

「군사기지 및 군사시설 보호법」의 정책목표는 군사기지 및 군사시설을 보호하고 군사작전을 원활하게 수행하기 위하여 필요한 사항을 규정함으로써 국가안전보장에 이바지하려는 것이다. 이를 위한 정책수단으로 먼저 실질적 정책수단으로는 군사기지, 군사시설, 해군기지, 항공작전기지 등을 군사시설보호구역으로 지정하여 국민들의 행위를 금지 또는 제한하는 것이며, 보호구역은 작전의 중요도에 따라 통제보호구역과 제한보호구역으로 구분된다. 한편 실행적 정책수단으로는 법을 위반할 경우 부담하게 하는 불이익이며, 징역, 벌금 몰수 등이 있다.
정책기관은 국회(국방위원회), 정부(대통령과 주무관청으로서 국방부)를 들 수 있다. 집행단계에서 국방부장관은 합동참모회의 의장의 건의에 따라 보호구역을 해제할 수 있다. 그리고 장관이 결정할 때 국방부 군사기지 및 군사시설 보호심의위원회의의 심의를 거치도록 하였다. 실질적 정책집행은 군부대장(여단장, 해역사령관, 비행단장 등)이 실시한다. 정책대상집단은 군사시설 등이 있는 토지나 시설의 소유자, 이용자 등이 포함된다.

③ 「군사기지 및 군사시설 보호법」의 형식 구조

제1장 총칙: 제1조(목적), 제2조(정의)
제2장 보호구역 등의 지정: (제3조-8조) 지정원칙, 지정권자 등, 지정범위 등
제3장 행위의 제한: (제9-14조) 금지 또는 제한, 장애물 조치, 제한 및 표시, 협의, 업무위탁
제4장 심의위원회 및 관리기본계획 등: (제15조, 제16조)
제5장 토지매수청구 및 손실보상청구: (제17-20조)
제6장 보칙: (제21조-23조) 이의신청, 관리 협조, 외국군사시설에 적용
제7장 벌칙: (제24-25조) 벌칙과 몰수

*자료원: 국가법령정보센터, http://www.law.go.kr/lsStmdInfoP.do?1siSeq=165510(2015-12-10).

제 3 절 국방정책의 의의와 유형

1 국방정책의 의의

1) 국방정책의 정의

윤현근(2002: 30)은 국방정책이란 "한 국가가 외부의 군사적 위협과 침략으로부터 자국을 방위하는 목표를 달성하기 위하여 필요한 군사 및 비군사분야의 포괄적 국방력을 유지·조성하고 운용하기 위한 정부의 활동 및 방침"이라고 정의한다. 민

진(2005: 16)은 국방정책이란 "국방문제의 개입과 관여 및 국방관리에 관련한 정부의 활동에 대한 기본방침"이라고 정의한다. 또한 한용섭(2012: 81-82)은 국방정책이란 "국가의 주권과 영토, 국민의 생명과 재산을 보호하기 위해 국가가 권위적으로 결정한 행동지침"이며 국방정책의 핵심수단은 군사력이라고 한다.

저자는 2005년에 제시한 국방정책의 개념을 바탕으로 하여 국방정책을 "국방문제에 대한 정부의 개입 및 관여, 관리 그리고 관련 활동에 관한 기본방침"이라고 정의한다.

첫째, 국방정책은 국방문제의 개입과 관여, 그리고 국방관리 등에 관한 정책이다. 국방정책은 국방문제에 관한 정책이다. 따라서 국방정책은 '국방'의 범위를 어디까지 보는가에 따라 그 범위가 달라진다. 이미 저자는 국방에 대하여 언급한 바 있다.

둘째, 국방정책은 정부의 다른 정책과 마찬가지로 '정부'의 개입과 관여에 관한 기본방침이다. 여기서 정부는 주로 국방부, 병무청, 방위사업청을 의미하나 방위력의 행사와 관련하여 다른 부처들과 국민의 대표기관으로서 국회, 행정수반인 대통령이 포함된다. 정부가 결정한 것이므로 권위가 보장된다. 하지만 유사국가에서도 국방정책이 있을 수 있다.

셋째, 국방정책은 정부의 기본활동 방침이므로 국방부 등의 국방활동과 관련한 기본이념, 기본원칙, 기본구조, 목표와 수단 등에 관한 것을 포함한다. 국방정책의 하위수준에서 집행정책이나 시행정책이 있을 수 있다.

2) 유사개념과의 관계

국방정책은 안보정책, 군사정책, 군사전략 등의 개념과 차이가 있다.

첫째, 국방정책은 보다 상위정책인 국가안보정책의 하위 수준에 해당한다. 주요 국가안보정책으로는 외교정책, 통일정책, 국방정책, 기타 국가 안위와 관련한 정책을 들 수 있다. 외교정책은 모든 국가 간의 대외관계에 관한 정책으로 외교부나 외무부에서 관장한다. 통일정책은 대한민국과 같은 분단국가에만 있는 정책으로 국가와 민족의 통일문제를 전담하며 우리나라에서는 통일부가 관장한다. 기타 안보문제로는 국토의 변경과 획득 등에 관한 정책이 있다. 둘째, 국방정책은 국방과 관련하여 군사정책과 비군사정책을 포괄하므로 국방정책이 군사정책보다는 상위의 개념이다. 군사정책이 군사력의 육성과 활용에 관한 것이라면, 비군사정책은 군사정책 이외의 국방정책으로서 예컨대 민간방위나 방위산업육성 등을 들 수 있다. 민간방위는 지방자치와 관련된 부서에서 관장하는 것이 일반적이며 내무부나 행정자치부 등에서 관장하여 왔다.

셋째, 국방정책은 군사전략과는 다르다. 군사전략이 전쟁과 전투에 대한 방법, 즉 군사력의 활용에 초점을 둔다면 국방정책은 군사력의 육성에 보다 초점을 두며, 전쟁은 물론 평화에 대해서도 관심을 둔다.

2 국방정책의 특성

국방정책이 다른 국가 정책과의 관계에서 어떤 특성이 있는가를 살펴보면 국방정책을 보다 정확하게 이해할 수 있다. 여기서는 국방정책이 가진 상대적 특성을 발굴하여 정리한다.[4] 이들로는 타 부처와의 연계성, 평시 및 전시의 중요성, 높은 순수공공성과 자원관리성, 국외적 특성과 국내적 특성의 공존, 전쟁 승패의 중요성 등을 들 수 있다.

1) 타 정부부처 연계성

국방부는 국방과 관련하여 다양한 문제를 다루게 되는데 이 때문에 정부 또는 행정부내 대부분의 타 부처와 관련이 있게 된다. 예컨대 군의 사법문제는 사법부 및 경찰청, 검찰청(법무부)과 관련이 있다. 군사외교는 외교부와, 방위산업은 산업통상자원부와, 통신은 방송통신위원회와, 국방대학교 및 사관학교 교육 등 군사교육은 교육부와, 군인복지와 군대 의료문제는 보건복지부와, 여군 문제는 여성가족부와, 부대이전 등은 국토교통부와, 군대 기상문제는 기상청과, 군인 정부포상은 인사혁신처와, 군부대 증설 문제는 행정자치부와, 국방예산은 기획재정부와 관련

4) 한용섭은 국방정책과 다른 정책을 비교하면서 유사점과 차이점을 제시한다. 유사점으로는 권위적인 행동방침, 공공재, 추출정책, 배분정책을 들고 있으며, 차이점으로는 국가의 존망의 문제를 다룸, 국제수준의 정책, 전략을 다룸, 정책결과의 측정이 곤란, 중장기적인 정책, 고도의 비밀성 요구, 강제적 성격이 강함 등을 들고 있다. 한용섭, 『국방정책론』(서울: 박영사, 2012), pp. 82-86.

이 있다. 따라서 국방부 혼자서 풀 수 있는 문제도 있지만 상당수의 경우 타 부처와 함께 풀어야 할 정책문제들이 많다.

2) 평시와 함께 위기 및 전시의 중요성

국방정책은 평시는 물론이고 오히려 전시(戰時)를 함께 고려해야 하는 정책분야이다. 대부분의 다른 부처는 평시의 공공서비스 제공이 중심이 되나 국방정책은 평시는 물론이거니와 전시의 국방문제를 해결하는 데 큰 비중을 둔다. 전쟁을 기준으로 할 때 국방정책은 평시의 국방정책, 전시에 대비한 국방정책, 전시의 국방정책, 그리고 전쟁종료 후 국방정책 등으로 구분할 수 있다. 국방정책은 평시에는 군사력의 양성·육성·관리에 중점을 두고, 전시를 준비하기 위해서는 교육훈련과 동원 문제에 중점을 두며(예 충무계획 등), 전시 및 위기시에는 군사전략과 작전계획에 따른 전투수행에 중점을 둔다. 위기시에는 계엄을 결정해야 한다.

3) 높은 순수공공성

국방서비스는 높은 순수공공성을 띤다. 즉 국방 문제는 국가의 존망에 직접적으로 관련이 있는 것으로 국가 전체의 관심을 받는다. 따라서 대부분의 나라는 군대를 두어 업무를 직접 담당하게 하며, 국방부 등에서 관련 정책을 관리하게 한다. 국방서비스의 이익은 국민 개개인별로 쪼개기 어렵다. 즉 국방서비스는 사회적 집합성이 높아서 공공성이 매우 높다. 따라서 정부는 군대에게 방위업무를 독점적으로 수행하게 하며 다른 기구나 행위자에게 위임하지 않는다. 이에 따라 정부는 국방문제를 수행하면서 강제성을 갖는다. 즉 군대는 법적으로 공권력을 부여받은 무력집단이다. 한편 타 부처들은 해당 분야의 정책만 결정하고 집행이나 실시, 그리고 서비스의 전달은 민간 부문과 함께 협력하거나 민영화하여 시행한다.

4) 높은 자원관리성

국방서비스를 수행하는 데는 많은 자원이 필요하다. 즉 국방기관은 병력, 시설과 장비 물자 등 관리 대상 자원이 막대하여 높은 자원관리성을 지닌다. 따라서 정책수단으로서 자원에 대한 정책관리가 중요한 국방정책의 내용이 된다.

정부 내에서는 정부의 조직, 인력, 예산, 물자, 정보를 정책적으로 관리하는 인사혁신처, 행정자치부, 기획재정부, 조달청, 그리고 국가정보원 등 정부 수준의 부처가 있다. 한편 국방부와 더불어 높은 자원관리성을 띠는 부처는 경찰청, 교육부, 국토교통부 등이다. 경찰청은 많은 경찰들과 장비를 관리하고 있으며, 교육부는 국·공·사립의 다양한 종류의 학교와 교원, 교육시설을 정책적으로 관리하는 한편, 국토교통부는 항만, 하천, 도로, 기타 국가 시설을 정책적으로 관리한다.

5) 국외적 특성과 국내적 특성의 공존

국방정책은 국외적 특성과 국내적 특성이 공존하는 정책영역이다. 전쟁을 수행하는 과정에서는 적국과 상대국의 위협이 존재하며, 특정 국가는 외부의 군사적·비군사적 위협에 대한 인식에서 출발하여 군사전략을 수립하는 한편, 군사력을 건설하고 유지한다.

하지만 군사적 능력을 육성할 때는 국내의 능력과 상황에 의존하게 된다. 국내의 인구, 재정력, 경제적 상황, 정치적 상황 등에 크게 영향을 받는다. 또한 군사력을 유지하는 과정에서 국민, 지방자치단체, 시민사회단체(NGO), 그리고 이익집단 등과 부딪히게 된다.

특히 국외적 특성이 농후한 부처나 정책은 외교부, 통일부, 국방부, 영토부, 그리고 통상 관련부서이다. 나머지 부문의 정책부서들은 국내적 특성이 더욱 강력한 영향요인이 된다.

6) 승패와 높은 경쟁

다른 정책 영역이 정책집행결과에 대해 경쟁상대나 국가 간 공존의 가능성이 많고 상생의 가능성이 많은 반면, 국방정책의 결과는 공존보다는 지나친 경쟁과 투쟁의 상황을 전제로 한다. 국방정책의 성공과 실패는 결과적으로 전쟁에서 승리하거나, 전쟁을 억제하며, 전투 없이 국가적 이익을 달성하는 것으로 측정한다. 국방정책은 국가 간의 전쟁과 특히 관련이 있으므로 국가의 존망 그리고 첨예한 국익의 충돌과 같은 상황에 부딪치게 되며, 승패가 관건이다. 이 과정에서 전략과 전술의 노출은 패배로 가는 지름길이다. 따라서 국방정책, 특히 무기체계 등의 획득정책에서 정보관리는 고도의 비밀성이 요구된다. 또한 전쟁 및 전투 상황은 다른 어떤 경우보다 불확실성이 높다.

3 국방정책의 유형

1) 정책유형 분류의 의의

정책이라는 용어가 사용되고 있다고 해서 모든 정책이 동일한 모습과 성질을 갖는 것은 아니다. 정책은 다양한 형태로 존재하고 있을 뿐만 아니라 정책마다 독특한 속성을 갖기 마련이다. 정책의 유형을 분류함으로써 정책에 대한 보다 정확한 이해, 설명과 예측이 가능하다.

정책연구자들은 정책이 정책결정자나 참여자, 정책결정기구, 정책결정환경에 의해서 영향을 받는 산물로서 인식하여왔다. 즉 정책은 종속변수로서 다루어져 왔다. 그런데 정책의 유형을 분류함으로써 정책 자체가 정책의 결정과 집행과정에 영향을 주는 독립변수로서 역할을 수행한다는 것이 주장되고 있다.

이러한 점에 착안하여 여러 학자들이 정책의 유형을 제시하고 있다. 국방정책의 유형은 일반적인 정책의 유형에 따라 분류될 수 있다. 그런데 일반 정책의 유형은 정부의 모든 정책을 대상으로 한 것이기 때문에 국방정책에 국한하여 유형을 분류할 경우 적용가능성을 따져 본 후 제시하여야 한다.

정책의 유형을 분류할 때는 분류의 목적에 따라서 분류하되 유형분류의 일반적 기준인 배타성과 포괄성을 충족시켜야 한다. 즉 분류된 유형들끼리 상호 중복되어서는 안 되며 유형에서 제외된 것들이 없어야 한다.

2) 국방정책의 유형 분류

(1) 기능별 분류와 지역별 분류

기능별 분류는 정책의 유형을 분류하는 가장 전통적인 방법으로 국방의 영역에 있어서도 적용할 수 있는데 국방교육정책, 국방외교정책, 국방산업정책, 병역 및 동원정책, 그리고 국방관리정책 등이다.

지역별 분류는 국가를 경계로 하여 국내정책과 국외정책으로 구분할 수 있다. 국내정책(domestic policy)은 정책의 영향이 국내에 한정되는 정책으로 강력한 공권력을 바탕으로 하므로 실행력이 높다. 한편 국외정책(foreign policy)은 정책의 내용이 외국, 외국인에 대한 것이거나 외국 또는 국제기구와 함께 정책을 결정하는 경우를 말하며 한미동맹이나 군사외교에 관련된 것들이 여기에 포함된다.

(2) 체제별 분류

체제별 분류는 정책유형을 체제이론에 따라 체제투입정책, 체제전환정책, 그리고 체제산출정책으로 구분한다. 체제투입정책은 다시 추출정책과 지지확보정책으로 구분된다. 국방정책에서 추출정책의 대표적인 예는 병역정책이다. 이는 국민 개개인에게 많은 제약과 희생을 요구하는 것으로 강제성을 띤다. 지지확보정책은 국민들의 지지와 순응을 확보하기 위한 활동으로 비강제적인 성질을 갖는다. 지지확보정책은 일반적인 국방정책의 홍보와 상징을 사용하여 국민으로부터 지지를 획득하는 것으로 '국군의 날' 행사 등이 그것이다.

체제전환정책은 국방영역에서 투입과 산출활동을 위한 국방부 등 국방조직 내부의 관리활동과 조직활동이다. 구성정책(constitution policy)은 국방부 등 국방조직의 역할과 기능의 변동에 관한 정책으로 국방관련 기구의 설립・변경・폐지 등에 관한 결정이다. 관리정책(management policy)은 국방조직의 관리에 관한 정책으로 국방계획, 국방예산, 국방인사 및 인력, 국방시설, 국방정보관리 등에 관한 정책을 포함한다.

체제산출정책은 국방정책체제가 국가와 국민을 위해 직접 만들어낸 산출과 관련한 정책으로 대부분의 정책분류는 여기에 맞춘다. 체제산출정책으로는 규제정책과 분배정책으로 구분할 수 있다. 규제정책은 정부(국방부 등)가 국민 개인의 행동에 대하여 제한과 통제를 가하는 정책으로 군사시설을 보호하기 위해 국민의 재산권 사용을 제한하는 것을 들 수 있다. 분배정책은 국민의 특정부문이나 전체 국민에 대한 재화와 서비스의 공급에 관련된 것으로 방위산업에 대한 진흥정책, 국가보훈대상자에 대한 지원정책 등이 여기에 해당한다.

제 2 장 정책의 기반과 환경

제 1 절 국가와 헌법체제

정책이 있는 곳에 국가와 정부가 있다. 국가와 정부는 정책의 출발이다. 정부는 헌법에 기초하여 국가를 통치하며 국정을 운영한다. 각국의 헌법에서는 국가의 권력구조는 물론이고 정치체제(정부형태)와 경제체제를 규정하고 있는데 이들은 정책과정을 지배한다.

1 국가와 정부

1) 국가의 의의

국가란 매우 다의적인 개념이며 연구자의 입장에 따라 그 개념도 각양각색이나 일반적으로 국가란 '일정한 지역을 지배하는 최고권력에 의하여 결합된 인류의 집단'이라고 할 수 있다.

정치학자들은 국가를 정치적 공동체나 사회의 포괄적 정치조직으로 파악하기도 한다. 법학에서는 국가를 규범질서로 보는데 특히 국제법에서는 국제법상의 의무와 권리의 주체로 본다. 사회학에서는 국가를 개인의 총화를 초월한 특수한 실체로 보지 아니하고 개개인의 관계나 활동이 있을 때만 인정한다.

국방정책에서 국가는 정치적·법적 의미로서 파악하는 것이 타당하므로 다음에서는 국가의 구성요소와 국가와 정부의 관계를 간단히 살펴본다.

2) 국가의 구성요소

국가의 구성요소에 대해서는 대체로 영역, 국민 그리고 주권(혹은 통치권)을 들고 있다(민진 외, 2015; 김영수, 2014).

(1) 영 역

국가는 일정한 공간적 범위의 존재를 그 기초로 하고 있는데, 이 공간적 범위를 영역(領域, territory)이라 한다. 영역은 영토, 영해, 그리고 영공으로 구성된다. 영토(領土)는 육지를 나타내는 것이며, 영해(領海)는 영토의 연안에 따른 일정한 범위의 해역을 말하고, 영공(領空)은 영토와 영해의 상공을 말하며 상한선은 없다. 따라서 영역에서는 영토가 중심이 되며 영토 없는 영역은 생각할 수 없다. 역사적으로 영토가 영역 문제의 핵심이었다.

영역이란 국가가 그 임무를 수행하기 위하여 배타적 권력을 유효하게 행사하는 공간이다. 따라서 영역(특히 영토)은 국가권력의 기초가 되며 동시에 국가와 국민 사이를 이어주는 중요한 요소이다. 영토가 없는 유목민 집단은 국제법상 국가가 아니며, 국가가 영토를 빼앗기면 국가는 소멸하고 만다. 이러한 영토의 중요성 때문에 각국은 영토의 보존과 국토의 통일에 가장 먼저 국가 존재를 두게 된다.

영토는 그 안의 사람들에게 평안과 먹거리를 제공하고, 국민을 결속시키는 상징적 역할을 하며, 그 영토 위에 자리 잡은 정치체제를 작동시키는 공간적 기초가 된다. 국가가 영토를 확장하고자 하는 이유는 생활공간을 더 많이 확장하고, 힘의 의지나 국가의 위신을 내보이며, 자신의 안보에 대한 위험을 사전에 방지하려는 데 있다. 이런 영토 확장 욕망이 전쟁을 야기한다.

(2) 국 민

국가는 국민을 구성요소로 한다. 국민이란 국가의 인적 요소 또는 항구적 소속원으로써 국가의 통치권에 복종할 의무를 지닌 개개인의 전체 집합을 의미하기도 한다.

국민이 되는 자격을 국적이라고 하며 그 획득과 손실은 국내법이 정하는 것이 원칙이나 국제조약에서 정하기도 한다. 외국의 국적을 가진 사람을 외국인이라 하고, 아무런 국적이 없는 사람을 무국적자라 한다.

국민의 구성은 민족 간, 인종 간, 성별, 언어별 및 종교별로 구분될 수 있는데 이들이 국가의 형성, 소멸, 그리고 변경에 영향을 미치기도 한다. 단일민족국가가 다수민족국가나 복합민족국가보다 국민적 동질성이 높으며, 종교간 대립이 국가 간 전쟁이나 국내의 내란 및 내전을 야기했던 것은 이들을 입증한다.

(3) 주 권

영토와 국민만으로는 국가로서 성립할 수 없으며, 이들에 추가하여 주권이 있어야 비로소 국가가 된다. 주권은 대외적으로 독립적이며 대내적으로 최고인 국가권력이다. 국가는 다른 국가에 종속되지 아니하며, 헌법에 따라 자유롭게 정부구조나 정치체제를 선택할 수 있다.

주권은 때로는 국가목적을 달성하기 위한 현실적인 권력인 통치권과 같은 의미로 사용할 때가 있다. 통치권은 형식적으로 국가기관으로서의 국민, 입법권, 행정권, 그리고 사법권으로 나누어진다.

2) 국가와 정부

(1) 정부의 의의

국가는 일정한 통치기구를 매개로 하여 일정한 영토 내의 국민을 지배하게 되는데 이 통치기구가 바로 정부이다. 그런데 일상생활에서 사용하는 '정부'라는 용어는 때로는 국가와 같이 입법부, 사법부, 그리고 행정부를 포함하는 넓은 의미로 사용되기도 하고, 때로는 행정부만을 지칭하는 좁은 의미로 사용되기도 하며, 매우 좁게는 공무원집단을 의미하기도 한다.

(2) 국가와 정부의 관계[1)]

로크(J. Locke)는 국가와 정부를 비교하면서 국가는 사회계약에 의하여 권위를

1) 국가와 정부에 대해서는 민진, 『행정학의 이해』(서울: 대명출판사, 2006) 주로 참조.

행사하지만 정부는 국민의 신탁에 의해 권위를 행사한다고 한다. 국가는 영속적이지만 정부는 일시적이며, 국가는 정부를 포괄하고 정부는 부분적이다. 국가는 정부를 통해서 통치하지만 정부의 근원은 국가이다.

국가와 정부는 서로 밀접한 관계가 있지만 동일시될 수는 없다. 정부에 대한 지지는 국가에 대한 지지로 이어지지만, 정부에 대한 저항이 꼭 국가에 대한 저항은 아니다. 이것은 식민지에서 국민들의 정부에 대한 저항에서 쉽게 추론할 수 있다(민진, 2006: 34).

국가의 형태는 다양하다. 이들을 정치체제 또는 경제체제로서 구분하기도 한다. 정치체제로는 왕국과 공화국, 연방국가와 단일국가가, 경제체제로는 자본주의체제와 공산주의체제가 가장 대표적인 예이다. 최근에는 유럽연합(European Union: EU) 등 국가연합이 등장하여 국가와 정부의 관계를 더욱 복잡하게 하고 있다.

2 헌법과 정치경제체제

1) 정부형태의 분류 1: 전제정체와 입헌정체

정부형태는 정책체계의 기반이다. 정부의 형태는 여러 가지로 분류되고 있는데 이들은 국가의 정책결정에 지대한 영향을 미친다. 정부의 형태(政體)에 대해서는 여러 가지 유형이 제시되고 있는데 헌법학자인 김철수 교수의 견해를 주로 소개한다.

전제정체와 입헌정체로 구분한다. 전제정체(專制政體)란 국가권력이 어떤 제한 없이 1인, 1정당, 1계급에 의해 행사되는 것을 말한다. 전제정체에는 인민공화국과 신대통령제가 있다. 입헌정체(立憲政體)란 국가권력의 행사가 제한되는 제한정체의 하나로 헌법에 의해 그것이 제한된다. 입헌정체에는 직접민주제, 의원내각제, 대통령제, 그리고 2원정부제가 있다(김철수, 2000).

인민공화국은 옛 소비에트연방공화국, 조선사회주의인민공화국, 중화인민공화국 등 일부 사회주의국가에서 볼 수 있는 정치체제이며 1당(공산당) 혹은 1계급(근로자계급)에 권력이 놓여있다. 신대통령제는 행정수반이 다른 모든 국가기관보다

우월한 지위에서 권력을 행사할 수 있는 정치체제이다. 우리나라의 제4공화국 유신헌법하의 정치체제가 그 예이다.

한편 직접민주제는 국민이 직접 입법 및 국가작용에 참가하는 형태의 정치체제인데 국민투표제는 이것의 한 수단이다.

우리나라는 현재 입헌정체로서 내각책임제적 요소를 가미한 대통령중심제를 통치체제로 운영하고 있다.

2) 정부형태의 분류 2: 입법부와 행정부의 관계

현대국가의 정부는 보통 입법부, 사법부 및 행정부를 두어 정부의 권력을 기능적으로 분장시키고 권력행사를 할 때 상호간에 견제와 균형을 도모하게 한다. 즉 입법부는 법령제정권을, 행정부는 법령집행권을, 그리고 사법부는 법령심사권을 갖는다. 이들 통치기관 중 입법부와 행정부의 관계에 따라서 대통령제 정부와 의회제 정부 등으로 구분한다(김영국 외, 1988: 120－128). 여기서는 정부형태의 전형을 중심으로 소개한다.

의원내각제는 국회(parliament)와 행정부가 동등한 비중을 가져 상호간 의존관계에 있는 정치체제이다. 의원내각제는 행정부의 존재가 입법부로부터 발생하며 입법부와 연관되어 있고 입법부에 대해 책임을 진다. 영국과 독일 등 서유럽의 대부분의 국가를 포함하여 일본, 이스라엘, 호주, 뉴질랜드, 인도 등에서 의원내각제를 채택하여 운영하고 있다. 의원내각제의 특징은 내각은 입법부에 의해 구성되며 그에게 책임을 진다. 내각은 연대적으로 책임을 지며 임기만료 전 내각을 해산시킬 수 있다. 일반적으로 내각을 구성하는 각료는 의원에 한정한다.

대통령제는 정부와 국회(congress)가 서로 독립된 채로 분리되어 있는 권력분립적 정부형태이다. 정부와 의회가 국민으로부터 개별적으로 권력을 위임받아 성립되며 또 국민에 대해 개별적으로 책임을 진다. 대통령제 정부형태의 전형은 미국식 대통령제이며, 중남미 국가의 대부분과 아시아와 중동의 일부 국가에 의해 채택되고 있다. 대통령제 정부형태의 특색은 대통령이 국가원수와 정부수반을 겸하며, 입법부와 행정부는 서로 독립되어 있고, 내각은 대통령에게만 책임이 있으며, 행정수반의 임기는 보장된다.

2원정부제란 대통령제적 요소와 의원내각제적 요소를 가지고 있는 정치체제로서 대통령과 수상에게 권한이 분배된 통치구조이다. 이를 혼합형이라고도 하는데 요소의 절충 형태는 매우 다양하다. 이 제도를 채택한 국가는 프랑스(제5공화국)를 비롯해서 포르투갈, 오스트리아, 핀란드, 우리나라의 1·3·6공화국을 들 수 있다.

집단합의제 정부는 대통령제정부나 의회제정부가 아닌 별개의 집단적 합의제 정부를 말한다. 이 제도를 채택하고 있는 나라는 스위스이다. 스위스는 연방협의회에 의하여 정부를 관리하며 대통령은 윤번제로 맡는다.

3) 정부형태의 분류 3: 단일정부와 연방정부

정부형태는 중앙정부(연방정부)와 지방정부 혹은 지방자치단체 간에 통치권력의 분할 정도에 따라 단일정부제와 연방정부제 혹은 단일국가와 연방국가로 구분할 수 있다(신명순, 1999; 김계동 외 공역, 2007).

단일정부제(unitary system)는 국가의 주권과 권력이 중앙정부에 집중되어 있다. 중앙정부는 그 구성단위(예컨대 지방자치단체)에 일정한 권한을 위임할 수 있지만 박탈할 수 있다. 프랑스, 일본, 한국, 타이완 등 대부분의 국가는 단일정부 형태의 정부를 갖는다.

연방정부제(federal system)는 중앙정부와 지방정부에 각각 실질적인 통치권한을 분할시키는 제도이다. 따라서 두 정부는 각각의 기관을 통하여 권력을 행사한다. 미국, 캐나다, 스위스, 독일, 멕시코, 오스트레일리아, 러시아, 인도네시아 등은 연방제도를 선택하고 있다.

단일정부제이면서도 자치구역을 인정하는 경우가 있다. 중화민국은 내몽고자치구, 신장자치구, 티베트자치구 등에 어느 정도 자치를 허용하고 있다.

4) 경제체제의 분류

경제문제를 풀어가는 방식이나 제도를 경제체제라고 한다. 이 지구상에는 원시시대부터 현대에 이르기까지 다양한 경제체제가 있었으나 크게 전통경제, 자본주의경제, 사회주의경제로 크게 나눌 수 있다(김대식·노영기·안국신, 2006: 13-16). 여기서는 자본주의경제와 사회주의경제를 중심으로 설명한다.

자본주의경제란 사유재산제도와 경제적 자유를 두 축으로 하여 개별경제 주체가 자기 책임 하에 자기 이익을 추구하는 가운데 시장에서 기본적인 경제문제들이

해결되도록 하는 경제체제이다. 대한민국, 미국, 영국, 스웨덴 등 대부분의 나라에서 채택하고 있는 경제체제이다. 사유재산제도란 한 사회의 자본과 토지 등 생산수단을 대부분 개인이 소유하고 소유자가 생산수단을 자유롭게 사용하고 처분할 수 있는 제도를 의미한다. 자유시장경제는 개별경제주체들이 자유롭게 생산·교환·소비활동을 하며 자유경쟁이 특색이다. 자본주의의 폐해는 독점과 소득분배의 불공평 등이다.

사회주의경제의 기본특징은 생산수단의 국유화와 중앙계획이다. 생산수단을 개인이 소유하는 것이 아니라 국가가 소유하고 생산·분배·소비가 국가의 계획에 의해 이루어지는 경제체제가 사회주의경제체제이다. 마르크스(K. Marx)와 엥겔스(F. Engels) 등이 주도한 공산주의경제이론에 바탕을 두었으며, 북한, 구소련, 과거의 중화인민공화국, 베트남에서 채택하고 있는 경제체제이다. 사회주의의 폐해는 경제적 행위의 이윤동기가 저하되고, 경제성장이 더디다는 것이다. 대부분의 나라에서는 이런 자본주의와 사회주의의 순수한 형태에서 벗어나 다양한 형태의 경제체제를 채택하고 있다.

우리나라의 경제체제는 원칙적으로 혼합자본주의 경제체제를 띠고 있지만 부분적으로는 자본주의경제체제이기도 하다.

제 2 절 국가능력과 정부능력

1 국가능력의 의의와 종류

1) 국력의 의의

정책은 특정 국가의 정부가 권위적으로 결정한 정부의 기본방침이다. 정책을 결정하고 집행하는 과정에서 정책의 정당성과 실효성을 확보하려면 국력의 뒷받침을 받아야 한다. 국방정책은 특히 국내는 물론이고 국제적 관계에서 일어나는 국방문제를 다루어야 하므로 국력에 근거를 두어야 한다.

국력은 국제정치학에서 개념이 정의되고 현실외교관계에 적용되었으며, 그 후 국가론과 국가경쟁력(정부경쟁력) 등을 다루면서 개념이 다양하게 변화되고 있다. 따라서 '국력'을 정의하면서 그 범위를 한정할 필요가 제기된다.

국제정치학에서 국력(nation power)이란 '타국에 영향력을 행사할 수 있는, 혹은 타국을 통제할 수 있는 능력을 만들어내는 원천'을 의미한다(Rothgeb, Jr., 1993: 21). 따라서 현재적이라기보다는 잠재적인 특성을 갖는다. 즉 잠재적 국력(power potential)이란 한 국가가 자신의 의지를 다른 국가에 영향을 주는데 필요하다고 보는 국가에 의해서 보유하고 있는 능력이나 자원으로 본다(Kegley, Jr. & Blanton, 2010: 424).

한편 국가론에서는 국력을 국가의 대사회적, 대시장과의 관계 및 세계적 관계를 포괄적으로 다루며 전자인 대사회적 관계와 대시장적 관계가 보다 비중있게 다루어진다. 이에 따르면 국가능력은 "국가가 국가공동체 성원 간에 합의된 국가목표와 국가이익을 자율적으로 정책이나 국가활동을 통하여 실현할 수 있는 기능적·조직적·제도적 측면에서의 총체적 능력"이다(김석준, 2002: 49).

국가경쟁력은 국제경영개발원, EU경쟁력보고서, 세계경제포럼 등에서 연례적으로 언급하고 있다.[2] 스위스 국제경영개발원에 따르면 "국가가 기업의 더 많은 가치창출과 국민의 더 많은 번영을 유지하는 환경을 조성하고 창출하는 능력"이라고 정의하여 국가 내 기업경쟁력의 국가적 조건을 강조하고 있다.

2) 국력의 종류

국력의 종류로는 경성국력과 연성국력으로 구분할 수 있다. 경성국력(hard power)은 경제력과 군사력을 주로 제시한다. 한편 연성국력(soft power)은 문화, 이데올로기, 제도, 민주화, 국가투명성, 국가이미지와 위신, 공유된 가치와 상호신

2) 국제경영개발원에서는 국가경쟁력지수로서 경제성과, 정부효율성, 인프라 등 4대 부문 250여 개 세부항목을 평가한다. 통계 등 경성자료와 설문자료를 각각 6:4의 비율로 활용한다. 한편 EU 경쟁력보고서에서는 1인당 GDP, 생산성증가율, 취업률 등을 구성내용으로 한다. 세계경제포럼에서는 경쟁력지수가 국별 기본요인, 효율성 증진, 기업환경의 성숙도 등을 포함한다(기획재정부, 2011 보고서; 임도빈·김순은·고길곤·조원혁, 『정부경쟁력: 이론과 평가지표』(서울: 박영사, 2014), pp. 8-9에서 재인용).

뢰 등을 포함한다.

나이와 스트렌지(Nye & Strange, 1996)가 지적한 바와 같이 국제사회에서 영향력을 행사하는 기제가 경성국력에서 연성국력으로 옮아가고 있다. 물론 아직 경성국력이 보다 중요한 기제임에는 의심의 여지가 없으나 연성국력에 의해 보완되지 않고서는 실질적인 영향력을 행사하는데 한계가 있다(이상환, 2014: 116).

3) 국력평가와 국력 구성요소 논의

국제정치학에서는 국력을 인구, 천연자원, 군사력, 경제력, 국민의 사기, 정부의 지도력, 외교기술 등의 구성요소들의 종합적 힘으로 정의한다(Morgenthau with Thompson, Clinton, 2006). 싱어(D. Singer, 1980)는 국력을 측정하는 요소로 인구(전체인구+도시인구), 산업능력(에너지소비량과 철강생산량), 군사력(군비예산+화력수준)을 들고 있다.

국력의 구성요소는 이를 다루는 학자마다 다양하다. 가장 전형적인 요소는 정치력, 군사력, 경제력 등이다(이재영, 2002: 14; 전현준 외, 2009 재인용). 그러나 문제는 각각의 힘을 어떻게 평가할 것인가이다. 객관적 기준이 없기 때문이다. 특정 국가의 국력을 평가하는 경우도 있는데, 최근 전현준 외(2009)는 북한의 국력을 비교적 세세하게 평가한 바 있다.

국가의 기능이 소극적 국가에서 적극적 국가로 변화되면서 국력에 대한 평가도 다면성을 띠게 되었다. 국내에서는 정부(국가)와 사회, 시장의 관계에 따라 정부(국가)의 역할과 기능이 달라진다. 국가의 기능이 달라지면 국력의 구성요소도 달라진다.

클라인지수(Cline index)는 아마도 지표화된 최초의 종합국력지수일 것이다. 클라인(Cline, 1977: 34)은 종합국력을 인식된 국력이라 좁게 정의하고 다음과 같은 공식을 만들어 각항을 지표화하여 총량을 계산하였다.

$$P = (C+E+M)\times(S+W)$$

P: 인식된 국력, C: 크기(인구와 영토), E: 경제능력,
M: 군사능력, S: 전략적 목적, W: 전략추구의지강도

국력평가는 몇 가지 전형적 오류가 있다(Morgenthau with Thompson, Clinton, 2006). 첫째, 특정 국가의 국력을 절대적인 것으로 생각하여 국력의 상대성을 망각하는 것이다. 둘째, 과거에 결정적인 역할을 했던 어느 국력요소를 영구적인 것으로 받아들여 모든 국력요소는 언제나 역동적으로 변한다는 것을 간과하는 것이다. 셋째, 어느 한 가지 국력요소를 지나치게 중시하고 다른 요소를 무시하는 것이다.

저자는 국력의 구성요소를 선정하는데 있어서 국내외 정책의 결정과 집행에 있어서 기반이 되는 요소들을 포괄적으로 정치력, 경제력, 군사력, 사회문화력, 그리고 정부능력으로 제시하고자 한다. 이들은 다분히 망라적이다. 따라서 중복 분류되지 않아야 한다. 다만 정부능력은 별도로 다룬다.

2 국력의 개별 구성요소

1) 정치력

정치력은 국가의 정치분야의 능력으로서 국가의 요건과 관련한 능력과 정치제도화와 관련한 능력으로 구분할 수 있다.

첫째, 국가의 요건과 관련한 국가능력이다. 이것은 국가의 구성요소가 갖는 능력으로서 국가의 독립 및 유지와 관련이 있다. 국가의 구성요소는 영토(영해와 영공 포함), 국민, 주권을 들 수 있다. 영토는 국토를 구성하는 기본으로서 일국의 통치범위를 결정짓는다. 국민은 각국의 헌법에 따라 정치적 행위를 할 수 있는 자격을 갖춘 자로서 인구의 규모가 국력을 구성하는 원천이다. 다음은 국가주권의 보유이다. 대외적으로 독립적 외교권을 행사할 수 있어야 비로소 국가로서 인정을 받는다. 보호령이나 피식민통치 국가는 국력 자체를 평가하기 어렵다. 대부분의 국가는 국가요건과 관련한 국력요소를 갖추고 있다.

둘째, 정치제도화와 관련한 국가능력이다. 일국의 정치수준이나 정치제도화는 국력을 구성하는 중요한 요소이다. 민주주의의 제도화는 가장 많이 언급하고 있는 정치적 능력으로 정치적 자유의 제도화 수준, 선거의 대표성, 중립성과 공정성, 복수정당제의 제도화, 지방자치의 제도화 등을 들 수 있다. 민주주의 제도화와 반대되는 개념이 전체주의나 독재체제[3]이다. 민주주의수준이 높을수록 정책과정에 국민의 참여가 보장된다. 권위주의 체제일수록 정책의 결정은 빠르며 집행이 신속하지만 집행부의 자의적 행정이 될 가능성이 높다.

2) 경제력

국가의 경제능력(economic capability)은 다양하게 구성될 수 있다. 자원, 인구, 기업 및 산업능력, 그리고 국민소득 등으로 구분하여 경제력을 살펴본다.

첫째, 국가 영토 안의 천연자원의 질과 양은 경제력의 기초를 이룬다. 석유자원, 물 등은 이미 중요한 자연자원으로 인식되고 있으며, 각종 철광석 등 지하자원, 산과 바다 등 자연자원 역시 중요한 자원으로 인식되고 있다.

둘째, 인구는 경제력의 기초를 이룬다. 인구의 규모와 질은 경제력의 중요한 요소이다. 인구는 노동력으로서 경제적 생산력은 물론이고 소비자로서 기능을 한다. 그런데 경제능력은 생산 가능한 연령대에 의존한다. 분야별 근로자들의 기술과 지식수준은 경제력의 원천이 된다.

셋째, 기업과 산업능력은 경제력의 기초를 이룬다. 생산의 주체는 기업이다. 조직화된 주체로서 기업의 고용능력, 생산능력, 마케팅 능력, 자본능력, 관리능력, 특히 기술능력은 경제적 잠재능력의 핵심이다. 그런데 기업의 과잉투자 등으로 인한 과대한 부채는 기업능력을 잠식하는 주범이다. 한 국가의 산업부문별 세계시장 점유율 등은 국력을 나타낸다.

넷째, 국민소득(GNP 혹은 GDP)은 가장 대표적인 경제능력이다. 또한 국민총생산과 1인당 국민소득도 중요한 지표이다. 이들은 측정이 용이하기 때문에 국가 간 비교에서 많이 활용된다. 한편 국가재산과 부채 역시 국가경제력을 나타낸다.

3) 군사력

국가의 군사능력(military capability)은 국력을 평가할 때 가장 많이 제시되는 요소이다. 군사력은 특히 외교정책이나 국방정책을 결정하고 집행할 때 중요한 요

3) 북한의 국력평가에 대한 전현준 외의 연구에서는 정치력의 구성요소로 김정일 리더십, 당정군간 엘리트 연대성, 강제기구의 작동, 대외관계, 대외협상력을 들고 있다. 전현준 외(2009), pp. 39－108.

소가 된다. 군사력은 다양하게 제시되고 있지만[4] 여기서는 병력, 국방비, 전력, 핵무기능력, 그리고 군대조직력 등을 제시한다.

첫째, 군대병력 규모는 가장 보편적인 군사력 구성요소이다. 좁게는 현역만을, 넓게는 예비군을 일컫는 동원능력인 예비병력까지 포함한다. 그런데 병력 규모는 무기체계와 연결되어 있다. 과학기술과 정보화가 발전되면서 병력의 상대적 비중이 낮아졌다.

둘째, 방위비는 일국의 국방예산 또는 방위비 지출을 의미하는 것으로 군사력을 평가할 때 많이 활용하고 있다. 방위비 총액, 국가예산에서 차지하는 방위예산의 비율, 총국민생산(GDP)에서 차지하는 국방비의 비중 등이 지표가 된다.

셋째, 무기체계로 나타나는 재래전력은 육군의 경우 부대와 장비(전차, 야포, 방사포 등)로, 해군은 수상함정과 잠수함정으로, 공군은 전투임무기, 훈련기, 공중기동기 등을 든다. 무기체계를 지원하는 탄약, 군사유류 등 군수지원능력도 중요한 역할을 한다. 무기체계의 질도 고려한다.

넷째, 대량살상 무기능력은 핵무기 능력, 화학무기 능력, 그리고 이들의 운반체계를 포함한다(전현준 외, 2012: 111－130). 핵무기능력은 플루토늄 생산능력, 핵재처리 시설 등을 포함하며, 운반체계는 단·중·장거리 미사일을 의미한다. 핵전력은 최근 대두된 중요성이 강조되고 있는 군사능력으로 일부 국가만 이를 보유하고 있다.

다섯째, 군대의 조직력은 무기체계, 병력 이외에 전략과 전술능력, 정보능력, 사기를 포함한다. 군대지휘관들의 리더십과 지휘능력, 전략, 전술 및 작전능력은 보이지 않는 능력으로 전쟁의 성패를 좌우한다. 이 밖에도 장병들의 훈련, 전투경험, 그리고 사기를 포함한 정신전력 역시 중요한 요소이다. 이들은 군대분야의 소프트 파워(soft power)로서 측정하기는 쉽지 않다.

---

4) 군사력을 평가할 때 전현준 외(2009)는 대량살상무기, 재래식 군사력 및 군수지원능력, 후방전투능력 및 군수산업, 군대의 질과 사기, 군대조직의 효율성을 제시한다. 이상우는 군사력의 구성요소로 병력, 무기, 시설 등을 제시한다. 무기는 그 나라의 과학기술수준과 경제력을 반영한다. 무기는 대량살상무기와 재래식 무기로 나눌 수 있다. 재래식 무기로는 병력과 전력(무기체계)로 구분할 수 있다. 이상우, 『국제정치학강의』(서울: 박영사, 2009), pp. 412－413.

4) 사회문화력

국민과 직접 관련이 있는 문화사회력으로는 문화적 창조력, 국민의 민족 및 국민관, 사회질서수준, 그리고 사회통합능력을 제시한다.

첫째, 문화적 창조력과 그 계승이 국력의 기본이다. 예술분야에서 독창적 능력은 문화정책과정에서 기초가 된다. 음악, 미술, 건축, 체육, 스포츠, 연극, 영화, 연예 분야의 문화유산과 독창적 문화 정신은 국력의 기초를 이룬다. 최근 한류의 바람은 문화적 근성과 장인정신에 바탕을 두었다. 다양한 전통 문화의 존재가 국력을 이루며 새로운 문화의 창조적 역량이 문화능력을 이룬다.

둘째, 국민의 국가관, 민족관, 직업관 등 가치관이 국력의 기본이다. 국가에 대한 충성과 애국은 대외정책 및 국방정책을 결정할 때 중요한 요소가 된다. 그리고 국가안보에 대한 강렬한 의지는 안보정책을 추진할 때 기본이 된다. 한편 우리나라의 경우 남·북한 민족 간의 관계에 대한 의식과 태도는 통일정책과 대북정책을 결정하는 데 있어 중요한 고려요소이다. 셋째, 국민의 사회질서 준수는 국가 능력의 기본이다. 준법정신과 시민의식, 협동정신은 정책과정에서 중요한 기본이 된다. 또한 국민 상호간 신뢰는 국가질서의 기본이 된다. 강력범죄 등 사회적 일탈이 낮은 나라는 국력이 높다. 범죄율로 이를 측정할 수 있다. 또한 사회의 부정부패는 국가능력을 저해하는 주요 요소이다. 청렴도 등으로 이를 측정한다.

넷째, 사회의 통합능력이 국력의 기본이 된다. 사회적 갈등을 해결할 수 있는 사회적 능력이 있는 국가사회는 사회통합능력이 커서 특히 위기시에 정책을 잘 꾸려나갈 수 있다. 사회적 통합능력을 갖춘 사회적 지도자나 종교적 지도자들이 이런 기능을 행사할 수 있다. 사회지도자나 엘리트들의 봉사와 희생정신이 있는 국가는 사회통합능력이 크다. 부와 소득의 분배가 불공정하면 사회통합은 매우 어려워진다.

3 정부능력

1) 정부능력의 의의

정부의 능력은 정책을 결정하고 집행하며 이를 평가하는 주체로서 역할을 하는 것이기에 정책과정의 기초이며 국력의 기초이다. 정부는 특정 시기에 국가의 실체로서 국민으로부터 통치권을 신탁받아 정책을 관리하기 때문이다.

정부의 능력은 때로는 '국가능력', '정부능력', 그리고 '정부경쟁력'(임도빈 외, 2014) 등의 이름으로 사용되어 왔다. 여기서는 정책활동의 기반으로서 국력의 한 구성요소인 정부능력으로 사용하기로 한다. 정부능력을 정부의 정책과정능력, 정부의 정치외교능력, 정부의 거버넌스능력, 그리고 정부신뢰와 정부부패로 구분하여 살펴본다.

2) 정부의 정책과정에서의 능력

첫째, 입법부의 정책결정능력이다. 입법부인 국회에서는 법률을 제정하고 예산을 심의하며 조약체결 비준을 동의하고, 행정부 및 사법부에 대해 통제와 견제를 한다. 특히 정책능력과 관련해서는 입법부의 정책결정능력과 행정부 통제권을 들 수 있다.

둘째, 행정부의 정책집행 및 관리능력으로 '행정능력'(임도빈 외, 2014)으로 부르기도 하지만 보통 '정부관료제의 능력'으로 일컫는다. 행정부는 결정된 정책을 집행하며 국책사업 등을 결정하는 기능을 갖는다. 따라서 행정부가 갖는 집행 및 관리능력은 효율적인 정부조직과 구조, 유능한 공무원의 보유, 강제적 권력과 정책수단의 보유 등이 지표가 된다.

셋째, 사법부의 공정성이다. 사법부는 분쟁에 대한 심판을 통해 각종 소송문제를 해결하므로 공정한 재판능력이 중요한 정부능력의 요소가 된다. 헌법재판과정에서의 심판도 포함한다. 법적 분쟁과 갈등을 해소할 수 있는 능력이 있느냐 없느냐가 관건이다.

3) 정부의 정치외교능력

첫째, 정부의 정치적 갈등을 통합할 수 있는 능력은 정부의 능력을 구성한다. 대통령제국가에서는 대통령의 정치통합능력이, 내각책임제를 실시하고 있는 곳에서는 수상의 정치통합능력이 요구된다. 태국에서 볼 수 있는 것처럼 입헌군주제를 실시하는 곳에서 국왕의 역할이, 북한에서는 국방위원장의 정치적 갈등 해결능력이 정치적 능력이다. 이들과 더불어 의회(국회)의 정치통합능력 역시 정치력의 중요한 구성요소이다.

둘째, 정부의 외교능력(diplomatic capability)은 국력을 평가하는 중요한 지표가 될 수 있다. 세계화 그리고 국제화시대에는 국가 간의 관계가 증가하기 때문에 국익을 증진하기 위하여 이들 관계를 구축하고 유지하며 발전시키는데 있어서 국가의 외교능력은 외교정책을 구사하는데 중요한 요소가 된다. 외교능력으로는 국제적 영향력과 대외협상능력을 들 수 있다. 국제적 영향력은 국가와 타 국가 간의 관계 형성 및 국제기구 등에 대한 가입과 영향력을 의미한다. 특히 국가 간 군사동맹이나 군사협조는 국방정책을 추진하는 과정에서 매우 중요한 요소가 된다. 군사동맹의 결과 구성된 동맹군과 연합군은 사실상 군사력을 구성하기도 한다. 국가 간 외교관계 수립 등이 정태적 측면이라면 대외협상능력은 동태적 능력이다.

4) 정부의 거버넌스능력과 정부 자율성

정부의 정책거버넌스능력은 중요한 정책능력을 구성한다. 즉 정부는 사회를 유도하고 시장을 지도하는 지위를 갖는다. 정부는 시민사회에 개입하여서 사회가 바람직한 방향으로 변화할 수 있도록 유도할 수 있으며, 시장과 산업에 개입하여서 경제구조와 경제상황을 바람직한 방향으로 조정해갈 수 있는 능력이 있을 때 정책능력이 크다고 할 수 있다.

정부의 정책 자율성[5]은 국가능력을 구성한다. 정부가 국가 내의 경제단체(예 전국경제인연합회) 및 사회집단(예 한국노동조합총연맹), 즉 이익집단이나 압력집단에 포섭되어서 경제정책을 자율적으로 이끌어갈 수 없다면 무능한 정부가 된다. 국가능력이란 지배연합세력을 전략적으로 조정할 수 있는 능력이다.

5) 이를 '국가자율성'이라고도 한다. 자세한 내용은 다음 김석준(2002) 참조.

5) 정부신뢰와 정부부패

첫째, 정부 전체로서 공권력의 행사와 이에 대한 정부신뢰가 정부능력을 좌우한다. 평시에 정부가 정당한 공권력 행사를 적절하게 잘하며, 정부가 유능할 때 정부에 대한 신뢰는 높아지며 정책신뢰도가 높아진다. 특히 정부의 위기관리능력은 정부의 중요한 능력이다. 비상시 또는 예상하지 못한 국내외상황에 부닥쳤을 때 정부가 위기관리를 잘 하는가 못하는가는 정부신뢰에 영향을 준다.

둘째, 정부의 부정부패는 정부신뢰를 낮추며 나아가 정책신뢰를 낮춘다. 집권세력 등 정치적 선출직 공직자는 물론 직업공무원과 직업군인의 부정부패, 부처나 조직 단위의 구조화된 부정부패 정도가 높을수록 정책능력은 파괴되며 정책신뢰는 낮아진다.

제 3 절 국방정책의 환경

1 대한민국의 정책환경

1) 정책환경의 의의

정책환경이란 "정부의 정책체제를 둘러싸고 이와 부단한 상호작용을 하고 있는 일체의 외부요소"를 말한다(최봉기, 2008: 68). 이러한 정책환경은 정책체제에 대한 도전과 자극의 대상이 되기도 하고 동시에 응전과 반응의 대상이 되기도 한다.

정책환경의 유형으로는 자연환경과 인문사회환경, 무형의 환경과 유형의 환경 등으로 나뉘는데 보통은 분야별로 정치적 환경, 사회적 환경, 경제적 환경, 문화적 환경, 자연 및 과학기술적 환경이나, 지역적 범위에 따라 국내적 환경과 국제적 환경 등으로 구분한다.

정책환경을 분야별로 예시하면 다음과 같다.

참고 **정책환경의 분야별 예시**

- 정치적 환경: 정치의식과 선거결과, 정치안정과 정치불안
- 경제적 환경: 경제안정과 경제불안, 세계시장 상황
- 사회적 환경: 사회안정과 사회불안, 사회적 일탈과 사회적 사건의 발생
- 문화적 환경: 문화적 정체성과 일체감
- 지리자연적 환경: 지정학적 조건, 기상재해와 천재지변
- 과학기술환경: 과학기술 수준의 경쟁정도
- 국제적 환경: 국제적 관계, 남북한 관계, 국제적 안정과 불안

이러한 정책의 일반적 환경과 특정 국가의 국방정책의 환경은 시간적 · 공간적으로 차이가 있고 독특한 현상을 보인다. 여기서는 먼저 한국 사회의 최근 변화를 간단히 살펴 본 후, 정책의 일반적 환경을 정리하고 우리나라의 독특한 국방정책 환경을 제시한다.

2) 대한민국의 최근 사회변동

대한민국의 최근 60년 사회변동은 어떻게 되어왔는가?[6] 대한민국은 1945년 일본식민지로부터 해방은 되었지만 남북이 분단된 체 1948년 남한만의 대한민국을 세웠다. 1950년부터 3년간 북한의 남침에 의한 6 · 25전쟁(한국전쟁)을 겪었으며 전후복구에 매진하다가 1960년 4 · 19 학생의거와 1961년 군사 쿠데타를 경험했다.

1963년부터 제3공화국 박정희 정부가 들어서면서 조국근대화 정책에 힘입어 성공적인 산업화를 이룩하였으나, 1974년 유신헌법에 따른 권위주의 정부의 등장으로 민주화는 뒷걸음질하였다. 1986년부터 다시 민주정권이 들어섰고, 노태우 정부, 김영삼 정부, 김대중 정부, 노무현 정부를 거치면서 민주주의가 활성화되었다. 민주화와 더불어 시민사회의 성장으로 참여민주정이 강화되었으며, 1990년대부터는 지방자치가 자리잡아 가고 있다.

1960년을 전후하여 대한민국은 후진국 중의 후진국이었다. 그러던 대한민국이 조국근대화라는 경제성장우선 정책에 힘입어 1970년대 후반에는 중진국 · 개발도

6) 대한민국의 사회변동에 대해서는 다음 저서를 참고하였음. 한국사회학회 편, 『대한민국의 60년의 사회변동』(서울: 인간사랑, 2010).

상국으로 도약하였다. 그런데 1997년 외환위기를 맞아 IMF관리체제를 경험하였으며 그 후 정보화에 매진하여 중진국에서 선진국(OECD) 대열에 합류하였다. 하지만 경제구조가 제조업에서 서비스산업으로 급격하게 전환하는 과정에서 제조업 분야가 약화되고, 청년들의 취업난이 계속되고 있으며 노인세대들의 조기퇴직으로 인한 문제들이 노정되고 있다.

경제성장이 이루어지면서 분배문제에 대한 국민의 관심이 제고되었고 노사갈등, 빈부간 격차, 지역갈등 등 사회갈등이 심화되었다. 또한 고속개발에 따른 환경파괴와 사회적 위험증가로 국민들의 불안이 가중되고 있으며, 인간수명의 증가와 의료기술의 발달, 노인세대 부담 등으로 인한 세대 간 갈등도 잔존해있다. 전체적으로 국민들의 복지사회와 삶의 질에 대한 욕구는 계속 증가하고 있지만 그 욕구를 충족하기에는 재정적으로 어려운 실정이다.

남북한 관계는 김대중 정부 이후 다소 협력의 분위기가 조성되었으나 북한에 의한 연평도 포격도발, 천안함 폭침 사건, 그리고 북한의 핵 개발 등으로 남북한 간에는 DMZ를 경계로 하여 군사적 충돌 가능성이 여전히 존재하며 긴장이 계속되고 있다.

2 국방정책의 일반적 환경

국방정책의 환경은 일반적인 정책의 환경과 크게 다르지는 않으나 국방분야라는 특수성에서 비롯되는 정책환경으로서 재설정될 수 있다. 여기서는 우선 군사적 위협, 국제적 환경, 그리고 국내적 환경으로 구분한다.

1) 군사적 위협

현재적 또는 가상 적국의 안보 및 군사적 위협은 국방정책에 가장 직접적으로 영향을 미치는 요소이다. 안보 위협에 대한 인식과 이에 따른 대응에서 군사전략과 국방정책이 출발하기 때문이다. 안보 및 군사적 위협이 커지거나 현재화하면 이에 대한 자국의 대비 태세를 강화하여야 하며 단기적인 국방정책의 변화를 야기한다.

그리고 그들이 잠재적으로 남아있을 때는 준비태세 역시 완만해진다.

내란의 경우 군사적 위협은 국제적 정세나 국제환경보다는 자국의 내란의 정도나 규모에 따라 영향을 받는다.

2) 국제적 환경

다른 나라와의 관계, 국가 간의 동맹 및 연합관계는 국방정책에 영향을 미친다. 우리나라에서는 한미동맹이 국방정책의 근간을 이루며, 미일동맹, 북중관계, 미·일·중·러·북한 및 대한민국의 6자 관계 등도 국방정책에 직접적 영향을 미친다.

또한 평화와 안보에 대한 국제사회의 인식과 노력은 국방정책에 영향을 미치는 환경요소가 된다. 한 나라의 대외적 이미지가 외교정책에 영향을 미친다. 예컨대 국제적으로 불량국가나 테러지원 국가로 낙인찍히면 대외정책에 부정적 영향을 미친다.

3) 국내적 환경

(1) 정치적 환경

국방정책의 정치적 환경으로서는 집권정당의 체제, 정책결정권자의 능력과 의식구조 등이 중요하다. 집권정당체제는 집권정당이 일당중심제인가, 다당제인가, 연립정당인가 등이다.

국회의 당별 의석 분포는 의사결정을 할 때 직접적으로 영향을 미친다. 우리나라는 대통령중심제 국가이므로 의회 다수당이 행정수반인 대통령과 정당 소속이 같을 때 본회의 구성이나 상임위 구성에서 비슷한 분포를 갖게 되므로 대통령의 의지가 국방정책에 보다 쉽게 반영될 수 있을 것이다. 반면 의회 다수당과 대통령의 정당 소속이 다를 때에는 국방정책이 난항에 빠질 가능성이 커진다.

정치적 안정과 정치적 불안은 정치력을 구성하는 현실적 요소이다. 권위주의 체제에서 국가 또는 정부가 강력한 리더십을 행사하여 정치적 안정을 추구하고 있는 경우가 있을 수 있다. 무정부 사태에서는 정책결정과 정책집행이 무력화된다.

(2) 경제적 환경

국가의 재정적 능력이 국방정책에 영향을 미친다. 재정적 능력은 국가경제능력에 영향을 받는다. 재정적 능력이 좋으면 국방비에 대한 예산의 배분이 상대적으로 높으나, 그렇지 않으면 그것은 상대적으로 낮게 된다. 국가의 재정력은 경제상황에 따라 일시적 · 단기적으로 차이가 있을 수 있다. 하지만 단기적 호황 · 불황보다는 중 · 장기적인 경제상황이 더욱 중요하다. 환율은 수입가에 영향을 줌으로써 무기체계의 구입 등에 영향을 미친다.

1차 산업, 2차 산업, 그리고 3차 산업의 산업 구조 비율은 경제발전의 척도가 되고 있다. 하지만 이들은 경제능력의 간접적인 지표일 뿐이다.

(3) 사회문화적 환경

사회문화적 환경요소로 인구 증가와 인구 구조, 시민사회의 성숙 정도, 대민신뢰 수준 등은 국방정책에 영향을 미친다. 첫째, 인구 규모와 인구 구조, 특히 인구 증가율은 국방정책에 영향을 미친다. 대한민국은 최근 인구 증가율이 낮아지고 있다. 국민개병제를 전제로 할 때, 병력 자원으로 충원될 수 있는 연령대의 국민, 특히 남자의 수가 모집단이 되어 징병하게 되므로 적정한 규모의 인구가 보장되지 않고는 충분한 병력을 획득하기 어렵다.

둘째, 국민의 대군 신뢰수준은 국방정책에 영향을 미친다. 군사적 안보 상황에 대한 군의 대처나 군내 병영관리 문제, 군 부패사고 등이 계속되면 국민의 관심이 떨어지고 국방정책에 대한 지지가 낮아지게 된다. 셋째, NGO 등 시민사회단체의 증가와 활동은 국방정책에 영향을 미친다. 이들이 증가할수록, 그들의 활동이 활발할수록 국방정책의 수행은 견제를 받게 된다.

(4) 자연 · 지리적 환경

각종 천재지변은 정책을 수정하고 변동하게 하는데 중요한 요소가 된다. 최근 일어난 일본의 쓰나미와 대지진은 원자력정책, 보건식품정책에 큰 영향을 주었다. 지구온난화 현상은 각국의 산업부문정책에 영향을 주고 있다.

각국이 놓인 지리 및 지정학적 조건은 국내정책 및 국제정책에 영향을 미친다. 어떤 나라가 대륙국가인가, 해양국가인가, 반도국가인가 등은 국가의 특성, 국민의 특성 및 국가의 부존자원에 영향을 준다. 열강에 둘러싸인 국가와 평화 애호국에 둘러싸인 국가의 외교 및 국방정책은 많이 다르다.

(5) 과학기술적 환경

국가 및 국제적 과학기술 수준은 국방 무기체계의 획득과 운영에 영향을 미친다. 새로운 무기체계의 개발은 상대 적국과의 경쟁 속에서 이루어지며 과학기술이 뒷받침되지 않으면 무기경쟁에서 이길 수 없다. 해당 무기체계를 개발하는데 있어서 자국의 기술수준 여부는 직접적인 고려요소가 된다. 기술수준이 낮거나 없으면 외국에서 무기체계를 획득해야 한다. 비무기체계에 있어서도 과학기술수준이 중요한 고려 요소가 된다.

3 국방정책의 구체적 환경

1) 구체적 환경의 개관

국방정책의 구체적 환경은 특정 국가가 놓인 시대적 상황이나 공간적 조건에 따라 달라진다. 예컨대 일본의 국가안전보장 환경, 미국의 국가안전보장 환경, 그리고 우리나라의 국가안전보장환경으로 구분하여 본다.

일본의 『방위백서(평성 22년판)』에는 국가안전보장 환경과 관련하여 국제사회의 과제로 대량파괴병기의 이전과 확산, 국제테러리즘의 동향, 복잡 다양한 지역분쟁과 국제사회의 대응을 들고 있으며, 제 외국의 방위정책에 대해서, 미국, 조선반도, 중국, 러시아, 동남아시아, 남아시아, 오스트레일리아, 그리고 구주를 들고 있다(防衛省 編輯, 平成 22年).

미국의 『2012 국가안보전략』에서는 미국의 안보전략환경을 다음과 같이 평가한다. 탈냉전 이후 정보·상품·서비스 유통의 급격한 증대로 국제사회의 연계성 확대 및 개인, 비국가 행위자의 역할 증대가 두드러지고 있다. 또한 테러, 대량살상무기, 사이버공간, 환경 및 기후 등 위협의 유형이 확대되고 있다. 세계경제의 재편, 국가 간 그리고 국내적 불평등의 확대, 문화 및 인구 계층 간 긴장상태의 지속, 민주주의 국가권의 확대를 들고 있다(국방정보본부, 2010).

한국의 『2014 국방백서』(대한민국 국방부, 2014)에서는 안보환경의 변화와 도전으로 세계 안보정세, 동북아 안보정세, 그리고 북한 정세 및 군사위협을 들고 있다. 세계 안보정세에서는 미국 위주 국제질서와 지역 강국 부상, 국제 분쟁 발생 가능성 상존, 초국가적 위협 확산으로 안보 불확실성 증대, 그리고 다양한 안보위협 대두를 제시하고 있다. 동북아 안보 정세에는 아시아 패러독스 현상 심화, 협력과 경쟁의 미·중관계, 지역 차원의 영향력 확대와 군비경쟁을 들고 있다. 북한 정세 및 군사위협에서는 북한 정세, 군사전략 및 지휘구조, 군사능력을 제시하고 있다.

2) 대한민국 국방정책의 환경

저자는 우리나라 국방정책의 환경으로 첫째, 북한의 정세와 군사적 위협, 둘째, 동북아 정세에 대한 미국의 대외전략, 셋째, 대통령중심제 국가와 의회의 비중 강화, 거버넌스의 강화, 넷째, 경제성장의 둔화와 복지국가로의 진입, 다섯째, 인구증가율 감소, 도시사회화, 지리적 문제, 여섯째, 문화적 정체감과 국민의 안보의식 약화, 일곱째, 기술수준의 고도화 속 특수제조기술 수준의 외국의존을 들고자 한다.

(1) 북한의 정세와 군사적 위협

대한민국의 주변국들 중 잠재적 위협 대상국이 있을 수 있지만 아직까지 대한민국의 주적(主敵)은 북한이다. 북한은 1945년 해방 이후 김일성, 김정일, 그리고 김정은이 지도하는 세습형 전제주의국가이며, 선군정치와 핵·경제 병진을 앞세워 남북한 간 군사적 대결을 강조하고 있다.

특히 북한은 최근 연평도 포격도발 사건이나 천안함 폭침 사건에서 보듯이 지역적 도발을 계속하여 왔다. 그리고 핵개발을 통한 주변국들에 대한 위협은 물론이고 화학무기 등을 개발·보유하여 대한민국에 대한 위협을 그치지 않고 있으며, 언제라도 도발하겠다고 으름장을 놓고 있다.

(2) 동북아 정세에 대한 미국의 대외전략

동북아의 새 질서는 중국이 새로운 강국으로 등장하면서 미국에 이어 중국이라는 초강대국이 버티고 있으며, 일본은 아베정권이 들어서면서 집단적 자위권을 주장하고 신사를 참배하는 등 동북아의 불안을 초래하고 있다. 그리고 한·중·일·러 간 영토분쟁은 국가 간 분쟁가능성을 내포하고 있다.

미국은 1950년 6·25 전쟁(한국전쟁) 참전 이후 지금까지 한미동맹을 통해 우리의 군사적 협력 파트너로서 역할을 하고 있으며, 전시작전통제권 환수문제, 주한미군 주둔 지원비문제 등이 한국과 미국 간의 군사적 현안으로 남아있다.

(3) 대통령중심제 국가와 의회의 비중 강화, 거버넌스의 강화

우리나라는 대통령중심제 국가로서 대통령의 권한이 비교적 강력한 국가에 해당하므로 대통령은 국방정책의 총수로서, 군의 최고통수권자로서 기능을 수행하고 있다. 1980년대 후반부터 입법기관으로서 국회의 권한이 강화되고, 공동정부의 시행 등으로 대통령의 통수권 발동이 다소 어려움에 처하기도 하였다. 국회에서 여야(새누리당과 더불어민주당)가 의석수를 거의 동등하게 양분함으로써[7] 국방의사결정에 영향을 주고 있으며, 진보성향의 인사가 국회의원이 됨으로써 국방정책의 결정은 일방적으로 통과되지만은 않고 있다. 또한 1990년 초부터 지방자치가 도입되어 국방정책의 집행과정에서 국방부 등이 지방자치단체와 협력하지 않으면 곤란하게 되어간다. 중앙정부, 지방자치단체, 그리고 시민사회단체 등과의 협력이라는 국방정책 거버넌스 체제가 형성되어가고 있다.

(4) 경제성장의 둔화와 복지국가로의 진입

대한민국은 고도경제성장을 지나고 저성장의 국가로 탈바꿈하였으며, 선진국개발기구(OECD)에 가입함으로써 국민들의 복지에 대한 욕구가 커짐으로 인해 국방예산의 획득이 제약을 받고 있다.

군 장병들의 복지 욕구가 커감에 따라 군 인사복지 등에 대한 수요가 증대하고 있으며 이에 따른 국방운영예산의 증가가 요구되고 있다.

(5) 인구증가율 감소, 도시사회화, 지리적 문제

우리나라는 OECD 국가 중 인구증가율이 가장 낮은 국가군에 속하며, 이것이 의무병제에서의 장병의 규모를 제한하는 요소가 되고 있다. 중·장기적으로 보아 병사가 될 수 있는 모집단이 축소되어가고 있다. 또한 전 국토의 도시화과정에서 도시 주변 부대들의 농촌이나 산촌으로의 이전이 요구되고 있다. 지리적으로 독도와 이어도 등의 섬이 군사적으로는 물론이고 국가 경제적으로도 전략적 요충지로

---

7) 2016년 제20대 국회의원 총선에서는 새누리당, 더불어민주당, 그리고 국민의당의 3당체제가 되었다.

등장하고 있다.

(6) 문화적 정체감과 안보의식 약화

우리나라 국민들은 단일민족이라는 특성이 조금씩 줄어들고 있으며 많은 외국인이 대한민국에 거주하면서 다문화가정이 증가하고 있다. 북한인민에 대해서는 동일민족으로 보면서도, 통일에 대한 비용문제 때문인지 통일문제에 대해 긍정적이지만은 않다.

국민들의 개인의식 또는 개인주의는 강화되고 있으나 집단의식 및 국가에 대한 안보의식은 약화되어 가고 있으므로 국방정책의 수립과 집행은 전보다 훨씬 어려워지고 있다. 젊은 장병들은 맹목적 충성심보다는 어느 정도 합리적인 그리고 개인편의적인 근무를 원하고 있다.

(7) 기술수준의 고도화 속 특수제조기술 수준의 외국의존

우리나라의 과학기술 수준은 전반적으로 높아가고 있으며, 이를 이끌고 있는 기업이 삼성그룹, 현대그룹, 그리고 LG그룹 등이다. 우리나라는 이들의 활약으로 세계 10대 무역국에 진입하였다. 하지만 아직도 특수분야의 기술수준은 주요 선진국에 비해 높지 않으며 특히 우주개발, 제조업분야 부품산업에서 그러하다. 고도의 과학기술이 완비되어야 정밀무기체계를 개발할 수 있다. 따라서 외국의 유수기업과 제휴, 자체기술개발 등이 요구된다.

제 3 장 정책의 가치

제 1 절 정책결정 기준과 정책가치

1 정책결정의 기준과 가치

정책을 결정하고 집행하며 평가할 때 기준이나 근거는 무엇인가? 정치공동체로서 국가의 정책을 결정하는 기준은 일반적으로 공익과 국익, 국가와 정부의 지향과 정책목표를 든다. 개별정책의 경우 개별정책에 고유한 정책목표와 입법취지 등이 있기 때문에 이들을 고려한다. 정책과정에서 기준은 구체성 여부에 따라 추상적인 기준과 구체적인 기준으로 구분할 수 있다. 추상적인 기준이란 공익이나 국익과 같이 그것이 명시되어 있지 않기 때문에, 혹은 제도화 이전의 상태이기 때문에 개념적으로 동의하기는 쉬우나 현실적인 정책과정에서는 해석상의 갈등이나 딜레마가 있을 수 있다. 즉 무엇이 국익이고 무엇이 공익인지에 대해 이해하고 해석하며 판단할 때 정책의 이해당사자 간 갈등이 있을 수 있다. 이에 반해 구체적 기준이란 명시적이고 문서화된 정책기준으로서 개념적으로 확인은 쉬우나 상황이 바뀌면 다른 형태로 바뀌어져야 하므로 가변적이다. 이들로는 정부나 정권이 제시하는 국정목표나 국정이념을 들 수 있다.

추상적 기준은 다시 이익과 가치의 개념으로 구분할 수 있다. 이익의 관념은 앞에서 제시한 바 있는 공익이나 국익 등을 일컫는다. 한편 가치의 관념은 정책행위자들이 선호하고 지향하는 사조(이데올로기) 등으로 민주주의, 사회주의, 민족주의, 세계평화주의, 인간의 존엄 등을 들 수 있다. 한편 구체적 기준은 다시 헌법과 같은 국가의 최고법에 규정된 헌법원리와 정권이 바뀔 때마다 바뀌는 정부목표로 구분할 수 있다.

여기서는 정부의 모든 분야의 정책에 적용될 수 있는 근본적 기준으로서 공익과 국익을 먼저 다루고 최고법에 규정된 헌법원리와 특정 시기의 정부나 정권별로 국가목표나 정부목표를 확인한다. 부문정책으로서 국방정책과정에서는 정책기준으로서 특히 공익과 더불어 국익이, 그리고 투명성과 더불어 비밀성이 강조된다.

참고 정책의 활동 및 평가의 근거와 기준

- 추상적: – 공익과 국익
  – 가치: (예) 민주주의, 사회주의, 민족주의
- 구체적: – 헌법원리
  – 국정목표와 정부목표
- 기 타

2 공 익

1) 정책결정에서 공익의 개념, 특성과 관리

정책결정의 기준으로서 공익이란 무엇인가? 공익(public interest)이란 용어는 참으로 다양하게 정의되고 있는데 이것은 공익을 보는 시각의 차이에서 기인한다. 각국별로도 약간 차이를 보이는데, 프랑스에서는 개별이익과 대비하여 '일반이익' 이라는 용어를 사용한다. 대한민국 헌법에서는 '공공복리(公共福利)'라는 용어가 여러 번 사용되고 있다.

저자는 공익을 “정치공동체의 구성원인 불특정 다수의 이익”으로 정의하고자 한다. 따라서 다음과 같은 의미를 가진다(민진, 2006: 66-68).

첫째, 공익은 이익(interest)으로서의 속성을 갖는다. 이익이란 유리함이나 이로움을 뜻한다. 따라서 공익은 ‘의로움(正義)’을 의미하지는 않는다. 이익이란 인간이 추구하는 효용, 만족, 편익, 쾌락, 명예 등 유형적이거나 무형적인 것, 정신적인 것과 물질적인 것을 구분하지 않는다. 한국식으로 표현하면 ‘국리민복’이 공익의 표현이다.

둘째, 공익은 정치공동체의 이익이다. 정치공동체는 개인, 집단, 조직, 사적 결사체와는 구별된다. 대표적인 정치공동체로는 지방자치단체, 국가, 국제연합 등을 들 수 있다. 이들은 다른 정치공동체와는 경계를 갖는다. 정치공동체의 이익은 공동체의 생존, 유지, 번영과 발전 등이 그 내용이 된다. 공동체의 이익이 타국과의 관계에서 논의될 때 이를 국가의 이익이라 부른다.

셋째, 공익은 불특정 다수의 이익이다. 정치공동체의 이익이 모든 구성원을 만족시킨다고 볼 수는 없다. 여기서 ‘불특정 다수’의 범위가 문제된다. 따라서 공익은 특정집단이나 특정조직, 특정지역, 특정산업, 그리고 특정계층의 이익은 아니다. 공익은 소수가 아니라 다수에게 귀속된다. 따라서 다수결원리가 파생된다.

공익을 이해하기 위해서 공익의 특성을 살펴본다.

첫째, 공익은 특정사회의 요구를 반영한다. 공익은 사회적 지배가치를 나타내며 사회구성원이면 누구나 보편적으로 납득할 만한 가치이다. 사회적 지배가치를 결정하는 것은 그 사회의 엘리트 계층이나 지배적인 정치인들이다. 공익결정자가 자의적으로 해석할 수 있는 여지가 많다.

둘째, 공익은 사회의 이해관계를 조절한다. 공익은 구체적인 정책을 결정할 때 의사결정의 기반으로서 기능한다. 국회의원, 고위행정가, 그리고 법관들은 그들이 정책이나 행정의사를 결정하고 재판할 때 공익을 먼저 생각하고 판단을 내린다.

셋째, 공익은 정의의 관념과 조화를 이룰 수 있다. 공익이 이익으로서 특징을 가지고 있지만 정의와 꼭 반대되지는 않는다. 소수자의 이익, 사회적 약자의 이익을 보호하는 것이 사회 전체적으로 공익을 높일 수 있으며, 현재 세대의 이익보다 미래 세대의 이익을 보호하는 것이 장기적인 공익을 증진할 수 있다.

우리나라에서 공익문제는 세계화, 지역주의 및 지나친 개인주의화로 도전을 받고 있다(박균성, 2006: 49). 우리나라 헌법에는 '공공복리'라는 용어를 사용하고 있다. 따라서 공익을 판단하는 공직자는 공익의 실체적 의미를 염두에 두고 토론과 합의와 같은 절차적인 민주화를 통해서 공익을 도출하여야 한다.

2) 공익의 분류와 갈등적 공익

공익은 그것이 포괄하는 공간적 범위에 따라서 지방자치단체의 이익, 국가의 이익, 그리고 지구이익(세계적 이익) 등으로 구분할 수 있다. 그리고 공익은 시간적 범위에 따라 현재세대의 이익, 과거세대의 이익, 그리고 미래세대의 이익으로 구분할 수 있다. 또한 적용대상 고객에 따라 일반이익과 특수집단의 이익으로 구분할 수 있다.

공익은 그것이 집단이나 부문별로 분할될 수 있다는 점을 고려할 때 집단 간의 호혜적 공익, 갈등적 공익, 그리고 무관한 공익으로 구분할 수 있다. 이 중에서 정부가 보다 신중하게 관리해야 할 공익은 갈등적 공익이다.

공익이 '불특정 다수의 이익'이라는 정의에서 보듯이 다소 추상적인 개념이기 때문에 실제로 정책을 결정하거나 집행할 때 집단의 이익, 지역의 이익, 계급의 이익으로 쪼개어 나타날 수 있다. 즉 다수의 이익에는 부합되나 소수의 이익을 해치는 경우가 있게 된다.

정부에서의 공익 충돌에 있어서는 정부부처 간 갈등, 지방자치단체 간 갈등, 중앙부처와 지방자치단체 간 갈등, 그리고 부처 내의 갈등 등을 들 수 있다.

첫째, 정부 부처 또는 공공기관들이 대변하는 정책고객들의 이익이 상반될 경우이다. 근로자에게 쟁의권 등을 확대하면 기업운영을 어렵게 하여 고용노동부와 산업통상자원부가 갈등하게 된다. 전기료, 수도세 등 공공요금을 인상하면 서민은 불리하나 한국전력이나 철도공사는 유리하다.

둘째, 지방자치단체 간 공익의 충돌이다. 지방자치단체는 지역이나 구역, 그리고 공간을 중심으로 경계가 구분되기 때문에 자치단체의 이익 간에 충돌이 발생하기 쉽다. 예컨대 수도권의 공장 설립 등을 규제하면 비수도권이 상대적으로 유리하게 된다.

셋째, 중앙정부 부처와 지방자치단체 간 이익의 충돌이다. 특히 국가적 기능을 수행하는 국방부, 외교부, 통일부 등의 업무는 지방자치단체와 충돌할 가능성이 크다.

넷째, 특정 부처 내에서도 정책고객에 따라 이해가 갈릴 수 있다. 유아 세대에 대한 복지 증대는 노인세대의 복지 증대를 저해할 수 있으며, 군필 남성에 대한 취업시 가산점 부여는 취업준비를 하는 여성에게 불리할 수 있다.

다섯째, 위의 공익간의 충돌은 결국 정부가 추구하는 공익과 개인이나 기업, 집단이 추구하는 개별이익이 대립하는 것이다. 즉, 정부와 민간 간에 이익이 충돌하게 된다. 정부의 활동이 국익과 공익에 근거하여, 헌법이나 법률에 근거하여 이루어지고 있다는 것을 알려서 정책대상을 설득하여야 한다. 다만 국익과 공익을 위해 개별이익을 지나치게 해치는 경우, 이런 현상이 단기간이 아니고 장기간 계속될 때는 이에 대한 적절한 보상이 이루어져야 한다.

3) 국방정책과 공익 갈등

안보정책부처 간에도 북한핵문제와 북한식량지원 문제를 놓고 국방부와 통일부가 정책갈등을 겪는다. 한편 국방정책결정은 국가적 의사를 결정하는 것으로서 때로는 지방자치단체의 이익과 충돌을 빚기도 한다. 국방정책의 혜택은 전 국민에게 돌아가나 지방자치단체 활동의 혜택은 특정 지방자치단체에 돌아간다. 예컨대 군부대 같은 국방시설은 해당 지역에서 시설규제, 건축활동규제 등으로 인해 사적 재산권 행사가 제한됨으로써 지역주민의 경제적 이익을 해치기도 한다. 또한 군부대에서의 소음은 주변지역 주민들에게 소음공해를 야기한다. 따라서 국가이익을 위해서 사적 이익이 제한되기 때문에 이에 대해 국방의 필요성을 정확히 알려주고 손실에 대한 적절한 보상이 요구된다.

3 국가이익

1) 국가이익의 의의

국방문제는 국가 자체를 방위하고 전 국민의 안전을 담보하는 정책문제이므로 대부분의 대외적 국방정책 문제는 국가의 이익(national interest), 즉 국익이 중요한 정책결정의 기준이 된다. 국가이익이라는 개념은 외교정책을 분석하는 도구로서의 가치보다는 행위의 도구, 즉 외교정책을 제안하고 또 이를 비판하고 정당화하는 도구로서 사용도가 크다. 그것은 국가이익이라는 용어 속에 가치가 함유되어 있어 과학적인 연구에는 별로 도움을 주지 못하기 때문이다. 하지만 국가이익이라는 개념 속에는 다음과 같은 여러 측면이 고려되어야 하는데 ① 자기보존, 즉 국가의 존립, ② 국가의 번영과 발전, ③ 국민의 보호와 국위의 선양 등이다(구영록, 1995: 38-41).

특정 국가의 국익을 위한 행사가 다른 나라의 국익을 해치며, 주변 국가들에게 불안을 야기함으로써 국제평화와 같은 지구촌 이익을 해치기도 한다. 국가이익은 다른 나라의 국가이익과 밀접하게 관련되어 있기 때문이다.

2개 이상의 국가가 관련되는 성격의 국가이익은 세 가지로 분류될 수 있다. 즉 일치적·공동이익(identical or common interest), 보완적 이익(complimentary interest), 그리고 갈등적 이익(conflict interest)이다(전경만, 1999: 35). 이 중 후자, 즉 갈등적 국가이익이 가장 처리하기 어렵다. 즉 구체적으로 정책결정자들이 직면하는 국가이익은 한 국가이익이 다른 국가이익과 충돌할 때 발생하기 때문이다.

2) 국가이익의 종류: 명시적 국가이익과 판단적 국가이익

국가이익은 이에 대한 일반적인 정의에도 불구하고 현실적으로는 특정 국가(혹은 정부)가 국가 이익을 어떻게 규정하는가에 따라 달라진다. 즉 특정 국가가 놓인 정치경제적 상황이나 정부의 국정운영 비전 등에 따라 달라진다. 특정 국가 이익이 규정되어 있지 않는 경우에는 구체적인 사안에 따라 판단할 수 있는데 국회나 대통령, 통수권자, 사법관 혹은 국민투표 등의 결정에 따른다. 여기서는 미국과 중국의 국가이익을 살펴본다.

미국의 경우 오바마 정부에서 발간한 QDR 2010[8]에 따르면 미국의 핵심적 국가이익을 ① 안보, ② 번영, ③ 보편적 가치에 대한 폭넓은 존중, ④ 협력 증진을 가능케 하는 국제질서 등으로 제시하고 있다.

한편 중국의 경우 2012년 『국방백서』에서 중국의 국가이익을 ① 국가주권의 통

8) QDR(Quadrennial Defence Review Report)은 4년 주기 국방검토보고서로서 1997년 국방수권법(KDAA: National Defense Authorization Act)에 의해 의회가 국방부에 작성의무를 부과한 문서이다. US Department of Defense, *QDR 2010*, p. 16.

일, 영토보전과 안보의 수호, ② 경제건설 중심의 종합국력 제고, ③ 사회주의제도의 견지와 완성, ④ 사회안정과 단결의 유지 및 촉진, ⑤ 장기적 평화의 국제환경과 양호한 주변환경의 쟁취라고 규정하였다(하도형, 2012: 47－71).

3) 국가이익의 분류

국가이익은 자국의 생존이라는 핵심적인 이익으로부터 자국의 문화를 해외에 널리 보급시켜 국제환경이 자국의 번영에 유리하도록 유도하는 상황의 추구까지 중요성이 상이한 여러 층의 이익으로 이루어져 있다. 이를 국가이익의 우선순위라 한다.

국가이익의 우선순위에 대하여 네덜라인(Donald Nuechterlain)은 ① 생존적(survival) 이익, ② 사활적(vital) 이익, ③ 중요한(major) 이익, ④ 주변적(peripheral) 이익으로 분류한다(구영록, 1994: 1－14). 한편 미국국익검토위원회에서는 ① 사활적(vital) 이익과 핵심적(extremely) 이익, ② 중요한(important) 이익, ③ 부차적(secondary) 이익으로 분류한 바 있다(황진환, 2011). 전자가 비교적 많이 수용되고 있어 이를 중심으로 설명한다.

첫째, '생존적 국가이익'이란 국가의 존립을 직접적으로 위협하는 사안으로서 전투부대의 출병 또는 전쟁의 개시라는 방법이 활용되며, 이 경우 협상과 타협의 여지는 거의 없다. 둘째, '사활적 국가이익'은 국가안보와 안녕에 치명적 손실을 가져 올 사안들로서 이 경우에는 단시일 내에 군사행동을 포함한 강력한 대응책이 필요하지만 가급적이면 전쟁보다는 다른 방법에 의해 해결책이 모색된다. 셋째, '중요한 국가이익'은 국가가 방지책을 사용하지 않는다면 심각한 피해가 예상되는 경우의 이해관계이다. 마지막으로 '지엽적인 국가이익'은 시기적으로 급박하지 않을 뿐더러 아주 적은 손해가 예상되는 경우의 사안들이다.

4) 국가이익의 설정, 변동과 재설정

국가이익의 설정과 판단은 누가 어떻게 할 것인가? 대통령, 수상 등 정부 책임자들은 국가가 놓인 여건과 상황, 자국의 능력기반, 그리고 헌법가치나 국정운영이념에 따라 국가 이익을 설정하고 주요 정책을 결정하면서 판단한다.

국가이익을 설정할 때는 도덕적 가치와 국력이 동시에 설정되어야 한다. 국가

이익은 경우에 따라서는 법, 도덕, 정의나 감정, 의리, 영웅심 등을 초월하는 보다 객관적이고 공적인 의식과 태도에서 그 기준이 책정되고 추구되어야 한다(구영록, 1995: 45).

그런데 국가이익은 국가의 환경과 상황이 변동하거나 정부 최고엘리트들의 인식이 변화함에 따라 변동될 수 있다. 국가이익은 고정불변의 것이 아니며 변동이 가능한 것이며 국가이익을 재설정하게 된다. 국가환경의 변화와 이에 따른 국가이익의 변동에 대한 주도권은 특정 시기의 정권담당자들이 갖고 있다. 이렇게 하여 국가이익이 재설정되면 국가 간 정책, 즉 외교정책 그리고 국방정책은 기조를 달리할 수 있으며 정책의 내용도 변동하게 된다.

예컨대 중국에서 국가이익은 대개도국 외교전략 변화를 중심으로 추론해보면 재구성되고 있음을 알 수 있다(김애경, 2013: 142). 중국은 1950년대부터 1970년대 중반까지는 국가의 생존을 유지하고 정치적 승인을 얻기 위해 자국의 경제적 능력을 초과한 경제원조를 하면서 개도국과 매우 우호적 관계를 맺어왔으나 1971년 유엔에서 지위가 회복된 후 자국의 우선적 이익을 경제발전으로 재구성하면서 그 관계가 다소 소원해지고 있다.

1972년을 전후하여 닉슨 대통령이 대소봉쇄정책을 위하여 또 다른 전형적 공산국가인 중국과의 비밀외교와 '핑퐁'외교를 통하여 중국방문과 국교수립을 달성한 것은 장기 국가이익과 전략을 위하여 미국민의 공산주의에 대한 혐오 또는 풍미해온 맥카시즘(McCarthyism)적 가치를 유보시켰던 의미있는 사건이었다(전경만, 1999: 37).

5) 국방정책과 국익

국방정책은 타국과의 관계가 주로 반영되는 정책분야로서 주요 국방정책을 결정할 때 국익과 밀접한 관련을 갖는다.

전쟁에 관한 정책결정은 국가의 생존에 관한 이익으로서 매우 급박하고 중요한 정책결정이다. 지역적인 분쟁에 개입하거나 파병하는 정책결정은 생존에 관한 것은 아니나 국가의 사활적 이익에 관한 정책결정이다. 군사동맹국과의 관계설정 역시 중요한 정책결정이 된다.

전쟁이나 전투와 직접 관련은 없지만 군사력 건설과 유지에 관한 결정, 예컨대 무기체계 획득에 관한 결정과 국방예산의 결정은 생존에 관한 국가이익이나 사활적 이익을 뒷받침하는 것으로 중대한 국가이익과 관련이 있다. 국민과의 관계에 대한 사항의 정책결정은 군이 국민신뢰를 확보하는데 매우 중요하다.

제 2 절 헌법적 가치

1 헌법의 의의와 헌법원리

국가와 정부의 정책활동의 뿌리는 헌법이다. 모든 국가의 정책활동은 헌법에 근거하며 그것을 위반할 수 없다. 헌법은 국가공동체의 근본법으로서 국가의 통치조직과 통치작용의 원리를 정하고 국민의 기본권을 보장하는 최고법이다. 헌법은 한 국가의 최고규범이면서 근본규범으로 인식되고 있다. 따라서 정부의 모든 정책활동은 헌법을 최고규범으로 하여 정책활동을 전개한다.

각국마다 각국의 헌정 역사에 따라 헌법이 규정하고 지향하는 기본원리가 있는데 이를 헌법원리라 한다. 헌법원리(憲法原理)는 국가질서의 구조와 성격을 결정하며, 헌법의 모든 개별적 문제에 공통으로 적용될 수 있는 일반적인 원리이다. 즉 헌법원리는 국가질서를 실질적으로 형성하고 유지하는 기준 내지 지침이 되는 원리이다(장영수, 2014: 135-141). 따라서 헌법의 기본원리는 정부의 모든 정책활동의 기본이면서 근거가 된다.

그런데 각국 헌법에서 규정하고 있는 헌법의 원리는 각국마다 차이가 있다. 우리나라의 헌법원리에 대해서는 헌법학자들 간에 주장하는 바가 약간씩 차이를 보이면서도 비슷한 견해를 제시하고 있는데 그들은 민주주의, 법치주의, 사회국가의 원리, 평화통일주의, 그리고 국내질서와 국제질서에 관한 원리 등이다(장영수, 2014; 김철수, 2010; 권영성, 2013; 성낙인, 2013).

이러한 헌법원리는 국가의 모든 중요한 정책을 결정할 때 방향을 제시해주므로 이것은 정책결정의 기준과 기초가 된다. 여기서는 「대한민국 헌법」이 규정하고 있는 권력분립의 원리와 주요원리인 민주주의, 법치주의, 사회국가주의원리, 그리고 기타 헌법원리로 구분하여 다룬다.[9)]

2 권력구조에 관한 헌법원리

1) 권력분립원리

국가의 정책체계 특히 정책결정체계에 대해서 대부분의 성문법 국가에서는 헌법에서 규정하고 있으며, 일부 불문법 국가에서는 관습법이나 법률에서 규정하고 있다.

모든 국가기관은 헌법에서 위임한 권한의 범위 내에서만 권한을 행사할 수 있다. 권력분립원리는 미국의 독립과 프랑스 대혁명을 거치면서 제도적으로 실현되었다. 권력을 가진 기관은 그것을 남용할 가능성이 크므로 이를 방지하려면 권력기관을 분산시키는 것이다.

권력분립론에서 출발한 견제와 균형의 원리는 국가의 정책결정과정에서도 원용될 수 있다. 즉 행정부, 입법부, 사법부로 국가권력기관을 분리하여 국정을 관장하게 하고 있는데, 이들이 국가의사를 결정하면서 유기적으로 연결되고 상호간에 견제와 균형이 이루어지도록 설계되어 있는 것이 민주주의국가에서의 정책결정체계이다.

정부는 보통 입법부, 행정부와 사법부로 나뉜다. 법률을 중심으로 할 때 그들 간의 관계를 살펴보면 입법부는 법률을 제정하고, 행정부는 이를 집행하며, 사법부는 집행상의 분쟁이 있을 때 재판을 통하여 사법적 분쟁을 해결한다.

2) 주요 국가의 권력분립 원리

각국의 권력구조에 대한 헌법상 원리는 각국의 역사, 정치경제체제 등에 따라 다르다. 특히 기본권 사항보다는 권력구조에 관한 원리는 상대적으로 차이가 크다. 각국 헌법에서 권력분립에 관한 내용을 남북한과 주변 4대 강국의 경우로 한정하

---

9) 헌법원리에 대해서는 민진, 『한국정책체계론』(2015)의 해당 부분을 주로 참조하였다.

여 살펴본다.

대한민국은 민주공화국으로서 정부권력은 입법부, 행정부, 사법부로 3권이 분립되어 견제와 균형을 취하고 있다. 또한 대통령중심제 형태를 취하고 있으며, 대통령은 국가원수이면서 행정수반이다. 지방자치를 허용하며 단방제를 실시하고 있다. 입법부는 단원제 형태이며, 사법부는 대법원과 헌법재판소로 2원화되어 있다.

북한은 조선민주주의인민공화국으로 정부는 입법부(최고인민회의), 국방위원회와 내각, 사법부로 권력이 분립되어 외견상 견제와 균형을 취하고 있다. 또한 국방위원장 영도와 조선로동당의 영도체제를 띠고 있다. 국방위원회위원장이 행정수반이며 인민회의 상임위원회위원장이 국가를 대표한다. 외견상 지방자치가 허용되며 단방제이다. 최고인민회의는 단원제 형태이며, 상설 상무위원회가 실제적 기능을 수행한다. 사법부는 재판소와 검찰소로 2원화되어 있다(「조선민주주의인민공화국 사회주의 헌법」(2010년 4월 9일 개정)).

미국의 정부권력은 입법부, 행정부, 사법부로 3권이 분립되어 견제와 균형을 취하고 있다. 또한 대통령중심제를 띠고 있으며, 대통령은 국가원수이면서 행정수반이다. 지방자치는 허용되며 50개 주로 구성되는 연방제를 실시하고 있다. 입법부는 상원과 하원의 양원제 형태이며, 사법부는 대법원으로 1원화되어 있다(「미국연방헌법」(Constitution of the United States of America)(2004년 개정)).

일본의 정부권력은 입법부, 행정부, 사법부로 3권이 분립되어 견제와 균형을 취하고 있다. 또한 내각책임제를 띠고 있으며, 왕(天皇)은 국가원수이며 내각수상(總理大臣)이 행정수반이다. 지방자치를 허용하며 단방제를 실시하고 있다. 입법부는 중의원과 참의원의 양원제 형태이며, 사법부는 대법원으로 1원화되어 있다(「일본국헌법(日本國憲法)」(1952년 개정)).

중국은 정부권력이 입법부(전국인민대표대회), 행정부(국무원), 사법부, 중앙군사위원회로 분립되어 견제와 균형을 취하고 있다. 또한 대통령중심제의 형태를 보이고 있으며, 대통령(國家主席)은 국가원수이면서 행정수반이다. 자치지구에서 지방자치는 허용하지만 단방제를 실시하고 있다. 입법부는 단원제 형태이며, 상임위원회가 실질적 기능을 행사한다. 사법부는 인민법원과 인민검찰원으로 2원화되어 있다. 하지만 공산당의 영도를 강조한다(「중화인민공화국헌법(中華人民共和國憲法)」(2004년 개정)).

러시아의 정부권력은 입법부, 행정부, 사법부로 3권이 분립되어 견제와 균형을 취하고 있다. 또한 대통령중심제를 띠고 있으며, 대통령은 국가원수이면서 행정수반이다. 지방자치는 허용되며 연방제를 실시하고 있다. 입법부(연방회의)는 양원제(국가두마와 연방회의) 형태이며, 사법부는 최고재판소와 헌법재판소로 2원화되어 있다(「러시아연방헌법」(Constitution of Russian Federation)(1993년 12월 개정)).

3 권력구조 외 헌법원리

우리나라 헌법의 원리에서 중요한 것으로는 민주주의, 법치주의, 사회국가의 원리 등을 들 수 있으며 기타 문화국가의 원리와 환경국가의 원리를 들 수 있다.

1) 민주주의원리

민주주의(democracy)라는 용어는 민중을 의미하는 'demos'와 지배를 의미하는 'kratein'으로 구성되는 것으로 초기에는 귀족의 지배, 군주의 지배에 대응하는 개념으로 사용되었으나 민주주의가 갖는 개념의 다의성으로 인해 그것을 이해하는데 많은 혼란을 주고 있다. 따라서 헌법 조문을 통해서 해석하는 것이 수용되고 있다.

한국헌법에서 민주주의원리란 민주주의의 중요한 요소들이 준수되는 것으로 이들로는 국민주권, 다수결, 대의제, 책임정치, 다원주의, 의회제도, 정당제도 등을 들 수 있다. 이 중 국민주권이란 국민의 양도할 수 없는 최종의 권력이라는 의미이다. 헌법에서는 국민주권의 원리를 인정하면서도 대의제 민주주의를 보장하고 있다.

2) 법치주의원리

법치주의는 국민의 안정적 지위를 보장하기 위하여, 즉 국민의 기본권 보장을 위하여 법이라는 객관적 수단을 통해 통치하는 것이다. 자의적 통치가 아니고 법치가 되려면 법을 만드는 자와 법을 집행하는 자가 구분 · 독립되어야 한다. 법치주의 원리는 영국의 법의 지배, 미국의 권력분립, 프랑스의 정치적 전통, 그리고 독일의 법치국가의 형성과 같은 주요 국가의 정치적 전통에 뿌리를 두면서 발전해왔다.

한국헌법에서 법치주의원리란 헌법질서의 계속성을 유지하면서 법적 기준에 구속된 국가권력을 구성하고 국가생활이 계속성과 안정성을 확보함으로써 국민의 전체 생활을 안정시킨다. 법치주의에서 국가의 행위는 법률에 근거하여 행사할 것을 강조하고 국민의 기본권 침해에 있어서는 일정한 한계를 인정하고 있다.

3) 사회국가의 원리

사회국가의 원리는 공존의 사회, 연대성을 강조하는 개념으로 사회적 정의의 실현을 내용으로 한다. 정의는 실질적 정의와 절차적 정의로 구분되며 사회국가원리는 실질적 자유와 실질적 평등 위에서 사회국가를 형성하는 것이다.

한국헌법에서 사회국가의 원리란 국가에서 사회적 정의가 구현되는 원리이다. 사회국가원리는 국민들에게 실질적 자유와 실질적 평등이 보장되어야 한다는 것이다. 빈부의 격차 및 그로 인한 사회적 갈등을 해소하고 사회적 국가, 즉 복지국가를 지향한다.

4) 문화국가의 원리

문화국가원리는 유구한 역사 속에서 꽃 피어온 민족문화의 보존과 진흥에 대한 국가적 책임을 부과하고 있는 원리이다. 우리 헌법 제9조에서는 '국가는 전통문화의 계승·발전과 민족문화의 창달에 노력하여야 한다'고 규정하고 있다. 국가는 과거로부터 계승되어온 전통문화를 현재 및 미래에 창조적으로 발전시켜야 한다.

5) 환경국가원리

환경국가원리는 국가가 산업을 발전시키면서도 환경을 보호하여 지속적 성장을 할 수 있도록 하는 것이다. 환경파괴를 막고 환경을 보호하여 현 세대는 물론 미래 세대에 대한 환경권을 보장하는 것을 품고 있다.

한편 북한의 헌법에서는 사회주의 국가원리, 통치이념으로서 주체사상, 계획경제, 사회통제와 주민통제, 집단주의 원칙 등의 원리를 제시하고 있다.

4 국제질서 및 국방에 관한 헌법원리

1) 대한민국 헌법

「대한민국 헌법」에서 국제질서 및 국방에 관한 헌법원리로는 국제평화주의를, 군과 관련한 헌법원리로는 군의 정치적 중립 등을 들 수 있다.

국제평화주의는 국가 간의 관계에 있어서 침략적 전쟁을 부인하고 평화적 통일을 지향하는 원리이다. 그러나 자위전쟁을 부인하는 것은 아니다. 우리나라 헌법에서는 헌법전문, 헌법 제4조, 제66조 3항과 제69조(대통령의 책임) 등의 조항에서 평화통일에 대한 국가와 대통령의 책임을 규정하고 있다.

군의 정치적 중립성 보장은 군의 정치적 개입을 방지하려는 취지에서 규정한 헌법원리로서 제5조 2항에 '국군은 국가의 안전보장과 국토방위의 신성한 의무를 수행함을 사명으로 하며 그 정치적 중립성을 준수한다'로 규정하고 있다.

2) 북한 헌법

북한의 「조선민주주의인민공화국 사회주의헌법」에서는 제4장(제58조부터 제61조까지)을 '국방'의 장으로 별도로 개설할 정도로 국방에 관한 비중이 높으며, 국방의 자위의지를 선언하고 있다. 즉 헌법 제60조에서 '국가는 군대와 인민을 정치사상적으로 무장시키는 기초 위에서 전군간부화, 전인민무장화, 전국요새화를 기본내용으로 하는 자위적 군사로선을 관철한다'고 하고 있다.

3) 일본 헌법

일본의 헌법(「日本國憲法」)에서는 제9조에서 자위권 문제를 규정하고 있다. 일본은 제2차 세계대전이 종결된 이후, 평화국가의 건설을 지향하는 노력을 거듭해왔다. 이러한 평화주의의 이상을 내세우는 일본 헌법은 제9조에서 전쟁 포기 및 전력의 미보유, 교전권의 부인과 관련된 규정을 마련했다. 그러나 이 규정은 주권국가로서 고유한 자위권을 부정하는 것은 아니다. 일본정부는 필요최소한의 무력을 보유하는 것은 헌법상 인정된다고 해석하고 있다(국방정보본부, 2013: 157-159).

일본의 평화헌법이 시행된지 약 65년이 지났지만 일본이 군사대국화를 지향하면서 헌법에 대한 이른바 '해석개헌'을 거듭하여 왔고 정당 간에 개헌논의가 활발하다. 즉 일본자위대가 종전의 전수방위 자세를 버리고 1990년대에 해외 출동을 하였고, 1999년 이후 「무력공격사태법」이나 「국민보호법」 등 소위 '주변사태법'이 제정되어 군사대국화를 법제 면에서 뒷받침하고 있다. 「일본국 헌법」 제9조에 대한 국민 여론조사는 아직 반대의견이 많지만 2015년 현 내각에서 개헌할 수 있는 가능성이 크다(山內敏弘, 2006: 13－27).

4) 중국 헌법

「중화인민공화국 헌법」에서는 제60조에서 국가의 국방력 강화의무를 규정하고 있다. 즉 제60조에서 '국가는 무장역량의 현대화 및 정규화의 건설을 강화하고 국방력을 증강시킨다'고 규정하고 있다(「중화인민공화국 헌법」(2004년 개정)).

5) 미국 헌법

「미국 헌법」 수정 제10조에서는 '본 헌법에 의해 미국연방정부에 위임되지 않았거나, 혹은 주(州)정부의 권리행사가 금지되지 않은 권한들은 각 주 정부 또는 국민에게 유보된다'고 규정되어 있다. 연방정부의 주요 권한으로는 국방외교정책을 들 수 있다.

제 3 절 정부의 국정목표와 국방목표

1 역대 한국 정부의 국정목표와 국방목표

1) 역대 정부의 국정목표

국정목표는 국정지표라는 이름으로 제시되고 있다. 한국의 구체적인 시대별 국가이익은 역대 정부별 국정지표에 반영되어 정책화되어 왔다고 볼 수 있다. 그런데 역대 정부가 국정지표를 명시하는 것은 제6공화국의 노태우 정부부터이다. 제1공화국과 제5공화국까지는 신년기자회견이나 역사적 자료에 의해 추출하였다(민진, 2009: 85).

(1) 제1공화국부터 제5공화국까지

제1공화국 이승만 정부(1948~1960년)는 자유당 정권으로서 국정이념은 독립국가의 건설과 경제재건이다. 6 · 25 전쟁(한국전쟁) 이후 경제부흥에 정부의 노력을 기울였다. 제2공화국 장면 정부(1961~1962년)는 민주당 정권으로서 비록 단기간이기는 하였지만 민주주의와 경제건설을 강조하였다.

제3공화국 박정희 정부(1964~1971)는 민주공화당 정권으로 조국근대화를 기치로 내세웠으며 국정이념은 경제성장과 국가안보이다. 제4공화국 박정희 정부(1972~1981)는 소위 '유신헌법'에 의해 신대통령제를 운영하였다. 민주공화당과 유신정우회 정권으로 조국근대화를 기치로 내세웠다. 이어 최규하 과도정부가 잠시 존재하였다. 제5공화국 전두환 정부(1981~1987년)는 민주정의당 정권으로 국가질서회복을 지향하였으며 경제개혁을 추진하였다.

(2) 제6공화국

제6공화국의 정부는 노태우 정부, 김영삼 정부, 김대중 정부, 노무현 정부, 이명박 정부, 그리고 현재 박근혜 정부로 이어진다.

노태우 정부(1988~1992년) 민주자유당 정권으로 권위주의를 청산하고 '보통 사람들의 위대한 시대를 연다'는 구호 아래 4대 국정지표로서 '민족자존', '민주화합', '균형발전', 그리고 '통일번영'을 설정하였다.

김영삼 정부(1993~1997년)는 신한국당 정권으로 '문민정부'라 불리며, '신한국창조'라는 정치적 구호 아래 국정지표로 '깨끗한 정부', '튼튼한 경제', '건강한 사회', 그리고 '통일된 조국' 등 4가지를 표방하고 있다.

김대중 정부(1998~2002년)는 국민회의 정권으로 '국민의 정부'라 일컫는다. 외환위기를 극복하는 것이 급선무였으며 국정지표는 '국정 전반의 개혁', '경제난국의 극복', '국민화합의 실현', '법과 질서의 수호' 등을 표방하였다.

노무현 정부(2003~2007년)는 열린우리당 정권으로 '참여정부'라 불리며, 국민의 국정참여를 강조하였다. 국정목표로는 '국민들과 함께 하는 민주주의', '더불어 사는 균형발전 사회', '평화와 번영의 동북아시아'를 표방하였다.

이명박 정부(2008~2012년)는 한나라당 정권으로 창조적 실용주의를 강조하였으며, 국정지표는 '섬기는 정부', '활기찬 시장경제', '능동적 복지', '화합의 실현', '성숙한 세계국가'를 표방하였다.

표 3-1 대한민국 역대 정부의 정책 상징과 정책이념

공화국/정부 (기간)	정책 상징	정책 이념						
		1	2	3	4	5	6	7
제1공('48~'60)	국가건설							
제2공('61~'62)	민주주의, 경제							
제3공('64~'71)	조국근대화							
제4공('72~'80)	조국근대화							
과도정부('80)	위기관리							
제5공('81~'87)	국가질서회복							
노태우('88~'92)	권위주의청산	√		√		√√		
김영삼('93~'97)	신한국창조	√	√	√		√		
김대중('98~'02)	외환위기 극복	√	√	√	√			
노무현('03~'07)	국민참여	√		√			√	
이명박('08~'12)	창조적 실용주의	√	√	√			√	
박근혜('13~'17)	희망의 새시대		√		√		√	√

저자 작성.
참고: 1: 정치행정 2. 경제성장 3. 사회복지 4. 국민문화 5. 민족/통일 6. 세계평화 7. 기타

2) 최근 정부의 국방정책 목표

우리나라의 국방목표는 외부의 군사적 위협과 침략으로부터 국가를 보위하고, 평화통일을 뒷받침하며, 지역의 안정과 세계평화에 기여한다는 것이다.

그런데 대한민국 정부에서는 정권별로 국방목표를 기초로 하면서 국가의 비전, 국가안보전략 등에 따라 국방정책을 위한 목표와 정책기조를 제시하여 왔다.

(1) 김대중 정부

김대중 정부(1998~2002)에서는 <국방기본정책서>에서 국방발전의 기본개념을 제시한 바 있다. 여기서는 북한의 위협에 대비, 능력에 기초한 국방발전, 그리고 대외적 군사관계의 강화 등을 국방발전 기본목표로 제시하였다. 이에 따라 국방정책 5대기조로는 확고한 국방태세 확립, 선진 정예국방 건설, 대북군사정책 발전 및 한반도 긴장완화 추진, 한미동맹관계 발전 및 주변국과의 안보협력 강화, 그리고 국민과 함께 하는 '국민의 군대육성'을 제시하였다(국방부, 『1998~2002 국방정책』, 2002: 25-28).

(2) 노무현 정부

노무현 정부(2003~2007)에서는 안보분야에서 '평화번영정책'을 내걸었으며 국방정책목표로는 '자주적 선진국방' 구현으로 설정하였다. 이를 위한 정책추진 중점으로는 완벽한 국방태세 확립, 미래지향적 방위역량 구축, 지속적인 국방체제 개혁, 그리고 장병복지와 병영환경의 개선에 두었다(국방부, 『참여정부의 국방정책』, 2003: 27-30).

(3) 이명박 정부

이명박 정부(2008~2012)에서는 국가안보전략목표를 한반도의 안정과 평화유지, 국민안전보장 및 국가번영 기반구축, 국제적 역량 및 위상 제고로 설정하였다. 이에 따라 국방정책목표를 '정예화된 선진강군'으로 내걸었다. 국방정책기조로는 포괄안보를 구현하는 국방태세 확립, 한미군사동맹의 발전과 국방외교의 협력의 외연확대, 남북관계 발전의 군사적 뒷받침, 선진군사역량 구축, 정예국방인력 양성 및 교육훈련체계 개선, 강도 높은 경영 효율화 추진, 가고 싶은 군대, 보람찬 군대육성, 국민과 함께 하는 국민의 군대 지향 등 8가지를 제시하였다(국방부, 『정예화된 선진강군』, 2013: 26-31).

2 박근혜 정부의 국정지표, 국가안보전략과 국방정책목표

참고 박근혜 정부의 안보전략과 국가안보전략기조

영토 · 주권 수호와 국민안전 확보는 다음과 같다. 외부의 위협으로부터 국가 주권과 영토를 지키고 국민안전을 확보하는 것은 국가안보의 기본이다. 정부는 북한의 무력 도발, 잠재적 미래 위협, 초국가적 위협 등 다양하고 복합적인 위협으로부터 영토와 주권, 그리고 국민의 생명과 재산을 수호하는 데 총력을 기울여 나갈 것이다.

국가안보전략기조는 튼튼한 안보태세를 구축하는 것이다. 튼튼한 안보는 국가존립의 기반이자 남북관계의 발전과 평화 정착의 토대이다. 정부는 튼튼한 안보를 바탕으로 통일시대를 준비하고 동북아의 안정과 세계평화에 기여하고자 한다.

우선 북한의 군사적 위협에 대비하여 굳건한 방위역량을 갖추고자 한다. 북한의 도발을 사전에 억제하고, 도발시에는 단호하게 응징할 수 있는 대응태세를 갖추어 나갈 것이다. 아울러 북한의 핵능력과 미사일 위협에 대해서도 효과적인 대응능력을 구비해나가고자 한다. 충분한 대북 억제력을 확보하기 위하여 우리 군의 전력 증강은 물론, 한미 연합방위태세를 한층 강화해 나갈 것이다.

국가안보에 대한 위협과 도전은 북한의 도발 외에도 다양한 형태로 나타날 수 있다. 테러리즘, 사이버공격, 기후변화, 전염병, 자연재해, 재난 등과 같은 초국가적 위협은 물론 장래의 잠재적 위협도 상정할 수 있다. 정부는 국제정세의 변화 추이를 잘 살펴서 미래의 잠재적 위협에 적절히 대비하고 초국가적 위협 징후를 면밀하게 관찰하면서 능동적이고 선제적으로 대응해 나갈 것이다.

정부는 동맹과 우방국, 그리고 국제기구와 폭넓게 협력하면서 대외적으로 안보역량을 증대시켜 나가고자 한다. 우선 한미동맹을 미래의 안보 도전에 대응할 수 있도록 지속적으로 발전시켜 나갈 것이다. 또한 일본, 중국, 러시아 등 주변국들과 공통이익을 증진하고 역내 안보불안 해소를 위한 전략적 협력도 강화해 나가고자 한다. 아울러 우리의 전략적 이해를 공유하는 세계 각국들과 양자 및 다자협력을 강화함으로써 안보협력의 외연을 넓히기 위한 노력도 경주할 것이다.

* 자료원: 국가안보실, 『희망의 새시대 국가안보전략』(서울: 국가안보실, 2014.7).

현재 정부는 박근혜 정부이다. 박근혜 정부(2013~2017년)는 새누리당 정권으로 국가비전으로 '희망의 새시대'를 지향하고 있으며, 국정지표로는 경제부흥, 국민행복, 문화융성, 그리고 평화통일기반구축을, 그리고 추진기반으로는 신뢰받는 정부를 표방하고 있다.[10]

경제부흥 세부 과제로는 창조경제, 경제민주화, 민생경제를, 국민행복 세부과제로는 맞춤형 고용복지, 창의교육, 국민안전, 사회통합을 들고 있으며, 문화융성 세

10) http://www.president.go.kr/policy/assignment01.php 2015-02-10.

부 과제로는 문화참여 확대, 문화예술 진흥, 문화와 산업의 융합을 제시하고 있다. 평화통일을 위한 기반 구축의 세부과제로는 튼튼한 안보, 한반도신뢰프로세스, 신뢰외교를 들고 있다.

박근혜 정부는 국정기조인 평화통일기반 구축을 달성하기 위해 '영토 · 주권 수호와 국민안전 확보', '한반도 평화 정착과 통일시대 준비', 그리고 '동북아 협력 증진과 세계평화 · 발전에 기여'를 국가안보목표로 설정하였다.

튼튼한 안보와 지속가능한 평화를 달성하기 위해 국민이 신뢰하는 확고한 국방태세 확립, 전략환경 변화에 부응하는 미래지향적 방위역량 강화, 한미군사동맹의 지속적 발전 및 주변국 국방협력 강화, 혁신적 국방경영 및 방위산업의 육성, 군복무여건의 개선과 국민존중의 국방정책의 추진, 명예로운 보훈의 지향과 북핵문제의 진전을 위한 동력의 강화 등을 제시하였다.

박근혜 정부(2013~2017)에서는 국방비전과 국방정책기조, 안보현실 등을 고려하여 국방운영 목표를 기본이 튼튼한 국방, 미래를 준비하는 국방으로 선정하였다. 국방비전은 정예화된 선진강군으로 설정하였으며, 선진 강군을 구현하기 위해 '전방위 국방태세 확립', '미래지향적 방위역량 강화', '한미동맹 발전 및 대외 국방협력 강화', '행복한 선진 국방환경조성'을 국방 4대 중점으로 선정하여 적극 추진하고 있다(국방부, 『2014 국방백서』, 2014: 38－40).

3 주요국가의 국방정책목표

국방정책을 결정할 때 기준 중에는 특정 국가의 국방비전, 국방목표 또는 국방운영 중점 등으로 표현되는 정책방향이 있다. 각국의 국방백서, 안보전략지침 등을 통해 살펴보면 다음과 같다.

1) 북 한

북한의 국방정책은 조선로동당의 규약에서 출발한다. 조선로동당 당규약 서문에는 국가목표가 제시되었다. 즉 당면목표로는 공화국 북반부에서 사회주의 강성대국을 건설하고 전국적 범위에서 민족해방민주주의 과업을 수행하는 것이며, 최종목표는 온 사회의 주체사상화, 인민대중의 자주성 실현에 있다. 북한의 국가전략은 강성대국을 건설하는 것이며, 국가정책으로는 선군정치를 내걸고 군사정책으로는 4대 군사노선을, 군사전략으로는 재래전, 비재래전, 그리고 비대칭전략무기를 배합하는 전략을 구사하려 한다(김기수, 2013: 242).

2) 미 국

미국의 오바마 행정부는 2012년 1월 새로운 국방전략지침을 공표했다. 이 전략지침에는 국방세출이 대폭 삭감되고 있는 전환점에서 국방분야의 우선순위를 재점검하고 통합군의 바람직한 모습을 제시하려 한다. 미국은 안보전략을 아시아·태평양 지역 중심으로 변경하고 있으며 이 지역의 동맹국과 관계를 강화하는 동시에 우호국과 협력을 확대한다는 방침을 세우고 있다(防衛省 編輯, 2010: 26-31).

3) 일 본

일본의 방위정책은 1957년에 국방회의와 각의에서 결정한 '국방의 기본방침'에 기초를 두고 있다. 이 방침에는 국방의 목적이, '직접적인 혹은 간접적인 침략을 미연에 방지하고 만일 침략이 발생했을 경우에는 이를 배제하여, 민주주의를 기초로 하는 일본의 독립과 평화를 수호하는 데 있다'고 규정하고 있다. 이에 따라 일본은 전수방위,[11] 군사대국으로 발전하지 않을 것, 비핵3원칙, 문민통제의 확보를 추진하고 있다(防衛省 編輯, 2010: 113-114).

4) 중 국

중국은 국가의 안전과 발전의 이익에 부합하는 강건한 국방과 강대한 군대의 건설을 국가의 현대화 건설을 위한 임무로 규정하고 있으며 국방정책의 목표와 임무에 대해서는 주로 국가의 주권, 안전, 발전의 이익을 옹호할 것, 사회의 조화와 안정을 옹호할 것, 국방과 군대의 현대화를 추진할 것, 동시에 세계의 안정과 평화

---

11) 전수방위란 상대방으로부터 무력 공격을 받았을 때 처음으로 방위력을 행사하고 방위력의 행사도 자위를 위한 필요 최소한으로 제한하는 등 헌법의 정신에 입각한 수동적인 방위전략 자세를 말한다.

를 옹호할 것이라고 밝히고 있다(防衛省 編輯, 2010: 50－51).

5) 러시아

러시아는 2009년 5월에 승인된 '2020년까지의 러시아연방 국가안보전략'에 따라 내외 정책분야의 목표 및 전략적 우선과제를 규정하고 있다. 2010년 10월 '국가안보전략'을 군사분야에서 구체화시킨 문서로 '러시아연방 군사독트린'에서는 대규모 전쟁이 일어날 개연성은 적다고 보지만 NATO의 기반은 러시아에 대한 군사적 위험성이 높아지고 있다고 본다. 또한 분쟁의 억제 및 예방을 위해 신속대응태세를 유지한다는 방침을 밝혔다. 군 개혁은 콤팩트화, 근대화, 그리고 프로패셔널화를 지향한다(防衛省 編輯, 2010: 68－69).

(6) 호 주

호주는 2013년 1월 길러드 총리가 호주의 첫 국가안전보장전략을 발표했다. 여기서 호주는 아시아태평양 지역에서 경제적 · 전략적 변화에 대응해나가는 것이 중요하다고 인식하고 있다. 2013년 5월 새로운 국방백서를 발표하였으며, 호주의 전략적 이익에 대해서 자국의 안전보장, 남태평양 및 동티모르의 안전보장, 인도양 · 태평양 지역의 안정, 국제질서의 유지라고 규정한 바 있다(防衛省 編輯, 2010: 97).

제 2 부

정책행위자

제 4 장 정책행위자와 국민

제 1 절 정책행위자의 의의

1 정책행위자의 의의와 특성

1) 정책행위자의 의의와 분류

정책행위자(policy actor)[1]는 정책과정에서 정책과 관련된 직·간접적 활동을 하거나 영향을 미치는 사람, 집단, 그리고 조직을 의미한다. 국제관계에 있어서는 국가도 포함될 수 있다. 따라서 대통령, 정부부처, 국회, 대법원, 헌법재판소, 언론사, 이익집단, NGO와 같은 정책기구도 있고 국회의원, 헌법재판관, 장관, 기자, 그리고 시민운동가 같은 개인도 있다. 그리고 국제연합(UN), 유럽연합(EU), 아세안(ASEAN) 등 국제기구가 있다. 이들 중 정책에 따라서 특정 정책행위자만 포함될 수도 있으며, 그들이 포함되어 활동하는 정도 역시 다를 수 있다.

그 동안 정책행위자에 대해서는 '정책과정에서의 참여자'라는 제목으로 많은 학

1) 정책행위자에 대해서는 민진, 『한국정책체계론』(2015)을 주로 참조.

자들이 다루어왔으며, 이를 공식적 참여자와 비공식참여자 또는 제도적 참여자와 비제도적 참여자로 구분하여 왔다. 즉 정책활동이 제도화된 공식적 참여자로는 의회, 대통령, 사법부, 행정기관을 들고 있으며, 비공식적인 참여자로는 정당, 언론매체, 이익집단, NGO 등을 들고 있다(정정길 외, 2012; 노화준, 2012). 또한 정책행위자는 정책활동의 영역에 따라 국내행위자와 국제행위자로 구분할 수 있는데 국제행위자로는 개별국가, 국가집단, 그리고 국제기구 등을 들 수 있다.

참고 **정책행위자 분류**

① 공식적 참여자: 의회, 대통령, 사법부, 행정기관
② 비공식적 참여자: 정당, 언론매체, 이익집단, NGO
③ 기타: 국민, 국제기구 등

2) 정책행위자의 특성과 정책과정

정책행위자들은 개별적 · 집단적 이해관계와 의견을 갖고 있고 이들은 구체적인 정책과정에 영향을 미친다. 개인의 이익과 손해, 집단이나 조직의 이익과 손해, 심지어는 특정 국가의 이익이나 손해는 정책행위의 원인이 되고 동기를 부여한다. 이 외에도 정책행위자들의 정책역량과 정체성, 그리고 자존심 및 역사관 등은 정책행위를 하는데 영향을 미친다.

첫째, 정책행위자의 이해관계는 정책과정에 영향을 미친다. 정책행위자는 정책과정에서 정책문제해결과 관련하여 이해관계가 있을 수 있다. 정책행위자들은 정책의 결정 · 집행 · 평가로 인해 이익을 보거나 손해를 볼 수 있다. 그 이해의 정도에 따라 정책과정에 대한 관심과 영향력 행사의 내용이나 방법이 달라진다. 이해관계가 많을수록 정책과정에 대한 관심이 많을 것이며, 편향된 행동을 할 가능성이 크고, 이해관계가 적을수록 정책과정에 대한 관심이 적거나 중립적이고 공정하게 활동한다.

둘째, 정책행위자의 정체성, 자존심, 그리고 역사관 등은 정책과정에 영향을 미친다. 정책행위자의 조직적 특성, 정체성 등은 조직과정에 영향을 미친다. 정책행위자의 조직이나 기구로서의 자존심 등은 정책과정에 영향을 미친다. 예컨대 미국 국무부는 세계 최고의 외교정책기관이라는 면에서 자존심을 걸고 정책을 결정한다. 정책행위자의 역사관은 정책과정에 영향을 미친다. 특히 대통령 등 국가행정수반의 역사관은 대외정책을 결정할 때 영향을 준다. 독일 히틀러의 유대인 학살정책은 히틀러의 아리아인(게르만족)의 우월성에 바탕을 두었다.

셋째, 정책행위자의 정책역량은 정책과정에 영향을 미친다. 정책역량(policy capacity)이란 '주어진 임무를 수행하는데 정책 주체의 정책과 관련된 능력'을 의미한다. 정책역량은 정책 주체의 직접적 역량이다. 이것은 정책 주체의 관련 정책 과정에서의 문제해결을 위한 능력이다. 이러한 정책역량은 현재적 능력은 물론이고 잠재적 능력을 포함한다. 정책행위자의 정책역량의 정도는 정책의 질(a quality in policy)에 영향을 미치며, 정책을 성공하게 할 수 있고 실패하게 할 수도 있다.

2 정책기구, 정책 네트워크, 정책 거버넌스

정책행위자와 관련하여 정책기구, 정책 네트워크, 그리고 정책 거버넌스 등 용어를 살펴볼 필요가 있다. 이런 개념들은 정책행위자를 설명하는 좋은 도구임에 틀림없기 때문이다. 대한민국 사회는 제6공화국이 시작한 1980년대 후반부터 국제화, 정보화 시대에 접어들었고, 시민사회가 발전하면서 '정책 네트워크', '정책 거버넌스'라는 개념이 쉽게 도입되었다.

1) 정책기구

정책행위자들 중에서 조직화된 행위자, 법적으로 기관으로서의 지위를 인정받는 기구들이 있다. 이들을 정책행위자와 구분하여 '정책기구(policy organization)'라 부른다. 이러한 정책기구로는 넓게는 입법부(국회), 행정부, 사법부 등 헌법기관에서부터, 행정부의 정부 각 부처청, 그리고 지방자치단체를 들 수 있다. 한편 정책행위자는 협의로는 이들 정책기구의 특정인을 지칭한다. 예컨대 장관이나 차관 등을 들 수 있다. 다만 국회의원은 정책행위자로, 국회는 정책행위자이면서 정책 기구로 볼 수 있다.

정책기구는 나름으로 조직규범을 갖고 있는 경우가 많으며 이에 따라 정책 과정에서 활동한다. 예컨대 의회(입법부)의 위원회 중 상임위원회는 증액지향적이며, 예산위원회는 삭감지향적이다. 사법부는 정의와 형평을, 입법부는 민주성과 참여를, 행정부는 효율성을 강조한다. 정당은 권력의 획득과 유지를, 언론기관은 사회정의와 비판적 규범을 강조하며, 시민사회단체는 공익정신을, 그리고 전문가 단체(Think Tank)는 지적 창의성과 과학적 분석을 강조한다. 따라서 정책기구 간의 조직규범이 다를 때 이들은 정책과정에서 정책갈등을 지각한다.

정책기구의 구성원이 정책행위자로서 역할을 하는 경우에 정책기구의 공식적 견해와 정책행위자의 정책 소신이 다를 수 있다. 이 때 정책행위자들은 의사결정시에 갈등을 느낀다. 하지만 이들이 같거나 유사하다면 정책행위자들은 소신있게 정책을 추진할 수 있다.

2) 정책 네트워크

정책 네트워크(policy network)는 정책하위체계에서 공공 및 민간분야의 행위자들 사이에 경험적으로 나타날 수 있는 상호작용의 형태를 의미한다(남궁 근, 2012: 338). 정책행위자들은 독자적으로 활동하기도 하지만 타인 또는 타 집단・기관・조직・국가와 연대하여 활동하기도 한다. 정책 네트워크의 분석요소로는 행위자, 상호작용, 네트워크 구조, 권력과 영향력 등을 들 수 있다(김순양, 2010: 177-205).

정책 네트워크 모형은 정책결정 모형으로서 다원주의 모형과 조합주의 모형이 갖는 한계를 비판하면서 이를 보완하기 위한 대안의 하나로 제시되었다. 이 두 모형은 각기 이익집단들 간의 경쟁 혹은 정부와 이익집단 간의 관계에 초점을 둠으로써 정책과정에 참여하는 다양한 공사 행위자들을 포괄하는 데는 한계가 있었다. 그리고 이 모형들은 행위의 동기를 주로 이해관계의 관점에서 파악함으로써 행위자들 간의 동기를 유발하는 다양한 동기를 파악하는 데는 다소 부족하였다. 즉 다원주의 모형은 이익집단이 정책과정의 주된 행위자인 반면에 정부는 중립적 행위자임을 설정하고 있으며, 조합주의 모형은 정부와 정부로부터 승인된 소수의 이익집단들만이 정책과정에서 유의미한 역할을 수행하고 있음을 전제하고 있다(Rhodes & Marsh, 1992; Smith, 2006; Bothel and Bothel, 2004. 김순양, 2010: 178에서 재인용).

정책 네트워크 모형의 특성은 다음과 같다. ⅰ) 정책과정에 개입되는 행위자들 간의 '관계의 속성'을 파악하고 궁극적으로는 이러한 관계의 속성이 정책산출에 어떤 영향을 미치는지 규명한다. ⅱ) 정책과정에 참여하는 행위자의 범위와 관련해서는 공사 부문 간의 경계를 초월한다. ⅲ) 행위자들 간의 관계가 형성되는 과정에 그 동인으로서 행위자들 간의 자원의존을 중시한다. ⅳ) 행위자들 간의 관계의 성격을 수평적인 상호의존관계로 이해한다. ⅴ) 행위자들 간의 관계의 유형은 다양하며 다양한 하위모형이 있을 수 있다. ⅵ) 행위자의 수, 범위, 그리고 주도자 등은 정책의 진행 과정에 따라 가변적이다(김순양, 2010: 179).

Rhodes는 정책 네트워크 모형에서 그 양끝에 정책공동체(policy community)와 이슈 네트워크(issue network)라는 하위 네트워크를 제시한다. 즉 정책공동체는 매우 안정적이며, 고도로 회원 자격이 제한되고, 수직적이다. 이에 반해 이슈 네트워크는 매우 불안정하며, 많은 수의 회원이 있고, 제한된 수직적 상호의존성이 있다(Rhodes, 1997: 36-39).

국방정책 분야는 안보전문 정책 영역으로서 정책 네트워크가 폐쇄적 정책공동체의 형태를 띨 가능성이 높다. 따라서 정책정보의 흐름이 차단되고 소수의 전문가와 정책 당국만이 정책공동체를 형성하여 운영될 가능성이 높다. 예컨대 병역정책의 경우 국방부, 병무청, 여성단체, 대한의사협회, 한국행정학회, 대한재향군인회, 병역전문 연구가 등이 정책 네트워크를 이룬다. 국방비정책에 대해서는 국방부, 기획재정부 예산실, 국회예산정책처, 한국정책학회, 한국재정학회, 병역전문 연구가 등이 정책 네트워크를 이룬다.

정책 네트워크에 따르면 정책 신념이 유사한 정책행위자들 간에 정책연합이 이루어질 수 있다. 이를 정책연합 모형 또는 정책옹호 모형(Advocacy Coalition Framework)이라 한다. 이 모형은 오랫 동안 의견을 달리하는 정책을 둘러싸고 시민단체 등이 자기의 신념 체계를 관철하기 위해 정책과정에 개입하는 것을 설명하는 데 유용하다(Weible, 2009: 121-140).

3) 정책 거버넌스

(1) 정책 거버넌스의 개념과 등장

정책 거버넌스(policy governance)는 다양한 이해관계를 가진 참여자들 사이의 협상과 타협을 통한 사회적 조정과정을 말한다(남궁 근, 2012: 242). 거버넌스의 시대에는 정책행위자들이 정책을 옹호하고 반대하는 활동을 하면서 그 조합이 매우 다양하게 나타난다.

정책 거버넌스는 거버넌스 모형에 이론적 바탕을 둔다. 거버넌스는 국가의 통치체제가 통치(governing)나 정부(government)의 개념으로부터 거버넌스(governance)라는 개념으로 변화하는 것을 상징적으로 나타내는 것이며, 전통적 행정에 대응하여 세계화와 정보화라는 새로운 환경 변화에 적응하려는 질서를 의미한다. 즉 국가 행위의 주체가 종래의 배타적이고 독점적인 통치나 정부에서 벗어나 정부 이외의 시장이나 시민사회와의 파트너십 및 네트워크 형성을 필요로 한다(권기헌, 2008: 476-477).

거버넌스는 많은 학자들에 의해 개념이 정의되고 있으며 다양한 접근을 보이고 있다. G. Stooker(1998: 17-28)에 의하면 거버넌스는 정부 혹은 정부를 넘어서는 제도 및 행위자들과의 복합적인 상호작용의 집합물을 의미하며, 국가가 직면하는 사회적 문제를 해결하는데 있어서 정부와 사회행위자들 간의 경계가 무너지는 것을 의미한다. 또한 거버넌스는 수직적 권력관계에만 의존하지 않는 또 다른 형태의 사회문제 해결방식이다(권기헌, 2008: 486).

(2) 정책 거버넌스의 분류

거버넌스는 공간이 수용하는 범위에 따라 국제적 거버넌스, 국가적 거버넌스 그리고 지방자치 수준의 거버넌스로 구분할 수 있다. 국제적 거버넌스는 다시 전세계적(지구적) 거버넌스와 특정 지역(예 아프리카 혹은 동북아시아) 거버넌스로 구분할 수 있다.

거버넌스는 그 추상화 수준에 따라 고위수준 · 중위수준 · 저위수준 거버넌스로 구분할 수 있다(김의영, 2014: 14-20). 고위수준의 거버넌스는 시민사회의 참여와 국가-시민사회의 협치적 관계에 초점을 두고 있다. 협치로서의 거버넌스는 국가 등 소수에 의한 결정, 시장과 같은 보이지 않는 손에 의한 결정과는 대조되는 개념으로 대화, 협상, 조정, 타협이나 동의에 더 큰 가치를 둔다.

중위수준의 거버넌스는 행정, 경제, 지역, 비교정치에서의 거버넌스 등으로 분야별 거버넌스나 지역별 거버넌스를 의미한다. 예컨대 의료행정 분야의 거버넌스,

동아시아 지역협력 등을 들 수 있다. 저위수준의 거버넌스는 일국 수준의 거버넌스를 의미한다. 특정 국가라는 지역적 특성과 역사적 맥락을 강조한다.

(3) 국방정책 분야 거버넌스

국방정책 분야 거버넌스(governance in national defense policy)에서는 국방, 군사, 안보라는 영역에 거버넌스 논의를 한정한다.

국방정책 거버넌스는 공간적으로 국가 수준의 정책거버넌스를 중심으로 하지만 국제화 시대에서 주변국과의 국제적 정책 거버넌스를 포함한다. 이를 글로벌 평화와 안보 거버넌스[2]라고 한다. 동북아 지역에 있어서의 미국, 중국, 일본, 러시아, 그리고 북한을 포함하는 정책 협력은 물론이고 호주, 아세안, 유럽연합 등과의 협력도 관심을 갖는다.

국가 간에 군사동맹을 맺는 경우에는(예컨대 한미동맹, 미일동맹, NATO 가입국간, 과거의 중조군사동맹 등) 특별히 동맹국가간 정책 거버넌스가 요구된다. 즉 한국과 미국 간에는 한미동맹 거버넌스가 정책 협력의 기본이 된다.

또한 지방자치 시대의 국방 거버넌스는 국가와 지방자치단체간의 협력적 거버넌스를 포함한다. 우리나라의 경우 중앙정부의 지방통제는 한계에 달했고 중앙정부와 지방의 관계는 상호의존적, 협력적 관계로 전환하고 있으며 중앙-지방정부간 거버넌스를 구축하고 있다(이달곤 외, 2012). 국방부와 지방정부와의 관계 역시 같은 맥락에 설명할 수 있다. 군사시설 설치나 이전에서 볼 수 있는 것처럼 국방부(각 군)와 지방자치단체의 협력이 필요하기 때문이다. 그리고 중앙부처 간 협력 없이 국방문제를 완벽하게 풀어가기 힘들다.

그리고 정보화시대에는 국방정책 분야에서 국민이나 전문가의 직접 참여뿐만 아니라 인터넷을 통한 참여 등이 관심사가 된다. 즉 국방 분야 전자 거버넌스를 포함한다.

2) 정은숙, 『글로벌 거버넌스와 국제안보: 이슈와 행위자』(서울: 한울, 2012). 지역분쟁이 특정 국가에 한정되지 않고 다른 국가에까지 영향을 준다. 예컨대 2015년 파리에서의 IS의 테러에 대해 프랑스는 물론이고 미국, 영국, 독일 등 EU국가, 러시아 등도 IS에 공격을 하는 등 군사정책 분야에서 협력하고 있다.

제 2 절 정책과정에서 주요 정책행위자

1 정책과정의 의의와 정책단계별 특징

1) 정책과정의 의의

정부가 권위있게 결정한 기본방침으로서 정책은 그 시작과 끝이 있으며, 의제설정, 정책결정, 정책집행, 정책평가, 정책종결 등 많은 정책행위가 이어지고 있는데 이런 특성을 '정책과정(政策過程, policy process)'이라 부른다. 그런데 정책의 유형이나 종류, 정책문제의 속성 등에 따라 정책과정은 매우 다양하다.

정책과정은 여러 가지 성격을 내포하고 있어 그 내용 및 실체를 정확히 파악하기가 매우 어렵다. 그럼에도 불구하고 현실 세계에서 나타나는 정책과정의 실체를 보다 정확하게 분석하고 이를 논리적으로 설명하며 미래에 대한 발전적 정책 연구를 위해 이것을 보다 체계적으로 검토할 필요가 있다. 그러나 정책과정을 연구하는 학자들의 견해는 매우 다양하며 합의점을 찾고 있지는 못하지만(최봉기, 2008: 92), Sabatier & Weible이 *Theories of Policy Process*(3rd ed., 2014) 에서 비교적 명쾌하게 다루고 있다.

정책과정은 정책학이 태동하던 초기에는 의회 정책결정의 산출물에 대한 관심에서 정책결정의 과정이라는 제목으로 관심을 끌었다. 그런데 정치와 행정이 혼재하고 정책행위자가 의회, 행정부, 사법부 등으로 확대되어 이들이 복잡하게 얽히면서 정책과정이 단순하지 않다는 것이 인식되었으며 '정책 사이클(policy cycle)' 혹은 '정책단계(policy stages)'라는 이름으로 관심을 갖게 되었다. 정책과정론은 정책과학을 분석하는 분석적인 틀로서 역할을 하고 있지만, 단계별 인과성은 크지 않다는 것이다. 그런데 1990년대 들어 정책 사이클 모형이 너무 낡았으며 쓸모가 없다는 주장이 제기된 바 있다(Sabatier & Weible, 2014: 6-9).

정책과정을 정책체계이론에 바탕을 두어 그 주요 활동에 따라서 정책투입단계, 정책전환단계, 정책산출단계, 그리고 정책환류단계로 구분하여 제시할 수 있다. 또한 정책학자들이 동의하는 바처럼 정책과정을 정책의제설정, 정책의 기획, 정책의 결정, 정책의 집행, 정책의 평가 및 환류로 구분할 수 있다. 저자 역시 후자에 따라서 정책과정을 설명하고자 한다.

그림 4-1 정책의 과정

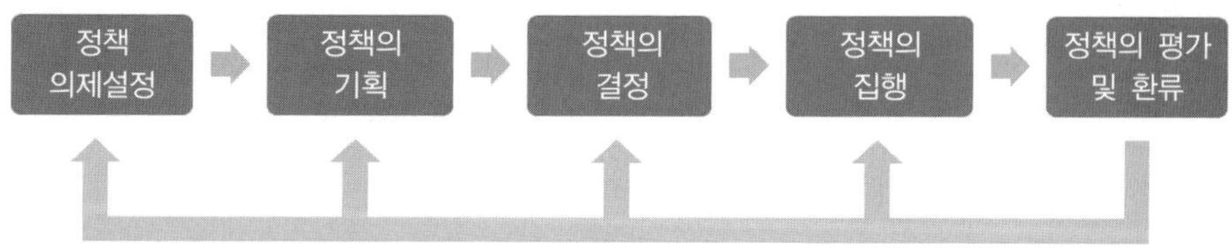

2) 정책과정의 주요 단계별 특징

정책과정의 주요 단계별 정의와 특징은 다음과 같다. 첫째, 정책의제설정(policy agenda setting)이란 정책의제를 채택하거나 설정하는 행위, 활동 또는 과정이다. 여기서 정책의제란 '정부(중앙정부나 지방자치단체)가 공익이나 국익을 달성하기 위하여 여러 가지 사회문제 중에서 공적으로 채택하거나 선택한 문제'로 정의할 수 있다.[3]

둘째, 정책기획(policy planning)이란 정부가 정부의제를 구체적 정책안으로 변환시키는 과정이나 활동이다. 이것은 정책을 결정하기 위하여 그것을 설계하고 관리하는 활동으로 정책형성과정의 한 단계이다.[4] 정책에 대한 큰 틀을 작성하는 것이며 정책의 목표를 확인하고 정책수단을 모색하는 활동이다.

셋째, 정책결정(policy decision making)이란 정책의 중요 사항에 대하여 권위있게 의사결정을 하는 행위나 활동을 말한다. 저자는 정책결정을 정책대안의 채택 이후부터 정책집행 이전까지의 정책과정으로 범위를 한정시켜서 논의를 진행시키고자 한다. 따라서 정책결정과정은 정책안의 채택, 합법화 및 자원배분(예컨대 예산배분)을 포함한다. 따라서 정책과정의 정점이라 할 수 있다.[5]

3) 민진, "정책의제설정의 장," 본서, 『국방정책관리론』(서울: 대영문화사, 2016), 제7장 참조.
4) 민진, "정책기획의 장," 상게서(2016), 제8장 참조.
5) 민진, "정책결정의 장," 상게서(2016), 제9장 참조.

넷째, 정책집행(policy execution)이란 "정책집행기관이 이미 결정된 정책의 목표를 달성하기 위해 정책수단을 동원하여 구체적으로 실천하는 과정이나 활동"이라고 정의할 수 있다.[6] 정책집행은 정책집행기관의 활동이다. 따라서 정책집행에 영향을 미치는 기관, 국회나 언론의 행위가 정책집행 그 자체는 아니다. 정책집행은 정책이 결정된 후부터 정책이 정책환경이나 대상집단에 일정한 영향을 미칠 때까지를 기간적 범위로 한다. 정책집행은 정책수단을 통해 정책목표를 구체화시키는 활동이다. 따라서 정책기관과 정책대상집단이 서로 만나서 정책을 피부로 느끼게 된다. 정책집행은 연속적인 과정이다. 따라서 정책집행은 오랫 동안 계속되며, 많은 행위자들이 개입하는 동태성을 띤다.

다섯째, 정책평가(policy evaluation)란 "현재 진행 중이거나 이미 종료된 정책이나 사업계획의 결과나 과정에서의 행위에 대하여 사후적으로 정책 내용의 가부와 정도를 측정하고, 가치를 판단하며, 그리고 정책목표와 정책수단 간에 인과관계를 추론하는 활동"이라고 정의할 수 있다.[7] 한편 정책평가의 환류(feedback)란 정책평가의 결과를 다른 정책단계에 활용하여 정책활동을 수정하는 활동이다.

2 정책과정에서 정책행위자

정책과정의 행위자에 대해서는 정책단계를 정책의제설정, 정책의 기획, 정책의 결정, 정책의 집행, 정책의 평가 및 환류로 구분하여 설명한다.

1) 정책의제의 설정단계에서 정책행위자

정책의제의 설정단계에서 주요 참여자는 정부, 언론, 시민사회단체, 전문가와 싱크탱크, 외국정부 및 국제기구 등을 들 수 있다. 신문, 방송, 통신, 인터넷 등 언론기관은 정책의제를 제기하는 주요 행위자들이다. 사회문제를 고발하고, 이를 보도 또는 방송하여 여론을 환기시키는 데 큰 역할을 한다. 시민사회단체는 공공의 문제에 대해서 문제를 제기하며 조사를 촉구하는 등 공적 여론을 부추긴다. 전문

6) 민진, "정책집행의 장," 상게서(2016), 제10장 참조.
7) 민진, "정책평가의 장," 상게서(2016), 제11장 참조.

가, 학자, 그리고 싱크탱크는 해당 분야에 대한 전문적인 지식을 통해 정책문제를 제기한다. 정부에서 국회는 국회의원과 위원회가 국정조사나 국정감사를 통해 정책문제를 지적하고 질문권을 통해 행정부의 활동을 감시한다. 국회와 행정부는 모두 정책문제를 정책의제로 다룰 것인지를 결정하는 기관이므로 정책행위자가 된다.

2) 정책의 기획단계에서 정책행위자

정책기획은 정책에 대한 설계를 하는 단계이므로 이 단계에서는 정부부처, 지방자치단체의 정책담당자들이 주요 정책행위자가 된다. 국회의 경우 국회의원 보좌관이나 국회입법조사처, 그리고 국회사무처 법제실 등이 주된 행위자가 된다. 또한 정책기획단계는 정책분석이 핵심단계가 되므로 싱크탱크, 전문가 등이 주된 정책행위자가 된다.

국방정책의 영역에서는 국방정책공동체의 폐쇄적 특성 때문에 국방부, 각 군의 본부 등에서 정책을 기획한다.

3) 정책의 결정단계에서 정책행위자

정책결정단계에서 중요 정책행위자로는 정부의 권위를 보여주는 행정수반(대통령)과 행정부, 국회(본회의, 위원회, 그리고 국회의원), 그리고 지방자치단체(단체장과 지방의회)를 들 수 있다. 국방정책의 경우에는 국군통수권자로서 대통령과 국가안보회의, 국무회의, 청와대 국가안보실, 국방부, 방위사업청, 병무청, 그리고 각 군 본부와 합참을 들 수 있다. 또한 국회 본회의와 국방위원회를 들 수 있다. 이들 기관이 중요한 국방정책을 결정할 때 공청회, 청문회, 토론회 등을 하면 여기에 참석한 사람들이 영향을 미친다. 정당은 선거 및 당정협의를 통해 정책결정에 관여하며, 언론기관은 정책결정과정에서 여론의 향방에 영향을 미칠 수 있다.

4) 정책의 집행단계에서 정책행위자

정책집행단계에서 주요 정책행위자는 정부의 행정각부는 정책집행의 감독 및 점검자로서 기능을 행사하며, 정부의 일선기관, 공기업 등 공공기관이 주로 정책을 집행한다. 지방자치단체는 중앙정부로부터 위임받은 사무에 대해서는 집행업무를 담당한다. 사인 또는 사적 기관은 정부로부터 위임과 위탁을 받은 범위 내에서 정책을 집행한다. 정책집행단계에서 정책집행자와 정책대상집단인 국민 또는 개별 이익집단들이 접촉하게 된다.

국방정책의 경우 국방부, 병무청, 방위사업청에서 정책집행을 감독하며, 그 일선기관들이 집행을 한다. 또한 각 군 부대가 주로 정책과 전략을 집행한다.

5) 정책의 평가 및 환류단계에서 정책행위자

정책평가 및 환류단계에서 주요 정책행위자는 국회(입법부), 회계감사기구(감사원), 사법부(대법원과 헌법재판소), 시민사회단체, 학자, 싱크탱크 등 전문가집단, 그리고 일부 자체평가를 담당하는 정부기구들이다. 또한 언론과 외국정부 및 국제기구도 정책평가 역할을 한다. 국방정책분야의 정책평가행위자는 일반정책분야의 평가행위자와 유사하지만 특수한 감찰기구나 검열기구(예 군 특명검열단, 전비태세검열단)를 두어 평가한다.

6) 정책단계와 정책행위자의 종합

정책과정과 정책단계에서 살펴본 것처럼 다양한 정책행위자가 등장한다. 이러한 행위자들이 각 정책단계에서 하는 역할과 기능은 주된 역할과 부수적 역할, 중요한 역할과 덜 중요한 역할 등으로 구분할 수 있다. 이들을 편의상 중요한 역할은 'o', 중간적 역할은 '▽' 거의 역할이 미약한 것은 '×'로 구분해보면 다음과 같다.

표 4-1 정책단계와 정책행위자의 종합

정책단계	공식참여자							비공식참여자					민
	대	행	지	공	회	사	감	언	시	익	싱	정	
정책의제설정	▽	▽	▽	×	▽	×	×	o	o	▽	×	▽	▽
정책기획	×	o	o	×	▽	▽	×	×	×	×	o	×	×
정책결정	o	o	o	×	o	▽	×	▽	▽	▽	×	▽	×
정책집행	×	o	o	o	×	×	×	×	▽	▽	×	×	o
정책평가	▽	▽	▽	×	o	▽	o	▽	▽	×	o	▽	▽

약어: '대': 대통령; '행': 행정부처청; '지': 지방자치단체; '공': 공공기관; '회': 국회; '사': 사법부; '감': 감사원; '언': 언론기관; '시': 시민단체; '익': 이익집단; '싱': 싱크탱크; '정': 정당; '민': 국민

제 3 절 정책과정과 국민

1 정책대상으로서 국민의 의의와 유형

1) 국민의 지위와 정부 활동

국민은 정치학적 개념이지만 한국 헌법은 국민의 자격을 법률에 위임하고 있다. 즉 우리나라는 「국적법」에 국민의 자격을 부여하고 있다. 국민은 외국인과 구분된다. 국민은 민족, 주민, 시민과는 구분된다. 일부 국가에서는 국민을 공민(예 북한) 또는 인민(예 중화민국)이라 부른다.

국민의 지위는 헌법상 의무부담자로서 국민과 기타 정부 활동의 대상으로서 국민으로 구분할 수 있다. 전자는 각국의 헌법에서 규정하고 있는 국민의 의무를 부담하는 자로서 국민을 의미한다. 대부분의 나라에서는 국방의무와 납세의무를 헌법상 의무로 부과하고 있다. 우리나라에서는 국민의 5대 의무로 국방의무, 납세의무, 교육을 받게 할 의무, 근로의무, 그리고 환경보호의무를 규정하고 있다. 외국인은 대한민국에 있는 동안 외교특권이나 면제의 대상이 되지 않는 한 의무자가 되며, 의무자가 된다고 해서 국민이 되는 것은 아니다.

정부 활동의 대상으로서 국민은 정부 활동의 영역에 따라 달라진다. 정부의 활동은 여러 가지로 분류할 수 있으나 정부규제활동, 정부지원활동, 정부중재활동 등으로 분류할 수 있다(민진, 2006: 121-133). 국민은 이러한 정부 활동의 대상으로 지위를 갖는다. 정부 활동은 정책활동으로 나타나는데, 이들은 다음과 같다.

정부규제란 "정부가 민간의 활동을 통제하려는 의도나 통제행위"를 말한다. 정부규제는 정부가 민간부문의 활동을 소극적으로 통제하거나 개입하는 활동으로 때로는 강제력이 수반되며 공익 혹은 국익 달성이라는 특수한 목적을 갖는다. 예컨대 불공정거래규제, 소비자보호규제 등을 들 수 있다.

정부지원이란 "정부가 국민 전체나 일부의 활동을 지원하려는 의도나 활동"을 말한다. 정부는 국민 개개인의 능력이 부족하기 때문에 국가 및 지방자치단체 차원에서 이들을 돕는다. 정부는 복지정책의 일환, 국가발전 목표의 달성, 그리고 국제평화를 위해 지원활동을 한다. 예컨대 실업지원, 항공우주산업육성, 국제난민의 지원 등이 여기에 해당한다.

정부중재란 "갈등 당사자 사이에 정부가 개입하여 양측의 협상과정을 돕거나 협상과정에서 문제점을 해소시킴으로써 갈등이 수용 한계를 벗어날 정도로 악화되거나 확대되는 것을 막고 유리한 결과를 실현시키는 활동"을 말한다. 정부가 중재활동을 하는 경우는 그렇게 많지 않다.

2) 정책대상으로서 국민

국민은 정책관리의 대상으로서 정책고객(policy customer)이고 정책대상목표(policy target)이다. 정책대상은 사람과 제도, 물적 재산 등이 포함된다. 여기서 정책대상목표는 사람 개개인이나 집단을 의미한다. 정책대상집단은 정책으로부터 받는 이해관계, 즉 혜택과 피해를 중심으로 수혜집단과 피해집단으로 구분할 수 있으며, 이들을 협의의 이해관계자(stake holder)라 부른다.

수혜집단은 정책의 혜택을 받는 자 들을 말한다. 즉 그들은 정책의 결정과 집행을 통해 재화, 서비스 혹은 상징을 제공받는다. 피해집단은 정책 때문에 희생을 당하거나 비용을 부담하는 자들을 말한다(정정길 외, 2012: 46－47).

정책에 따라서는 정책고객은 국민이 주를 이루지만 외국인도 정책고객이 될 수 있다. 국적의 취득과 관련해서 취득단계에 있는 외국인이나, 일정한 조건을 갖출 경우 특정 국가에 체류하고 있는 외국인도 정책의 고객이 될 수 있다.

3) 정책과정에서 국민의 영향

국민은 여론의 주체로서 국민들의 마음 속에 있는 정부, 국가, 국제사회 등에 대한 의식이나 태도가 정부 정책을 찬성, 반대, 옹호 및 중립적이게 하는데 영향을 준다. 즉 민심이 정책을 결정하고 집행하며 평가하는데 가장 기본적인 고려요소가 된다. 국민들에 대해 여론을 조사를 하면 그 향배를 가늠할 수 있다. 국민들의 안보의식은 국방・외교・통상정책에 직・간접적으로 영향을 준다.

국민의 어떤 특성들이 정책과정에 영향을 미치는가? 일반적으로는 국민의 규모와 구성을 들 수 있다. 국민의 수와 인구 규모는 국력의 원천이나 정부 재정부담의 원천이 된다.

정책대상으로서의 국민은 국민연금이나 국민건강보험에서처럼 전체 국민 또는 대부분의 국민으로서도 존재하지만 실제 정책 영역에서는 다양한 형태로 구분되어 존재하면서 이해관계를 갖고 이익을 관철한다. 그 기준으로는 연령과 세대, 부와 소득계층, 고용자와 피용자, 정부공무원과 민간기업종사자, 성별, 지역별, 업종별로 나눌 수 있다. 국방정책에서는 일반 국민, 예비역 장병, 그리고 현역 장병 및 군무원으로 구분할 수 있다. 정책대상은 그들이 조직화되어 있을수록 정책과정에서 강력한 영향을 갖는다.

참고 **정책고객의 유형 분류**

- 성별: 남성, 여성, 중성
- 연령과 세대별: 노인, 중년, 청소년, 유아
- 부와 소득: 부자, 빈곤층, 중산층, 극빈층
- 지역별: 대도시, 도시, 농촌, 어촌, 비무장지대
- 직업별: 공무원, 민간기업종사자, 공공기관종사자, 정치인, 교원, 경찰, 군인
- 업종별: 대기업, 중소기업, 방위산업, 은행업, 교육업
- 이념별: 진보주의자, 보수주의자
- 기타: 국가유공자, 사회적 약자(장애인), 범죄자

* 자료원: 민진, 『한국정책체계론』(서울: 대영문화사, 2015), p. 89.

4) 국방정책의 대상으로서 국민

국방정책의 대상집단으로서 국민은 「병역법」상 현역과 예비역으로의 병역의 이행자로서 국민이다. 주로 일정한 연령에 다다른 남성들에게 부과되는 국민으로서 의무이다. 또한 납세자로서의 국민은 국방비의 간접적 징수원으로서 세금납부자를 의미한다. 우리나라에서는 '방위세'라는 명칭으로 국민들이 직접 국방관련 세금을 납부한 적이 있다.

국민은 주로 규제대상자로서의 지위에서 국방규제의 대상이 된다. 군사시설구역에서의 국민들의 각종 행위가 제한되고 있다. 한편 방위산업은 일정한 범위 내에서 정부의 지원을 받고 있다. 제대군인에 대한 지원, 군사원호대상자들에 대한 정

부의 지원도 그 한 예이다.

국방부에서는 정부 전체의 규제개혁에 발맞추어 국방부문의 규제를 완화하기 위한 노력을 경주하고 있다. 기본방향은 군사작전에 지장이 없는 범위 내에서 국민의 불편을 해소하고 재산권을 보장하는 것이다. 2013년에는 군사시설보호구역 조정 및 제도 개선, 채용 관련 각종 자격기준을 개선한 바 있다(대한민국 국방부, 『2014 국방백서』, 2014: 198).

그 동안 대한민국에서는 경제성장, 정보화, 국제화, 민주화 사회로의 진전함에 따라 국민들의 권리의식이 신장되고 안보환경에 대한 지식과 정보가 많아지고 있어서 과거보다는 군에 대한 기대 수준이 높아지고 있기 때문에 국방정책 영역 등 전 정부 영역에서 국민을 고객으로 대하면서, 국민에게 의사를 묻고, 길을 찾는 노력이 더 요구된다.

2 국민의 정책과정참여

1) 국민의 정책참여 개관

국민이 정책과정에 참여하는 방법은 여러 가지가 있는데 참여의 종류로는 정책참여의 방법과 정책참여의 주체인 헌법기관에 따라 구분할 수 있다.

참고 국민의 정책참여 종류

- 참여방법: 직접 참여, 간접 참여
- 참여기관: 입법과정 참여, 행정과정 참여, 사법과정 참여
- 참여활동: 주권자로서 선거권행사와 집단시위

국민이 정책과정에 참여하는 방법은 참여의 형태에 따라 직접 참여방법과 간접 참여방법으로 나뉜다. 직접 참여방법은 국민이 개인으로서 직접적으로 참여하는 방법으로 대통령선거 등 선거, 국민투표와 주민투표, 입법청원 등이 있다. 간접 참

여방법은 국민을 대신하여 언론, 전문가, 시민단체나 이익집단 등이 국가 정책에 영향을 미치는 것이다. 지식정보사회에서는 국민들이 인터넷을 통해 직접 의견을 개진하거나 댓글 등을 통해서 정책과정에 영향을 미친다.

국민의 정책참여방법은 헌법기관별로 그 형식과 방법이 다르다(민진, 2015: 90-107). 국민이 입법부인 국회의 각종 정책과정에 참여하는 방법은 청원제도, 공청회, 청문회, 그리고 입법예고 등이 있다. 국민이 행정부의 정책과정에 참여하는 방법은 위원회 참여, 여론조사 참여, 행정예고제, 그리고 계획과정에 참여 등을 들 수 있다. 사법부의 정책과정에 참여하는 방법은 국민참여재판 등을 들 수 있다.

국민의 정책참여활동은 선거권 행사와 집단행동으로 구분할 수 있다. 선거권 행사는 국민이 주권자로서 선거권을 행사하는 것이며, 국민들의 집단행동(즉 시위)은 국민들이 집단적 시위를 통해 정책에 영향을 주고자 하는 행위이다. 국민들이 특정 정책 이슈를 중심으로 이를 거부하는 집단시위를 하게 되면 정책집행이 중단될 수 있으며 심지어는 정책의 목표나 수단이 변동될 수 있다. 이러한 집단행동은 선진국보다는 개발도상국이나 저개발국에서, 민주주의 정치체제보다는 권위주의 정치체제에서 많이 일어난다.

2) 국민의 선거를 통한 정책참여

선거는 대의민주주의 하에서는 국민이 정책결정에 참가하는 가장 기본적인 행위이며 또한 주권행사의 구체적 방법이다. 즉 현대사회에서 국민을 정치적으로 통합시키는 주요한 방식은 선거이다(이극찬, 1999: 417).

국민은 선거를 통해 정부에 그들의 의사를 요구하며, 정책적 선호를 전달하고 관철시킬 수 있다. 선거를 통해 지도자를 교체함으로써 선거는 시민들이 선호하는 정책을 실현시킬 수 있는 합법적 수단이다. 국민은 선거를 통해 그들의 요구나 생각을 공약의 형태로 변형시키며 선거 후 당선자는 공약을 정책의 형태로 다시 변형시킨다(민진, 2015: 93).

선거의 종류에는 그 대상에 따라 대통령선거, 국회의원선거, 지방자치단체장선거, 지방의회의원선거 등으로 구분하고, 그 기간에 따라 정규적 선거와 보궐선거로 구분된다. 선거가 있을 때마다 국민들의 정부에 대한 태도는 표(票)로 나타나며 이를 민심(民心)이라 부른다. 정부에 대한 국민의 만족과 불만족, 특정한 사건의 발생은 선거에 영향을 주며 개별정책의 결정 및 집행의 결과가 선거에 영향을 주기도 한다.

국민투표[8]는 직접 민주주의의 대표적 제도로서 근대국가에서는 미국, 프랑스, 그리고 스위스 등에서 시행된 바 있다. 그리고 이후 여러 나라에서 헌법개정이나 국가의 중요한 의사를 결정하면서 간접민주주의의 대의제 민주성을 보완하는 제도로 활용되고 있다. 2014년 9월 18일 영국에서는 스코틀랜드 독립관련 국민투표를 했는데 찬성 44.7%, 반대 55.3%로 307년 동안 이어온 영국(United Kingdom)을 유지하게 되었다(「중앙일보」, 2014.9.20.). 우리나라에서는 「대한민국 헌법」 제72조에 "대통령이 필요하다고 인정할 때는 외교, 국방, 통일 기타 국가 안위에 관한 중요정책을 국민투표에 부칠 수 있다"고 규정하고 있다.

3) 국민과 국방정책과정 참여

국방정책참여자로서 국민은 일반적 정책과정에서 국민의 역할과 크게 다르지 않다. 국민은 중요 선거과정에서 국방정책과 관련하여 유권자로서 주권을 행사한다. 특히 국민이 군사시설로 인해 재산권 행사의 제한을 받고 있는 경우 그들이 민원인으로서 또는 지역주민으로서 지방자치단체를 통해서 국방부나 각 군에 정책적 의사와 민원성 의사를 제기할 수 있다. 국민들의 정책참여를 위해서는 전자정부시스템, 즉 인터넷을 통한 정책참여를 활용할 수 있다. 장병은 군대사회를 구성하는 핵심 국민으로서 그들이 국민 일반으로서 전체적인 정부정책에 선거 등을 통해 영향을 미치지만 구체적인 국방정책에 대해서는 선거나 그들의 가족을 통해 영향을 미칠 수 있다. 특히 장병복지 등의 정책에서는 내부동원모형에 따라 국방부 또는 각 군 본부에서 정책의제를 채택하여 결정하고 집행한다. 장교들 중 정책부서 근무자는 정책기획자이면서 정책집행자가 된다. 집행에 대한 환류는 장병의 소원수리 등을 활용한다.

8) 국민투표에 대해서는 민진, 전게서(2015), pp. 100－107 참조.

제 5 장 공식적 정책행위자

제 1 절 대통령, 행정부, 지방자치단체, 공공기관의 정책적 기능

1 대통령과 대통령 보좌관

1) 정책과정에서 대통령의 의의

정치체제에 따라 대통령중심제에서는 대통령(president)이, 내각책임제에서는 수상(prime minister)이 행정수반의 역할을 한다. 이원집정부제에서는(예 프랑스) 대통령과 수상이 권한을 분담하고 있다. 그렇지만 나라에 따라서는 다양한 모습을 보이고 있다. 예컨대 북한에서는 국방위원장[1)]이 실질적 행정수반이다.

행정수반은 어느 나라에서나 행정부의 수장으로서 정책의 결정과 집행의 중심에 있다. 그런데 우리나라에서는 제2공화국을 제외하고는 대통령중심제를 운영하여 왔으므로 총리(수상)보다는 대통령이 국가원수이면서 행정수반을 겸해왔다. 따

1) 북한 국방위원회의 위원장은 일체의 무력을 지휘통솔하며 국방사업 전반을 지도하는 것으로, 권한은 전반적 무력과 국방건설 사업지도, 국방부문의 중앙기관 신설 및 폐지, 중요 간부의 임면, 군사칭호의 제정, 전시상태와 동원령 선포 등이다.

라서 여기서는 행정수반을 대통령이라고 지칭하여 논의를 전개하되 필요한 경우 수상이나 총리라는 명칭을 사용하기로 한다.

대통령은 그 자체, 개인으로서의 특성이 정책결정에 영향을 미치지만, 그를 자문하거나 보좌 및 보조하는 기구나 기관들에 의해, 그리고 정치적 상징으로서 국민과 정치적 세력 간의 관계 등이 정책의 결정에 영향을 미치므로 관련된 영향요소들을 개괄적으로 살펴보는 것이 정책결정체계를 이해하고 설명하는데 도움을 줄 것으로 본다(민진, 2015: 113).

2) 대통령의 정책기능

정책과정에서 대통령은 공식적 참여자로서 가장 중요한 역할을 담당한다. 이 과정에서 대통령의 개입행위는 국가의 정책방향을 결정하고 행정부처 간 갈등을 조정한다. 대통령은 장관의 보고에 대한 결재, 국무회의나 국가안전보장회의 등 회의 주재, 직접 혹은 포괄적 정책지시 등의 공식적 방법이나, 장·차관에 대한 인사조치, 외국 행정수반과의 회담, 언론과의 인터뷰, 정책에 대한 분위기 조성을 통해 정책에 개입한다. 또한 대통령은 정책의 집행에 대한 최종감독자로서 역할을 한다. 국방분야에서 대통령은 군통수권자로서의 기능이 추가된다.

국가정책의 최고결정자인 대통령은 국가의 중요한 정책문제에 관하여 가장 무거운 책무성을 갖는다. 이런 정책과제를 해결하기 위해 정책을 결정하고 집행하는 데 있어서 국민적 지지는 물론이고 정책 관련자들의 적극적 참여가 요구된다. 민주주의 국가에서 대통령의 행위에 권위가 있으려면 대통령과 정부의 정치적 정당성이 요구될 뿐만 아니라 대통령 개인의 정치적·행정적 리더십, 정부의 정책결정과 정책집행에 대한 정책능력이 요구된다. 그런데 대통령 개인의 성격이나 업무스타일이 정책과정에 영향을 미친다.

그 동안 우리나라에서 행정수반을 보면 이승만 대통령, 장면 총리, 박정희 대통령, 최규하 대통령, 전두환 대통령, 노태우 대통령, 김영삼 대통령, 김대중 대통령, 노무현 대통령, 이명박 대통령을 거쳐 현재는 박근혜 대통령이 집권하고 있다. 이들 중 박정희·전두환·노태우 대통령은 군인 장성 출신이다.

3) 대통령의 정책보좌 및 정책자문기구

대통령은 그를 정책적 · 행정적으로 보좌할 수 있는 기구(비서실 등)를 통해 정책적 역량을 지원받는다. 박근혜 정부에서는 대통령비서실 외에도 국가안보실을 두어서 안보정책에 대한 대통령의 역할을 강조하고 있다.

대통령비서실에는 수석비서관과 비서관, 행정관 등을 두고 있는데 정책조정, 정무, 민정, 외교안보, 홍보, 경제, 미래전략, 교육문화, 고용복지, 인사수석 등 10개 수석비서관을 두고 있다. 국가안보실은 국가안보실장 아래 제1차장이 국가안전보장회의 사무차장을 맡고, 제2차장이 외교안보수석비서관을 겸한다. 제1차장 아래 정책조정비서관, 안보전략비서관, 정보융합비서관, 위기관리센터장이 있다.[2]

2 행정부의 정책적 기능

1) 행정부처의 의의

정책결정의 공식적 권한은 행정수반(우리나라의 경우 대통령)과 국회가 갖고 있지만, 실제 정책의 모든 단계에서 행정부처가 많은 역할을 한다. 행정부는 행정수반(대통령)의 명을 받아 법령에 따라 행정업무를 수행한다. 행정부의 정책결정 영향력의 원천은 행정조직이 전문기술관료들의 전문성을 바탕으로 한 정책집행권과, 방대한 정부관료제 조직과 인력, 정보력, 그리고 예산편성 및 집행권을 갖고 있기 때문이다. 따라서 그들의 역할은 기본적으로 정책의 집행과정을 중심으로 하지만, 행정국가나 적극국가에서는 정책결정기능에까지 확대하여 행사한다.

정책의 결정 및 집행의 관할권은 행정 각부에 배분된다. 대한민국의 행정 각부는 「정부조직법」과 개별법에 의거하여 성립 운영된다. 다만 국무총리실 소속 행정기관은 「정부조직법」에 따른다. 중앙행정기관은 부처와 위원회, 처, 청, 원 그리고 외국으로 구성된다. 박근혜 정부(2016.1.5. 현재)의 중앙행정기관은 17부 5처 16청 6위원회로 총 44개 부처이다.

2) http://www1.president.go.kr/cheongwadae/organization/security.php 2015-03-20.

중앙행정기관 중 고객, 지역, 대상 영역별로 정책을 직접 관장하는 부처들을 정책주관 부처라 부른다. 이들의 정책과 사업을 지원 및 관리하는 부처도 있는데 이들을 정책지원 부처라 부른다.

참고 **박근혜 정부의 행정 각부(중앙행정기관)**

부(部): 기획재정부, 미래창조기획부, 교육부, 외교부, 통일부, 법무부, 국방부, 행정자치부, 문화체육관광부, 농림축산식품부, 산업통상자원부, 보건복지부, 환경부, 고용노동부, 여성가족부, 국토교통부, 해양수산부

처(處): 국민안전처, 인사혁신처, 법제처, 국가보훈처, 식품의약품안전처

청(廳): 국세청, 관세청, 조달청, 통계청, 검찰청, 병무청, 방위사업청, 경찰청, 문화재청, 농촌진흥청, 산림청, 중소기업청, 특허청, 기상청, 행정중심복합도시건설청, 새만금개발청

위원회(委員會): 공정거래위원회, 금융위원회, 국민권익위원회, 원자력안전위원회, 방송통신위원회, 국가인권위원회

대통령 직속기관: 감사원; 국무총리 소속: 국무조정실

* 자료원: 대한민국 정부 포털 www.korea.go.kr 2016-1-15 검색.

2) 행정부처의 정책기능

정부의 정책기능과 관련하여 행정부의 활동은 정책의 결정에 관련한 활동과 정책관리에 관련한 활동으로 구분할 수 있다. 전자에는 법률제정의 준비활동, 행정법규의 제정, 국가계획의 작성, 국책사업의 결정을 들 수 있고, 후자에는 국가통계조사, 정책감사 등이 있다(민진, 2015: 136).

행정부는 정책의 분석 및 설계와 관련된 기능을 갖는다. 그들이 갖고 있는 전문성으로 인해 정책대안의 탐색과 분석을 통해 실질적인 영향력을 미칠 수 있다. 정부가 제출하는 정책안(법안)의 초안을 비롯해서 중요한 국가계획과 사업계획들을 작성한다.

행정부처는 정책집행의 중심적 역할을 한다. 그리고 행정부처는 정책집행활동을 통해 정책결정의 내용을 구체화한다. 이를 위해 행정규칙을 제정하고 이를 운영한다. 정책집행에 대한 세부적 방침 등은 행정부에서 그 내용을 결정하므로 국민생활에 대한 영향이 크다. 또한 행정부처는 국가예산을 편성하는 권한이 있어서 사업

계획 및 정책과 제도를 재정적으로 뒷받침한다. 그리고 행정부처는 공공기관과 정부 위탁업무를 수행하는 기관들을 감독하는 역할을 한다.

3) 행정부처 주요 정책행위자

행정부처는 정책을 입안하고 결정하며 집행하는 중심적 국가기구이다. 행정부의 주요 정책행위자는 정무직 공무원과 직업공무원으로 구분할 수 있다. 정무직 공무원으로는 대통령, 수상 등 행정수반이 있으나 실질적인 기능을 행사하는 부 및 위원회의 정무직 공무원인 장·차관, 위원장과 부위원장을 들 수 있다. 직업공무원으로는 상위직이면서 정책을 관리하는 실·국·장 등 고위공무원과 3급 이하부터 사무관에 이르는 중간직이면서 정책실무자들인 과장과 팀장들, 그리고 그 이하 직급인 주무관을 들 수 있다.

표 5-1 중앙행정기관 공무원과 공직 유형

공직 유형	부성	위원회	처와 청
정무직 공무원	장관/차관	위원장(부위원장)	
		사무총장	처장, 청장
고위공무원	실장(본부장)		차장
	국장(—관)	국장	국장
일반(직업)공무원	과장(담당관)	과장(담당관)	과장(담당관)
	사무관	사무관	사무관
	주무관	주무관	주무관

* 자료원: 민진, 『한국정책체계론』(서울: 대영문화사, 2015), p.149.

4) 정책조정기구

정책조정(政策調整, policy coordination, policy cooperation)은 실질적으로는 갈등당사자 간에 양보와 협의하는 과정을 통해 해결되기 때문에 그것은 정책기관 간에 상호 협상과 협력에 의해 문제를 해결해 가는 과정으로 개인이나, 집단, 부문이나 기관, 지역과 국가들의 활동이 서로 조화를 이루도록 하는 집단적 노력이다(민진, 2015: 159).

정책조정의 기제(mechanism)는 수직적 조정기제와 수평적 조정기제로 구분할 수 있다. 수직적 정책조정기제로서는 행정수반에 의한 정책조정과 수상 및 부수상 등에 의한 정책조정을 들 수 있다. 대통령은 행정부에서 최고·최종의 정책조정자이다. 대통령은 대통령보좌관을 관계장관회의에 참여시킴으로써 정책을 조정하며, 국무회의의 의장으로 국정을 조정한다. 우리나라에서 국무총리는 대통령의 명을 받아 국정을 통할하며 대통령 아래에서 국무총리실 등을 두어 국정을 조정한다. 부총리는 지정된 범위 내에서 국정을 조정하며 우리나라에서는 특정 부분의 장을 겸하면서 부총리직을 수행한다. 부처 내에서는 장관 혹은 위원장이 정책조정의 기능을 수행한다. 한편 수평적 정책조정기제로는 국무회의, 관계장관회의, 각종 협의회 등을 들 수 있다(민진, 2015: 161).

참고 **정책조정기제**

- 수직적 정책조정기제: 대통령, 국무총리, 부총리
- 수평적 정책조정기제: 국무회의, 관계장관회의, 차관회의, 국가안전보장회의

* 자료원: 대한민국 정부 포털 www.korea.go.kr 2016-1-15 검색.

5) 국방관련 부처의 정책활동

국방관련 중앙행정기관은 우리나라의 경우 국방부, 병무청, 그리고 방위사업청이며 국가보훈처를 유사기관으로 포함시킬 수 있다. 이들은 다른 중앙행정기관처럼 정책적 활동을 수행한다. 국가별로 보면 대부분의 국가에서는 국방부(혹은 방위부)를 단독부서로 운영하며 특이하게 미국은 국방부 이외에 육군부, 해군부, 그리고 공군부를 두고 있고 북한은 인민무력부가 내각의 소속이 아니라 국방위원회 소속으로 되어있다. 일부 국가에서는 국방산업부, 국방안보부라는 명칭으로 운영하고 있다. 한편 중국과 북한, 그리고 미얀마의 경우 내각의 행정부처보다는 군사기구(소위 군부)의 국방정책 결정에서의 영향력이 크다.

우리나라 국방부는 국방정책의 중심 부처로서 장관 아래 기획조정실, 국방정책실, 인사복지실, 전력자원관리실 및 군구조·국방운영개혁추진실을 두고 있다.

국방부 등은 특히 군대를 운영하고 수많은 무기체계와 의무병을 비롯한 많은

병력을 관리하기 때문에 다른 부처들과는 달리 집행관리적 부담이 크다. 군사작전 및 훈련은 군부대의 중요한 활동이다. 또한 국방정책과 이를 집행하는 군사전략 및 전술부문과의 연계는 물론 타 부처와의 협력, 한미동맹과 같은 외국과의 관계 역시 중요한 정책적 활동이다.

한편 국방영역에서는 군대가 군사전략과 전술의 단위로서 활동을 한다. 각국은 육군, 해군, 공군, 해병대 및 방공 및 우주군 등을 두고 있으며 군인들은 장교(장성급, 영관급, 위관급), 준사관, 부사관, 그리고 병사들로 구성되고 이들을 위해 군무원들이 관리적 업무를 지원한다.

국방영역은 전문성, 고가성, 그리고 위험성 등이 있는 정책영역으로서 여러 부처 및 각 군이 연계되므로 정책조정이 많이 요구되는 분야이다. 일반 조정기구와 함께, 군무회의, 정책회의, 정책실무회의 등 국방정책심의회를 통해 군사문제에 대한 조정을 한다.

한미 동맹과 관련해서는 한・미 안보협의회의(SCM: Korea-US Security Consultative Meeting)와 한・미 군사위원회(MCM: Korea-US Military Committee Meeting) 등의 협력회의에서 주요 동맹의제를 다룬다.[3] 예컨대 전시작전통제권 전환문제, 미군기지 재배치문제 등을 들 수 있다.

참고

국방정책심의회

- 군무회의: 주요 국방정책에 관한 장관의 자문에 응하여 장관이 부의하는 사항을 심의, 의결하는 회의. 의장은 장관이며, 위원은 차관, 합동참모회의의장, 각 군 참모총장, 기획조정실장, 국방정책실장, 인사복지실장, 전력자원실장 및 의장이 지정하는 자
- 정책회의: 장관의 의사결정을 보좌하기 위하여 주요 국방정책에 관하여 심의하는 차관 주재의 회의. 의장은 차관이며 국방부 4개 실장, 군구조・국방개혁추진실장, 합동참모차장, 각 군 참모차장, 해병대 부사령관, 기타 의장이 지정하는 자
- 정책실무회의: 주요 국방정책 수행에 필요한 제도, 방침, 계획에 관한 사항과 기타 중요한 의사결정에 필요한 사항을 심의하기 위한 국장 주재회의. 의장은 안건을 관장하는 국장이며, 위원은 과장급

*자료원: 「국방정책심의회의 운영 훈령」(국방부 훈령 제1476호(2012.11.16.).

3) 한・미 안보협의회의는 한국의 안보문제를 협의하기 위해 한국과 미국 양국의 국방장관이 협의하기 위한 연례회의체이며 이를 개최하기 전에 한・미 군사위원회를 개최한다. 후자는 한국의 합참의장과 미국의 주한미군사령관이 구성원이다. 합동참모본부, 『합동연합작전 군사용어사전』, 2010.

3 지방자치단체의 정책적 기능

1) 지방자치단체의 의의

지방자치단체(local authority, local self government)란 '일정한 지역적 범위를 그 구역으로 하여 그 안의 모든 주민들에 의해 선출된 기관이 국가로부터 상대적으로 독립하여 자주적으로 지방적 사무를 처리할 권능을 가지는 법인격이 있는 단체'를 말한다(임승빈, 2006: 38). 지방자치단체는 자치단체장과 자치의회로 구성한다.

우리나라의 지방자치단체 현황을 보면 2014년 1월 현재 광역자치단체로는 특별시(1), 광역시(6), 도(8), 특별자치도(1), 특별자치시(1) 등 18개가 있으며, 기초자치단체는 총 227개인데 군(83), 시(75), 그리고 자치구(69)가 있다.

2) 지방자치단체의 정책활동

지방자치단체의 정책활동은 지방정책의 결정, 자치정책 및 위임사무의 집행, 자치정책의 평가가 있으며 중앙정부나 다른 자치단체와 경쟁과 협력을 한다. 자치단체가 정책활동을 하는 데는 자치역량은 물론 행정관리역량[4]이 필요하다.

첫째, 지방자치단체는 소관 자치문제에 대한 정책을 결정한다. 자치단체는 자치입법권을 바탕으로 자치문제를 스스로 해결한다. 자치입법권은 지방자치단체가 자치법규를 자주적으로 정립하는 권리(또는 권한)를 말한다. 지방자치단체의 자치법규로는 현행법상 조례와 규칙이 인정되고 있다. 즉 지방자치단체는 조례제정권과 규칙제정권이 있다(최창호, 2006: 208-217; 임승빈, 2006: 86-88).

둘째, 지방자치단체는 자치정책 및 위임정책을 집행한다. 조례와 규칙을 집행하며 지방자치사업을 집행한다. 또한 중앙정부로부터 위임받은 사무를 집행한다. 이를 위해 중앙정부로부터 보조금을 받는다.

셋째, 지방자치단체는 자치정책을 평가한다. 자치단체는 자기 사업과 제도 등에 관하여 능률성, 효과성 및 성과를 스스로 평가한다. 이를 위해 자치단체 소속 정책연구기관을 활용한다.

4) 지방자치단체의 정책역량은 지방자치단체의 정책조직으로서의 구체적인 관리운영역량, 자원구비역량, 지방자치단체 구성원의 행태 등을 말하며 제도화 이외의 사실상 능력을 의미한다.

3) 자치단체와 타 자치단체, 부처 간 경쟁과 갈등

특정한 정책을 결정하고 집행하는 과정에서 정부 간에 서로 정책적으로 협력하기도 하지만, 갈등하기도 한다.

정부 간 정책협력과 정책갈등은 중앙정부(혹은 연방정부)와 지방자치단체, 자치단체 상호간에 발생하며, 자치단체 상호간에는 광역자치단체 간, 기초자치단체 간, 광역자치단체와 기초자치단체 간에 일어날 수 있다.

중앙정부와 지방자치단체 간에는 국가 수준의 정책관리와 지방자치 수준의 정책관리라는 면에서 정책을 협력해야 할 분야가 많다. 중앙정부는 큰 방향을 정하고 지방자치단체는 보다 구체적인 지방정책을 결정한다. 정부 간 정책 워크숍 등을 통해 협력과 조절장치를 활용하여야 한다.

국방정책 분야에 있어서 국방부 또는 병무청은 지방자치단체와 갈등과 협력의 관계에 있다. 군 시설이전(예 군부대 이전)과 관련한 국방부 및 각 군 본부와 지방자치단체 간에 갈등이 있다. 또한 군사시설이나 군사훈련과 관련한 소음이 인근주민에게 피해를 주는 경우 갈등이 제기된다. 예컨대 제주특별자치도의 해군기지 건설과정에서 해군, 지역사회 및 지역자치단체 간에 갈등이 있었다.

지방자치단체 중 경기도는 북부지역 10개 시군을 관장하는 행정제2부지사 아래 균형발전실이 있고 그 아래 비상계획관이 있으며 그 아래 민군협력담당관이라는 부서를 두어 군과 민 간에 발생하는 문제에 적극적으로 대응하고 있다.

4 공공기관의 정책적 기능

1) 공공기관의 의의와 종류

공공기관은 집행 현장에서 업무를 수행하는 기관으로 정부의 일선기관, 특별행정기관 등과 더불어 정책을 집행하는데 있어서 주요기관이다.

공공기관이란 국가 또는 지방자치단체가 아니면서 정부로부터 위탁받거나 독점적 사업권을 부여받아 공공적 업무를 수행하며, 정부로부터 지원을 받으면서 재

정・인사면에서 감독과 통제를 받는 기구를 말한다.5)

우리나라에서는 기획재정부가 공공기관을 관리하며, 이를 지정하거나 해제할 수 있다. 2015년 12월 현재 공공기관은 총 316개 기관이다. 「공공기관의 운영에 관한 법률」에 따르면 공공기관은 공기업, 준정부기관, 그리고 기타 공기업으로 구분된다. 공기업은 다시 시장형과 준시장형으로 구분하고, 준정부기관은 기금관리형과 위탁집행형으로 구분한다.

참고 대한민국의 공공기관의 분류와 예시

- 공기업: 시장형(14개): 한국전력공사, 한국공항공사, 한국석유공사
  준시장형(16개): 한국조폐공사, 한국마사회, 한국도로공사, 한국철도공사
- 준정부기관: 기금관리형(17개): 공무원연금공단, 국민연금공단, 신용보증기금
  위탁집행형(69개): 한국장학재단, 한국농어촌공사, 한국소비자원
- 기타공공기관(200개): 한국개발연구원, 경상대학교병원, 국립암센터

* 자료원: 공공기관 알리오(공공기관 경영정보시스템) www.alio.go.kr, 2016.1.15.

2) 공공기관의 정책기능

공공기관은 공공업무의 집행을 통해 정책집행의 과정에 참여한다. 기업적 기능, 기금관리형, 그리고 위탁집행형의 기능을 통해서 정부정책을 집행한다.

1940년대~1950년대에는 국가기간산업을 공기업의 형태로 운영하여 직접적으로 경제성장에 기여하는 역할을 하였다. 경제가 성장하면서 그 중 상당수의 국영기업들이 민영화되었다. 전력, 가스 등을 제외하고는 시장형 공기업은 거의 없다. 하지만 항만공사, 토지주택공사, 대한석탄공사 등은 여전히 준시장형의 공기업으로 남아 있다.

정부가 기금을 조성하고 공공기관이 이를 관리하면서 정책을 집행한다. 공무원연금 및 신용보증기금 등이 그것이다. 공공기관은 기금 제공 대상의 적절성을 심사하고 기금을 활용하여 증식시키며 관리한다. 그리고 이들은 정부업무를 위탁받아 정책을 집행한다. 원래는 정부기관이 하던 일들이나 이를 준정부조직이 담당한다.

국방영역의 공공기관으로는 한국국방연구원과 전쟁기념사업회가 있다. 전자는

5) 「공공기관의 운영에 관한 법률」(법률 제12673호, 2014.5.18. 개정).

국방정책을 연구하는 싱크탱크이며 후자는 전쟁기념사업의 조사, 연구, 학예활동, 홍보 및 교육활동 등을 담당한다.

제 2 절 입법부의 정책적 기능

1 입법부(국회)의 의의

국회는 국민의 대표기관, 입법기관, 국정통제기관, 그리고 국가최고기관으로서 지위를 갖는다(장영수, 2014: 1096－1100). 의회가 정책 결정에 영향을 미치는 것은 현대민주주의 국가에서 입법기능을 통해 실현하는 것으로 가장 기본적인 활동이다. 그런데 실제로 국회가 정책결정에 미치는 영향력은 전반적으로 보아 의회민주주의에서의 이상과는 달리 많이 약화되었으며 특히 후진국에서 크게 약화되었다. 또한 정책집행과정에 있어서는 국회는 간접적으로 정책집행에 영향을 주고 있다(정정길 외, 2012: 116－117). 정책평가와 관련해서는 의원보좌진이나 입법지원 기구의 보좌진을 통해 국회 특유의 국민의 입장, 소속 정당의 입장, 그리고 개인적 입장에서 정책이나 사업을 평가하려 한다.

사회주의국가의 의회는 민주주의국가의 의회와는 여러 가지 측면에서 다른데, 중국의 전국인민대표자대회와 지방의 각급 인민대표회의, 그리고 북한의 최고인민회의를 들 수 있다.

2 입법부(국회)의 정책활동

국회는 입법부로서 법률에 대한 입법권 이외에도 국정의 개입과 통제에 관한 많은 권한과 기능을 행사한다. 의회의 정책활동으로는 입법권의 행사, 재정권의 행사, 인사권의 행사, 국정조사 및 감사권, 그리고 기타 등으로 구분할 수 있다.

1) 입법권

「대한민국 헌법」 제40조는 '국회는 입법권을 갖는다'고 규정하고 있다. 의회는 국가의 중요한 정책을 법률의 형태로 결정할 권한을 갖는다. 중요한 정책일수록 그 기본은 법률의 형태를 띤다. 의회는 국민의 의사를 최대한 수렴하여 법률을 제정하여야 한다. 그러므로 국회는 입법권을 통하여 정책결정의 중심에 서 있다.

2) 인사권 행사

의회는 핵심적 정책 결정권자들(중요 공무원)의 임면에 관여하여 정책에 영향을 미친다. 「대한민국헌법」(제11조, 제114조, 제86조, 제98조, 제104조, 제111조)에 따르면 국회는 중요한 헌법기관구성원에 대한 선임권(헌법재판소 재판관 3인, 중앙선거관리위원회 위원 3인 선임권), 국회의 헌법상 기관(국무총리, 감사원장, 대법원장 및 대법관, 헌법재판소장)의 임명에 관하여 동의권을 갖는다. 또한 국회는 행정부 고위공무원에 대한 인사청문회를 실시한다. 그리고 국회는 국무위원 등 고위공직자에 대한 탄핵소추권 및 해임건의권을 갖는다.

3) 재정권 행사

의회는 국민의 재산권이나 재정에 관한 동의, 심의권을 갖는다. 의회는 예산심의 및 결산심사권을 통해 정부정책의 결정 및 집행에 영향을 미친다. 예산이란 정부 재정의 운용에 관한 세입과 세출의 계획안을 말한다. 영국 등 일부 국가에서는 예산법률주의를 택하고 있으나 대한민국에서는 예산이 법률은 아니다. 의회는 행정부에서 편성한 예산을 심의하고 결산을 심사하면서 정부사업과 정책의 집행과정에 실질적으로 개입할 수 있다. 결산심사를 통해서 정부활동의 기간적 종료를 공식적으로 확인한다. 의회는 정부의 긴급재정경제처분 등 중요한 재정적 부담에 대해서는 동의 및 승인권을 갖는다(「대한민국헌법」 제55조, 제60조, 제76조).

4) 국정조사 및 감사권

의회는 국정조사 및 감사권을 통해 정책과정을 통제한다. 국회는 특정 사안에 대한 국회의 조사권과 국정 전반에 걸쳐 예산을 심의하기 전에 국정감사권을 갖는다. 또한 국회는 국무총리 및 국무위원에 대해 국회 출석요구권과 질문권을 갖는다.

5) 기타 권한

의회는 조약체결동의권, 국가긴급권에 대한 승인권과 해제요구권, 행정부의 행정규칙에 대한 통제 등을 통해 정부의 정책활동에 영향을 미친다.

3 입법부(국회)의 정책구조와 위원회, 입법지원기구

1) 입법부의 정책구조

(1) 단원제와 양원제

국회의 구조는 국회의원들의 합의체를 하나로 하는가, 둘로 하는가에 따라 단원제 국회와 양원제 국회로 나뉜다. 양원제는 영국에서 비교적 모범적으로 운영되어 왔으며, 다른 민주국가나 영연방국가에서 모방되었다. 대한민국, 이스라엘, 스웨덴, 케냐 등에서는 단원제(uni-cameralism) 국회를 운영하고 있다. 미국, 영국, 프랑스, 독일, 일본 등 주요 선진국들은 상원과 하원의 양원제(bi-cameralism)를 운영하고 있다.

양원제 국가에서는 상원과 하원이 국가의 모든 법안을 공동으로 심의하지만 상원에서는 연방 수준의 문제, 즉 국방과 외교문제 등을 보다 심도 깊게 심의하며, 하원에서는 세입법안, 예산이 수반되는 생활관련 법안들에 중점이 주어진다. 따라서 양원제의 경우 정책결정의 절차가 보다 복잡해진다. 즉 하원의 의결이 있은 후 상원의 부결이 있으면 양원합동회의나 양원협의회에서 다시 표결에 부쳐진다(민진, 2015: 205-206).

(2) 본회의제와 위원회제

국회의 의안심의 방법을 크게 나누면 영국의 본회의 중심의 독회제(reading)와 미국의 위원회(committee)제가 있다. 우리나라는 위원회제를 택하고 있으며, 일본은 명치헌법에서는 독회제였는데, 현행헌법에서는 위원회제를 택하고 있다.

참고 **대한민국의 국회 위원회**

각국은 각국의 사정에 따라 소속 위원회를 두고 있다. 우리나라의 경우 2014년 12월 현재 국회 위원회는 국회운영, 법제사법, 정무, 기획재정, 미래창조과학방송통신, 교육문화체육관광, 외교통일, 국방, 안전행정, 농림축산식품해양수산, 산업통상자원, 보건복지, 환경노동, 국토교통, 정보, 여성가족위원회 등 16개 상임위원회와 상설특위로 예산결산특별위원회와 윤리특별위원회를 두고 있다.

* 자료원: 「국회법」 제37조, 제45조, 제46조(서울: 2004).

2) 입법부의 운영과 관리: 원내교섭단체와 입법지원기구

다수의 의원으로 구성되는 국회의 운영은 기본적으로는 모든 원내교섭단체 간의 협의에 의하여 이루어진다. 동일 정당 소속의 의원들로 구성되는 원내교섭단체를 설치하는 목적은 국회에서 일정한 정파에 속하는 의원들의 주장이나 의견을 종합, 조정하여 사전에 각 교섭단체 간에 상호 교류를 통하여 국회의 운영을 원활하게 하려는 데 있다(김현우, 2010: 618).

대부분의 나라에서는 입법부의 입법활동을 지원하기 위해 지원기구와 인력을 활용하고 있다(민진, 2015: 215－222). 우리나라의 주요 입법지원기구로는 국회사무처, 국회도서관, 국회예산정책처, 그리고 국회입법조사처를 들 수 있다. 기타 기구로는 국회상임위원회 보좌기구와 인력, 국회사무처 법제실, 그리고 국회의원 보좌관들이 정책개발 및 정책감사 등 활동을 위한 보좌역할을 하고 있으며 그 질이 높아져가고 있다.

3) 입법부(국회)에서의 국방정책

국방정책문제도 다른 정책문제처럼 국회 본회의와 전문 위원회(한국은 국방위원회)에서 다루어진다. 미국의 경우 상원군사위원회와 하원국방위원회에서 군사문제를 다룬다. 그런데 하원국방위원회 위원들은 상대적으로 보수적이며 군수산업의 경제적 영향력이 강한 지역 출신 의원으로 충원되는 경향이 있다. 이로 인해 팽창적인 군사정책이 큰 거부없이 국회에서 결정되어 왔다(이정호, 1996).

우리나라의 국방위원회는 제19대 국회에서 전반에는 위원장(전반 황진하 의원, 후반 정두언 의원)을 포함하여 17인의 국회의원으로 구성되었다.[6] 국회사무처 소속으로 국방위원회 전문위원실에서 입법지원을 하고 있다.

제 3 절 사법부의 정책적 기능

1 사법부의 의의

우리나라의 현행 헌법에서는 검찰권은 행정부에 재판권은 법원에 두어 소속 부를 달리하고 있으며, 대법원과 별도로 헌법재판소를 두어 위헌법률심사권을 헌법재판소에 둠으로써 사법이원체제를 운영하고 있다. 하지만 대법원에 모든 쟁송사항을 관장하여 집중주의를 취하고 있다.

사법부의 구조는 각국의 사법체제에 따라 다르다. 대부분의 나라에서 사법부는 최고재판소와 각급 재판소로 구성하여 최고재판소로 하여금 상고심을 맡게 한다.[7] 우리나라에서는 최고재판소로서 대법원을, 그 아래 고등법원과 지방법원, 그리고 지방법원 지원을 두고 있다.

현행 헌법에서 대법원은 주권의 행사기관, 최고기관, 국민의 기본권보장기구, 최고최종심법원, 위헌법률심판제청기관, 최고사법행정기관으로서의 지위를 갖는다. 대법원은 대법원장과 13인의 대법관으로 구성된다. 대법원의 내부조직으로는 부, 전원합의체, 대법관회의를 둔다. 「법원조직법」에 따르면 대법원에 행정·조세·노동·군사·특허 등을 전담하는 부를 둘 수 있게 하고 있다. 대법원의 하부기

6) 새누리당 소속은 김성찬, 손인춘, 송영근, 정미경, 주호영, 한기호, 홍철호, 황우여 의원이 있으며, 새정치민주연합 소속으로는 윤후덕, 권은희, 김광진, 문재인, 백군기, 안규백, 진성준 의원이 있다. 사무처 소속으로 성석호 수석전문의원과 권기원 전문의원, 6명의 입법조사관이 입법지원을 하고 있다.

7) 미국의 사법체계는 하급연방법원, 항소법원 그리고 최고법원으로 구성된다. Cal Jillson, *American Government*, 4th ed.(New York: Routledge, 2008), pp. 332-333.

관으로 법원행정처, 사법연수원, 사법정책연구원, 법원공무원교육원, 법원도서관 등을 두고 있다(「법원조직법」 제7조, 제16조, 제19~21조, 제81조 등).

2 사법부(법원)의 정책기능

사법부의 정책기능을 재판을 통한 기능, 사법분야 정책결정의 기능, 사법분야 정책연구 및 여론 확산기능으로 구분하여 살펴본다(민진, 2015: 228-229).

1) 재판을 통한 정책기능

사법부, 즉 법원에서는 각종 심판작용을 통해서 법률을 해석하고 집행하도록 한다. 우리나라에서 법원은 헌법재판소에 대해 위헌법률심사를 헌법재판소에 제청함으로써 법률의 개폐에 부분적으로 영향을 미친다. 또한 법원은 행정규칙의 합법성을 판단하는 기능을 갖고 있다. 법원은 행정부에서 법률에 근거하여 결정한 대통령령, 부령 등 각종 명령, 규칙이 법률에 위반되는지를 심판하는 기능을 통해서 법률보다 하위의 정책의 개정과 폐지 등에 영향을 미친다.

2) 사법분야 정책의 결정기능

사법분야는 고도의 전문성을 요구하는 분야이므로 법원은 행정부의 법무부와 더불어 사법분야의 정책 결정을 주도한다. 또한 법원의 내부규칙을 제정할 권한을 갖는다. 중요한 사법분야의 정책문제 또는 제도로는 형사소송법상 양형제도, 인신보호제도, 피고인구속보석제도, 증인보호제도, 민법상 부동산등기제도, 가정소송상 성년후견제도, 법원경매입찰제도, 국민참여소송제도, 조정제도, 전자소송제도, 사법시험제도, 변호사제도, 전문재판연구관제도, 평생법관제도 등을 들 수 있다.

3) 사법분야 정책연구 및 여론 확산기능

사법부는 사법문제에 관하여 자체적으로 정책을 연구하며 또한 사법정책 관련 여론수렴을 위해 세미나와 토론회 등을 개최한다. 사법정책에 관한 국민 여론의 수력을 위해 사법부는 대법원 및 각급 법원 주최로 세미나 및 포럼, 토론회, 공청회 등을 개최할 수 있으며 국제 심포지엄 등에 참여하거나 개최할 수 있다.[8)]

3 헌법재판소의 위헌법률심사제

1) 위헌법률심사제도의 의의

위헌법률심사제는 입법부의 위헌법률 제정에 대항하여 헌법을 보장하는 사법적 수단으로서 중요시 되고 있다. 위헌법률심사제도란 법률이 그 상위규범인 헌법에 합치하는가 여부를 사법부 내지 특별한 재판기관이 심사하여, 헌법에 위배된다고 생각하는 경우에는 그 효력을 상실케 하거나 그 법률의 적용을 거부하는 제도를 말한다(김철수, 2010: 1441). 즉 법률이 헌법에 합치되는가의 여부를 판단되는 경우에 그 효력을 상실케 하는 제도이다. 입법부의 자의적 입법에 대한 헌법보장기능으로 헌법재판의 핵심이다.[9)] 위헌법률심사제도는 대표적 정책의 표현인 법률의 내용이 헌법에 위반되었는가 여부를 심사하는 제도이다.

위헌법률심사제의 쟁점은 각국별로 위헌심사의 시기, 대상, 그리고 기구 등에서의 차이이다. 우리나라에서는 2004년 10월 21일 헌법재판소가 「신행정수도의 건설을 위한 특별조치법(이하 신행정수도법)」에 대한 헌법소원심판에서 동 법률의 위헌성을 인정함으로써 노무현 정부가 추진하려던 행정수도의 이전은 난관에 부딪친 바 있다.

2) 위헌법률심사제의 정책적 기능

위헌법률심사제도는 공식적 입법기관인 국회의 입법권을 제한하는 행위이다.

---

8) 예컨대 대법원은 '양형기준안 제11차 공청회'를 개최하였고(2014.12.22.) '바람직한 법관임용방안 심포지엄'을 개최하였으며(2014.7.1.), 사법정책연구원의 개원을 기념하여 '미래 사법의 청사진: 국민을 위한 법제도, 신뢰받는 사법부 어떻게 만들 것인가'를 주제로 심포지엄을 개최한 바 있다. 서울가정법원에서는 '가정폭력 심포지엄'을 개최하였다(2013.11.11.). 국제법률 심포지엄으로 '법치주의와 인권보호를 위한 국제사법협력'이라는 주제로 개최한 바 있다(2014.9.14.).

9) http://www.ccourt.go.kr/cckhome/html/kor/print/printKorHome.html 2014-07-28.

즉 정책의 집행과정에 있는 법률이나 법률조항을 무력화 시키는 것으로 강력한 정책적 기능이 있다. 구체적으로 헌법재판의 효력은 다음과 같다(민진, 2015: 235-236).

위헌심판의 제청이 있는 경우 헌법재판소는 심판의 대상이 되는 법률조항이 위헌임을 선언하는 결정을 선고한다. 다만 법률조항의 위헌결정으로 당해 법률 전부를 시행할 수 없다고 인정할 때는 그 전부에 대하여 위헌결정을 할 수 있다.

법률의 내용에 따라서는 단순위헌결정 이외에도 헌법불합치, 한정위헌, 한정합헌을 결정할 수 있다. 위헌으로 결정된 법률 또는 법률조항은 그 결정이 있는 날부터 효력이 상실된다. 다만 형벌에 관한 법률 및 법률의 조항은 소급하여 효력을 상실한다. 헌법재판소의 위헌결정은 모든 국가기관을 기속한다.[10]

한편 헌법불합치로 판결이 나면 법원이나 행정청에게 동일 사건에 대하여 기존 법률의 적용을 중지하며, 개정 입법에 따라 처리하게 하거나 개정 입법 시점까지 불합치법률의 잠정적인 계속 적용을 명한다. 하지만 입법부는 새로운 법률을 제정 또는 개정해야 한다(남복현, 2011: 22).

국방 분야의 대표적 법률인 「병역법」에 대해 논란이 있었으나 헌법재판소의 심판에 의해 정당성이 확보된 바 있다. 2010년 11월 25일 「병역법」 제8조 1항(대한민국 국민인 남자에 한정하여 병역의무를 부과함)이 위헌을 구하는 심판청구를 각하하여 「병역법」의 유효성을 판결하였다.[11] 또한 현역 입영통지를 받고 입영을 거부

참고 **군사시설보호구역 내 건축허가에 관한 헌법소원 사례**

이 사건은 청구인(정 ○○)이 1996.4.26.부터 서울 성북구 정릉동에 286번지를 소유하면서 그 지상에 건물을 신축하려던 자로서 1997년 성북구청장에게 건축허가를 신축하였으나 이 사건 토지가 「군사시설보호법」상 통제보호구역내에 위치하여 관할부대장인 피청구인(육군 제 ○○○○부대)의 동의를 요한다는 이유로 허가가 보류되었다. 이에 청구인은 민원을 2회 제기하고 행정심판에서 취소청구를 요청하였으나 각하되었다. 청구인은 2000.4.6. 헌법상 재산권을 침해한 행위라 하여 헌법소원을 청구하였는데 헌법재판소는 공권력 행사에 따른 재산권 침해로 볼 수 없고 청구기간의 미준수로 각하하기로 전원일치하여 합의를 보았다.

* 자료원: 사건 2000 헌마571. 군사시설보호구역내 건축허가승인요구 불가분처분취소.

10) http://www.ccourt.go.kr/cckhome/html/kor/print/printKorHome.html 2014-07-28.
11) 재판관 9인 중 6인 기각, 2인 위헌, 1인 각하의 의견으로 기각하였다.

한 당사자가 「병역법」의 종교적 이유에 따른 양심의 자유를 침해했다는 소송제기에 대해 헌법재판소는 동 「병역법」이 헌법에 위반되지 않는다고 결정한 바 있다.[12] 이 후 대체복무제를 입법화하는 병역법 개정이 제출된 바 있다.

제 4 절 회계검사기관의 정책적 기능

1 회계검사기관의 의의

회계검사란 행정기관 및 대상 기관의 회계기록에 대한 제3자의 비판적 활동을 말한다(신무섭, 2014: 383). 다시 말해 정부의 결산을 확인하는 것이 회계검사이다.

회계검사는 검사의 초점을 어디에 두는가에 따라 재무감사, 합법성 감사, 능률성 감사, 그리고 성과감사로 구분할 수 있다(신무섭, 2014: 398-400). 회계검사는 가장 좁은 의미에서 재무감사를 의미하며, 회계기록의 정부(正否)를 검증하는 경우이다. 넓은 의미에서는 재무감사를 비롯하여, 합법성 검사와 능률성 감사, 그리고 성과감사를 포함한다. 정책과정에서의 회계검사기관의 의미는 넓은 의미에서 정책 및 사업평가와 관련된 넓은 의미이다.

우리나라에서는 회계검사를 담당하는 기관이 감사원이며, 미국은 정부책임처, 영국은 회계검사원이다. 각국은 독특한 형태의 회계검사기관을 두고 있다. 그 유형은 다음과 같다(유훈, 2007: 313-315).

회계검사기관의 위치에 따라 입법부 소속형, 행정부 소속형, 그리고 독립형으로 구분한다. 입법부 소속형은 회계검사기관이 입법부에 소속되는 경우이며, 영국, 미국, 오스트리아, 이스라엘 등이다. 행정부 소속형은 회계검사기관이 행정부에 소속한 경우로 스웨덴, 스위스, 포르투갈 등이다. 독립형은 회계검사기관이 입법부, 행정부, 사법부 어느 기관에도 소속하지 않는 경우로서 현재의 프랑스, 독일, 일본, 대만, 인도네시아 등이 여기에 속한다. 우리나라는 헌법기관으로서 대통령 소속 기

12) 재판관 9인 중 7인 기각, 2인 위헌으로 기각되었다.

관으로 비교적 독립성을 갖는다.

2 회계검사기관의 정책기능

회계검사기관의 정책적 기능은 넓은 의미의 회계검사 기능에서 발견된다. 하지만 좁은 의미의 기능 특히 직무감찰 기능에서 정책적 기능을 발견할 수 있다.

첫째, 회계검사기관의 직무감찰기능이다. 직무감찰은 정부 부처청 및 공공기관의 업무수행과정에서의 합법성과 능률성 등을 감독하는 기능이다. 사업수행과정에서 불법이나 위법사실, 권한남용사실 등으로 인해 정책이나 사업의 결정과 집행이 왜곡될 수 있고 이로 인해 정부 및 공공부문에 부패가 확산되며 정부에 대한 불신으로 이어지면 다른 정책에도 좋지 않은 영향을 미치게 된다. 또한 정책과 사업의 능률성, 즉 자원 이용의 낭비 등을 조사하여 국가 전체적으로 합리적 자원배분을 유도할 수 있다.

둘째, 정책사업의 적합성, 효과성의 평가기능이다. 회계검사기관이 정책, 제도, 계획 및 사업 등에 대하여 그것의 적합성, 능률성, 효과성 등을 평가함으로써 정책 및 사업 주관기관의 책임을 묻고, 정책사업의 성공과 실패를 평가하며 과정에서의 원인을 규명하는 활동을 통해 해당 정책과 사업은 물론 다른 종류의 정책과 사업에도 영향을 줄 수 있다. 미국의 정부책임처(GAO: General Accountability Office)13)는 수많은 정책과 사업을 평가한 보고서를 의회에 보고하며, 영국의 회계검사원 역시 정부가 달성한 성과(Value for Money)를 의회에 보고한다.

13) 미국의 회계검사원은 1921년 GAO(General Accounting Office)로 창설되어 2004년 7월 7일 GAO(General Accountability Office)로 바뀌었는데 성과감사, 정책감사로 중점이 변화하고 있는 것을 보여준다.

3 대한민국 감사원의 정책적 기능

우리나라의 감사원은 감사원장 아래 감사위원회라는 합의제기관이 있고 집행기관으로 사무처가 있다. 사무총장 아래에 제1사무차장, 제2사무차장, 공직감찰본부장, 기획관리실장, 그리고 감사교육원장의 보조기관이 있으며, 각 사무차장 아래 분야별 감사국[14]이 있다.

우리나라 감사원은 직무감찰기능과 회계검사기능을 수행하고 있으며, 감사연구기능이 추가되었다. 정책감사기능은 비교적 최근에 들어 관심을 갖고 있다. 그동안 우리나라 감사원은 직무감찰기능을 통해 직무상 수행하는 제도나 사업에 대해 간접적으로 그 합법성, 능률성과 효과성을 점검하였다. 따라서 정책과 사업 그 자체에 대한 개선과 환류는 미약한 편이었다.

그런데 정책감사가 활성화되면서 정책과 사업평가에 대한 관심이 커지고 있다. 2004년부터 주요정책, 사업 모니터링제도에 관한 운영규정을 제정하였고, 2005년에는 평가연구원을 신설하였으며 2008년에는 이를 감사연구원으로 개칭하였다. 정책감사의 중요성에 따라 감사연구원이 직접 혹은 타 기관과 공동으로 정책 및 사업평가를 위한 연구용역을 실시하고 있다.[15]

국방부문 사업규모의 방대성으로 인해 감사원에 국(局) 단위의 국방감사단을 두고 있다. 2013년부터 2015년까지 국방부문에 대한 감사원의 감사는 방산비리 및 방산제도 운용 및 관리실태, 기관운영감사(방위사업청과 공군), 전력자원 및 운용관리 실태, 무기체계 획득 및 국방연구개발 집행분야, 군사시설시설이전 및 군용지관리 실태, 군의료체계 관리 실태에 관한 집중감사를 하였다.[16] 2015년 현재 감사원은 방위사업(무기체계선정 관련) 비리 부문에 초점을 맞추고 있다.

---

14) 예컨대 제1사무총장 아래 재정경제감사국, 금융기금감사국, 건설환경감사국, 전략과제감사국이 있고, 제2사무차장 아래 사회복지감사국, 행정문화감사국, 지방행정감사국, 국방감사단, 지방건설감사단이 있다. 출처: http://www.bai.go.kr>조직 · 인원 · 예산 2015-3-24.

15) http://www.bai.go.kr/bai/html/intro/history=bai89 2015-03-26. 2013년에 실시된 연구용역사업의 예로는 '공공보건의료체계 현황 및 정책과제분석'(2013), '공공부문 유사중복사업 식별 관리실태와 주요 이슈'(2013), '국가 R&D 운영관리 위험분석'(2013) 등이 있다.

16) http://www.bai.go.kr/bai/html/intro/history=bai89 2015-04-02 검색.

참고 **방산제도운용 및 관리실태에 대한 감사원 감사**

감사원은 2014.4.21.~2014.7.10.까지 감사인원 44명을 투입하여 방산분야에 대한 실지감사를 하였다. 즉 방위산업 선진화와 저비용고효율의 무기체계를 위하여 방산제도 전반에 대한 감사를 하였는데 국방부, 방위사업청, 국방기술품질원, 각 군 본부 등을 대상으로 방산업체지정제도, 방산원가와 관련된 제도 및 그 운영에 대한 것이었다.

감사 종료 후 감사결과 위법・부당사항 및 제도개선이 필요한 사항에 대하여 방위사업청 등 2개 기관장과 마감회의를 개최하고 관계기관과 질문・답변과정을 거친 후 감사원 내부 검토과정을 거쳐 2014.12.30. 감사위원회의 의결로 감사결과를 최종 확정하였다.

*자료원: 감사원, 『방산제도 운용 및 관리실태』(감사보고서, 2015.01.17.).

제 6 장

비공식적 정책행위자

제 1 절 정당의 정책적 기능

1 정당의 의의

저자는 "정당(political party)이란 정치적 활동을 통해 정치적 이념을 실현하고, 정치적 영향을 행사하려하는 결사체"라고 정의하려 한다. 이런 정치적 활동은 정책과정을 통해 구현된다.

정당체계(political party system)란 정당 간의 경쟁적 상호작용을 의미한다. 정당체계는 여러 가지로 분류할 수 있으나 그 나라의 정당의 수에 따라서 1당체계, 양당체계, 연합다수당체계 그리고 다수당체계로 구분할 수 있는데(이극찬, 1999: 369-378), 이 밖에도 여러 가지 유형이 제시되고 있다(Almond et al., 2008: 90-91). 이런 정당 체계의 유형은 정책의 결정이나 집행에 지대한 영향을 미친다. 우리나라는 실질적으로 양당체계를 띠어 왔다.

양당체계(two or by-party system)는 단독으로 정권을 담당할 수 있는 능력이 있는 거대정당이 두 개 존재하여 이 양자가 정권을 교대하면서 담당하는 형태이다.

양대정당체계가 실시되고 있는 나라는 미국, 영국, 캐나다, 오스트레일리아, 뉴질랜드 등이다.[1)]

한편 1당체계를 띠고 있는 북한이나 중국에서는 특히 집권정당인 북한노동당과 중국공산당의 국방정책에 대한 영향력이 막강하다.

2 정당의 정책적 기능

1) 정당, 선거와 정책의 관계

정당은 선거시에는 정책공약과 선거후보자를 추천하여 다른 정당과 경쟁하며, 일단 집권정당이 되면 당정회의 등을 통해 정책에 대해 행정부와 조율을 한다. 정당은 그것이 여당이건 야당이건 간에 국회에서 입법과정이나 행정부에 대한 통제과정을 통해 정책과정에 관여한다. 여기서는 주로 선거과정과 관련하여 다룬다(민진, 2015: 249-250).

정당은 선거를 통해서 정권을 획득하거나 유지한다. 선거를 치루는 과정에서 정당은 정책을 내걸고 후보자를 선출하여 다른 정당과 경쟁한다. 국민의 요구와 정부의 정책은 정당의 공약으로 집대성되어 나타난다.

선거시 특정 정당을 지지하는 것은 정당 일체감에 의존하는 경우가 많다. 정당 일체감이란 유권자의 특정 정당에 대한 심리적 유대감을 말한다. 정당 일체감은 정당의 이념에 달려있는 데 유권자들은 정당의 이념을 보고 특정 정당에 대한 일체감을 형성하거나 유지하며 때로는 정당 일체감이 약화되고 이로 인해 정당과 정당이 추천한 후보에 대한 지지를 철회하거나 다른 정당 후보로 지지를 바꾸기도 한다.

그런데 뚜렷한 정책적 대안을 제시함으로써 반대편의 입장을 가진 유권자를 자극하기보다는 애매모호하게 얼버무리는 전략이 유리하다는 주장이 있다(Shepsle, 1972: 555-568; 조기숙, 1996: 270-272 재인용). 선거의 경쟁원리가 정당으로 하여금 선거에서 승리할 수 있도록 확실한 정책적 대안을 포기하게 만든다.

---

1) 양당체계이면서도 미국에서처럼 소수정당 출신 국회의원들이 있다. Cal Jillson, *American Government*, 4th ed.(New York: Routledge, 2008), pp. 174-175.

2) 정당의 정책적 활동

정당은 선거공약의 제시와 정책가의 선출, 정책입법활동, 정책에 관한 논평과 의견제시, 정책토론회 개최, 그리고 정책연구 등을 통해 다양하게 정책적 활동을 한다(민진, 2015: 250－251).

첫째, 정당은 선거활동에 참여함으로써 적극적으로 정책에 관여한다. 정당은 행정수반(대통령) 및 국회의원, 지방자치단체장과 지방의원 등의 선거에서 정당 후보를 추천하고 정당의 공약을 제시함으로써 선거를 통해 국민으로부터 정치적 심판을 받는다. 대통령 선거공약과 국회의원 등의 총선 공약은 정당간의 차별성을 보여주는 주요 정책 내용이다. 선거를 할 때 제시하는 정책공약이 정당과 국민, 그리고 정부를 이어주는 끈이 된다.

둘째, 정당은 개별적 법률안 발의 등을 통해 입법과정에 직접 참여한다. 국회의원 일부가 정당 소속에 관계없이 제안할 수 있으나, 특정 정당의 이름으로(대다수의 정당 소속 국회의원이 발의하는 경우) 법률안의 제정안이나 개정안을 제출하면 특정 정당이 직접 지지하는 정책이 된다.

셋째, 정당은 정책 현안에 대한 연구, 토론회나 세미나 개최, 정책에 관한 논평과 기자회견 등을 통해 정당의 입장을 밝히며 여론을 환기한다. 정당은 평상시에 각종 현안에 대한 정책개발활동을 하며, 정책토론회를 주관하고, 정책에 대한 논평을 하며, 기자회견 등을 통해 국민적 관심과 지지를 높이려 한다. 정책개발은 국회의원이 개별적으로 하지만 정당 전체적으로 정당부설 정책연구소 등을 활용하여 실행한다.

넷째, 정당은 국회의 활동을 통해 정부가 제출한 예산안의 심사, 정부정책의 결정과 집행에 대한 국정조사 및 국정감사, 질의권 행사 등을 통해 정책활동에 관여한다. 예산안 심사과정에서는 국정감사와 연계하여 모든 정책 현안 등을 조율할 수 있다.

3) 정당의 정책역량

정당의 정책적 활동은 정당의 정책적 역량을 보여주는 활동들이다. 그렇지만 정당의 정책역량과 가장 직접적으로 관련이 있는 활동은 정책의 이익결집(interest aggregation)기능이다(Almond et al., 2008: 79-100). 그 다음에는 이들을 법률, 시책 등 실현가능한 구체적인 정책으로 권위를 부여하는 활동이다.

정당의 이익결집활동은 국민 개인, 집단, 조직, 지역들의 정책적 요구를 정책 프로그램으로 변환시켜 특정 정당의 정책공약으로 내세우는 것이다. 국민적 정책수요를 파악하는 역량과 이들 요구를 정책의 형태로 변형시키는 역량, 그리고 이들을 정당의 우선순위에 따라 서열화하는 역량으로 구분할 수 있다.

정당이 권위있게 정책을 생산하고 실시하는 활동은 정당의 정부 수권능력과 관련이 있다. 수권정당, 즉 집권여당이 되는 것 자체가 정책의 생산과 실시를 가능하게 해준다. 야당은 정부 여당과 타협 및 흥정을 통해서 자기 정당의 가치와 이념을 집권정당에 제시하여 영향을 미칠 수 있다. 다당체제 아래서는 연립정당을 구성하여 정책역량을 높일 수 있다.

3 국방정책과정에서 정당의 활동

정당은 소속 정당의 국회의원을 통해 정책에 영향을 미치는 것이 보통이며, 대통령선거나 국회의원선거시 선거공약을 제시하면서 국민들에서 지지를 호소한다. 정당의 대표나 대변인 그리고 정책위원회의 활동 정책연구소의 정책연구활동 등을 정부정책에 영향을 미친다. 국방정책도 예외는 아니다.

2015년 현재 대한민국의 양대 정당은 집권 여당인 새누리당과 야당인 새정치민주연합이다. 새누리당은 전통 보수당이며, 새정치민주연합은 보수당과 진보당의 요소를 가지고 있다.

국방 안보정책에 관하여 양당은 비슷한 정강정책을 갖고 있다. 새누리당은 '국민과의 약속'이라는 곳에서 우리는 호혜적 상호공존 원칙에 입각하여 유연하고 적극적인 대북정책을 추진한다 …… 한반도 비핵화는 반드시 실현한다 …… '고 선언하고 있다. 또한 제19대 총선 공약(2012.03.21.)으로 군의 정예화와 국방력 강화, 공고한 한미동맹을 바탕으로 한반도 평화유지, 주변국과의 안보협력과 평화정착에 주도적 참여를 제시하고 있다. 그리고 새누리당은 당내 정책조정위원회에 국방분야(위원장: 김성찬 의원)가 있다.[2] 그리고 당 소속 싱크탱크로는 여의도연구원이 있으며 2014년에 '한국의 안보점검과 북한동향'을 발간한 바 있다.[3]

한편 새정치민주연합은 강령 및 정강정책 원문에 외교안보 분야를 제시하고 있으며 이 중 국방 분야에서는 '굳건한 한미동맹과 주변국과의 적극적 외교협력'을 제시한다. 구체적으로는 북한의 비핵화와 군사적 긴장완화를 위한 평화외교를 추진한다는 뜻을 담고 있다.[4] 당 소속 싱크탱크인 민주정책연구원에서는 몇 편의 국방안보관련 연구보고서가 작성되었는데 예컨대 '전시작전권전환 재연기의 문제점과 대응과제', '한반도 평화를 위한 국제세미나,' '한미동맹, 국익이 우선이다' 등을 들 수 있다.[5]

우리나라에서 기본적으로 정강이나 정당정책에 있어서 국방안보와 관련하여 양대 정당 간에 큰 차이를 보이고 있지는 않다. 그렇지만 구체적인 문제나 사건에 있어서는 양당 간에 첨예한 대립이 있거나 경미한 논쟁이 있기도 한다. 정당에서는 민생문제에 더 많은 관심을 기울이며 국방안보 문제에는 상대적으로 관심이 낮다.

제 2 절 언론의 정책적 기능

1 언론과 여론

언론(言論)은 '사회 속의 언론'으로서 정책적인 영향력을 가지는 매스미디어(mass media)이다. 정보화와 국제화라는 사회변화로 인해 국내적으로 매스미디어가 폭증하고, 세계적 언론기관들의 역할이 날로 커가고 있다.

정책과정에서 언론과 정부는 밀접한 관계를 갖는다. 그런데 언론과 정부가 각자 추구하는 이상(理想)이 다르고 상호대립적이라(방정배 · 김민남, 1995: 52－53)

2) http://www.saenuriparty.kr/web/intro/web 2015－03－23.
3) http://www.ydi.or.kr/ 2015－03－23.
4) http://npad.kr/npad/ 2015－03－23.
5) http://www.idp.or.kr/library 2015－03－23.

는 점에서 갈등이 발생한다.

여론(public opinion)이란 정책적 관점에서 일반 국민이나 시민이 정책과 관련하여 지니고 있는 공통적인 의견(정정길 외, 2012: 218)이라고 할 수 있다. 쉽게 표현하면 '공중의 의견'이다. 여론이 형성되기 위해서는 개인의견이 먼저 형성되고, 그런 다음에 개인들이 모여서 집단의견을 형성하게 된다. 신문을 비롯한 매스미디어는 여론형성과정에서 일반대중에게 정보를 제공하고 의견을 매개하는 기능을 할 뿐 아니라, 대중의 의견을 지도하고 일정한 방향으로 유도하는 기능까지 하고 있다. 매스미디어를 통하여 여론은 조작될 수 있다.

2 언론의 정책적 기능과 개입 유형

1) 언론의 정책적 기능

언론의 정책적 기능으로는 공동생산, 보도, 의견제시, 타 기관과 연대, 인사검증참여 등을 통해 정책과정에 개입한다(민진, 2015).

첫째, 정부 부처와 언론의 공동생산기능이다. 예컨대 언론과 정부가 함께 보도기준을 마련할 수 있다. 최근 기자협회와 국방부는 국가안보위기시 군 취재 보도기준을 제정하였다. 2010년의 연평도 포격사건이 계기가 되어 2012년 9월 24일 제정되었다. 여기서는 언론은 작전 현장에 따라 공동취재단 구성을 원칙으로 한다(김성후, 2012.12: 71-74).

둘째, 언론의 보도기능이다. 언론은 보도기능을 통해서 정부정책에 대한 현황을 알리고 여론을 환기한다. 계속적인 사실보도는 특정 문제를 정책의제화하는 데 매우 효과적이다. 한 언론사(신문사 또는 방송사) 또는 여러 언론사가 동일 주제나 유사 주제를 같은 시기에 집중적으로 보도하는 것만으로도 여론을 환기시키며[6] 정책의제화에 영향을 준다. 보도기능이 정책에 대한 기능을 발휘하려면 단순사실보

6) JTBC 뉴스9(손석희 앵커 진행)에서는 세월호 사건보도를 76일간 해왔다. 팽목항을 톱뉴스로 자리매김한 것이다. 이는 저널리즘의 새로운 시도로서 스스로 '의제지키기'로 자평한다. 김민, "JTBC '뉴스 9'의 '세월호' 보도," 『신문과 방송』(2014.08), pp. 65-69.

도에서 탐사보도[7]로 나가야 한다.

셋째, 언론사의 의견제시기능이다. 언론사는 논설 및 해설기능을 통해 언론사의 의견을 적극적으로 표명하여 정부정책에 대한 찬성과 반대, 중립 등의 입장을 밝힘으로써 여론을 주도한다. 신문사에서는 논설을 '사설'이라는 제목으로, 일간 신문의 경우 매일 2~3편씩 게재한다. 이 글은 언론사의 이념과 가치 그리고 편집 방향에 맞추어 논설위원들이 작성한다. 방송사에서는 주요한 언론 이슈에 대해서 방송사 소속 해설위원들을 통해 해설과 시사비평을 한다.[8]

넷째, 타 조직과 연대와 협력기능이다. 언론사는 전문가나 학회와 학자, 국회의원, 정당 등과 함께 포럼, 세미나 등을 통해 단독 혹은 공동으로 개최하며, 아니면 참여함으로써 개인이나 언론사의 입장을 밝힌다. 언론사는 자기 언론의 지면이나 방송을 통해 자기 언론과 정체성이나 이념이 비슷한 전문가, 학자 등에게 칼럼을 쓰게 하며 인터뷰를 함으로써 간접적으로 그들의 견해를 나타낸다. 또한 언론사가 다른 언론사와 또는 언론단체 간에 연대하여 정책개입을 할 수 있다.

다섯째, 선거공약보도와 인사검증기능이다. 선거시 정책공약에 대한 보도로 정치가를 선출하는데 영향을 주고 있다. 선거에서는 사실에 입각하여 공정하게 균형적으로 보도를 해야 한다. 또한 선거가 정책경쟁의 장이 될 수 있도록 유도하는 한편, 도덕성과 자질을 심층적으로 분석해 유권자들의 선택에 도움을 주어야 한다. 인사청문회의 후보자들에 대한 인사검증에서는 언론은 정부의 조사를 보완하며, 이들이 발견해내지 못한 점 특히, 사회적 측면의 도덕성과 자질을 검증하는 데 기여한다.

여섯째, 정부정책의 홍보와 언론의 관계이다. 정책홍보는 정부 및 공공기관에서 만든 정책을 정책대상자에게 알리는 것이다. 다시 말해 정책홍보는 정책과정의 전반에 걸쳐 정책추진 조직과 정책대상 집단 간의 정보제공, 참여, 소통을 관리하

7) 탐사보도는 기획보도라고 볼 수 있다. 특정 주제에 대해 의도적으로 기획하고, 관찰하고, 분석하여 보도하며 비교적 장시간을 필요로 한다. 조선일보의 '죄의식 없는 표절 취재기'(2013.8)는 논문 표절의 심각성을 고발하고 이를 방지하기 위한 법안마련을 촉구한 바 있다.

8) 2011년부터 2013년 사이의 '이명박 정부의 4대강사업에 대한 감사원 감사 결과 보도'나 2012년 '고리원자력 발전소 블랙아웃 사고에 대한 보도'에서 보듯이 언론사의 편집가치와 성향은 대 정부 정책영향의 방향이나 내용에 크게 영향을 준다. 김춘식, "4대강 사업에 대한 신문보도비평," 『신문과 방송』(2013.10), pp. 61-65; 박진우 · 이형민 · 한동섭, "고리 원자력발전소 블랙아웃 사고에 대한 매체별 보도 프레임 분석," 『언론과학연구』, 14(2), 2014, pp. 31-74.

는 것을 의미하며 이에 대한 총괄 책임은 정책홍보조직이 담당한다(김찬동・김정욱, 2011.12: 13-17). 정책 홍보에서 정책주관기관과 언론기관이 매우 중요한 역할을 담당한다.

2) 언론의 정책관여: 간접관여와 직접관여

언론에서 정책 분야별로 정책공동체에 관여할 수 있으며, 이 경우 간접관여와 직접관여로 나눌 수 있다.

첫째, 간접관여의 경우, 언론사는 각자가 운영하고 있는 매체(신문, 방송, 통신, 잡지, 인터넷 등)를 통하여 관련 사건을 보도하거나 사설 및 해설기사, 특집기사를 보도함으로써 여론을 형성하고, 정책과정에 영향을 준다.

둘째, 직접관여의 경우, 기자나 논설위원을 통해서 정부(입법부나 행정부)가 주관하는 공동체에 발표자, 토론자로 참여하여 의견을 개진함으로써 정책공동체를 형성한다. 또 다른 직접관여로 언론인(기자나 논설위원 등)이 정책 분야별(예 안보 및 국방 관련) 포럼이나 연구회 등에 구성원이 됨으로써 평상시 혹은 주기적으로 정부관계자와 연계를 맺고 공책공동체를 형성할 수 있다.

3 국방정책 과정에서 언론의 역할

1) 국방문제의 특수성과 언론

국방 및 안보분야에 대한 언론의 역할 역시 다른 국가정책과 다를 것이 없다. 그런데 국방 및 안보분야는 국가의 생존에 직결되고 적국이나 우방국 관계에 있어 국가이익에 관련된 문제가 많으며 무기체계 등 기밀을 요구하는 분야이기 때문에 언론의 보도적 측면과 국방부의 기밀보호의 측면이 서로 충돌할 가능성이 높다. 국방문제 중에는 고도의 전문성을 요구하는 문제가 많기 때문에 국방전문기자들이 각광을 받고 있다.

2) 국방분야 언론사와 기자

국방부 등에는 언론기관의 출입기자 제도가 운영되고 있다. 그런데 국방부문의 특수성으로 인해 국방부가 자체 언론기관을 두고 있으며 이를 국방홍보원이 관장한다.

한국에서 국방문제만을 전문적으로 다루는 언론기관은 거의 없으며, 대부분의 언론인들은 개별 언론사에 속해 있다. 국방부 출입기자는 2015년 현재 39명이며, 언론매체 유형별로 구분해보면 신문사 소속이 20명, 방송사 소속이 16명, 통신사소속이 3명이다.

언론사에서 국방부 출입기자들의 근무부서는 정치부가 가장 많으며, 다음으로 사회부, 통일외교부 순이었다. 대체로 국방부 출입기자들은 차장급 등 상당히 오랜 경력을 가진 기자들이다. 한편 군사전문기자는 조선일보 유용원 논설위원, 국민일보 최현수 기자, 중앙일보 김민석 기자, 동아일보 윤상훈 기자 등이 대표적이며, 2010년 11월부터 2015년 12월까지 김민석 기자는 국방부 대변인으로 활동하였다.

코나스(KONAS net)[9]는 대한민국재향군인회가 운영하는 중도보수 성향의 웹사이트로 다양한 신분의 안보전문가가 활동하고 있다. 언론기관에서는 자체 연구소를 두어 해당 분야에 대한 연구와 발표는 물론 자체 언론을 위한 정보를 제공한다. 그러나 국방안보에 특화된 연구소는 발견되지 않고 있다.[10]

국방부는 직속 책임운영기관인 국방홍보원을 두고 있으며, 여기서 국방일보와 국군방송을 운영하고 있다. 국방일보와 국군방송은 국방정책에 비판적인 보도보다는 국방이나 안보문제에 대한 해설과 소식의 보도에 중점을 두고 있으며, 다만 외부전문가를 포함한 인사들이 칼럼 등을 통하여 정책적 의견을 나누고 공감대를 형성하고 있다.

언론인 개인이 중심이 되어 안보 및 국방 관련 이슈를 다루는 경우도 있다. 조선일보의 유용원 기자가 운영하는 웹사이트는 국방 및 군사 관련자들이 가장 많이 접속하는 홈페이지로서 전문성 측면에서 정평이 나있다.

---

9) http://www.konas.net(검색일: 2010.12.20.).

10) 중앙일보에서는 통일문화연구소와 중국연구소를 운영하고 있으며, 한겨레신문사는 한겨레통일문화재단 예하에 평화연구소를 설치하여 연구활동을 벌이고 있다.

3) 국방정책 사례분석을 통한 언론의 정책개입

이라크 파병과 미군기지 이전 문제에 대한 분석을 한 결과(윤호진, 2003: 1-13; 방수철, 2006: 36-87), 조선일보와 한겨레신문은 언론의 사회적 역할을 수행하는 데 있어서 각각 보수적 혹은 진보적 입장에서 보도하였던 것으로 분석되었다. 즉, 이라크 파병 정책과 관련해서 조선일보는 파병 찬성의 입장을, 한겨레신문은 파병 반대의 입장이라는 대조적인 정책기조를 가짐으로써 보도내용이나 정책요구도 이러한 방향에 맞추어 보도활동을 전개하였다. 한편 용산미군기지 이전정책과 관련해서도 조선일보는 안보 차원에서 미국과의 공조를 바탕으로 한 이전정책 추진을 주로 요구한 반면, 한겨레신문은 자주 차원에서 기지의 완전 이전은 물론 미군의 철수까지도 요구하였다.

제 3 절 시민사회단체의 정책적 기능

1 시민사회단체의 의의

1) 현대사회와 시민사회단체

현대사회에서 시민사회단체를 포함한 NGO 부문은 사회의 변화를 주도하는 주요 세력으로 급성장하고 있다. 우리나라의 경우 정치·사회적 환경이 급격히 변화하면서 정부와 시장부문에 대한 불신이 깊어져 왔으며, 이러한 불신은 NGO부문의 급격한 양적 성장과 함께 공공부문과 관련된 전통적인 거버넌스를 바꿀 정도로 큰 변화를 일으키는 배경이 되고 있다(민진, 2015: 311).

NGO들은 우리 사회에서 일어날 수 있는 모든 문제들에 대해서 정부와 갈등적인 관계와 협력적인 관계를 유지하고 감시자로서 역할을 수행하면서 사회정의와 발전을 주도해 왔다. NGO의 활동은 정부의 정책과정에서도 정보의 제공이나 이슈의 생산, 여론형성과 집회, 위원회의 참여 등 다양하게 전개되고 있다. NGO들은 환경, 인권, 노동, 문화 등 다양한 분야에서 활동하고 있으며 시민의 이익을 대변하고 정책에 반영하는 등 시민사회의 한 축으로서 역할을 확대해 나가고 있다(민진, 2015: 311－312).

2) 시민사회단체(NGO)의 의의

우리나라에서 NGO(Non Governmental Organization)는 비정부·비정파·비영리 결사체로 시민의 자발적인 참여로 결성되고, 회원 가입의 배타성은 없으며, 주로 자발적 활동에 입각하여 공익 추구를 목적으로 하는 단체를 말한다(박상필, 2008: 73－74). NGO를 넓은 의미에서 비영리단체, 민간비영리단체, 비영리법인, 공익법인, 시민단체, 시민사회단체, 시민운동단체, 그리고 관변단체를 포함한 비정부조직을 총괄한다(김준기, 2006: 15－26). 여기서는 NGO를 좁은 의미의 시민사회단체로 본다.

일반적으로 NGO는 사회운동 차원에서 활동하며, 자율성을 가지고, 자발성에 기초하여 조직되었으며, 이윤창출을 목적으로 하지 않고, 민간결사체를 지칭하는 특성을 갖는다.

2 시민사회단체의 정책적 활동

1) NGO의 정책참여

NGO의 정책참여란 넓은 의미로서 정책의제 설정단계부터 정책평가단계까지 정책과정에 영향력을 행사하기 위한 직·간접적인 모든 행위를 의미한다. 최근에는 NGO가 양적으로 증가하였을 뿐만 아니라 분석적이고 전문적인 능력을 갖춤에 따라 정책과정에 대한 NGO의 참여기회와 영향력이 확대되고 있다(민진, 2015: 317).

NGO의 정책참여방식을 제도성을 기준으로 분류하면 <표 6－1>과 같다. 제도적 참여란 정부의 의사와 공식적인 절차에 따라 이루어지는 참여를 말하고, 비제도적 참여란 NGO가 정부의 의사와 관계없이 비공식적인 방법을 통해 참여하는 방식을 말한다.

표 6-1 제도성에 따른 NGO의 정책 참여 방식

구 분	내 용
제도적 참여	정부회의 · 위원회 참가, 공청회 · 청문회 참가, 입법청원, 사법부 고발, 위탁 · 계약업무 수행
비제도적 참여	시위 · 집회 · 캠페인, 서명운동 · 유인물 배포, 성명서 발표 · 기자회견, 전화 · 투고 · 방문, 공청회 · 세미나 개최, 정보제공, 감시활동

* 자료원: 박상필, 『NGO와 정부 그리고 정책』(2008), p.164.

2) NGO의 정책과정에서의 역할

NGO들이 정책에서 수행하는 사회적 역할은 이슈 생산자, 정보제공자, 감시자 및 견제자, 대안제시자, 정책참여자, 중개자 및 중재자, 그리고 서비스 공급자이다(김병환 · 민현경, 2002: 231-256).

첫째, 이슈 생산자로서 기능은 NGO가 사회적으로 드러나지 않는 사회문제에 관심을 가지고 이를 이슈화시켜 사회표면에 드러나게 하는 기능을 말한다. NGO의 이슈 생산자로서의 역할은 정책의제 형성과정에서 수많은 문제들을 사회적 이슈 또는 관심사로 부각시켜 정부가 진지하게 고려하도록 만드는 역할을 수행한다.

둘째, 정보제공자로서의 기능은 NGO가 개인이나 시민사회에 대하여 자신들이 제기한 문제들에 대하여 관심 및 지지를 갖도록 노력하며 다양한 문제들에 관한 폭넓고 깊이 있는 정보를 제공한다. 이들은 주로 언론이나 잡지 등의 대중매체를 통해서나 시위, 서명운동, 공청회, 각종 프로그램의 시행, 시민교육 등을 통해 이러한 역할을 수행한다.

셋째, 감시자로서의 NGO의 기능은 가장 핵심적인 기능 중 하나로 이는 본질적으로 시민들이 자신들의 대표를 선출하여 공직을 맡기는 민주주의를 시정 내지 보완한다는 점에서 중요한 의미를 갖는다. 감시자의 역할은 주로 정책이 집행되는 과정에서 정책이 원래 목적대로 올바르게 집행되고 있는가를 모니터하는 것인데 이러한 감시자의 역할은 집행단계에서는 물론이고 정책의제설정이나 정책결정단계에서도 이루어질 수 있다.

넷째, NGO의 대안제시자의 기능은 NGO가 견제자나 감시자의 역할에서 나아가 적극적으로 해결책을 제시하는 것을 말한다. NGO들은 여론 조성이나 권고를

통해서도 정책결정과정에 참여할 수 있지만 오늘날 NGO들은 단순히 이슈를 제기하는 수준에 그치지 않고 이슈와 관련된 분야의 전문가들을 동원하여 전문지식을 제공하거나 적극적으로 정책대안을 개발하여 제시하고 있는데 이를 통해 정책 내용에 영향력을 행사할 수 있다는 것이다.

다섯째, 정책참여자로서 기능은 정부정책에 대한 견제에서 한걸음 더 나아가 NGO가 보다 전문화되어 정책의 형성 및 결정에 직접 참여하는 것을 말한다. NGO는 사회의 중심 조직으로서 다원화와 참여민주주의의 매개체가 되고 있기 때문에 정책결정자로 참여하게 된다. 정부의 각종 위원회에 공식적 또는 비공식적으로 참여하여 정책의 입안에서부터 집행에 이르기까지 사회적 영향력을 행사하는 역할을 수행하는 것이다.

여섯째, 중개자 및 중재자로서 기능은 NGO가 사회적 갈등에 개입하고 이를 중재하는 기능이다. 현대사회에서 집단 간의 갈등과 이해관계의 대립 상황에서 NGO는 갈등문제에 대해 정부와 시민을 연결하는 중개자로서 의사소통의 원활한 수행과 의견의 조정, 정보교환 등의 역할을 수행한다. 집단 간 대립이 갈등을 빚어 분쟁이 발생했을 때 NGO는 제3자로서 협상을 가능하게 하는 중재자의 역할도 수행한다.

일곱째, 서비스 공급자로서 기능은 NGO 스스로가 서비스를 직접 공급하여 그 주체가 되는 역할을 하고, 다른 한편으로는 공공서비스의 공동생산 및 집행업무를 수행하는 데도 참여하는 것이다. 각종 교육·상담 사업, 환경을 비롯한 각 분야들의 실천운동을 통한 관리 서비스, 정보 서비스, 재화 생산 서비스 등의 역할을 수행한다. 이들이 제공하는 서비스는 그 규모와 상관없이 사회의 조화와 통합을 강화하는 역할을 수행하기도 한다.

3 국방정책과정에서 시민사회단체의 역할

1) 시민사회단체의 정책적 활동 개관

국방정책분야에서 시민사회단체는 일반 정책분야와 유사하게 정책활동을 하며 정책기능을 행사한다. 한국의 국방 및 안보문제를 둘러싸고 시민사회단체와 정부는 대체로 갈등관계에 있다. 이들이 다루는 주요 정책 이슈는 군사정책, 국방관리 및 국방행정, 미군관련 문제, 전쟁참전 등 과거사 문제 등이다. 첫째, 군사정책분야에서는 군비축소, 국방예산 감축, 군사작전, 대인지뢰 제거 등이다. 둘째, 국방관리 및 국방행정 분야에서는 국방계약, 군수조달, 예산집행에 관한 합리성, 병무비리, 인권침해, 양성평등 문제 등이다. 셋째, 주한미군관련 사항도 상당히 많으며 한미행정협정(SOFA)의 불평등성, 미군의 환경오염 문제, 주한미군 방위비분담 문제, 주한미군부대관련 민원 등이다. 넷째, 전쟁참전 및 과거사 문제 등에서는 6・25전쟁(또는 한국전쟁), 베트남 전쟁, 제주 4・3사건 관련 과거사 등을 들 수 있다. 군내 인권 문제와 관련해서는 군 의문사 문제, 군 양심수 문제, 인권침해 문제, 양성평등 문제, 성희롱 문제 등이 있다.

2) 국방정책분야의 주요 시민사회단체

우리나라의 국방정책분야에 대한 시민사회단체들을 보면 종합적인 시민사회단체와 국방안보분야에 주로 한정된 시민사회단체로 구분할 수 있다.

종합적인 시민사회단체로는 경제정의실천연합과 참여연대가 있다. 국방안보문제를 주로 다루는 시민사회단체는 다음과 같다. 주한미군과 관련하여 주한미군범죄근절운동본부, 부평미군부대공원화추진 시민협의회, 우리땅미군기지되찾기 평택시민모임 등이 있다. 평화, 군축 및 지뢰방지 관련 시민사회단체로는 평화와 통일을 여는 사람들, 민주주의민족통일전국연합, 한국 대인지뢰대책회의, 평화인권연대 등이 있다. 군 생활 및 제대군인 관련 시민사회단체로는 양심수 군문제를 해결하기 위한 모임, 대한민국재향군인회가 있다(민진, 2001: 101-105).

참고 **평택 미군기지 이전과정에서 시민사회단체 개입 사례**

미군기지 이전은 1988년부터 우리가 미국 측에 요구한 사업이다. 1990년 일부 추진 중에 이전비용 문제 등으로 우리가 중단을 요청한 후에 2003년 한・미 정상이 재추진키로 합의했으며, 일부 단체들도 당시 용산 미군기지의 이전을 적극적으로 요구하였다. 2003년 35차 한미연례안보협의회는 평택으로 이전을 결정하고 2005년 강제토지수용을 결정하였다. 주민들은 이 결정에 대해 이의신청서를 제출하고 이주를 거부하였다. 국방부는 주민들의 거부행위에 대해 주민들의 땅과 집 등에 대해 강제수용조치를 취했으며 공탁을 거쳐 주민들의 토지수용권을 국방부로 강제 이전하였다. NGO의 활동으로 평택의 문제는 지역주민에서 전 국민의 관심사로 확대되었으나 정부 정책이 확고하여 NGO의 의견이 거의 반영되지 못해 정부와의 갈등을 이어가고 있다.

이와 관련하여 '평택미군기지 확장저지 범국민대책위'가 2005년 2월 발족하여 평택미군기지 이전 저지활동을 펼치고 있다. 2003년 7월 용산기지 이전문제가 여론화되면서 '미군기지 확장반대 평택대책위원회'가 결성되어 기지 이전 반대활동을 하고 있다. 이전 반대와 관련하여 NGO들은 궐기대회, 마라톤대회, 촛불집회, 성명서 발표 등의 활동을 실시했으며, 이 과정에서 기지 이전비용의 부담주체와 비용, 토지강제수용 문제, 지역민에 대한 보상과 생계수단 확보 방안의 제시 등의 정보제공 및 대안을 제시하는 역할을 수행하였다.

---

* 자료원: 이재풍, "NGO활동이 국방정책과정에 미치는 영향에 관한 연구"(경상대학교, 박사학위논문, 2007), pp. 80–85.

제 4 절 이익집단의 정책적 기능

1 이익집단의 의의와 관계

1) 이익집단의 의의

이익집단이란 "공통된 이익이나 공유된 가치에 의하여 결속된 개인 혹은 조직들의 결합체로서, 공통된 목표를 달성하기 위해 특정한 요구를 주장하는 집단"이라고 정의할 수 있다. 이익집단은 압력단체(pressure group)와 혼용되기도 한다. 이익집단의 특성으로는 공통된 이익과 가치의 추구, 집단성, 적극성을 들 수 있다.

이익집단의 형태와 기능은 매우 다양하다. 규모가 작은 것도 있지만 전국 규모도 있으며, 이익집단의 구성원이 개인인 경우도 있지만 조직인 경우도 있다. 또한 이익표출의 활동이 간헐적인 경우도 있지만 상시적 · 계속적인 경우도 있다.

우리나라에서 비교적 영향력이 큰 대표적인 이익집단으로는 경제분야에는 전국경제인연합회, 한국노동조합총연맹, 교육분야에는 한국교원단체총연합회, 전국교직원노동조합, 전문가이익집단으로는 대한의사협회, 대한변호사협회, 그리고 대한민국재향군인회 등이 있다(민진, 2015: 304–309).

2) 정부와 이익집단의 관계

이익집단과 정부의 관계는 다양하게 논의되고 있다. 김영래는 이익집단의 성장 과정이 정부와의 관계에서 종속적인가 자율적인가에 따라 그리고 활동 양태가 협력적인가 갈등적인가에 따라 종속적 협력형, 종속적 갈등형, 자율적 협력형, 자율적 갈등형으로 구분한다(김영래, 1990: 96).

첫째, '종속적 협력형'은 이익집단으로 성장하는 과정에서 이익집단의 정부에 대한 관계가 종속적이었으나 이익집단의 활동은 서로 협력하는 관계로 전국경제인연합회를 예로 들 수 있다. 둘째, '종속적 갈등형'은 이익집단으로 성장하는 과정에서 이익집단의 정부에 대한 관계가 종속적이었으나 이익집단의 활동은 정부와 갈등을 갖는 관계로 한국노동자조합총연맹을 예로 들 수 있다. 셋째, '자율적 협력형'은 이익집단으로 성장하는 과정에서 이익집단의 정부에 대한 관계가 자율적이었으나 이익집단의 활동은 정부와 서로 협력하는 관계로 대한의학협회(현재의 대한의사협회)를 예로 들 수 있다. 넷째, '자율적 갈등형'은 이익집단으로 성장하는 과정에서 이익집단의 정부에 대한 관계가 자율적이었으나 이익집단의 활동은 정부와 서로 갈등을 갖는 관계로 한국기자협회가 이에 해당한다.

3) 철의 삼각관계

철의 삼각관계(iron triangle)는 국회의원, 관료 그리고 이익집단 간에 형성되는 정책형성관계(policy formulating relation)를 의미한다. 철의 삼각관계는 정치기구, 관료기구, 그리고 행위자들이 그들의 권력을 강화하기 위하여 창출되고 강화된다. 특히 입법 기구의 경우 자신의 권력의 원천이 일반 시민유권자가 아니라 철의 삼각관계에 상대 파트너인 이익집단이 될 수 있으며, 관련성을 갖는 특정 관료일 수 있다. 철의 삼각관계는 정책의 입안 · 결정 · 집행 전 과정의 운영에 영향을 미치는 것이고, 소수의 엘리트들에 의해 결정되는 정책 메카니즘을 설명하는 대표적인 개념이다(정연정, 2008: 173). 철의 삼각관계는 주로 미국의 의회정치와 관련하여 언급되고 있으나, 일본에서도 과거에 자민당 분과위원회, 행정기관, 그리고 이익집단이 철의 삼각구도를 형성하였다(강성남, 1999: 216–251).

2 이익집단의 정책적 활동

1) 이익집단의 이익표출 활동

이익집단은 정부 정책기관에 영향을 미치기 위해 여러 가지 활동을 한다. 이를 '이익표출'이라 한다. 정부는 이들의 활동에 일정한 반응을 하게 되는데 반응의 정도에 따라 이익집단의 영향력의 내용과 정도를 판가름할 수 있다.

이익집단의 활동 양식은 제도적인 방법과 비제도적인 방법, 합법적인 방법과 비합법적인 방법으로 보통 나눈다. 이들은 서로 중첩이 된다. 이 밖에도 직접적 방법과 간접적 방법, 그리고 독자적 활동과 연대적 활동 등으로도 나눌 수 있다(민진, 2015: 296).

참고 **이익집단의 활동 양식(합법적 방법과 비합법적 방법)**

- 합법적인 활동: 공식적 활동 : 간담회, 공청회, 민원청구, 위원회 참가
  비공식적 활동: 개인적 연계, 여론 조성, 합법적 시위
- 비합법적 활동: 항의, 시위, 폭력

이익표출 활동은 타 집단과의 관계에 따라 독자적 활동과 연대적 활동으로 구분할 수 있다. 독자적 활동은 이익집단이 독자적으로 하는 활동방식을 말하며, 연대적 활동이란 둘 이상의 이익집단이 협력하여 활동을 하는 방식으로 전자보다 파급력이 훨씬 크다(양경미, 2010: 31-34).

이익집단의 구체적인 활동 중에는 정책주관기관의 책임자로 직접 임용, 정책건의 및 간담회 참여, 홍보 등 여론 조성, 시위와 파업, 그리고 로비 등이 있으며, 이들은 독자적으로 혹은 둘 이상이 함께 사용되기도 한다. 가장 일반적인 방법은 정책건의나 여론조성이다.

2) 정책과정에서 이익집단의 기능

이익집단은 정책과정의 모든 단계에 걸쳐 영향력을 행사할 수 있는데, 각 과정

별 내용을 구체적으로 살펴보면 다음과 같다(박천오, 1999: 247).

첫째, 의제설정단계에서 자신들에게 피해를 주는 문제를 정책의제화시키거나 자신들이 원하지 않는 문제가 정책의제화되는 것을 방지하기 위해 다양한 활동을 전개할 수 있다.

둘째, 정치적 피임명자들이나 고위 직업관료들을 대상으로 로비활동을 하거나 그들에게 문제해결에 필요한 전문지식이나 자료를 제공하는 등의 방법으로 행정기관의 정책결정에 영향을 미칠 수 있다.

셋째, 자신이 정책의 수혜자인 경우에는 정책집행의 성공을 위해 행정기관을 독려·자극할 수 있고, 정책비용의 부담자인 경우에는 행정기관이 정책집행의 강도를 완화시키거나 정책의 내용을 자신에게 덜 불리한 방향으로 수정·변경시키게 설득할 수 있다.

넷째, 여론을 유도하거나 행정기관에 정보를 제공하는 방법으로 정책결과의 평가에 영향을 미칠 수 있다.

이익집단의 정책역량은 이익의 표출과 이익의 전달 능력으로 구성된다. 그들이 보유하고 있는 자원은 그들의 활동과 영향력을 좌우한다. 이런 자원으로는 회원의 규모, 회원의 견고함, 그리고 재정적 자원을 들 수 있다(Jillson, 2008: 133-135). 이익집단은 이들을 바탕으로 정책역량을 키운다.

3 국방정책과정에서 이익집단의 역할

1) 국방부문 이익집단의 의의와 종류

국방부문의 이익집단은 정책 일반무대에서 보는 이익집단의 구조와 활동과 크게 다르지 않다. 우리나라의 국방관련 이익집단은 군 생활 및 제대와 관련한 이익집단, 전쟁피해관련 이익집단, 그리고 방위산업관련 이익집단으로 크게 나눌 수 있다. 이 중 회원 수가 가장 많은 것은 2010년 현재 약 850만명이 회원인 대한민국재향군인회이다.

표 6-2 국방관련 이익집단

구 분	이익집단
군 생활 및 제대와 관련한 이익집단	대한민국재향군인회, 대한민국ROTC 중앙회, 해병전우회중앙회, 성우회 등
전쟁피해관련 이익집단	대한민국 6·25전몰군경유자녀회, 대한민국상이군경회, 베트남고엽제피해자전우회, 한국원폭피해자협회
방위산업관련 이익집단	한국방위산업진흥회

* 자료원: 민진, "안보 국방정책관련 정책공동체의 실태 및 연계방안," 민진·김병조·신용도·하도형·이홍섭, 「안보정책의 심화방안과 대외협력의 전개」(서울: 국방대학교 안보문제연구소, 2007), pp. 42-44에서 연구자 정리.

2) 국방관련 이익집단의 활동과 활동전략

국방관련 이익집단 중에서 규모가 크고 정치적 영향력이 있는 이익집단들은 자체연구소(Think-Tank)를 두어 운영하거나 관련연구소와 밀접한 연계를 맺는다. 성우회와 재향군인회는 안보연구소를 각각 두고 있으며, 해병전우회는 해병대전략연구소와 연계되어 있고, 한국방산진흥회는 한국방산학회와 연계되어 있다.

성우회, 재향군인회나 ROTC 중앙회 등은 국방부장관 혹은 국가보훈처장과의 공식·비공식 초청행사에서 그들의 정책적 견해를 제시하거나 성명서의 발표, 북핵 반대 등 궐기대회 개최 등을 통해 여론을 주도한다. 전쟁피해관련 이익집단들은 가끔 집단적 시위를 통해 그들의 이해관계나 의견을 정부에 전달하기도 한다.

대한민국재향군인회는 '국가보안법의 사수', '일본의 독도침탈기도 규탄', '맥아더동상 사수', '주한 미군지지 평택궐기대회', '21세기 율곡포럼' 등과 인터넷 안보신문인 「코나스」를 통하여 국민들의 안보여론을 주도하고 있다.

그리고 방산진흥회의 간부가 방위산업추진위원회의 위촉직 위원이 되어서 공동체에 관여하기도 하며, 관련 세미나, 토론회, 그리고 간담회 등에 참여하여서 정부와 이익집단 간에, 학계나 연구계와 이익집단 간에 정책공동체를 형성한다.

참고 **1995년 ROTC 복무기간 연장 번복 사례**

정부에서는 1994년 12월 ROTC복무기간을 기존의 2년 4개월에서 3년으로 연장하기로 결정하였다. 이러한 배경은 초급장교의 지휘통솔 능력을 향상시키고 녹음기인 6월에 소대장의 대량교체로 인한 하부조직의 불안정성과 지휘공백의 문제를 해결하며 타 과정 출신과의 복무기간의 형평성을 유지하기 위한 조치였다. 하지만, 이러한 결정 이후 정부 밖에서 ROTC복무연장방침 철회를 주장하는 정책공동체의 활동이 활발히 이루어졌다. 특히, 국방정책분야의 이익집단인 ROTC 예비역 중앙회를 중심으로 한 전국적인 움직임은 결국 정부로 하여금 복무기간 연장정책 결정을 번복하는 선택을 하게 만들었다.

* 자료원: 이정훈, "장교 인력정책변동에 관한 연구"(석사학위논문, 국방대학교, 2007), pp. 1-99.

제 5 절 전문가 집단(Think-Tank)의 정책적 기능

1 전문가 집단의 의의와 종류

1) 전문가 집단의 의의

정부가 당면한 문제가 복잡해지고 그 해결을 위해서 정부가 가지고 있는 것보다 높은 분석능력이 요구됨에 따라 전문적인 정책연구자의 도움이 필요하게 되었다. 그러므로 대학, 연구기관, 그리고 특정 정책 및 이슈 영역에 관한 전문가 집단(Think-Tank)에서 일하는 연구자들이 정책과정의 중요한 행위자로 등장하였다. 이런 전문가들은 소속기관별로, 혹은 개인적으로 연구 및 발표를 통하여 전문가 집단으로서 역할을 한다(민진, 2015: 334).

우리나라에서 전문가 집단은 정부출연기관과 대기업 연구소를 중심으로 활동하고 있으며, 정치사회와 시민사회의 전문가 집단은 상대적으로 활동이 저조하다. 한편 대학(혹은 대학교수 개인)이 비공식적으로 정책내용의 생산자로서 기능을 하고 있다.

세계의 주요 전문가 집단을 열거하면 다음과 같다. 미국은 랜드연구소, 브루킹스연구소, 의회조사국(CRS), 헤리티지재단, 미국기업연구소를, 영국은 국제전략연구소(IISS), 국제사회경제연구소를, 스웨덴은 스톡홀름 국제평화연구소를, 프랑스는 국제행정연구소를, 일본은 아시아경제연구소, 총합연구개발기구를, 독일은 막스프랑크연구회와 독일경제연구소를, 중국은 사회과학원을, 러시아는 러시아과학원(IMEMO)을, 싱가포르는 동남아연구소를 각각 들 수 있다(황윤원 외, 2003: <부록 3>, 330-334 참조).

전문가 집단은 정책에 영향을 미치기 위하여 학제 간 연구를 수행하는 독립된 조직이다(노화준, 2007). 이러한 조직들은 광범위한 정책문제에 관심을 가지고 종합적인 관점을 발전시킬 수 있도록 다양한 전문가를 채용한다. 전문가 집단의 가장 중요한 두 가지 특성은 독립성과 비영리성이다. 전문가 집단과 연구조직은 순수한 학술기관과 유사하게 정부와 정당으로부터 독립성과 자율성을 유지한다는 이미지를 가져야만 정책결정자가 그 연구 결과를 진지하게 받아들이게 된다. 이런 특성은 토론에서 필수적으로 요구되는 기본적 요건이다.[11]

2) 전문가와 전문가 집단의 종류

정부공무원은 정책분야의 전문가라 할 수 있다. 정부관료 중에도 공무원의 신분으로 정책연구와 분석업무만을 담당하는 사람이 있다. 정부관료가 아닌 외부전문가로서 정책결정에 큰 영향을 미치는 전문가나 지식인은 크게 두 가지 부류가 있다. 첫째, 연구기관에 종사하는 연구원 등이고 둘째, 대학교수들이다.

한편 전문가 집단은 규모, 재원, 목적 등에 따라 매우 다양한 형태를 지니고 있어 일정한 틀에 따라 분류하기가 쉽지 않다. 정부 수준별, 부문별, 부설 여부별, 정

참고 **전문가 집단(Think Tank)의 종류와 예**

- 공공부문 ① 부처, 기관 형태: 국회입법조사처, 통계청 조사부, 한국은행 조사국
  ② 국책연구기관형태: 한국개발연구원, 한국행정연구원
- 민간부문 ① 기업 및 이익집단: 삼성경제연구소, 한국경제연구원
  ② 시민 및 사회단체: 희망제작소
  ③ 대학교: 서울대학교 사회과학연구원 등

* 자료원: 민진(2015), pp. 311-312.

11) 남궁 근, 『정책학, 이론과 경험적 연구』(파주: 법문사, 2012), pp. 290-291.

부 소속 여부별, 그리고 특정 현안별로 구분할 수 있는데 앞의 <참고>와 같이 정리할 수 있다.

2 전문가 집단의 정책적 활동

1) 전문가 집단의 정책과정에서 기능

전문가 집단과 대학 등 연구조직에 소속된 전문가와 지식인들은 문제해결을 위한 정책대안을 제시하거나 정책의 영향(효과나 비용)이나 정책의 내용에 대한 비판적 평가를 통하여 정책과정에 영향력을 행사한다(정정길 외, 2012: 204-206; McGann, 2007: 40).

첫째, 정책의제설정단계에서 간접적인 역할을 한다. 학자들은 흔히 많은 사람들이 잊어버리고 있는 사회문제를 분석 · 검토하여 그 심각성을 경고하는데, 이것이 그 사회문제가 정책의제화하는 과정에서 점화 역할을 하는 수도 있다.

둘째, 정책결정단계에서 전문가들은 문제의 해결책이나 정책대안을 제시하고 비교 · 평가하는 등 중요한 지적 · 분석적 작업을 수행한다. 즉, 지식제공자로서의 역할을 한다.

셋째, 정책집행단계에서 전문가 집단은 계약에 의해 서비스를 공급하며, 자문하고, 관리를 제공하며, 훈련하고 데이터베이스를 유지한다.

넷째, 정책평가단계에서 전문가나 지식인은 커다란 영향을 미친다. 정책의 효과가 발생했는지의 여부를 판단하거나 정책내용의 옳고 그름을 비판적으로 평가한다.

전문가 집단 및 정책연구자의 정책연구 결과는 객관성이 있는가, 신뢰할 수 있는가? 정부나 특정 기업과 집단에 편향된 결과를 포함하고 있는 것은 아닌가? 주로 전문가 집단과 정부의 관계에서 독립성과 의존성이 문제가 된다.

2) 전문가 집단의 정책활동

전문가 집단이 정책에 영향을 미치는 활동으로는 대표적으로 정책보고서를 작성하여 토대로 세미나, 회의, 포럼 등을 한다. 간접적으로 정책결정자 등이 요청하는 바에 따라 그들이 주관하는 세미나 등에 간접적으로 발표자나 토론자로 참여할 수 있다(민진, 2015: 343－344).

전문가 집단은 웹사이트나 블로그를 개설하여 정책관련 자료를 탑재하고, 여기에 접속하는 정책기관, 관련 전문가나 일반인들로 하여금 이들 정보를 읽게 하여 정보와 사고를 공유하게 한다. 또한 정책 관련자들에게 보고(briefing)하거나 대면하여 의견을 개진할 수 있다.

전문가 집단은 여론, 즉 신문이나 방송에 출연하여 특정정책 주제에 대하여 그들의 견해를 밝히며, 개인이나 집단의 자격으로 학술회의에서 정책적 견해를 개진한다.

전문가와 전문가 집단은 각종 연구자료를 발간하여 정책 고객에게 제안한다. 그들 중에는 보고서, 정기간행물의 논문, 요약 브리핑 자료 그리고 기초자료집 등이 있다.

정책보고서(Policy Report)는 보통 연구용역 사업으로 수행된다. 정기간행물의 논문(Journal Article)은 학술단체, 대학, 연구소 기타 등에서 발간하는 각종 정기간행물에 논문의 형태로 실리는 경우이다. 요약 브리핑 자료(Research Brief)는 주로 현안 이슈에 관하여 결과물을 이해하기 쉽게 정리한 책자로 의사소통의 장점, 적시적인 정보와 자료를 제공한다.

주요 전문가 집단은 자기 기관의 명성을 걸고 각종 실태보고서를 단행본 또는 매월, 분기별, 매년, 격년 등의 형태로 생산하여 활용하도록 한다. 통계청의 수많은 '국가통계자료집', 한국은행의 '매월소비자동향조사', '분기별 실질국내생산', 삼성경제연구소의 '소비자태도조사' 등을 들 수 있다. 영국의 IISS(국제전략연구소)는 *Military Balance*를 연간으로 발간하고 있다(민진, 2015: 345).

3 국방정책과정에서 전문가 집단의 역할

1) 주요 국가의 국방안보분야 전문가 집단과 활동

국가안보문제는 정책문제의 복잡성, 전문성, 다양성 등으로 많은 사람들, 다양한 전문가들의 전문적 지혜와 지식이 요구된다. 또한 무기체계의 고가성, 치명성 등은 매우 합리적이며 과학적인 분석을 필요로 한다. 따라서 세계 각국은 강대국을 중심으로 독립적인 안보국방 분야 연구소를 세우거나 종합적인 연구소의 한 섹터로서 국방안보 분야를 운영한다. 연구 용역 규모가 매우 클 뿐만 아니라 주요 국가의 정치적 선거에 있어서도 선거공약으로 등장하는 등 관심이 제고되고 있어 정부 내에서는 물론, 입법부, 정당, 그리고 대학교, 사립전문기관 등이 국방안보 문제를 연구하는 주역이 되고 있다. 주요 전문가들에는 순수한 민간인 학자도 있지만 장교나 장성 출신 예비역도 상당수 있다. 주요 국가의 국방안보 분야 주요 전문가 집단(싱크탱크)은 다음과 같다.

참고 **주요 국가 국방안보분야 전문가 집단(Think-Tank)**

미국: RAND coporation, APCSS(아·태안보연구센터)
중국: 社會科學院(사회과학원), 軍事科學院(군사과학원)
일본: 가지마 평화 연구소
러시아: IMEMO(러시아과학원)
독일: Conrad Adenawo(콘라드 아데나워 재단)
영국: IISS(국제전략문제연구소), RUSI(영국왕립종합연구소)
프랑스: 국제행정연구소
이탈리아: CeMISS(군사전략연구소)
스위스: GCSP(제네바안보정책센터)
인도: USI(인도종합연구소)

2) 대한민국의 국방안보분야 전문가 집단

국방정책분야의 주요 전문가 집단을 국방안보 현안별과 일반으로 나누어 살펴본다.

먼저 특정 현안별 전문가 집단이다. 최근 군비경쟁, 군사전략, 평화문제, 주한미군관련, 교육프로그램 등의 특정 현안을 정책 연구하는 전문가 집단이 발전하고 있다. 군비경쟁 영역에서는 모병제추진국민연대, 군사전략 영역에서는 한국전략문제연구소, 평화문제 영역에서는 평화 네트워크, 주한미군에 관한 주한미군범죄근절운동본부, 교육 영역에서는 경실련 통일협회 등이 활동하고 있다. 이러한 현상은 민간 싱크탱크와 NGO에서 두드러지게 나타나고 있는데, 이는 전문가 집단으로서의 특정 현안을 특화하는 장점을 지니게 된다.

다음은 대부분의 국방안보문제에 관해서 정책을 연구하는 학계와 전문가 집단을 살펴본다. 학계와 연구계는 전문가 집단을 많이 보유하고 있는 집단이며, 국방안보분야도 예외는 아니다(서병철, 2003: 107-109). 국방안보분야에 있어서는 국방대학교 국가안보문제연구소가 군사안보이론 및 장기정책개발에 기여하고 있으며 사관학교의 연구소에서도 군사분야 연구를 하고 있다. 일반 대학교에서는 최근 군사학부(과) 혹은 국방관련 대학원이 설치되어 운영되는 학교가 증가하여 안보정책 연구에 일익을 담당하고 있다.

다음은 안보 및 국방분야 연구소인데 한국국방연구원(KIDA)은 국방부 산하 출연연구기관으로서 국방 전반에 대한 연구분석을 통하여 국방정책에 기여하기 위하여 설립되었으며. 『국방정책연구』 등을 출간하고 있다. 이 밖에 안보정책 연구기관으로는 세종연구소, 안보경영연구원(SMI), 외교부 국립외교원, 한국군사문제연구원 등이 있다.

안보 및 국방분야의 이익집단에 속해서 연구활동을 하는 연구소가 있다. 성우회 소속 안보연구소와 재향군인회 소속 안보연구소가 대표적이다. 이들은 소속 집단의 이해관계를 대변하는 연구를 한다. 한편 개별 연구기관으로는 한국전략문제연구소(KRIS), 아태전략연구회(APISS), 북한연구소, 한국시사문제연구소 등이 있다(민진, 2007: 37-38).

3) 전문가 집단의 정책연구활동

전문가 집단은 주로 국방부, 합참, 각 군 본부, 방위사업청, 그리고 병무청이 발주하는 정책연구용역을 하면서 정책보고서를 발간한다. 국가 기밀, 비밀과 보안과 관련이 있는 연구도 있어서 활용과 관리에 주의를 기울여야 한다. 불확실한 미래 혹은 찬반의 논란이 심한 연구 주제에 대해서는 연구 결과의 객관성과 신뢰성을 확보하기 위해 복수의 연구자 또는 군인 출신과 민간인 출신으로 별개의 연구를 하도록 한다.

전문가 집단이 국방부 등 내부 인력인 경우에는 자료의 활용은 용이하나 정부 부처 및 군 등 용역 발주기관이 요구하는 대로 결과가 작성될 수 있다. 전문가 집단이 외부기관인 경우에는 국방관련 자료의 접근, 자료의 활용과 공개의 곤란, 군 관련 경험 부족 등으로 분석 및 평가의 충실성이 의심될 수 있으나 객관성은 어느 정도 보장할 수 있는 장점이 있다.

제 3 부

정책의 과정

제 7 장 정책의제 형성

제 1 절 정책의제 형성의 의의

1 정책의제의 의의

1) 정책의제 형성의 개념

현대사회는 산업사회 또는 지식정보사회로서 수많은 문제들이 발생, 지속, 변화 및 소멸해 가고 있다. 국가나 정부는 이러한 문제들 중에서 일부 문제를 행정수요로 판단하고 이를 적극적으로 해결해야 할 책임과 의무를 부여받는다.

정책의제(policy agenda)란 "정책적 해결을 의도하여 정부가 채택한 문제"(정정길 외, 2012: 283)라고 할 수 있다. 즉, 정책의제란 정부가 어떤 사회문제의 해결을 위해 능동적이고 신중하게 고려하기로 한 항목으로도 사용될 수 있으며, "해결의 필요성을 정부 스스로가 인식한 문제, 또는 정부 밖의 사람들에 의해 제기된 문제들 중에서 정책적 해결을 의도하여 정부가 채택한 문제"(강근복, 1985: 7), 혹은 "수많은 요구들 중에서 정책결정자가 어떤 대상을 강구하지 않을 수 없다고 느끼거나 선택하게 되는 요구"(Anderson, 1984: 12), 혹은 "많은 사회문제 중에서 정부가 그것에 대한 정책적 해결을 위해 공약으로 채택한 문제"(최봉기, 2008: 119)라고 사용되고 있다.

저자는 정책의제란 '정부(중앙정부나 지방자치단체)가 공익이나 국익을 달성하기 위하여 여러 가지 사회문제 중에서 공적으로 채택하거나 선택한 문제'로 정의한다. 그리고 이러한 정책의제를 받아들이는 것을 정책의제 채택, 정책의제 편성 혹은 정책의제 설정이라고 한다. 이 중 정책의제 설정이나 정책의제 채택이 정부중심의 개념이라면 정책의제 형성은 중립적 개념이라 할 수 있다.

정책의제 형성은 국회에서는 의안이나 법안의 형태로, 사법부(법원, 헌법재판소)에서는 소송제기나 헌법소원의 형태로 이루어진다. 그런데 정책의제 형성은 국회와 사법부는 물론이고 행정부에서 이루어진다. 지방자치가 발전된 국가에서는 중앙정부 및 연방정부에서는 물론이고 지방자치단체에서도 정책의제가 설정된다. 이것은 특히 현대사회의 적극국가, 복지국가, 그리고 행정국가에서 두드러진 현상이다.

국방정책의제란 국방분야의 정책의제로 보기 때문에 일반적인 정책의제의 논리가 대체로 그대로 적용되며, 국방정책분야에 독특한 면을 보인다.

2) 정책의제의 유형

정책의제라고 해서 모두 같은 것은 아니다. 즉 동일한 정책의제라 해도 그 성질이나 기능은 물론 정책의제화 과정이 다른 경우가 허다하다. 왜 이런 차이가 나는가를 설명해 주는 하나의 지식이 바로 정책의제의 유형이다. 정책의제를 유형화시키는 기준으로는 기관, 재량, 그리고 선례유무 등을 들 수 있다.

참고 **정책의제의 유형**

① 의제채택 기관에 따른 분류: 입법부의제 · 행정부의제 · 사법부의제 등
중앙정부의제와 지방자치단체의제
② 재량에 따른 분류: 선택의제와 강요의제
③ 의제의 선례 유무에 따른 분류: 구의제와 신의제

참고 **정책의제 사례: 북한 핵폐기문제와 6자회담**

북한의 핵폐기문제는 남·북한은 물론이고 미국, 일본, 중국, 러시아 등 주변 4강에도 매우 중요한 안보정책문제이다.

북한은 1979년 영변에 원자로를 착공하고 1986년 가동을 개시하면서 핵개발을 본격적으로 감행하고 있다. 1985년 북한은 NPT(핵확산방지조약)에 가입하였으나 IAEA 안전조치협약에 가입않고 있으며 핵사찰을 거부하여오던 중 1993년에 NPT를 탈퇴 선언함으로써 제1차 북핵위기가 발생했으며, 1994년 미·북한 기본합의문(제네바협의)에 서명하였다. 2003년 북한의 핵동결 해제조치를 개시하고 NPT 탈퇴를 선언하여 제2차 북핵위기가 발생하였고 이를 해결하기 위해 6자회담이 성립되었다. 제1차 6차 회담은 2003년부터 개시되어 2007년에는 제6차 6자회담이 개최되고 있으며 북한 핵폐기문제는 여전히 가장 중요한 정책의제로 남아있다.

대한민국 정부는 북핵문제에 대해 미국과 함께 북한 핵폐기원칙에 공감하고 있으며 이를 공조하여 풀어가고 있으나 북한에서는 지난 제6차 6자회담의 합의사항을 거부하고 2013년부터 영변원자로를 재가동하고 있다. 우리 정부(외무부)는 6자회담에 앞서 영변원자로 재가동 중지 등 비핵화에 대한 북한의 진정성 있는 태도 변화를 요구하고 있다. 북한은 2016년 1월 6일 4차 핵실험을 단행하였다.

다음은 6자회담의 기간과 공동성명에 발표된 주요내용으로 북한 핵폐기문제가 계속된 중심 정책의제이다.

제1차 6자회담: 2003.8. 6자 회담계속 원칙 합의했으나 공동성명발표는 무산
제2차 6자회담: 2004.2. 핵무기 없는 한반도 등 공동성명 발표
제3차 6자회담: 2004.6. 한반도 비핵화에 대한 의지 재확인
제4차 6자회담: 2005.9. 한반도 비핵화원칙 등 6개항
제5차 6자회담: 2007.2. 북핵폐기조치 3단계
제6차 6자회담: 2007.3-9. 북한이 핵시설 불능화하고 핵프로그램 신고

* 자료: http://blog.naver.com/PostView.nhn 2014-02-06에 의거 작성. CBS 노컷뉴스, 윤지나 기자, 2014.2.6.

2 정책의제 형성과정의 성격과 무의사결정

1) 정책과정과 정책의제 형성과정

첫째, 정책의제 형성단계는 정책과정에 작용하는 여러 정치적 세력들이 처음으로 등장하는 국면이다(최봉기, 2008: 121-122; 강근복, 1985: 10). 정책의제형성은 정책형성의 맨 첫 단계에 해당하며, 이 단계에서 정책과정에 작용하는 여러 정치세력이나 정치행위자들—찬성집단과 반대집단 등—이 처음으로 등장한다.

둘째, 정책의제 형성단계에서 정책분석단계에서 탐색해야 할 정책대안이 제시되는 경우가 많다. 어떤 사회문제를 정책문제로 채택하거나 설정하기를 바라는 세력이나 집단은 그 문제의 해결방법을 함께 생각하기 마련이다. 정책의제의 형성은 문제해결의 방향·내용 및 수단 등에 대하여 개괄적인 합의에 도달하는 것을 의미하기도 한다(허범, 1984: 16). 다시 말해 사회문제에 대한 문제의식이 많은 세력이나 집단은 암묵적으로 문제해결방법을 생각하게 되는데 이것이 정책분석의 단계에서 하나의 대안으로 제시될 가능성이 있는 것이다.

셋째, 정책의제 형성단계는 정책의제화의 양상에 따라 뒤따르는 정책과정에 커다란 영향을 미친다. 앞에서 부분적으로 설명한 것처럼 정책의제 형성의 양상은 정책의 분석, 정책의 결정, 정책의 집행, 그리고 정책의 평가단계 등에 계속적으로 영향을 미칠 가능성이 있다.

2) 정책의제 형성의 정치적 성격

정책의제 형성은 본질적으로 정치적 과정이다(Cobb and Elder, 1983; Birkland, 2001). 한 개인이나 집단은 그들이 관심을 갖는 특정한 문제가 정부 등 정치 주체에 의해 해결되기를 원한다면 정책의제로 채택시키려고 시도할 것이고 이러한 과정은 집단이나 세력들 사이에 서로 경쟁하거나 타협하는 매우 복잡한 정책적 과정을 거친다. 즉 많은 관련 집단이나 세력들은 자기들의 이익을 보장받거나 혹은 손해를 줄이기 위해 정부로 하여금 특정한 문제를 해결하게 하거나 방치하도록 하며 우선순위를 결정하는데 정치적 제 자원을 동원하여 서로 싸운다.

정책의제 형성은 정부의 활동을 결정하는 것이다. 정책의제 형성과정 중 마지막 단계는 수많은 사회문제 중에서 정부가 공식적으로 정책문제를 채택하는 것이기 때문에 일단은 정부 활동에 대한 관심을 표명한 것이며, 정부 활동의 대상 여부와 우선순위를 나타낸다. 정부 활동의 대상 여부는 정부가 어떤 특정 사회문제를 정책의제로 채택하는 정책의제로의 선택행위와 어떤 사회문제는 정책의제로 채택하지 아니하고 방치하는 소위 '무의사결정론'으로 구분될 수 있다.

3) 정책의제 형성과 무의사결정

사회에는 수많은 사회문제들이 있다. 이 중 어떤 사회문제는 정책의제로 채택되고, 어떤 사회문제는 정책의제로 채택되지 않고 그대로 방치되는데 전자와 관련된 연구를 정책의제형성론이라 한다면 후자와 관련된 연구를 무의사결정론[1]이라 한다.

바크라흐와 바라츠(Bachrach & Baratz, 1979: 44)는 무의사결정을 정책결정자의 이익과 가치에 대한 도전을 억누르거나 방해함으로써 사전에 이를 좌절시키는 결정으로 보고 있다. 즉 공동체내에 존재하고 있는 이익과 특권의 배분의 상태를 변화시키고자 하는 요구가 표면화되기 전에 차단하거나 혹은 은폐된 상태로 유지시키고 또는 관련된 정책결정기관에 접근하기도 전에 이것을 사장시키거나 봉쇄해 버리는 수단을 의미한다는 것이다.

이러한 무의사결정이 일어나는 원인은 무엇일까? 무의사결정의 원인에 대해서는 여러 학자들이 다양하게 제시하고 있지만(정정길 외, 2012: 297-299; 최봉기, 2008: 142-144; Dye, 1984: 327), 저자는 이를 ① 사회문제 자체, ② 정책기관 · 정책체제의 편견, ③ 정책체제의 초과부담능력으로 구분해서 설명하기로 하겠다.

첫째, 사회문제 자체가 정책문제로 될 수 없는 경우, 그것이 공적 문제가 되기에는 한계가 있는, 즉 사회문제 중 꼭 정부에서 해결할 문제가 아닌 경우에는 정책의제화가 무산된다.

둘째, 정책기관 · 정책체제가 갖고 있는 일련의 지배적인 가치 · 신념 · 관례들, 요컨대 편견의 동원에 의해 정책의제화가 무산된다. 즉 정책체제 밖의 정책의제화 반대집단의 요구나 정책체제 자체의 기득권을 보호하고, 정책의제화 됨으로써 필요 이상의 부담을 지지 않을까 하는 우려 등에서 정책의제화가 무산된다.

셋째, 정책체제나 정책담당기관의 문제해결능력을 벗어났을 때 정책의제 채택기관에 의해 무의사결정이 이루어진다. 즉 인력이나 예산 그리고 정보 등이 부족하거나 특정 정책체제의 관할 구역이나 관할 범위를 초과하게 되거나 인간의 주의력을 벗어날 때 정책의제로의 채택이 무산된다.

---

1) 무의사결정에 관한 논의는 Bachrach와 Barztz에 의해 시작되었으며, 국내에서도 몇 편의 논문이 제시되고 있다. P. Bachrach and M. S. Baratz, *Power and Poverty*(New York: Oxford University Press, 1979).

참고 **무의사결정사례: 테러방지법안**

현재 국회에 제출되어 있는 테러방지법은 테러방지센터를 설치해 테러방지기본계획을 수립하고 테러위험인물에 대한 출입국·금융거래·통신정보 등을 수립·조사하는 한편, 외국 정부·단체와 정보협력을 강화하는 내용을 담고 있다. 사이버 테러를 막기 위한 여러 가지 대책도 들어 있다.

「테러방지법안」은 2001년 11월 국회에 제출된 이후 15년이 다 되도록 국회에서 법제화되지 못하고 있다. 2015년 연말 여야 협상이 결렬된 이후 20일 넘도록 후속 논의도 이루어지지 않고 있다. 테러방지센터를 어디에 두느냐를 중심으로 여야는 대립하고 있다. 새누리당과 정부는 국가정보원 소속으로, 더불어민주당과 국민의당은 인권보호와 국정원의 권한남용을 막기 위해 국무총리실 아래 두기를 요구하고 있다.

* 자료원: 『조선일보』 2016.1.21. 사설.

3 정책의제 형성의 모형

1) 콥 등(Cobb, Ross & Ross)의 의제형성모형

정책의제 형성은 후술하는 영향요인에 따라 여러 가지 형태로 나타날 수 있는데 특히 국가 간의 차이를 잘 설명하고 있는 것은 콥(Cobb) 등의 정책의제 형성에 대한 접근모형이다. 즉 콥(Cobb)과 로스(Ross) 등은 정책의제 형성과정을 누구에 의해서 논제나 쟁점이 제기되는가에 따라 외부주도모형(outside initiative model), 동원모형(mobilization model), 내부접근모형(inside access model)으로 구분하고 이에 따라 정책의제 형성과정에서의 차이는 물론 정책의제 형성의 전략에도 차이가 있다고 역설하는데 여기서는 세 모형을 간략하게 소개하기로 한다(Cobb, Ross and Ross, 1976: 126－138).

첫째, 외부주도모형은 정부 외부, 즉 환경으로부터 논제나 쟁점이 제기되어 관련 공중에서 확산된 후 정부기관에 도달되어 정부의제나 공식의제가 되는 모형으로 특히 선진 자유민주주의 국가에서 많이 발견되는 모형이다. 따라서 정부기관은 소극적이고 수동적이라 할 수 있다.

둘째, 동원모형은 정부 내 특히 엘리트 관료들에 의해 논제가 생성·제기되어 자동적으로 정부의 정책의제가 되는데 다만 이는 성공적 집행이나 정책 대상집단들의 순응과 지지를 확보하기 위해 미리 관련공중에 대해 정책의제를 확산시키는 모형으로 개발도상국의 정책의제 설정과정에서 자주 발견된다.

셋째, 내부접근모형은 논제가 정부 내부에 생성되어 정책의제로 성립되기는 하였으나 정책환경 특히 대중매체를 통한 확산 과정도 없고 정책 대상집단들의 참여도 배제되어 정책을 집행하는 모형으로 전체주의 국가에서 발견되는 모형이라 하겠다.

2) 킹던(J. Kingdon)의 정책흐름 모형

킹던의 정책흐름 모형(policy stream model)은 정책문제들이 어떻게 이슈화되고, 정책결정자들의 주목을 받으며, 어떻게 의제가 설정되는지를 설명하며, 왜 특정 정책문제가 특정 시점에 등장하는지에 관심을 갖는다(Kingdon, 2003; 정정길 외, 2012: 301).

정책흐름 모형의 기본구조는 별개의 독립된 흐름들 — 문제의 흐름(problem stream), 정책의 흐름(policy stream), 그리고 정치의 흐름(political stream) — 이 어떤 계기에 의하여 정책의 창(policy window)을 열게 하고 이때 이들 흐름이 서로 결합되어 새로운 정책의제로 형성된다는 것이다. 특히 정책의 창 모형은 정치적 변화가 있을 때, 예컨대 정권교체, 선거 직후, 국민여론의 변경 등이 있을 때 닫힌 창을 열게 된다고 한다.

3) 국방정책분야의 정책의제 형성과정의 모형

국방정책분야는 다른 국가정책에 비해 특성에서 차이가 있다. 대다수 국민이 수혜자이지만, 병역의무 등은 성인 남자만 부담한다는 점에서 이해관계자의 대상이 다르다. 국방분야의 특정 영역은 예컨대 군인의 보수와 복지 등은 군인들의 주된 관심사이지 국민들의 관심사가 아니라는 점, 고도기술무기체계 등은 비밀과 최고급 기술이라는 점에서의 전문성이 요구되어 논제화를 시키는 데 외부주도모형보다는 내부접근모형이 더욱 유용하다. 이런 점들도 특정 국가의 정치체제에 따라 더 강화되거나 더 약화된다.

제 2 절 정책의제 형성의 단계

정책의제 형성의 단계에 대해서는 여러 가지 견해가 제시되고 있다. 여기서는 제 학자들의 정책의제 형성단계에 대한 논의를 요약한 후 필자 나름으로의 단계를 제시하고자 한다.

1 정책의제 형성의 단계에 관한 모형

정책의제 형성의 단계에 대해서는 초기에 정책의제 형성을 연구했던 학자들이 다음과 같이 제시하고 있다.

참고 **주요 학자들의 정책의제 형성 단계**

콥과 엘더(R. Cobb & C. D. Elder): ① 논제 ② 공중의제 ③ 정부의제
버크랜드(T. A. Birkland): ① 의제모집단, ② 체제의제 ③ 제도적 의제 ④ 결정의제
콥, 로스와 로스(R. Cobb, J. Ross & M. H. Ross): ① 제기 ② 구체화 ③ 확산 ④ 진입
존스(C. O. Jones): ① 사건의 인지·정의 ② 결집 및 조직화 ③ 대표화 ④ 의제채택
아이스톤(R. Eyestone): ① 사회문제의 인지 ② 사회논제화 ③ 공중의제화 ④ 정부 의제화
강근복: ① 문제 의식·형성제기와 쟁점생성 ② 쟁점의 확산과 공중의식의 형성 ③ 정부의 대응과 정부의제 및 정책의제의 편성
김병진: ① 제기 ② 구체화 ③ 확산 ④ 진입

의제형성 단계에 관한 여러 학자들의 모형은 ① 사회문제, 사회논제, 공중의제 및 정부의제의 내용중심의 단계관, ② 문제의 인식, 문제의 정의, 문제의 확산 진입 등 행위중심의 단계관으로 분류될 수 있다. 필자는 이들을 다음 [그림 7-1]과 같이 종합하였다. 다음에서는 정책의제 형성단계모형에 따라 세부 단계별로 설명한다.

그림 7-1 정책의제 형성과정 모형

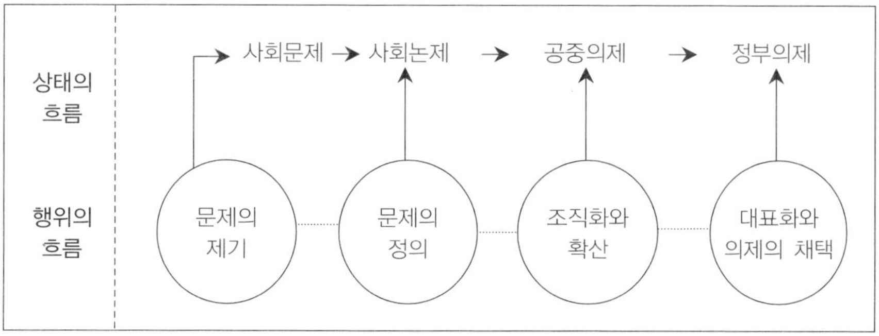

2 정책의제 형성의 단계

1) 사회문제화 단계: 문제의 제기

사회문제는 사회적 맥락 속에서 발생하며, 다수의 사람이 관련되어 있다. 사회문제화는 개인문제에서 출발한다. 개인문제가 다수의 관심을 끌고, 다수의 공감을 얻게 되면 사회문제로 제기될 수 있다. 따라서 사회문제로 제기되려면 문제제기집단에 의해 중요한 문제로서 의식되고 지각되어져야 한다.

하여튼 문제가 의식되고 지각되면 사회로 표출되게 되어 있는데 이를 문제의 제기라 한다. 어떤 개인이나 집단은 어떤 사건이 계기가 되어 정부가 해당 문제를 적극적이고 진지하게 고려를 해야 되며, 관심을 가져야 된다고 의사를 표시한다. 그것은 불만, 아쉬움 및 안타까움의 형태로 나타나며, 그리고 행동, 즉 폭력으로도 표시될 수 있다.

이때 정책문제의 제기 주체로는 국회의원, 직업공무원은 물론이고, 정부 밖에서는 정당, 언론, 연구기관, 학자, 시민단체, 블로그 운영자, 개인, 그리고 외국 정부 등이 될 수도 있다. 특이한 경우에는 문제제기자가 정무관이나 혹은 대통령일 때[2]도 있다.

2) 소위 대통령 지시사항이나 상부지시사항이 그것이다.

누가 문제의 제기자인 가에 따라 정책의제 형성의 다음 단계인 사회논제의 과정으로 이행하느냐, 아니면 유야무야되어 무의사결정의 상태로 가느냐가 결정된다. 사회적 발언권이 강한 개인이나 집단이 그렇지 못한 개인이나 집단보다 사회문제 제기의 효과가 큰은 말할 것도 없다.

또한 사회문제가 제기되는 형태는 여러 가지가 있을 수 있는데 각종 보도, 청문회, 논문, 기사로 제시될 수 있다.

2) 사회논제화 단계: 문제의 정의

사회문제가 제기되면 그 다음 단계는 사회논제화나 쟁점화의 단계이다. 사회논제(social issue)는 문제의 성격이나 문제의 해결방법에 대하여 관련 집단들 사이에 의견의 일치를 보기 어려운 사회문제라 할 수 있다(Eyestone, 1978: 72).

사회논제화 단계에서는 문제를 구체화하며, 문제를 정의하고, 문제를 진술한다. 문제의 성격이나 내용이 애매하면 명확하게 표현하여야 하며, 문제의 본질은 무엇인지, 그리고 문제의 원인은 무엇인지, 정부가 해결해야 할 필요성은 있는지, 문제로 인해 손해를 보거나 이익을 보는 집단은 누구인지, 문제를 가만히 방치해 두면 어떤 일이 일어날 것인지 등을 진술해야 한다. 이렇게 문제를 명확하게 규정하고 진술함으로써 논제로서 등장시켜 사회에서 논쟁을 유발할 수 있어야 한다. 문제를 정의하는 자들은 문제를 제기하는 자들 중의 일부가 된다.

한편, 사회논제에 대한 다양한 견해들을 조정하여 사회논제를 공중의제로 전환시키기 위해서 사회논제가 재정의(redefinition)되거나 논제들 사이에 결합(coalition)이 일어나기도 한다. 논제의 재정의나 결합은 특정한 사회문제를 정부의제로 성립시키려는 집단들 사이에서도 일어나며, 그렇지 않은 집단들 사이에서도 일어나는데 이러한 집단들은 자기들의 주장을 더 많은 사람들에게 전파시키려고 하고 이 과정에서 논제공중이 나타나기도 한다(Eyestone, 1978: 73-74).

3) 공중의제화 단계: 조직화와 확산

사회논제화의 다음 단계는 공중의제화의 단계이다. 공중의제(public agenda)란 체제적 의제, 토의의제 혹은 기회의제라고도 하는데 많은 대중의 관심이 집중되어 있고 정부에 의해서 해결되어져야 한다고 생각되는 사회논제를 말한다. 즉 사회구성원들의 공적인 관심을 끄는 것으로서 정부의 정당한 관할 범위에 포함되는 것이다.

따라서 사회논제 중 상당수는 공중의제가 되는 반면 상당수는 공중의제가 되지 못하고 무의사결정되기도 한다. 즉 사회논제가 많은 공중이나 국민의 관심을 끌지 못하거나, 관심을 끌지만 정부에 의한 어떤 조치가 필요하다는 동의가 널리 펴져있지 아니하면 사회논제는 공중의제로 변환할 수 없다(Cobb and Elder, 1983: 85-86). 다시 말해 공중의제화는 정부의 기능에 대한 국민의 합의와 관련된 것이므로 정부가 속해 있는 시공간적 · 문화적 성격에 의해 한계가 지어진다.

사회논제가 공중의제화된다는 것은 관심을 보이는 사람이나 집단의 규모나 범위가 확대되는 것을 의미하므로 문제의 확산이라 할 수 있다. 확산의 과정은 문제의 중요성과 심각성, 정책적 해결의 필요성 등을 관련공중이나 집단에게 전파하고 전달하여 정책결정자들에게 영향력을 행사하려 한다. 따라서 TV나 신문, 라디오 등 대중매체와 인터넷을 동원하여 정보를 알려 그 문제에 대한 지지자를 규합하고, 반대자를 이해시키려 하게 된다. 그런데 대중매체는 단기간의 사건보도를 위주로 하는 경향이 있으므로 이들에 대한 계속적인 홍보가 필요하며, 문제의 계속적인 관리를 위해 조직화가 요구된다.

사회논제를 공중의제화 시키려는 세력들은 그 문제와 관련하여 그들의 이익을 대변할 수 있는 적절한 조직이 있으며, 그런 기존의 조직을 활용하며, 그런 조직이 없을 때에는 그들 스스로 조직을 결성하여 자기들의 통일된 의사를 관철하려 할 것이다. 이렇게 하여 이익집단(interest group)이나 압력집단이 발생하기도 한다.

그런데 콥(Cobb) 등은 사회논제가 공중의제로 확산되어 가는 과정에 개입하는 집단이나 공중을 ① 동종집단, ② 주의집단, ③ 주의공중, ④ 일반공중의 4가지로 분류하고 ①에서 ④로 확산될수록 사회논제는 공식의제로 채택될 가능성이 큰 것으로 보고 있다(Cobb and Elder, 1983: 85-86).

참고 **콥(Cobb)의 정책의제화 집단분류**

① 동종집단(인지 집단)(identification group)은 최초로 논제를 제기한 집단과 강력한 지속적 공감대를 가지고 있는 집단으로 그 논제와 자신들이 이익관계가 직접적으로 관련되어 있다고 느끼는 사람들로 적극적 지지집단이다.
② 주의집단(attention group)은 일반적인 대부분의 논제에 대해서는 무관심하지만 어떤 특정 논제에 대해서는 어느 정도의 관심과 정보를 갖고 있어 일단 어떤 논제가 그들의 관심 영역 안에 들어가면 쉽게 개입될 수 있는 집단이다.
③ 주의공중(attentive public)은 일반적인 정보와 사회문제에 대해 관심을 가지고 있는 일정한 계층의 국민들로서 동질적은 아니지만 사회를 이끌어 가는 소위 직장인층이나 대학생 집단을 말한다.
④ 일반대중(general public)은 어떤 문제에 대해 관심이나 정보가 적으며 가장 늦게 확산이 되는 집단이므로 일반대중에 사회논제가 확산되면 공중의제화되는 것은 시간문제이다.

4) 정책의제 채택의 단계: 대표화(진입) 및 의제 채택

공중의제화의 다음 단계는 정책의제 채택의 단계이다. 일단 공중의제화가 이루어지면 관련 공중이나 조직화된 집단 등이 자신들의 문제를 정부에 귀속시키기 위해 여러 가지 활동이나 행동을 하게 되는데 이를 대표화라 한다. 대표화의 통로로는 국회의원, 의회, 정당, 신문, 방송 등 언론기관, 지식인, 개혁가, 각종 정부정책 자문위원들을 들 수 있는데 이들을 통해 정치체제나 정책체제의 내부로 진입시키려 한다. 물론 대표화 없이 직접 관련 집단이 행정기관에 압력을 가하거나 의견을 개진하는 경우도 있다.

공중의제의 정책체제로서의 진입을 결정하는 것은 정치체제에 투입되는 요구의 양을 조절하는 것이며, 여러 사회논제 중에서 일부만을 체제 내에 받아들이고 나머지는 체제 밖으로 몰아내야 하는데 이런 역할을 하는 사람들을 문지기들 혹은 선별자들(gate keeper)이라고 한다.[3] 즉 문지기들은 정책체제의 안과 밖을 연결하는 사람들로서 정책의제의 형성과정에서 아주 중요한 역할을 하는 사람들이다. 정책체제의 문지기가 누구인가는 정책의 유형이나 내용에 따라 다르겠지만 국가수준에 있어서는 대통령, 국회의원, 고위공무원이라 할 수 있다.

공중의제가 정책체제로 진입하였다는 것은 정책의제로 채택하거나 선택하였다

3) Gate keeper에 대해서는 O. Young, *Systems of Political Science*(Englewood Cliffs: Prentice-Hall, 1981), pp. 40-41 참조.

는 것이다. 전술한 3단계는 모두 이 정책의제 채택을 위한 전단계이다. 사회문제는 이제야 비로소 정부의 정책의제의 하나로서 인정받게 된다. 이런 정책의제는 제도적 의제, 공무의제 또는 행동의제라고도 한다. 그러나 아이스톤은 정책의제로 채택되었다고 해서 그것 모두 정책으로 수립되는 것은 아니라고 강조한다(Eyestone, 1978: 88-96). 그 다음 단계에서도 계속적인 노력이 필요하다는 것을 의미한다.

정책의제로 설정되었다는 것은 정부가 정책의제로 채택했다는 적극적 의미를 갖는, 즉 정책의제를 채택하는 것은 사회문제 중 어떤 문제를 정부가 해결해야 할 공식문제로 받아들이는 것이다. 따라서 이 단계에서는 정부의 의지와 능력은 정부가 정책적 개입을 하는데 중요 영향요소이다.

정책의제를 채택하는 단계에서 정책문제의 심각성 그리고 정부개입이나 불개입의 당위성 등이 검토된다. 정책문제의 심각성이란 정책문제가 국가와 사회에 미칠 영향이 커서 많은 국민에게 피해와 부담을 주거나 이익을 주는 정도이며 비록 피해를 보는 부담대상자가 소수집단이더라도 심각성이 크다고 판단할 수 있다.

정부개입이나 불개입의 당위성은 문제를 해결하기 위해 정부가 개입할 것인가 개입하지 않을 것인가의 문제이다. 일반적으로 이야기하면 정부는 국민들이 사회문제를 스스로 해결할 수 없을 때, 국민들이 사회문제를 방치하려 하지만, 이 문제가 국가의 이익, 국가의 안전보장 또는 국가의 발전이나 안정, 국민의 생명과 재산의 보호와 증진, 국민복지의 내실화 등을 위해 중요하다고 정치적 판단을 내릴 때 공식의제로 채택한다.

그런데 위에 제시된 정책의제 형성과정은 정책의 유형에 따라서 어느 한 단계가 생략될 수도 있다. 그리고 정책의제 형성과정이 외부주도모형, 동원모형, 내부접근모형인가에 따라서 위에서 제시한 순서의 역순이 될 수도 있다(Cobb, Ross and Ross, 1977).

참고 **정책의제화 단계의 다양성**

① 사회문제 → (사회논제) → 공중의제 → 정책의제
② 사회문제 → 사회논제 → (공중의제) → 정책의제
③ 사회문제 → 정책의제

제 3 절 정책의제 형성에 미치는 영향요인: 정책의제 형성의 변수

어떤 사회문제가 주도집단에 의해 제기되어 정책의제로 채택되기까지의 일련의 과정을 거치는 동안에는 사회문제가 저절로 정책의제로 변환되는 것이 아니며, 거기에는 여러 가지 요인이나 변수들이 작용하면서 정책의제로의 채택을 방해하기도 하고, 촉진하기도 한다.

그런데 일반적으로 정책의제 형성에 영향을 미치는 요인들에 관한 다양하게 소개되고 있다(Cobb and Elder, 1983: 96－109; Hogwood and Gunn, 1984: 67－68; Jones, 1984: 26－33; Anderson, 1984: 52－62; 정정길 외, 2012: 311－317; 최봉기, 2008: 175－188), 이를 정책의제 형성의 변수라고도 부른다. 이들을 국방정책분야에 원용하여 대체로 설명이 가능하다고 보며, 사회문제의 특성, 주도집단의 특성, 정책체제의 특성, 정책문제의 환경 그리고 사건의 발생으로 구분하여 설명한다.

1 사회문제의 특성

1) 사회문제의 범위 · 강도 · 기간 관련성

(1) 사회문제의 범위

사회문제의 범위는 사회문제와 관련된 사람의 수를 의미하며,[4] 즉 사회문제가 한정된 사람에게만 적용되어 그들에게만 영향을 끼치는가, 아니면 보다 많은 사람에게 적용되어 널리 영향을 미치는가(즉 이익이나 행복을 주는가, 피해나 고통, 부담을 주는가)에 따라 정책의제의 형성에 미치는 영향의 정도가 다른데 후자의 경우가 더 큰 영향을 주기 때문에 전자보다 정책의제화 가능성이 높다.

(2) 사회문제의 강도

사회문제의 강도는 사회문제가 사회에 주는 충격이 큰가, 작은가에 따라, 심각

4) 콥과 엘더(Cobb & Elder)는 이를 사회적 유의성(social significance), 호그우드와 군(Hogwood & Gunn)은 광범위한 영향(wide impact)이라고 하였다.

한가, 심각하지 않은가에 따라 정책문제화에 영향을 미치는 데 충격이 클수록 정책의제화 가능성이 높다. 특히 극적인 사건에 의해 강도가 높아진다.

(3) 사회문제의 기간 관련성

사회문제의 기간 관련성이란 사회문제가 문제로서 존재하는 기간이 장기인가 단기(혹은 일시적)인가에 따라 정책의제화에 영향을 주게 되는데 문제가 주는 고통이나 피해가 반영구적일수록, 장기적일수록 그리고 문제가 반복적일수록 정책의제화할 가능성이 높다.

2) 사회문제의 유사선례 존재 여부와 단순복잡성

(1) 유사선례 존재 여부

유사선례 존재 여부란 비슷한 선례가 있으면 정책의제화의 가능성이 높다는 것으로 예컨대 농업협동조합의 민주화가 정책의제화된 경험이 있다면 수산업협동조합의 민주화도 정책의제화 될 가능성이 높다는 것이며, 외국에서 국방혁신이 정책의제화 되었다면 우리나라에서도 그 문제가 정책의제화 될 가능성이 높아진다(이를 호그우드(Hogwood) 등은 유행성이라고 함).

(2) 사회문제의 단순복잡성

사회문제의 단순복잡성은 사회문제가 단순하고 구체적이어서 일반 사람들이 쉽게 이해할 수 있고 감정을 움직여 흥분할 수 있으며, 대중의 흥미나 관심을 쉽게 유발할 수 있는 경우에 정책의제화 할 가능성이 높으며, 반대로 그 사회문제가 복잡하고 기술적으로 까다롭다거나 대중의 흥미를 끌지 못하면 정책의제화 할 가능성이 낮다. 특히 문제가 기술적으로 어려운 외교·국방 혹은 과학기술 등의 문제들은 일반국민이나 대중이 이해하기 어려운 문제가 많기 때문에 외부동원모형에 의해서보다는 내부주도모형에 의해 정부관료제 스스로나 기술적 전문가의 도움을 받아 정부자체 내에서 정책의제화 할 가능성이 높다.

2 주도집단의 특성

1) 주도집단의 규모

사회문제를 방치하면 피해를 볼 사람들의 집단(피해집단) 혹은 사회문제를 정책적으로 해결하면 이익을 보게 될 사람들의 집단(이익집단)을 문제주도집단이라 한다. 문제주도집단의 규모나 크기가 사회문제를 정책의제화하는데 영향을 미친다.

앞에서 콥(Cobb) 등은 문제주도집단이나 공중을 동종집단, 주의집단, 주의공중, 일반공중으로 구분하여 설명하고 있음을 살펴보았다. 사회문제가 일반공중이나 일반대중으로까지 확산되어 있으면 정책의제 채택은 그만큼 용이해질 것이다. 예컨대 모든 국민이 일본의 재무장화를 두려워하고 있다면 한국의 군사력 건설 등 방위력증강사업 등은 더욱 박차를 가할 수 있을 것이며, 모든 시민들이 가정파괴범의 범죄를 두려워하고 있다면 가정파괴범에 대한 다각적인 대책을 즉각적으로 모색하려 할 것이다.

참고 **국방정책에서 주도집단으로서 방산협회의 노력**

미국방위산업협회(National Defence Industrial Association: NDIA)는 1차 세계대전을 계기로 1919년에 설립되었으며 정기간행물 *National Defence*를 발간하고 연간 80여개 이상의 심포지움을 개최하는 미국의 국방분야 대표적 이익집단이다.

미국방산협회 L. P. Farrel Jr 회장 겸 CEO는 미국방산업계의 도전하는 과제들을 식별하고 협회의 제안을 담아 미국 국방부장관에게 권고서한을 보냈다. 즉 방산업체의 시각에서 국방분야 전반적인 정책에 대하여 "Top Issues 2012"를 작성하여 권고하고 있다. 국방분야 7가지 정책이슈는 다음과 같다.

① 에너지 안보 증진과 비용 절감
② 국가안보, 우선순위 및 예산을 고려한 투자 조정
③ 획득 프로세스의 청렴도 및 반응성 강화
④ 군 준비태세 확보를 위한 산업기반 유지 및 효율성 촉구
⑤ 사이버 정책에 대한 포괄적 정부 차원 접근 채택
⑥ 미국 산업기반의 국제적 경쟁력
⑦ 정부 계약에 대한 중소기업의 인식, 기회, 이용 제고

* 국방기술품질원, 『미국방위산업 정책 이슈와 국방예산』(주요국 국방 · 군사 동향 시리즈 12-01), 2016.

2) 주도집단의 자원

문제 주도집단이 갖는 정치・경제・사회적 자원의 보유가 많을수록 사회문제의 정책의제화 가능성은 높으며, 적을수록 낮다. 즉 주도집단과 정치세력간(예컨대 정부나 정당)의 연결 정도가 밀접하면 할수록 사회문제의 정책의제화 가능성이 높을 것이다. 또한 주도집단의 경제력 역시 간접적으로 정치계에 영향을 미칠 수 있으며, 소위 정경유착에 의해 정책의제화에 영향을 미칠 수 있다. 그리고 자원이 풍부한 주도집단들은 신문이나 방송, TV 등 언론매체를 동원하여 정책의제화 시킬 가능성이 높고 직접 주도집단의 소속원으로 하여금 1대 1 대응의 만남이나 집단행동을 통하여 지지자의 폭을 넓힐 수도 있다.

3) 주도집단의 노력・의지

주도집단의 정책의제화에 대한 욕망이나 욕구의 강도가 정책의제화에 영향을 미치는데 사회문제의 계속적이고 끈질긴 노력과 시도가 결국 정책의제화시키고 마는 경우도 있다.

3 정책체제의 특성

1) 통치체제의 이데올로기

통치체제, 즉 정치체제나 경제체제의 이데올로기나 이념의 차이가 정책의제화에 영향을 미친다. 이들이 정책체제의 의도나 태도에 영향을 주고 결과적으로 정책의제 채택에 영향을 준다. 정치체제가 민주주의체제인가 독재나 전체주의체제인가, 경제체제가 자본주의체제인가, 공산주의체제인가 혹은 혼합체제인가에 따라 사회문제를 보는 시각이 다르기 때문이다.

일본 헌법에서 볼 수 있는 것처럼 전쟁이나 침략행위가 금지되었다면 전쟁관련 정책은 의제화되기 어렵다. 또한 스위스는 영세중립국이기 때문에 국방부문의 정책의제화가 제한을 갖는다.

2) 정치체제의 권력구조

일반적으로 정치체제 내부의 권력구조가 정책의제화에 영향을 미친다. 먼저 입법부, 사법부, 행정부의 권력분립 관계나 상호관계에 따라, 의원내각제인가 대통령 책임제인가에 따라 정책의제화의 경로가 달라질 수 있다. 입법부를 구성하는 국회의원의 소속 정당간의 관계, 예컨대 양당체제인가, 다수당체제인가, 일당지배적 정당체제인가에 따라 정책의제화의 양상은 달라진다.

정당지배국가인가 관료지배국가인가에 따라 정책의제화의 주도 양상이 달라지는데 관료지배국가일수록 주로 정부 관료들에 의해 정책의제화가 이루어진다. 한편 정당의 정책개발능력과 지방자치제의 정도가 정책의제화에 영향을 미친다. 즉 중앙정부와 지방자치단체의 관계, 중앙정부의 지방통제 수준이나 정도 등에 따라 정책의제화는 달라진다.

국방분야와 관련시켜 보면 북한처럼 군부가 지배하는 국가에서는 군부에서 국방정책의제를 주도한다. 민주국가에서는 군과 더불어 민간부문에서 국방정책의제를 함께 주도한다.

3) 정책체제의 능력

사회문제를 수용하며, 이에 대한 해결방법을 강구하는 정책체제가 제기된 사회문제를 인식하고 해결할 수 있는 능력이 있느냐에 따라서 정책의제화에 영향을 미칠 것이다.

사이몬(H. A. Simon)은 인간의 주의능력의 한계를 주장하고 있으며, 체제론자들도 체제능력의 한계를 제시하고 있다. 그런데 정책의제의 능력에는 정책의제화와 관련된 능력과 정책의 결정과 집행에 이르는 과정과 관련된 능력으로 구분할 수 있다.

국방정책체제 그리고 안보정책체제의 능력 범위 안에서 정책의제화가 이루어진다. 체제의 능력을 초과하거나 지나친 부담이 되면 정책체제 자체의 파괴현상이 일어나기 때문이다. 독자적인 방위능력이 부족하면 동맹체제로 갈 수밖에 없다.

4) 정책결정자

정책결정자의 사회적 성분・신념이나 가치관, 태도, 사고방식, 능력, 기술이나 정보보유, 과거의 경험 등이 정책의제화에 강력한 영향을 미친다. 특히 최고결정권자의 영향력은 지대하다. 우리나라에서는 1970년대에 박정희 대통령의 공해문제논의 거부관으로 인해 공해문제가 오랫 동안 정책의제화하지 못한 바 있다. 그리고 김대중 대통령과 노무현 대통령은 남북한 관계의 개선을 위해 북한을 자극하는 문제를 정책의제화하는 것을 꺼려했다.

4 정책문제의 환경

1) 경제적 환경과 국방문제

경제의 발전수준과 경제・재정적 상황은 국방문제의 정책의제화에 영향을 미친다. 경제문제와 국방문제는 상충관계(trade off)에 놓일 수 있다. 이와 관련하여 존스(Jones, 1977: 37－39)는 정부가 정책의제 채택에 취하는 역할이나 태도를 방임적 태도, 보조적 태도, 그리고 적극적 태도로 구분하여 설명하고 있다. 이 중 방임적 태도는 선진자본주의국가, 적극적 태도는 개발도상국가에서의 정책의제 형성과 관계가 깊다. 예컨대 우리나라가 1997년 IMF 관리체제 있을 때는 국방능력의 개선과 고가 무기체계의 개발이 제한되었다.

2) 사회・문화적 환경과 국민의 안보의식

사회문화적 환경도 정책의제화에 영향을 미친다. 특히 정보화사회에 있어서는 대중매체, 인터넷 등 언론매체의 보급 및 활동은 정책의제화에 지대한 영향을 끼치기 때문이다. 여성의 사회적 지위가 높아지면 군대에서의 성(性)군기, 성차별 등이 문제로 등장한다. 그리고 외국에 의한 사회문화적 교류 확대로 정책문제가 발생할 가능성이 커진다. 국민의 안보의식이 높으면 그들은 국방문제에 대해 적극적 태도를 보이므로 국방문제가 의제화되기 쉽다.

3) 정책문제 환경의 성격

정책문제 환경의 안정성 여부가 정책의제화에 영향을 미친다. 즉 정책문제의 환경이 평온하고 정태적이며 안정적인가 아니면 시끄럽고 동태적이며, 불안정한가가 정책의제화에 영향을 미치게 되는데 정책문제 환경이 불안정할수록 갈등의 폭이 넓고 정도가 심할 수 있기 때문이다. 특히 불안정이 극한이라 할 수 있는 위기나 전시에 있어서 정책의제화는 독특한 양상을 보일 것이다.

5 사건의 발생과 촉매적 변수

촉매적 변수는 '기존의 개인적 혹은 소극적 문제를 사회적 혹은 적극적인 쟁점적 문제로 변환시킴으로써 그 문제를 정책의제로 채택케 하는 촉매적 기능을 하는 변수'라고 정의된다(최봉기, 2008: 181–188). 촉매적 변수란 어떤 하나의 사건이나 요인에 의해서 형성될 수 있으며, 일련의 관련된 사건이나 요인들이 서로 얽혀짐으로써도 발생할 수 있다.

이와 관련하여 이슈격발 메카니즘(triggering mechanism)이 제시되고 있다. 이슈격발 메카니즘은 개인들의 일상적인 문제를 공공적인 이슈로 전환시키는 촉매제의 역할을 하는 것을 의미한다(노화준, 2012: 200).

촉매적 변수의 범위는 그것에 의해 영향을 받는 사람들의 수와 강도, 즉 어떤 사건에 대하여 공중이 보이는 반응의 정도에 의해 측정될 수 있는데 거스톤(Gerston, 1983: 5–29)은 이 두 가지 범위와 강도를 종합하여 촉매적 변수의 범위가 넓고 강도가 클수록 의제 채택의 가능성이 높다고 한다.

제 4 절 정책의제 형성전략과 정책공약

사회문제가 모두 정책의제로 성립되거나 채택되는 것이 아니다. 사회문제를 정책의제화시키거나 저지시키려는 의도를 가졌다면 어떠한 전략이 있겠는가? 이에 관한 것이 바로 정책의제 형성전략이다. 그런데 정책의제 형성과정에는 주로 정부와 주도집단(혹은 이익집단)이나 사회집단이 주된 행위자들이다. 이들의 정책의제화 전략은 다른 점도 있고 같은 점도 있다. 한편 정책공약은 정치권에서 수용한 공공의제로서 정책의제로 형성된 대표적 표현이다. 이에 대한 중요성이 커가기 때문에 이를 설명한다.

1 정책의제 형성전략

1) 사회집단(혹은 주도집단)의 정책의제 형성전략

사회집단 혹은 주도집단의 정책의제 형성전략이란 사회문제로 인해 직접으로 영향을 받는 집단이 그 사회문제를 정책의제로 채택되게 하려는 전략이다. 이 사회집단의 전략으로는 ① 사회집단의 성격에 따라, ② 정책의제화 과정에 따라 다른 전략이 제시되고 있다(안해균, 1997: 237-245; 최봉기, 2008: 164-166).

(1) 사회집단의 성격에 따른 정책의제 형성전략

존스(Jones, 1977: 41-43)는 사회집단의 성격을 ① 정책 체제에의 접근수단 보유, ② 조직화 정도에 따라 사회집단을 유형화하여 정책의제 형성전략을 제시하고 있다.

즉 i) 정책체제에의 접근수단을 보유하고 있으며, 조직화의 수준이 높은 사회집단은 그 전략이 단순화되어 있는데 사회문제를 이해 · 설득시키며 반대를 무마한다. ii) 정책체제에의 접근방법은 있지만 조직화의 수준이 낮은 사회집단은 우선 조직화에 힘쓴다. iii) 정책체제에의 접근수단이 없지만 조직화의 수준이 높은 경우에는 먼저 정책체제에의 접근통로를 찾는다. iv) 정책체제에의 접근수단도 없고, 조직화의 수준이 낮은 사회집단은 타 사회집단이나 공중에 대하여 그 사회문제에 대한 지지를 확보하도록 간접적인 방법을 사용한다.

(2) 정책의제화 과정에 따른 전략

이것은 콥(R. Cobb) 등의 정책의제 형성모형에서 특히 외부주도모형에서 설명되고 있는데 확산전략과 진입전략으로 구분되어 소개되고 있다(Cobb, Ross and Ross, 1976: 130-132).

확산전략으로는 ① 문제의 확산 방법에 관한 전략, ② 문제의 특징을 조작하거나 재정의하는 전략, ③ 사회에 대한 상징조작전략, ④ 집단의 인적·물적 자원 활용전략 등을 들 수 있다.

진입전략으로는 ① 집단적 폭력 행사, ② 비폭력적 저항, ③ 정당이나 중개인 등을 통한 활동, ④ 정책기관에 접근 등을 들 수 있다.

2) 정부의 정책의제 형성전략

이것은 동원모형에서의 정부가 주도하는 정책의제 형성의 전략이다. 정부는 먼저 국민이나 공중의 지지나 협력을 받을 수 있도록 대대적인 사전 홍보나 계몽을 해야 하며, 그런 연후에 관련된 사회집단을 설득·유도하도록 해야 한다. 그 정당성을 확보하기 위해 외국의 권위자 등의 견해를 제시하기도 하며, 효율적인 의제 형성을 위해 필요한 조직을 만들기도 하고, 자원을 동원해야 한다.

3) 공통적인 정책의제 형성전략

공통적인 정책의제 형성전략은 정부와 사회집단이 모두 정책의제화에 사용할 수 있는 전략인데 적극적인 전략과 소극적 전략으로, 소극적인 전략은 다시 의제화 억제전략과 무의사결정전략으로 구분할 수 있다.

적극적인 전략은 사회문제를 정책의제화시키는 전략으로 ① 문제의 명확화, ② 자원의 동원, ③ 정확한 상황분석, ④ 지도자와의 유대 강화, ⑤ 매스컴의 활용을 들 수 있다. 한편 의제화 억제전략으로 ① 집단의 공격, ② 집단의 파괴, ③ 문제의 무력화, ④ 문제의 혼미를 들 수 있다. 그리고 무의사전략으로는 ① 권력의 행사, ② 특혜 지원, ③ 사적 문제화·특수 이익화, ④ 회피 내지 지연을 들고 있다(최봉기, 2008: 171-175).

그러나 이들 전략 역시 사회문제의 성격이나 정책환경의 변화에 따라 선택을 해야 할 것이다.

2 선거와 정책공약

1) 선거와 정책공약의 의의

선거는 국가나 지방자치단체를 국민의 의사에 따라 선출하는 과정이다. 주요한 선거로는 우리나라의 경우 대통령선거, 국회의원선거, 지방자치단체장 및 지방의원선거 등이 있으며 이런 선거과정에서 정책공약이 제시된다. 정책공약이란 선거과정에서 정당과 후보들이 제시하는 모든 정책 약속들을 의미하며 그 표현이나 내용은 관계없다.

대통령의 정책공약은 국가 정책의 공약으로서 특별한 의미를 갖는다. 이것은 다음의 특징을 갖는다(허범, 1997: 14-16). 첫째, 대선정책공약은 정당이 공식적으로 채택한 정책, 즉 정당정책이며 아직 정부정책은 아니다. 그것은 정책요구, 정책주창 또는 정책의제일 뿐이다. 둘째, 정책공약은 특별한 정책의제이다. 선거에서 승리한 후보의 정책공약은 대부분 대통령의 정책의제로 전환하며, 실패한 후보의 정책공약은 중요한 정책의제로 남는다. 셋째, 당선한 후보의 정책공약은 바로 공식적인 정부정책으로 채택되는 경우가 많다. 정책공약을 묶어서 대선정책 공약체계를 만들면 이는 다음 정부의 국정 능력과 방향을 평가하는 지표가 된다. 다섯째, 대선정책공약은 대통령 후보를 내는 모든 정당들이 제시하므로 이들을 모으면 특정 국가의 정책문제의 원천을 이룬다. 그 동안 선거과정을 통해 볼 때 모든 정책공약이 제대로 이행되었는지 정확히 알 수 없으며 공약(公約)이 공약(空約)이 된 경우도 많다고 지적되어 왔다. 최근 매니페스토 정책선거가 등장하면서 이런 문제를 해소하려는 노력이 보인다.

2) 매니페스토 정책선거

매니페스토(Manifesto) 정책선거란 선거에 임하는 정당이나 후보자가 유권자에 대한 계약으로서 구체적인 목표, 추진 우선순위, 이행방법, 이행기간, 재원조달 방안 등을 명시한 공약으로서 이에 대해 유권자는 정당과 후보자의 공약을 비교하여 실현가능성이 가장 높은 공약을 많이 제시한 정당이나 후보자에게 투표하는 것이다. 그리고 선거일 후 당선자는 자신의 공약을 실천하려는 노력을 기울이고 유권자는 당선자가 제시한 공약의 이행상황을 평가하여 다음 선거에서 지지 여부를 결정한다.[5]

매니페스토에서는 공약을 평가할 수 있는 지표를 개발한 바 있는데 MPP(Manifesto Portfolio & Positioning)이 그것이다. 공약 포트폴리오(portfolio)는 정당과 후보자의 정책방향을 나타내는 것으로, 공약지평과 공약심도로 구성된다. 공약지평이란 공약이 얼마나 넓은 영역을 포괄하는지 측정하는 것으로 예컨대 정치, 행정, 국제, 경제, 사회복지, 교육, 생활환경 등이다. 한편 공약심도란 공약의 체계성, 구체성, 완결성 등 공약의 실현가능성을 측정하는 것이다. 공약 포지셔닝(positioning)은 공약의 구성 방향을 의미하며 분배와 재분배 그리고 규제와 지원 중 각각 어디에 위치하는가를 평가하는 것이다.[6]

3) 국방안보분야 정책공약

우리나라 대통령선거과정에서 국방 및 안보분야에서 정책공약들을 살펴보면 다음과 같다. 제18대 대통령선거에서 10대 공약을 중심으로 보면 새누리당의 박근혜 후보는 '한반도 신뢰프로세스'를, 민주통합당의 문재인 후보는 '평화와 공존으로 안정과 번영의 대한민국을 만들겠습니다'를, 통합진보당의 이정희 후보는 '한반도 긴장완화와 평화체제 구현'을, 무소속의 안철수 후보는 '튼튼한 안보를 기반으로 평화로운 한반도와 북방경제시대를 열어가겠다'고 하였다.[7] 제18대 대통령선거에서 후보의 10대 공약 속에 국방, 군사분야의 안보에 관한 정책의제는 거의 없다.

박근혜 대통령후보와 문제인 후보의 전 정부와의 국방안보분야 정책공약을 비교해 보면 박근혜 후보는 '선 안보, 후 협력'이라는 이명박 정부의 기조를 유지하고 있으나 문재인 후보는 '북핵폐기' 등 노무현 정부와 일부 차별화를 보이는 것으로 분석된다.

조선일보가 한국정책학회의 대선공약평가단(숭실대 오철호 교수, 상명대 이미경 교수 팀)과 공동으로 주요 안보분야 정책공약을 비교한 바에 따르면 15개 비교

5) 중앙선거관리위원회, http://www.nec.go.kr/common/forprint.jsp 2014.02.03. 검색.
6) 중앙선거관리위원회, http://www.nec.go.kr/common/forprint.jsp 2014.02.03. 검색.
7) 중앙선거관리위원회, 알림, e-선거정보, 등록일, 2012.10.29.

정책분야에서 박근혜 후보와 이명박 정부는 12개가 유사하나 2개가 상반되거나 약간 차이가 있었다. 반면 문재인 후보와 노무현 정부의 정책을 비교한 바 6개가 유사했을 뿐 3개가 상반되고 5개는 약간 차이가 있었다.8)

제18대 주요 대통령 후보였던 박근혜, 문재인 두 후보는 국방안보분야 정책공약에 있어서 이견을 보이고 있지만 일부는 같은 의견이다. 즉 한미연합사 문제에서는 박근혜 후보는 유지를, 문재인 후보는 더 검토를, 군복무기간에 있어서는 박근혜 후보는 복무기간 유지를, 문재인 후보는 감축을 지지한다. 제주해군기지에 있어서는 박근혜 후보는 추진을, 문재인 후보는 중단을 재검토하는 것으로 차이가 있

표 7-1 박근혜 · 문재인 후보와 이명박 · 노무현 정부의 외교 및 국방안보 분야 정책 공약 비교

이명박 정부	박근혜 후보	항 목	노무현 정부	문재인 후보
폐기	폐기	북한 핵문제	폐기하되 평화적 해결	폐기
반대와 제재	반대와 제재	북한 미사일	협상으로 해결	제재
북핵과 연계	비핵화 따라 추진	남북경협	북핵해결과 병행	북핵, 경협 동시 해결
3단계 공동체방안	3단계 통일론	통일 방안	평화번영정책	남북 경제연합
성사 안됨	추진	남북 정상회담	성사	즉시 추진
체결	현행 유지	한미 FTA	추진	재협상
공론화	공론화	북한 인권문제	소극적 대응	공론화는 찬성
추진	추진	제주해군기지	추진	중단 재검토
중단	북 사과후 재개	금강산관광	활성화	재개
사업 지속	활성화	개성공단	활성화	활성화
사수	사수 전제, 공동어로수역 검토	NLL	공동어로수역 추진	공동어로수역 추진
한미관계 강화	한미 동맹 기초, 한중 관계 강화	미 · 중과 관계	한 · 미관계 갈등	한 · 미관계, 한 · 중관계 동시 강화
기능 유지	유지	한미연합사	해체	더 검토 필요
반대	반대	주한미군 감축	재배치 논의	반대
추가 단축 중단	복무기간 유지	군복무기간	단축	단축

* 자료원: 『조선일보』, 2012년 12월 18일 A6.

8) 조선일보 2012년 12월 18일 A6.

다. 하지만 북한 핵문제에 대해서 폐기, 북한 미사일에 대해서 제재, NLL(북방한계선)은 사수하면서 공동어로구역 검토, 주한미군 감축의 반대라는 공통의견을 보인다.

제 8 장 정책의 기획과 분석

제 1 절 정책기획의 의의와 관리

1 정책기획의 의의

1) 정책기획의 정의와 특성

우리나라는 개발도상국에서 선진국으로 진입하는 과정에 있으며 정책환경의 변화가 매우 심하다. 이런 현상은 정책주관 기관이나 정책수용 주체로 하여금 환경변화에 적절하게 반응하거나 대응함으로써 정책문제나 정책과제를 발굴하고 이를 해결하기 위한 제 노력을 기울이게 한다. 대부분의 나라에서는 행정부의 직업관료, 즉 중앙행정기관의 실·국장, 과장, 사무관급은 정책결정자의 결정이 최적으로 이루어질 수 있도록 정책을 기획하는 중심적 역할을 한다.

행정국가시대에는 행정부 관료들이 정책기획을 거의 독점했으나 3권분립 현상이 어느 정도 제도화된 후에는 입법부에서 보다 적극적으로 입법화 과정을 주도함으로써 정책기획기능을 분담하고 있다. 사법부의 경우 사법정책에 관해서 부분적으로 정책을 기획하고 있다. 하지만 여기서는 행정부를 중심으로 정책의 기획과 설계에 관한 기본논리와 내용을 서술한다.

정책기획(policy planning)이란 정부가 정부의제를 구체적 정책안으로 변환시키는 과정이나 활동이다. 이것은 정책을 결정하기 위하여 정책을 설계하고 관리하는 활동으로 정책형성과정의 한 단계이다.

정책기획의 특성으로는 정부 주도와 개입 의지, 정책설계 활동, 그리고 정책관리를 들 수 있다.

첫째, 정책기획은 정부가 공공의제를 공식의제로 전환하기 위해 준비하는 활동이다. 정책기획은 정부가 사회에 개입하여 정책문제를 풀겠다는 의지를 반영하는 첫 번째 활동이다. 즉 정부가 개입하거나 개입하지 않는다는 것을 결정한다. 둘째, 정책기획은 정책의 내용을 골격과 특성을 중심으로 작성한 계획표로 나타난다. 정책의 기획단계에서는 정책의 큰 그림과 세부활동 그림들로 이루어지는 계획표가 있다. 즉 정책기획은 정책설계라는 활동이 중심을 이룬다. 그리고 정책을 설계할 때는 정책분석에 바탕을 둔다. 셋째, 정책기획은 정책의 계획단계를 반영한 것으로 이어지는 정책의 집행과 평가의 전 단계에서 이루어지는 관리활동이다.

2) 정책기획과 유사개념의 비교

정책기획의 개념적 특성을 확실하게 하기 위해 유사개념과 비교하면 다음과 같다. 유사개념으로는 정책분석, 정책개발, 그리고 정책설계를 들 수 있다.

첫째, 정책분석(policy analysis)은 매우 다양하게 사용되고 있는 용어이다. 정책분석은 정책을 위한 분석과 정책에 관한 분석으로 나눌 수 있다. 정책을 위한 분석은 정책을 창도하고, 정책을 위한 정보를 만들며 정책을 평가하고 점검(monitoring)하는 활동을 포함하며, 정책에 관한 분석은 정책의 결정과정과 내용에 관한 분석을 포함한다(노화준, 2012: 331-333). 좁은 의미에 있어서 정책분석은 정책결정이나 판단을 위하여 요구되는 정보를 작성하는 행동이나 과정으로 여러 가지 계량적 혹은 질적 절차를 거친다. 정책기획에서는 정책분석이 중심적인 활동이기는 하나 정책관리라는 단계를 포함한다.

둘째, 정책설계(policy design)는 정책내용을 의미한다(Schneider and Sidney, 2009: 103). 그리고 정책의 내용은 아주 기본적인 구성요소들의 세트들(sets)로 이루어진 구성물이다. 정책설계의 구성요소는 정책의 목표, 정책도구, 이들 간 인과관계, 정책대상, 그리고 정책집행을 포함한다(Birkland, 2001: 152-176). 어쨌든 정책설계는 정책의 기본골격을 구체적으로 작성하는 활동이므로 정책목표와 정책수단 등을 핵심요소로 한다. 따라서 정책설계는 정책분석과는 다르다. 한편 정책기획은 정책의 설계뿐만 아니라 정책결정 이전까지의 정책관리과정을 포함한다.

셋째, 정책개발은 다양한 의미로 사용되고 있으나 정부가 사회에서 필요한 정책을 만들어가는 과정이나 활동으로 정책문제를 제기하고 정책을 분석하는 것으로 정의된다. 공공의제를 정부의제로 받아들인 후 이를 해결하기 위해 정책수단을 마련하여 완성된 제품의 이전단계인 시제품을 만드는 활동을 의미한다. 정책개발은 정책을 만들어낸다는 적극적 의미를 내포한다. 정책의 기획은 정부의제로의 채택과 정책개발 그리고 정책관리를 포함한다.

참고 **정책기획 사례: 교통법규위반차량 신고제도**

교통법규위반차량 신고보상금제도는 교통법규 위반행위를 사진으로 찍어 경찰에 신고하는 시민에게 1건당 3,000원을 지급하는 제도이다. 이 제도(정책)의 목적은 교통사고의 주된 원인인 교통법규 위반행위를 줄여 선진교통문화를 조성하기 위한 것이다. 제도도입의 배경으로는 한국의 교통문화의 변화로서 차량 수의 증가 추이, 교통사고 증가 등을 들 수 있다.

제도도입의 시작은 1999년 8월 23일 국무조정실 소속 부패방지위원회에서 부패방지와 교통질서확립의 차원 일환으로 방향을 설정하였다. 2000년 4월 28일 국무조정실 심사평가조정실에서 사회질서확립대책 100대 과제 중 1개 과제로 경찰청에서 추진하도록 결정하였다. 2000년 5월 경찰청에서 기획예산처에 소요예산을 편성을 요구하였으며, 2000년 12월 2001년도 예산으로 239억원이 국회에서 확정되었고 2001년 3월 10일부터 전면 시행되었다. 2002년 9월 19일 보상금액을 하향조정(3,000원에서 2500원으로)하였으며, 2003년 예산에 반영되지 않아 동 제도 집행이 정지되었다.

* 자료원: 임도빈, "교통법규위반차량 신고보상금제도," 이달곤 외 『정책사례연구』(서울: 대영문화사, 2005), pp. 145-168.

참고 **정책기획 사례: 병영문화 혁신정책**

군대에서 특히 장병들의 근무수행이나 병영생활과정에서 병영 내 악성 사고 구타 등 가혹행위, 군 기강해이 등 여러 가지 문제가 발생하여 병영문화가 사회적 논제에서 공중의제로 확산됨에 따라 국방부에서는 이를 병영문화혁신이라는 정책의제로 채택하였다.

국방부는 병영문화혁신을 비전으로 내걸고 '국민이 신뢰하는 병영문화 정착'을 목표로 추진하고 있다.

이 목표를 추진하기 위해 '자율과 기강, 안전과 소통, 인권과 인성' 가치를 지향하며 ① 건강하고 안전한 병영 ② 사회와 소통하는 열린 병영 ③ 인권이 보장되는 병영 ④ 자율과 책임이 조화된 병영 ⑤ 기강이 확립된 강한 병영 등 다섯 가지 중점을 중심으로 혁신을 추진하고 있다(국방부, 2014: 176-180).

병영혁신정책을 추진하기 위해 정책을 설계하면서 위에서 제시한 다섯 가지 분야별 세부사업계획을 포함하여 관련 법령 및 개정 추진계획, 추진 연도별 예산배정계획, 보건복지부, 여성가족부 등 정부의 관련 부처와의 협업, 시범사업 및 연구용역, 그리고 정책추진 일정 등을 종합적으로 정책설계 내용에 포함하고 있다.

---

* 자료원: 국방부, 『2014 국방백서』(서울: 국방부, 2014), pp. 176-180 외.

2 정책기획의 주체와 관리

1) 정책기획의 주체

(1) 정책기획의 전담기관과 보조기관

일단 정부가 사회문제를 공식문제로서 받아들인 후에는 그것을 어느 기관에서 관장해야 하는지를 결정해야 한다. 공식의제가 어느 부처(혹은 부서나 기관)에 해당하는지가 명백하기도 하지만 그렇지 않은 경우도 있으므로 관련기관 간 협의나 상급기관의 유권해석에 의해 정책 소관부서(혹은 기관)를 결정해야 한다. 정책문제를 채택하려면 정부가 다루어야 할 특정 사회문제가 공식의제(혹은 공식문제)인가를 결정한 다음 정책문제 주관기관을 결정해야 한다.

누가 정책을 기획할 것인가? 어느 기관이 정책기획을 전담할 것인가는 정책기획의 효율성을 높이는데 중요한 요소이다.

국가 수준, 중앙정부 수준에서 종합적인 정책기획기구를 둘 수도 있고 부처 수준에서 정책총괄기구를 둘 수 있으며, 부·처·청의 실·국·과 단위별로 정책을 기획할 수 있다. 국가 전체적인 정책의 기획이라면 총괄하는 기구에서 정책을 기획하는 것이 바람직하다. 예컨대 대한민국에서 제3공화국과 제4공화국 시절에 경제기획원이 국가개발계획을 기획한 바 있다. 일반적으로는 해당 부처나 청, 위원회가 정책을 기획하는 것이 효율적이다. 이 경우에도 실질적으로는 부, 처, 청이나 위원회의 실·국·과에서 기획안을 작성한다.

여러 개 부·처·청이 관련되어 있는 정책을 개발할 때는 특별위원회를 두어 정책을 기획하기도 하며 이 특별기구는 행정수반이나 부총리 등이 직접 위원장이 되어 관리하거나 하부소속으로 두어 관리한다. 지방자치단체에서는 자치단체장이 직접 관장하거나 위원회를 설치하여 운영한다. 중앙정부에서와 마찬가지로 자치단체 소속 실·국·과에서 정책안을 기획한다. 최근에는 정책을 기획할 때 국책연구기관(Think－Tank)이 실질적인 기획기능을 수행하는 경우가 있다. 정책연구기관이 정책을 분석할 뿐만 아니라 부처의 지도를 받거나 서로 협력하면서 정책을 기획한다.

행정부가 정책을 기획하는 주된 역할을 하지만 국회와 대법원에서도 소관업무와 관련하여 제한된 범위에서 정책을 기획한다. 국회의 운영이나 사법상의 양형 등에 관한 정책은 국회와 대법원이 각각 정책을 기획한다.

정책기획의 보조자들은 국내외 주요 전문가 집단이나 전문가들이다. 각국 정부는 주요한 정책문제를 설계하는 단계, 특히 정책분석을 하는 단계에서 이들에게 용역연구를 발주하여 활용한다. 이들은 용역 발주기관의 영향을 받거나 자체 연구기관의 특성으로 인해 편향된 정책보고서를 산출할 가능성이 있다. 따라서 동일정책문제에 대해 복수의 전문가 집단에 의한 정책연구가 필요하기도 하다.

(2) 국방안보분야의 정책기획의 주체

국방안보정책분야에 있어서 정책기획의 주체는 국방부, 병무청, 방위사업청 등 중앙행정기관이 있으며 이 중 국방부가 주무기관으로 정책을 기획하는데 중심에 있다. 분야별로는 2개 행정기관이 분담하며, 육·해·공군 각 군 본부에서 관련된 정책들을 기획한다. 국방부 등 중앙행정기관의 실·국·과는 실질적으로 정책을 기획하는 기능을 담당한다. 한편 2015년 현재 대통령소속 국가안보실의 국가안전보장회의 사무처에서는 안보정책을 총괄하는 기획안을 작성한다. 국방부의 정책기획기능을 보조하기 위해서 한국국방연구원(KIDA)과 국방대학교 소속의 국가안전보장문제연구소를 두고 있다.

2) 정책기획에서 주요 고려사항

정책기획을 할 때 전체적으로 고려할 사항은 무엇인가? 정책기획을 체계적으로 하는 것이 합리적이며 효율적이다. 정책지위의 체계성, 정책기획의 대상 종류, 정책의 투입산출과정의 체계성, 정책주관기관과 정책고객의 동태적 관계 등으로 제시하여 설명한다.

(1) 정책지위의 체계성

정책지위의 체계성은 특정 정책이 다른 정책들과의 관계에서 오는 관계성 특성을 말한다. 정책의 상하관계, 정책의 횡적 협력 및 경쟁관계 등이다.

특정 정책이 소재하는 곳의 상부에는 보다 광범위한 정책들이 있게 된다. 헌법정책을 기본으로 하여 주요 부문별 정책이 있고 하위정책이 있다. 따라서 수직적인 정책체계 속에서 개별정책이 차지하는 위치를 파악하여야 한다. 즉 안보정책 아래 국방정책과 외교정책이 있고 국방정책 아래 무기체계정책과 동원정책이 있으며, 무기체계정책 아래 무기이전정책과 무기보존정책이 있다.

한편 정책은 다른 관련정책과 경쟁하기도 하며, 협력하기도 한다. 관련 정책이 많이 있을 때는 정책의 기획으로 인해 기존의 정책들과 갖게 될 관계를 고려하면서 기획해야 한다.

(2) 정책기획의 대상 종류

정책기획의 대상으로는 그 지위나 양식에 따라 법령, 조약, 기타 중요 조치 등으로 구분할 수 있다. 정책의 지위나 양식은 정책기획자의 지위와 소관, 정책참여자들의 범위, 정책대안에 대해서 직접·간접으로 영향을 준다. 이들은 정책기획의 성격에 따라 신정책의 개발, 기존정책의 내용 및 수단의 수정, 그리고 기존 정책의 폐지로 구분된다. 신정책의 개발이 기존 정책의 수정과 변경보다는 어렵고 복잡하며 시간과 노력이 많이 요구된다.

(3) 정책문제와 정책환경의 관계성

정책은 정책환경의 변화에 대한 정책주관기관의 인지에서부터 시작한다. 투입-전환-산출이라는 체계모형에 따르면 특정 정책문제의 환경변화는 정책문제의 속성을 바꾸게 하며 정책고객들의 의식구조를 바꾸게 할 때가 많다. 국제적 환경과 국내적 환경, 그리고 정치적·경제적·사회적·문화적·기술적 환경, 사건 발생 등 분야별 환경변화를 추적하고 이에 따라 정책을 기획한다.

정책환경에는 공간적 의미의 환경도 있지만 시간적 의미의 환경도 있다. 정책문제의 과거, 현재, 그리고 미래라는 시간적 의미가 정책기획을 하는데 영향을 주기 때문이다. 기존의 정책이 만들어 지면서 효과를 보게 되는데 이로 인해 정책문제가 완전히 해소될 수도 있고 새로운 문제가 추가적으로 발생할 수도 있다. 때로는 정책효과가 일어날 때까지는 상당한 시간이 흘러야 할 때도 있다. 단기적으로 실패한 정책이 장기적으로 성공할 수 있으며, 그 반대도 성립한다. 정책기획은 불확실한 미래를 기간적 범위로 할 때가 있다. 이 때 정책기획은 여러 가지 가능성 속에서 정책현상을 예측하여야 한다.

(4) 정책주관기관과 정책고객의 동태적 관계

정책주관기관과 정책고객의 동태적 관계는 장기적으로 변화하는 경향이 있다. 이 둘은 각각 변화한다. 정책주관기관의 상급기관이나 정치적 공동체의 변화가 정책을 개발하게 하므로 새로운 정부의 국정기본방향, 특정 정책분야의 기본방향 등을 점검 확인하고 이에 따라 상급기관으로부터 정책의 정당성을 부여받는다. 예컨대 대통령의 선거, 장관의 임용 등은 정책을 기획하는 주요 요인이 된다.

정책문제에 대한 정책고객들의 반응과 그 변화는 정책을 기획하는데 주요 고려요인이다. 정책고객들은 사회 변화에 따라 정책에 대한 호와 불호가 달라지며, 국민들의 인구 구조·양태에 따라 정책선호가 달라진다. 정책기획 당국은 국민 등 정책고객의 변화에 대해 주의를 기울여야 한다.

3) 정책기획의 관리

정책기획단계에서는 정책결정과 집행과정 등에 관한 사항을 포함하여 관리적 활동을 하게 된다. 여기에는 정책의 시간적 관리, 정책의 양태(형식)에 관한 결정, 정책기획의 관리적 지원 업무, 그리고 정책정보의 관리 그리고 대외관계의 관리 등의 문제가 뒤따른다.

(1) 정책기획과 시간관리

정책의 시간관리란 정책을 위한 준비기간, 정책의 형성 및 결정기간, 그리고 집행기간, 정책의 기간적 효력 등을 포함하는 관리이다. 법률을 제정하거나 개정할 때는 최소한 6개월 내지 1년이 소요된다. 따라서 충분한 시간적 여유를 갖고서 법률제정을 기획하여야 한다. 중기계획의 경우에는 대개 5년을 대상으로 하나 3년 내지 7년 까지이므로 1년 계획으로 할 것인지, 아니면 연동계획으로 할 것이지를 결정하여야 한다. 그런데 1년 사업계획이나 프로젝트의 경우 단기간에 마무리 될 수 있다. 어쨌든 정책의 유형에 따라 정책을 기획할 때 일정관리를 포함한다. 또한 정책을 기획할 때는 구체적 기간과 시한을 정하는 한시성(限時性) 여부를 확인하여야 하는데 정책의 효력 발생과 관련한 적용기간을 확정하는 일이다.

(2) 정책의 양식(statement)관리

정책은 다양한 모습과 형식으로 표현된다. 정책의 양태로는 법령, 조례, 규칙, 조약, 선언 등을 들 수 있다. 이들은 각각 어느 정도 일치된 외형이 요구된다. 정책의 양태를 어떤 것으로 할 것인지를 결정할 때는 정책이 포함하고 있는 내용이나 상징성 등이 고려된다. 국민의 생활과 직결되거나 재산권 행사 그리고 기본권보장과 관련된 사항일수록 법령, 조례, 규칙 등으로 정하고 그 정도가 약한 경우 예규, 내규, 시책 등으로 정한다. 법령의 체계에 대해서는 법제처나 국회 법제실 등에 자문을 구한다.

(3) 정책기획과 인적·물적 자원

정책기획을 위한 인력·인사관리 등 조직의 자원관리이다. 조직 내에서 정책의 기획은 사업부서에서 초안을 작성하고, 기획관리실이나 기획조정실에서 이를 종합하며,[1] 이를 상급기관 등에 보고한다. 기획부서에 배치할 인재는 조정과 종합능력이 있는 인재들을 순환경력관리에 따라 이동시켜 활용하며, 특수 정책의 경우 특별기획팀을 일시적으로 운영할 수 있다. 그런데 대부분의 정책의 기획은 기획대상인 정책문제를 담당하는 사업부서에서 담당한다. 따라서 사업부서에 근무하는 인재들의 능력과 경험 그리고 적극적 노력이 무엇보다 중요하다.

정책을 기획할 때 특정 영역의 정책문제를 해결하기 위해서는 일반직 공무원이 아닌 특정직(군인, 경찰, 교원, 외교관, 판사 등) 공무원이 요구되기도 한다. 정책을

1) 기획관리실(혹은 기획조정실)에는 법무담당관, 예산담당관, 기획담당관, 조직인력담당관, 정보담당관, 성과관리담당관 등이 하부기구로 되어 있어서 정책기획을 종합적으로 할 수 있다.

수행하는데 필요한 충분한 인력이 있을 때는 큰 문제가 없으나 인력의 부족이 있을 때 이 문제를 사전에 확인하고 준비하여야 한다.

정책을 기획할 때는 정책이나 사업으로 인해 필요한 재정(금전)자원의 총액, 충당방법, 그리고 배분방법 등을 사전에 점검하고 조치하여야 한다.

(4) 정책기획과 정보관리

정책정보의 관리문제란 정책을 기획하는 단계에서 필수적으로 필요한 정보를 어떻게 획득하고 배분하며 관리하는가이다. 정책문제의 현 실태를 파악하기 위한 각종 정보의 수집은 물론 중·장기적 계획을 전제로 할 때 미래상황에 대한 예측정보가 필요하다. 이들 정책정보의 정확성을 확보해야 한다. 정책정보와 관련해서는 정책대안을 설계하고 평가할 때 평가기법에 관한 지식 정보, 정책분석가의 정보조작 문제 등이 있다.

정확한 현상과 실태 파악이 되어 있는지, 적절한 정책분석기법이 사용되었는지, 평가와 해석상 오류가 없는지, 그리고 고의적으로 정보를 누락하지는 않았는지 등을 정책기획단계에서 검토하고 관리해야만 좋은 정책이 만들어질 수 있다. 관련분야에 대한 정책자료 목록의 데이터베이스(Data Base: DB)가 구축되어야 한다.

(5) 정책과 대외관리

정책과 관련한 대외 관련부서나 정책행위자들에 대한 관리이다. 정책이 특정기관 혼자서 운영할 수 있을 때는 큰 문제가 없으나 여러 부서나 부처, 여러 공공기관이 관련이 있거나 대외관계자들과의 협력이 필요한 경우, 국회나 지방의회 그리고 헌법재판소, 사법부 등 헌법기관과 관련이 있는 문제, 외국이나 국제기구와 관련이 있는 정책문제를 기획할 때는 대외협력을 위한 협상과 준비 등이 필요할 것이다. 정책기획을 둘러싸고 정책의 공조(policy collaboration)가 요구된다.

제 2 절 정책기획의 단계

정책기획의 단계는 정책기획의 설계와 정책결정 준비로 구분되어 진행된다. 정책설계의 핵심적 단계인 정책분석은 정책대안을 확정하는 것으로 이것은 다시 정책목표의 설정과 정책수단의 모색, 정책대안의 탐색으로 구분된다. 정책실무자들은 정책의 설계에, 정책학자들은 정책의 분석에 더 많은 관심을 둔다.

1 정책의 설계

정책의 설계(policy design) 혹은 정책기획의 설계(policy planning)는 정책을 기획할 때 큰 그림, 내용 구조, 정책방향 등을 포괄하는 개념이다.

정책기획을 설계할 때는 먼저 정책의 제목을 선정하며, 이어서 정책기획을 주관하는 부서가 확정되어야 한다. 그 후 정책문제를 재정의(再定義)하여 정책의제화 과정을 마무리 한다. 다음은 정책의 환경을 분석한다. 정책환경의 과거, 현재, 그리고 미래를 대상으로 개괄적으로 정책환경을 예측한다. 그리고 정책추진의 관련 근거를 제시하는데, 정책주관기관의 상위체계의 정책방향을 재정리하기도 한다. 그런 연후에 정책목표를 설정하고 이를 달성할 정책수단을 모색한 후 본격적으로 정책대안을 탐색하고 평가한 후 정책대안을 마련하여 최적안을 확정한 후 이를 건의한다. 여기에는 정책의 집행계획과 추진일정 등이 포함된다.

한편 정책기획의 중심을 이루는 정책분석이 끝난 후에는 이들은 외형적으로 모양을 갖추어야 한다. 정책을 위한 조직기구, 정책의 유효기간, 정책대상 고객, 다른 정책이나 기존 정책(제도)과의 관계, 기타 사항들이 포함되어 외형을 갖추게 한다. 저자는 정책을 설계할 때 거쳐야 할 단계, 설계할 때 포함되어야 할 내용을 다음과 같이 제시한다.

참고 정책의 설계단계

① 정책의 제목 선정 및 정책주관기관 확정
② 정책문제의 재정의 및 정책의 환경 및 상황 평가
③ 정책목표의 설정과 정책수단의 탐색
④ 정책대안의 평가와 최적안 확정
⑤ 정책조직과 자원 명시, 정책고객 및 대상 확정

⑥ 정책의 유효기간, 다른 정책과의 관계, 관련 기관의 동의와 협조, 정책의 양식, 절차 준수
⑦ 최종안 건의

아래에서는 정책분석에 해당하는 ① 정책문제의 재정의 및 정책의 환경평가, ② 정책목표의 설정과 정책수단의 탐색, ③ 정책대안의 평가와 최적안 확정의 단계를 제외하고 나머지 정책 단계를 중심으로 다루고 다른 부분은 간단히 언급한다.

2 정책의제의 채택과 정책상황 평가

1) 정책문제의 재정의와 정책의제의 채택

(1) 정책문제의 재정의

공식의제 여부를 결정하는 과정에서 정책문제가 정의된다. 정책문제의 정의(defining policy problems)란 정책문제의 구조화(structuring policy problems)라고도 하는데 여러 관계자들이 문제가 무엇인지를 의식하고 그 문제의 원인, 구성요소, 결과 등에 대하여 잠정적인 결론을 내리는 것이다. 수많은 사회문제 중 어떤 문제는 정부체제 내나 정부체제 외에서 정부가 해결해야 할 공적 문제라고 주장된다. 이 단계에서 정책문제의 심각성 그리고 정부개입이나 불개입의 당위성 등이 검토된다. 이를 정부가 재정의한다.

국방문제에 대해서는 국방부 등 중앙행정기관, 각 군 본부 그리고 국회(국방위원회)에서 문제를 정의한다. 정부 밖에서는 일반 정책에서처럼 정당, 언론, 동맹국 등이 문제를 제기한다. 그런데 국방문제를 평가하는 사람이나 집단에 따라 그것을 문제로 인식하기도 하지만, 이와는 반대로 문제가 아니라고 인식할 수도 있다. 특히 남북한 이데올로기와 관련된 문제에 있어서 보수집단과 진보집단 간의 견해의 차이가 있을 수 있다.

(2) 정책의제의 채택

정책의제의 채택이란 정부가 제기된 사회문제를 정책으로 해결하기 위해 채택

하는 행위나 과정이다.[2] 정책의제의 채택을 정책의제 형성이라고도 한다. 정책문제 혹은 정책의제의 채택은 사실상 정책결정권자의 결심이나 관심에 의해 좌우되는 경향이 있다. 보다 고위수준에 있어서는 국회에 법령이 제안되는 경우, 국무회의에 국가의 중요한 정책안이 상정되는 경우도 있으나, 부처 수준에서 분야별 기본계획이나 장관이 역점사업으로 내세우는 경우도 있을 것이다. 이런 현상은 부처보다 하위수준에서도 마찬가지로 발생한다.

공식문제로서의 채택에 있어서는 국회, 국무회의 그리고 기관장회의와 같은 합의제기관에서 이를 다루는 것이 유익할 것이며, 이때 심의과정에서 제시된 의제들이 우선순위에 따라서 공식의제로 채택된다.

국방문제의 채택에 있어서는 일반적인 정책문제 채택의 과정을 거치지만 국무회의를 포함하여 국가안보회의, 국방부의 군무회의, 방위사업추진회의 등의 자문과 심의를 거친다. 또한 다른 나라와의 협의가 필요한 경우도 있는데 한미(韓美)간의 군사문제에 대해서는 한미안보회의(SCM: Security Committee for Military) 등을 거친다.

2) 정책상황의 평가

정책상황의 평가는 정책문제와 관련한 정책 환경을 개괄적으로 검토하고 평가하는 단계이다. 이 단계에서는 정책의 국내적·국제적 환경을 포괄하며, 정책의 정치적·경제적·사회문화적·과학기술적 환경 등을 포괄적으로 평가한다. 정책환경의 내용이나 변화는 정책추진 주체에게 기회가 될 수도 있고 위기가 될 수도 있다. 이를 진단한다.

정책상황의 검토와 아울러 정부 전체의 국정방향, 부처의 정책방향 등을 검토하여 제시하고 해당 정책문제의 현상을 진단하고 미래에 대한 상황을 예측한다. 이 단계에서 정책주관기관의 자기 진단이나 평가가 요구되기도 한다. 자신의 강점과 약점이 분석된다.

2) 정책문제의 채택에 관해서는 정정길 외, 『정책학원론』(서울 : 대명출판사, 2012); 노화준, 『정책학원론』(파주: 법문사, 2012) 등 참조.

3 정책목표의 설정과 정책수단의 탐색

1) 정책목표의 확인 혹은 설정

정책목표란 정책을 수립하고 집행함으로써 달성하고자 하는 바람직한 최종상태이다. 정책목표는 정책의 존재를 알려주고, 뒤따르는 정책과정을 인도하는 지침이며, 평가의 기준이 되어야 한다. 정책 주체가 달성하려는 바람직한 미래의 상태는 이상적인 가치나 구체적인 수치로 제시된다. 그런데 정책기획은 기존의 정책을 개선하거나 새로운 정책을 모색하는 것이므로 기존정책의 목표를 확인하고, 명확히 하거나 새로운 정책의 목표를 설정해야 한다.

첫째, 정책목표를 확인한다. 기존의 정책을 개선하거나 수정하려 할 때는 우선 정책목표를 확인해야 한다. 정책목표를 확인할 때는 기존의 정책목표가 그 요건을 갖추었는지, 환경변화에 따른 목표의 수정가능성은 없는지를 확인한다. 정책대안을 평가할 때의 기준으로 소망성과 실현가능성이 있는데 이들은 다음에 설명하고 정책목표 자체에 국한하여 정책목표의 공식성, 필요성, 그리고 달성 여부 등을 검토한다.

정책목표는 공식적으로 선언되거나 문서로서 표현된다. 공식화되고 공개된 정책목표를 확인한다. 또한 정책목표는 정부의 새로운 개입, 후퇴 그리고 수정과 변동이 필요한지를 환경 변화, 기존의 정책 결과를 분석한 후 점검한다. 이미 정책목표를 달성할 필요가 없거나 아무리 노력해도 달성할 수 없다면 정책목표로서 의미가 없어지기 때문이다.

둘째, 정책목표를 설정한다. 기존의 정책목표를 수정하거나 새로운 정책목표를 설정할 때는 정책목표를 새로이 추출해야 할 어려움이 뒤따른다. 문제가 된 상황을 먼저 진단하면 정책목표가 쉽게 도출될 수 있다. 정책목표를 설정하는 단계에서는 목표를 명료화하여야 한다. 정책목표는 정책담당기관이나 이해관계자 그리고 정책대상들이 소통할 수 있도록 명백하게 하여야 하며 구체화하여야 한다.

정책목표는 정책문제의 성격이나 정책주관기관의 조직적 위치에 따라 설정되어야 한다. 이 단계에서 정책목표의 내부구조의 일관성 등을 검토한다. 조직 전체의 목표와 개별정책의 목표를 명확하게 구분한다. 조직 간에 상하계층의 관계가 있을 때는 상하조직의 정책목표 간에 일관성이나 연계성이 있어야 한다. 정책목표를 설정하는 단계에서는 정책목표 간의 우선순위를 결정한다. 현실적으로 정책문제에 대해 다양한 이해관계, 인식의 차이 등이 있을 수 있기 때문이다.

2) 정책수단의 탐색

정책수단(policy instrument) 혹은 정책도구(policy tools)는 정책목표를 달성하기 위해 정부가 동원하는 다양한 수단과 장치들로서 "정책목표를 달성하기 위해 정부가 의도적으로 활용하는 수단"이라 정의한다(전영한 · 이경희, 2013: 7).

그런데 정책수단의 종류는 매우 다양하며 법제화, 기구설치, 교육훈련, 정부규제, 정부보조금, 교정적 부담금, 조세지출, 바우처, 정보제공, 민간위탁 등이 있다. 한편 정책수단의 유형은 강제집행, 유도, 혜택제공(Bardach, 1977)이나 명령, 유도, 역량형성, 체제변화(McDonnel and Elmore, 1987)와 정보제공, 권위, 재정, 조직(Hood, 1986) 등 매우 다양하다.

정책을 기획하는 단계에서는 정책수단을 확인하고 채택하며, 이를 관리해야 한다. 최근에 들어와서는 개별의 정책수단이 여러 개가 함께 모여 수단을 이루는 소위 '수단조합(instrument mix)'이 발견된다.

4 정책대안의 탐색 및 설계

1) 정책대안의 탐색

정책대안의 탐색은 대안의 확인과 창출과정을 포함한다. 정책대안의 구조는 정책목표와 이를 달성하기 위한 정책수단의 조합을 의미한다. 정책대안의 확인은 쉽게 이용할 수 있는 대안이나 행정체제 외부에서 제시한 대안들을 모집하는 것이다. 이것은 선택적 모방(김신복, 1982: 28)으로서 과거에 겪었던 비슷한 상황이나 선례와 전례를 확인하는 것이다. 대안의 창출은 이제까지 정책체제가 알지 못하였던 대안을 창의적으로 개발하는 것이다. 합리적인 사고와 브레인스토밍과 같은 방법, 선진외국이나 사기업에서의 경험을 배우는 것도 새로운 대안을 창출하는 하나의 방법이 된다.

보통 정책대안은 소수의 안이 설계되는데, 새로운 대안이 상당히 오래 전에 폐지되거나 수정된 과거의 정책대안과 유사한 경우도 많다. 따라서 정책대안의 탐색 및 설계방법은 당해 정책문제의 속성이나 내용을 살펴 먼저 선례나 전례를 확인하고, 다음으로 선진 외국의 유사한 환경에서의 제도를 고찰하여 필요하면 이를 한국적 상황에 알맞게 수정하되, 이상의 방법으로도 해결할 수 없으면 창의적으로 정책대안을 개발해야 한다. 정책대안은 단일안이 있을 수 있지만 대체로 복수의 대안이 마련되어 이들을 비교하고 평가하는 단계를 거친다. 현행안도 비교를 위한 대안이 될 수 있다.

정책대안을 탐색하고 설계할 때 모형을 활용하면 편리하다. 모형(model)이란 실제의 상황을 추상화·단절화시킨 것이다. 따라서 정책모형이란 정책체제와 관련해서 가장 핵심적인 요인들을 추출하여 그들 간의 관계를 합리적으로 나타낸 분석의 도구라 할 수 있다. 정책기획에 있어서 모형의 설정은 대상인 정책문제와 체제의 특징을 반영하여야 하며, 관련 변수를 가능한 한 많이 추출하되 이들을 선별적으로 포함시켜야 하고, 이들 변수는 실제적이어야 한다(김신복, 1982: 31-32). 따라서 좋은 정책모형을 설정하려면 당해 정책문제의 본질이나 속성, 기능관계 등에 대한 깊은 이해, 사고 그리고 경험이 요구된다.

2) 대안탐색과 벤치마킹

정책대안의 탐색과 설계를 위하여 벤치마킹 방법이 활용되고 있다. 롭 라이더는 벤치마킹(bench marking)을 '조직의 향상을 위해 최상을 대표하는 것으로 인정된 제품, 서비스, 그리고 작업 과정을 검토하는 지속적이고 체계적인 과정'이라고 정의하였다. 오늘날에는 최고의 경쟁력을 확보하기 위하여 제품, 서비스 및 프로세스의 질적 수준을 경쟁업계나 업체를 선도하는 선진기업 수준과의 차이를 지속적으로 비교·분석하고 격차 극복을 위해 위한 전략을 실행하는 일련의 개선활동을 의미한다(Reider, 2000: viii). 요컨대 벤치마킹은 가치있는 정보를 창출하기 위한 혁신의 과정이다.

벤치마킹의 4대 구성요소는 실시분야, 벤치마킹 상대, 측정지표, 그리고 운영방식이다. 실시분야는 벤치마킹을 활용하여 혁신시키고자 하는 조직의 활동분야가 어떤 분야인지를 먼저 파악한다. 벤치마킹 상대란 우수한 성과를 보여주어 배울 만한 가치가 있는 상대는 누구인가, 어떤 기관인가, 어떤 업무인가를 결정하는 것이다. 측정지표란 활동성과를 정량적으로 표현하는 평가지표 또는 측정수단이다. 운영방식이란 성과를 만들어내는 구체적인 조직활동 내역이다(Reider, 2000: 165–269).

5 정책대안의 평가와 건의

1) 정책대안의 평가와 건의 개관

정책대안의 비교와 평가는 정책분석의 핵심적 단계이다. 정책대안을 비교하고 평가하는데 있어서는 비교와 평가의 기준이 요구된다. 이러한 기준들로는 대체로 소망성과 실현가능성 등이 제시되고 있다. 두 가지 평가기준을 어느 정도 충족한 대안 중에서 최적안과 후보안을 선정하여 잠정적으로 정책대안으로 확정한 후 최종적 결정을 위하여 건의한다. 잠정적 건의안은 정책결정권자의 수용 여부에 따라 수용과 거부가 이어지며, 거부되면 이 단계는 계속된다.

2) 정책대안의 평가기준: 소망성과 실현가능성

소망성(desirability)은 바람직스러움을 의미하며 정책대안의 평가기준으로서 소망성은 정책대안(정책수단이나 정책자체)이 과연 얼마나 바람직 하는가를 나타내는 것이다. 소망성을 판단하는 기준은 효과성, 능률성, 형평성 등을 들고 있다.[3] 효과성(effectiveness)이란 일반적으로 목표의 달성도를 의미하므로 정책대안의 효과성이란 정책대안에서 정책수단이 가져올 정책목표의 달성도를 의미한다. 정책의 직접적 효과는 물론이고 부수적 효과도 포함한다. 능률성(efficiency)이란 보통 투입 대 산출의 정도를 의미한다. 따라서 정책대안의 능률성은 정책대안(특히 정책수단)이 가져올 비용부담을 고려하여 산출하며, 투입자원의 경제적 능률성을 의미한

3) 정책평가의 두 가지 기준으로 효율성과 형평성을 들기도 한다. 전상경, 『정책분석의 정치경제』(서울: 박영사, 2012), pp. 170–194.

다. 그리고 경제적 절약을 포함한다. 형평성(equity)은 공평성 또는 공정성이나 사회정의를 포함하는 개념으로 동일한 경우는 동일하게, 다른 경우는 다르게 취급하는 것을 의미한다.

실현가능성(feasibility)은 정책대안이 정책으로 채택되고 그 내용이 충실히 집행될 가능성을 의미한다. 실현가능성은 보통 기술적 실현가능성, 재정적 또는 경제적 실현가능성, 행정적 실현가능성, 법적 실현가능성, 정치적 실현가능성으로 구분된다(정정길 외, 2012: 397－401).

참고 **실현가능성의 종류**

① 기술적 실현가능성(technical feasibility)은 정책이나 정책대안이 현재 이용가능한 기술로서 그 실현이 가능한 정도를 일컫는다. 기술이 발전하면 기술적 실현가능성이 향상된다.
② 재정적 또는 경제적 실현가능성(financial or economical feasibility)은 이용가능한 재원으로서 정책 또는 정책대안의 실현이 가능한 정도를 일컫는다. 예: 예산상의 제약이나 국가경제능력상의 제약
③ 행정적 실현가능성(administrative feasibility)은 정책집행을 위하여 집행조직, 집행요원 및 전문인력 등의 이용가능성을 의미한다.
④ 법적 실현가능성(legal feasibility)은 정책대안이나 정책의 내용이 타 법률의 내용과 모순되지 않을 가능성을 의미한다. 특히 상위법령이나 관련법령과의 관계에서 제약요건 등을 의미한다.
⑤ 정치적 실현가능성(political feasibility)은 정치체제에 의하여 정책대안이 정책결정과정에서 채택되고 집행될 가능성을 의미한다.

6 정책안 확정과 문서화

최적안에 대해서 자체적으로 정책자문위원들의 자문을 받거나 이해관계자들, 그리고 전문가들을 초청하여 워크숍이나 토론회를 개최하여 의견수렴을 할 수 있다. 최종적으로 결재권자의 결재를 끝낸 정책은 공식적 문서형태로 성안된다.

공식적 문서 중에서는 법령 또는 조약의 형태를 취해야 할 경우에는 법제처나 외교부(조약담당부서)의 검토를 받는다.

제 3 절 정책의 분석과 분석방법

1 정책분석의 의의

앞에서 살펴본 것처럼 '정책분석'은 좁은 의미에서 정책결정이나 판단을 위하여 요구되는 정보를 작성하는 행동이나 과정으로 여러 가지 계량적 혹은 질적 절차를 거친다. 정책기획에서는 여러 가지 활동이 있으나 정책분석은 매우 중심적인 활동이다.

정책분석가는 세 가지 종류의 질문, 즉 가치(value), 사실(facts) 및 행동(action) 등에 관한 정보와 이유있는 주장들을 산출해 낼 것으로 기대된다. 여기서 가치란 무엇이 바람직한 것인가 하는 것이며 이러한 가치의 성취는 문제가 해결되었는가에 대한 주된 테스트가 된다. 그리고 사실이란 이러한 가치의 성취를 제약하거나 촉진하는 것이다. 행동이란 이것의 채택 여부가 가치의 성취 또는 문제의 해결 여부에 영향을 주는 것이다(노화준, 2012: 335).

정책분석활동은 매우 지적인 탐구활동이므로 고도의 지적 전문성이 요구된다. 분석해야 할 정책의 수준이나 내용에 따라서 누가 정책분석을 하는 것이 적합할지가 좌우된다. 대부분의 정책문제에 대한 분석은 정부 내부자가 하고 있지만 조직 내외의 전문가나 싱크탱크에 위탁하는 경우가 비일비재하다. 즉 정책문제가 복잡하고, 전문적이며, 논란이 있을수록 합리적인 분석과정이 요구되며 전문가의 분석이 요구되나, 그것이 단순하고 일상적이며 논란이 없을수록 정부 부처청의 공무원이나 관리자가 분석해도 된다.

정책을 분석할 때는 정책의 도입이나 폐지로 인해 가져올 정책의 효과를 예측하고 평가해야 한다. 정책의 효과는 정책이 집행됨으로써 얻게 될 긍정적(+) 효과와 부정적(−) 효과, 직접적 효과와 부수적 효과로 구분할 수 있으며, 내용에 따라서 정책편익과 정책비용으로 구분하기도 한다. 분석은 단기적 측면은 물론이고 장기적인 측면도 고려하여 분석하여야 한다.

참고 **정책분석의 내용과 절차**

① 정책대안의 효과(혹은 편익)의 확인과 계산
② 정책대안의 비용의 확인과 계산
③ 정책대안의 편익(효과)과 비용의 비교
④ 정책대안(최적안)의 건의

정책분석의 핵심 내용은 정책의 이익(편익)과 정책의 비용을 검토하는 것이다. 전자는 정책을 집행하면서 얻게 될 긍정적 측면의 결과이며, 후자는 정책을 집행하면서 부담하게 될 제 비용을 말한다.

정책의 이익(편익)으로는 사회적 질서의 유지, 경제적 부의 창출, 산업의 진흥과 발전, 국민복지의 증진, 문화적 혜택의 증진, 자연환경의 보호, 국민의 자존심 증진, 지방자치의 발전, 국제적 협력 증진 등이 있으며 안보태세 유지(영토나 영공의 수호와 확대) 등을 포함한다.

정책의 비용은 정책집행과정에서 부담하게 될 것들로서 직접비용과 간접비용을 포함한다. 경제적으로 부담하게 될 물질적 내용뿐만 아니라 정신적 · 정서적 측면도 포함한다.

이처럼 정책대안을 비교하고 평가할 때 비용과 효과, 비용과 편익을 함께 고려하며 분석하는 경우를 비용효과분석이나 비용편익분석이라 한다. 정책대안의 분석방법들은 프로젝트나 사업의 분석방법들을 대체로 원용하고 있다.

2 정책분석의 방법

1) 비용편익분석과 비용효과성분석

(1) 비용편익분석

비용편익분석(cost benefit analysis) 혹은 편익비용분석은 어떤 정책대안(혹은 프로젝트)과 관련된 편익과 비용들을 하나하나 열거하여 금전적 가치를 환산한 다음 그 결과를 토대로 프로젝트의 소망성을 평가하는 방법이다. 이것은 정책결정자가 정책의 결정으로 초래될 모든 가능한 결과들을 주의 깊게 고려할 것을 요구하는 의사결정을 위한 분석 틀이다(노화준, 2012: 382).

비용편익분석은 장기적인 면과 광범위한 면을 포괄하는 장점이 있다. 프레스트와 터비(Prest & Turby)는 편익비용분석이 장기적인 면과 넓은 안목에서 사업의 바람직한 정도를 평가할 수 있는 실용적인 방법이라고 정의한 바 있다(Prest & Turby, 1965: 683－775; 노화준, 2012: 384 재인용).

비용편익분석단계에서는 먼저 정책대안(프로젝트)에서 기대되는 모든 편익을 추출하여 계산하고, 다음으로 모든 비용을 추출하고 이를 계산한 후 편익과 비용을 비교하여 순편익(net benefit)이 산출된다. 이 때 순편익이 영(0)보다 크면(positive) 그 정책대안(혹은 프로젝트)은 채택할 만한 가치가 있지만, 영(0)이거나 영(0)보다 작으면 정책대안으로서 채택할 가치가 없다.

(2) 비용효과성분석

비용효과분석 또는 비용효과성분석(cost effectiveness analysis)은 정책분석을 위해 정책대안(혹은 프로젝트)의 비용과 효과를 측정한 후 비교하는 방법이다.

비용편익분석이 비용과 편익의 경제적 가치를 강조하는 것인데 반해 비용효과분석은 금전적 가치로 환산할 수 없는 편익과 정책 및 프로젝트의 결과를 강조한다. 정책대안의 효과는 정책대안에서 기대되는 금전적 가치와 비금적적 가치, 즉 정신적 가치 등을 포함한다. 비용효과분석의 절차나 단계는 비용편익분석의 그것과 매우 유사하다.

2) 영향평가

영향평가(혹은 영향분석)는 편익비용분석의 결점에 대한 반작용으로 발전하게 되었다. 영향평가방법들은 특히 무형의 편익과 비용에 대하여 관심을 갖는다(Sondheim, 1978: 27－42; 노화준, 2012: 385 재인용). 이 중 최근 중요하게 대두되고 있는 영향평가방법은 환경영향평가, 규제영향분석과 재정영향평가 등을 들 수 있다. 제도적으로는 우리나라에서는 비용추계제도를, 유럽의 주요 국가들에서는 입법영향평가를 도입하여 시행 중이다. 재정영향평가는 비용추계제도로 구체화된 바 있다.

(1) 주요 영향평가방법

환경영향평가(environmental impact assessment)는 1960년대 말 환경운동이라는 압력에 대한 반응으로 UN에서 먼저 시작했다. 이로 말미암아 미국의 경우에는 1970년대 초 「환경정책법」이 의회를 통과하였고, 우리나라에서는 1979년 12월 개정된 「환경보전법」 제5조에 환경영향평가제도를 명문화하였다(김정욱, 1984: 72-93; 노화준, 2012: 385 재인용).

이러한 환경영향평가의 주된 목적은 어떤 프로젝트의 가치를 평가함에 있어서 경제적 측면을 지나치게 강조함으로써 오게 될지 모르는 생물학적·물리적 환경파괴를 완화 내지 방지하기 위하여 어떤 프로젝트의 수행이 가져오게 될 환경적 영향을 평가에 반영시키는 것에 있다(노화준, 2012: 385).

규제영향분석(regulatory impact analysis: RIA)은 규제가 어떤 영향을 미치는가를 알아보는 것이다. 국가 또는 지방자치단체가 특정의 국가목적을 달성하기 위하여 국민의 권리를 제한하거나 의무를 부과하는 것으로 법령 등 조례, 규칙에 규정되는 사항으로 규정될 수 있다. 규제영향분석은 규제로 인하여 국민의 일상생활과 사회, 경제, 행정 등에 미치는 제반 영향을 객관적이고 과학적인 방법을 사용하여 미리 예측, 분석함으로써 규제의 타당성을 판단하는 기준으로 제시하려는 것을 말한다(「행정규제기본법」 제2조).

OECD 같은 주요 선진국에서 규제정책의 중요성을 파악한데서 출발하였다. 이는 규제로 인한 비용과 편익을 경제학적 방법론을 원용하여 측정하는 방법이다. 규제로 인한 비용이 규제로 인한 편익보다 적은 한 해당 규제정책이 정당성을 확보한다고 본다(박장호·임보영, 2009: 256-257).

(2) 비용추계제도와 입법영향평가

비용추계제도는 재정을 수반하는 법안이 시행될 경우 발생할 것으로 예상되는 추가적인 재정지출의 증가 또는 수입의 감소를 추산하는 것으로 법률안의 입안단계부터 국가재정에 어느 정도 부담을 초래할 것인가를 객관적으로 미리 추산하여 새로운 입법이 국가재정에 큰 부담이 되지 않도록 하는 제도로서 우리나라에서는 1973년 「국회법」 개정으로 최초로 도입되었다. 최근 「국회법」 개정(2015.3.19.)을 통해 국회의원이 발의하거나 위원회가 제안하는 재정수반의안에 대해서는 반드시 국회예산정책처의 비용추계서를 제출토록 하고 있다(박정환, 2014: 75).

입법영향평가[4]는 규제영향평가를 제도화한 것으로 법의 실효성을 중시하는 법사회학, 비용과 편익의 관점을 중시하는 법경제학의 기법을 입법에 도입하여 입법행위의 실시, 효과에 관한 과학적 분석을 행하는 것이다. 입법영향평가는 독일, 스위스, 오스트리아 같은 대륙법 계통의 행정법을 갖고 있는 국가에서 주로 활용되고 있으며, 사전입법영향분석, 병행입법영향분석, 사후입법영향분석으로 나누어지는데(정창화, 2007: 100-103), 좁은 의미의 정책분석방법은 사전입법영향분석이다.

3) 이해관계자 분석

이해관계자란 어떤 사안이나 조직에 실질적인 영향을 행사하거나 영향을 받는 개인이나 집단을 말하고 이해관계자 분석이란 이런 집단 혹은 개인을 체계적으로 파악하는 분석방법이다(Fleiser and Bensoussan, 2003).

이해관계자는 정책을 결정하거나 주관하는 정부, 정책의 결정이나 집행으로 인해 이익을 보는 수혜자, 부담을 지는 피해자, 사적인 이해관계는 없지만 공적인 임무를 수행하는 민간단체 등으로 구분할 수 있다.

이해관계자를 분석하는 과정에서는 이해관계자를 식별하고, 이들이 정책과정에서 어느 단계에서, 어떤 통로를 거쳐, 어떻게 영향을 미치며 그 정도는 어느 수준인지를 분석하여 이에 대한 대응책을 마련한다. 이해관계자의 식별 등 이해관계자를 분석하는 일은 정책문제를 담당하는 부서에서 관장하는 것이 바람직하다. 이해관계자는 정책에 따라 매우 다양하기 때문이다.

지금까지 이해관계자 분석은 주로 개별사업계획이나 프로젝트에서 활용되어 왔다. 우주개발사업에서는 정부부처와 항공우주연구원의 기대사항의 반영이 논의되었고(이창진, 2011), 경량전철사업에서는 정부부처, 지방자치단체, 그리고 차량제작사 등이 주요 이해관계자로 제시되었으며(정수영 외, 2012), 북한이탈주민을 위한 지역사회 지원체계 분석에서는 거주지 주민, 지방자치단체, 지역사회의 민간단체인 NGO와 종교단체, 지역복지기관협의회 등이 이해관계자로 제시되었다(임정

4) 우리나라에서 입법영향평가는 2015년 국회입법조사처에서 「청소년고용촉진특별법」 제4조(공공기관의 미취업자 고용의무)의 영향분석을 시작으로 「근로기준법」 제3조(부당해고 등의 규제명령에 대한 이행강제금의 입법영향분석, 「장사 등의 법률」 제6조(자연장지의 조성)의 입법영향분석 등을 실시하고 있다.

빈, 2012: 249-266). 항공사업계획이나 프로젝트를 수행하는 경우의 이해관계자분석의 논리는 정책분석에서 이해관계자분석에도 대체로 적용될 수 있다고 본다. 다만 정책분석에서는 그것의 수준이나 범위가 개별사업보다는 훨씬 크고 넓고 다양하다는 점에서 공공정책분석에 적합한 추가적인 고려가 필요할 것이다.

다음은 경량전철사업에 대한 이해관계자 분석과 북한주민정착 관련 이해관계자 분석, 그리고 병사급식방침 사례이다.

참고 **이해관계자 분석 사례**

① 경량전철사업: 경량전철사업의 성공적 수행을 위해 부서별로 이해관계자를 식별하였는데 그들은 주무관청(국토해양부, 지자체), 차량제작사, 운영사, 환경단체 등이었다. 이들의 요구사항을 정의하여 차량제작과정에 반영하였다. 이해관계자의 바람, 요구사항, 욕구를 수집하고 이해관계를 정의하며 이해관계자 간 우선순위를 부여하고, 프로젝트의 제약사항을 추출하였다.

② 북한이탈주민 정착: 북한 이탈주민의 정착은 실질적인 사회공동체를 이루는 곳이 지역사회이므로 이곳에서의 지원체계와 이해관계자를 분석하여 관련주체들의 협력적 거버넌스의 구축이 필요하다. 북한이탈주민의 이해관계자로는 거주지의 주민들, 담당공무원과 지방자치단체, NGO와 종교단체 등 민간단체, 지역복지기관지역협의회 등을 들 수 있다. 이들의 활동, 기대 등을 반영하면서 지방자치단체 중심으로 북한이탈주민을 정착시켜야 한다.

③ 병사급식방침(2016년): 국방부에서는 병사 1인당 품목별 급식량, 군 급식지침 등을 결정하였다. 2015년 8월부터 10월까지 이해관계자인 각 군, 방위사업청, 농수협 등 관계기관의 의견을 수렴하였다. 2015년 12월 전군 급식정책심의위원회를 거치고, 국방부 장관이 결재한 후 급식방침을 각 군에 알렸다. 이 방침에는 어패류, 수육류 등 급식 질 개선 품목 증량 및 신규급식품목을 채택하였으며, 두채류 경쟁계약 전환, 선택계약제도 시범적용 등 개선을 추진하였다. 군 장병들이 직접적인 급식대상자들이다.

---

* 자료원: 정수영 외, 경량전철 차량시스템 이해관계자 요구사항 분석을 위한 시스템 엔지니어링 적용기술연구, 『2012년도 한국철도학회 춘계학술대회 논문집』, 2012.
* 자료원: 임정빈, "북한이탈주민 정착을 위한 지역사회 지원체계 및 이해관계자 분석," 『한국정책연구』, 제12권 제2호, 2012.6, pp. 249-266.
* 병사급식은 저자가 국방부 제공 자료를 바탕으로 재구성.

3 정책분석과 의사소통

정책관련 지식의 의사소통은 정책분석, 자료개발, 상호작용적 의사소통, 지식활용을 포함한 4가지 단계로 구성된다.

정책분석은 정책결정과정의 다양한 단계에 처한 이해관련자로부터 정보나 자문요청이 있을 경우에 시작된다. 이러한 요청에 대한 응답으로 분석가는 정책문제, 예상되는 정책결과, 선호되는 정책, 관찰된 정책결과, 정책성과 등에 관한 정보를 창출하고 비판적으로 평가한다(남궁 근 외 공역, 2013: 516; Dunn, 2012).

정책관련 문서들은 정책메모, 정책분석보고서, 보고서 요약문, 부록 기타 뉴스 보도자료 등으로 구분된다. 정책관련 문서, 즉 유용한 지식을 전달하는 문서를 개발하기 위해서는 정보를 종합, 조직화, 번역, 단순화, 표시, 요약할 수 있는 기술이 요구된다. 정책문서가 다양한 것은 정책관련 정보에 대해 다양한 독자가 있으며, 다양한 분석방법이 있다는 것을 보여준다(남궁 근 외 공역, 2013: 517-520; Dunn, 2012).

정책분석보고서는 정책결정자가 결정해야 할 정책문제의 해결방안을 중심으로 다루어지는데 이 때 정책문제의 정의, 정책목표의 확인, 정책대안의 개발, 정책안

참고 정책분석보고서의 구성요소

발송서한

보고서 요약문

① 문제의 배경: 고객의 요구 기술, 문제상황의 검토, 문제해결을 위한 이전의 노력

② 문제의 중요성: 과거 정책성과의 평가, 문제의 범위와 심각성 평가, 분석의 필요성 결정

③ 문제진술: 문제의 진단, 주요 이해관계자 기술, 목표와 세부목표 정의

④ 대안분석: 정책대안의 기술, 정책대안의 결과 예측, 파급효과와 외부효과 기술, 제약조건과 정치적 실현가능성 평가

⑤ 결론과 정책제안: 평가기준 또는 결정규칙 선정, 결론과 정책제안에 대한 기술, 선호되는 정책제안 기술, 집행전략의 개요, 집행과 평가계획에 대한 요약, 한계점과 예기치 못한 결과 예측

참고문헌

부록

* 자료원: 남궁 근 외 공역, W. Dunn 저, 『정책분석론』(2013), p. 525.

의 건의 등이 포함된다. 던(W. Dunn)은 정책분석보고서의 구성요소와 관련분석방법에 대해 비교적 자세하게 제시하고 있다.

정책메모의 형식은 다양하지만 각 기관별로 정책메모의 양식이 정해진 경우가 있으며 이 때 이에 따른다. 보고서 요약문은 정책분석의 고객에 대해 정책분석보고서를 요약 정리하여 편의를 제공하는 것이다. 뉴스 자료는 정책보고서의 홍보효과를 높이기 위해 신문사 등 언론사에 전달하는 것이므로 일반 독자를 고객으로 한다는 면에서 쉽고 평이한 용어를 선택하여 기술한다.

제 9 장 정책의 결정

제 1 절 정책결정의 의의

여기서는 정책결정을 논의하기 위해 정책결정의 기본적 사항인 정책결정의 의미, 정책결정의 상황, 정책결정의 종류, 정책결정의 가치, 정책결정기구 등을 간단히 다룬다.

1 정책결정의 의미와 상황

1) 정책결정의 의미

정책의 결정은 정책학 분야에서 가장 많이 연구된 분야 중의 하나이다. 그리고 연구의 다양성 만큼 학자들 간의 합의가 부족한 것도 사실이다. 다시 말해 정책결정접근방법의 차이로 정책결정의 범위 및 속성에 대해서조차 이견이 분분하다.

저자는 정책을 '정부 또는 정부기관이 국익 또는 공익을 보호하고 증진시키기 위하여 결정한 정부의 활동에 관한 기본노선'이라고 정의하였다. 이에 따르면 정책은 정부의 의사결정으로서 문제의 해결 및 예방과 관련이 있으며, 그것은 과정성과 구조성을 갖는다(본서 제1장). 따라서 정책결정이란 정부가 공공문제를 해결 또는 예방하기 위해 취하는 의사결정으로서 일정한 절차나 단계를 거치게 되고 이 과정에서 많은 참여자와 이해관계자가 조우하며, 정책목표와 정책수단의 조합인 내용구조를 띤다.

저자가 이미 정책과정론에서 언급한 바처럼, 정책결정은 정책의 기획, 정책의제 채택, 정책의 집행과 밀접하게 연계되어 있지만 여기서는 정책결정을 보다 집약적으로 다루기 위해 정책결정을 정책대안의 채택 이후부터 정책집행 이전까지의 정책과정으로 범위를 한정시켜서 논의를 진행시키고자 한다. 따라서 정책의 결정과정은 정책안의 채택, 합법화 및 자원배분(예컨대 예산배분)을 포함한다. 그러므로 정책의 결정과정은 정책과정의 정점이다.

정책의 결정과정에서 다루어야 할 내용은 정책결정의 주체, 정책결정의 내용과 대상, 정책결정의 절차와 방법, 정책결정의 기준 등이라 볼 수 있지만 다른 장에서 많이 다룬 정책주체 등은 간단히 다루고 아래에서는 이들 중에서 정책결정의 단계와 절차 그리고 정책결정의 가치 등을 중심으로 다룬다.

한편 국방정책결정이란 국방문제에 대한 정부의 정책결정으로서 일반적인 정책결정의 속성을 대체로 반영하며 다만 국방분야의 특수성이 고려될 뿐이다.

2) 정책결정의 상황

정책의 결정은 여러 가지 환경 하에서 이루어지나 특히 정책을 결정할 당시에 상황에 따라서 정책결정의 내용이나 절차가 달라질 수 있다. 이러한 상황으로는 평시와 위기시로 구분할 수 있으며 이 사이에 많은 가변적인 조합을 상정할 수 있다. 즉 준위기시와 같은 상황을 전제할 수 있다. 정부정책의 대부분은 평시를 전제로 하여 정책을 결정하고 집행하나, 국가안보정책 특히 국방 및 군사정책은 전시와 같은 위기시를 상정하여 정책을 결정하고 관리하는 것이 일반적이다.

군사안보분야에 있어서 위기(crisis)는 국가갈등이 표면화되는 자극적 행위가 있고 이에 대해 저항하며, 이에 따라 긴장이 고조되면 대결이 지속되고 이를 해결하기 위해 협상이 계속되고 협상이 실패하면 전쟁으로 치닫고 그것이 성공하면 위기는 종결된다(한용섭, 2013: 182－183).

위기는 위기의 시기적 긴급성이나 급박함에 따라서 단계화시킬 수 있으므로 위기상황을 결정하고 이에 따라 즉각적으로 행동할 수 있도록 지침이나 매뉴얼을 준비하지 않으면 군사적 상황에서는 막심한 국가적 피해를 입을 수 있다. 따라서 전쟁을 결정하는 정치단체(국가)에서는 선제공격을 감행하려는 경향이 있으므로 방어하는 국가는 전쟁의 징후를 정확하게 파악하여 대비하는 것이 효율적이다. 우리나라에서는 충무계획 등에서 전시에 대비하는 정책이 마련되어 있으며 이에 따라 정부가 위기상황을 판단하고 상황에 따른 조치방법 등을 개략적으로 마련하고 있다.

정책결정환경의 긴급성과 더불어 환경의 불확실성(uncertainty)은 정책을 결정할 때 여러 가지 어려움을 제기한다. 정책의 고객이 복잡한 정책의도를 갖거나 정책의 상대가 어떤 의도를 갖고 있는지 조차 알 수 없을 때가 많다. 후자는 특히 전쟁과 관련한 정책결정에서 그렇다. 이러한 불확실성을 관리하기 위해서는 이를 낮추거나 이것이 불가능하다면 다양한 가능성을 상정하고 가능성에 따른 대응방안을 모색하는 것이 효율적이다.

2 정책결정의 종류

정책결정의 종류는 여러 가지로 제시할 수 있으나 여기서는 정책결정의 주체에 따라서 개인 정책결정, 집단 정책결정, 국민(주민)정책결정을 구분하여 다룬다.

1) 개인 정책결정

정책결정자의 기본단위는 정책결정권자 '개인'이다. 대부분의 정책 과정은 어느 정도 의사결정이나 정책결정의 연속과정이다. 따라서 개인 정책결정에 대한 이론이나 모형은 의사결정 일반론에서 원용할 수 있고 유추할 수 있다.

개인은 여러 가지 측면에서 자기의 욕구 수준을 만족시키는 대안을 찾으려고 노력한다. 만약 어떤 대안이 그의 욕구 수준에 비추어 만족스러우면 이를 수락하고, 그것이 만족스럽지 못하면 다른 대안을 찾는다. 이 단계에서 실패하면 그의 욕구 수준을 낮추어 대안을 선택한다(조석준, 1978: 106).

정책대안을 선택할 때는 정책결정자의 사회적 배경, 성격과 태도, 전문지식, 이해관계, 기타 등이 영향을 미친다(민진, 2014: 334-335). 그리고 정책결정자가 정책상황이나 정책문제를 어떻게 받아들이느냐, 즉 인지나 지각에 따라 달라진다.

정책결정자로서 개인에는 장관 등 부처의 책임자, 국무총리나 대통령 등 행정수반이 있다. 국방부문의 정책결정자로는 통수권자인 대통령이나 수상 그리고 국방부장관과 차관, 방위사업청장, 병무청장 등이 있으며, 군령에 관해서는 합동참모회의 의장이 있고, 기타 각 군 참모총장이 있다.

2) 집단 정책결정

집단 정책결정은 정책결정권자의 범위가 개인이 아니라 집단이거나 나아가서는 조직이나 국가에까지 이르기 때문에 개인에 의한 정책결정보다는 더욱 복잡하고 다양하며 갈등의 소지가 많다.

특히 조직에서 의사결정은 특정인이 모든 정책결정권을 독점하는 경우는 드물며 협의와 합의를 통해서 이루어지는데 이는 조직이 모든 조직구성원의 상호작용을 전제로 하기 때문이다. 그리고 협동과 합의가 가장 두드러지게 나타나는데, 국회와 지방의회뿐만 아니라, 행정부에서 국무회의와 품의제, 위원회에 의한 결정 등이다.

국방에 관련한 중요 의사결정은 국방부 내에서 독특한 심의체제를 구비한다. 군정분야에서는 각 군의 대표와 국방부 장·차관이 참여하는 군무회의가 있으며 이 회의에서 국방부의 민간관료와 각 군의 군관료가 의견을 조율한다. 방위사업분야에서는 방위사업추진위원회가 심의하고 조정하도록 하고 있다. 한편 군령(작전분야, 병력운용분야)분야에서는 합동참모회의에서 각군 간의 의견을 조율한다. 그리고 동맹국인 한국(군)과 미국(군) 사이에는 군사전략회의(MCM)와 안보전략회의(SCM)를 통해서 양국 간의 의견을 조율한다. 또한 정부 수준에서는 대통령이 안보관계장관회의를 통해서 조율하며 국가안전보장회의의 자문을 받는다.

한편 국회에서의 국방정책결정은 국회 본회의와 분과위원회인 국방위원회에서 주로 실시된다. 특히 국회 국방위원회에서는 법안 등 의안심의를 중심으로 여당과 야당 간의 토론과 심의 그리고 합의과정을 거친다.

집단 정책결정 특히 조직의 정책결정에 관한 대표적 모형은 올슨(J. Olson)의 쓰레기통모형, 사이어트와 마치(R. Cyert & J. March)의 회사모형, 앨리슨(G.T. Allison)의 조직과정모형이 있다.[1)]

3) 국민(주민) 정책결정

국민 정책결정은 개인이나 집단에 의한 의사결정보다 결정자의 범위가 전 국민에까지 확대된 것으로 정책의 정당화나 합법화와 직접적인 관계가 있다. 그리고 국민 정책결정은 주권자로서의 국민과 정책대상으로서의 국민이 일치된 경우에 해당한다.

국민에 의한 의사결정은 지방자치를 전제로 한다면 주민이나 시민에 의한 정책결정으로 그 수준이 하향 이동할 수 있을 것이며, 이때의 정책결정은 국민투표 등 선거에 의해 이루어지게 된다.

현재 우리나라에서 국민에 의한 정책결정은 개헌을 위한 국민투표(「대한민국헌법」 제72조)를 들 수 있으며, 간접적으로 대통령이나 국회의원의 선거를 통해 정책결정에 영향을 미친다고 할 수 있다.

---

1) 쓰레기통모형(Garbage Can Model)은 코헨(M. Cohen), 마치(J. March), 그리고 올슨(J. Olson)이 고안한 모형으로 조직화된 혼란상태에서 조직이 어떤 결정행태를 보이는가에 초점을 둔 모형이다. 다시 말해 쓰레기통모형은 조직환경과 변동이 심한 경우에 이를 긍정적으로 보고 정책을 결정하는 것이다. 회사모형은 사이어트와 마치(R. Cyert & J. March) 등에 의해 개발된 모형으로 기업은 단일개체가 아니며 조직이라고 본다. 이 모형의 주요 특성은 정책결정과정에서 갈등은 준해결된 상태로 존재하며, 불확실성을 회피하기 위해 급박한 문제해결에 주력하며, 조직구성원들의 계속적인 학습과정이 정책결정에 영향을 미친다. 회사모형에 대해서는 다음의 R. Cyert & J. March, *A Behavioral Theory of the Firm*(Englewood Cliffs: Prentice-Hall, 1963), pp. 4-19 참조. 앨리슨(G.T. Allison)의 조직과정모형은 정책결정자를 조직으로 보며, 해결해야 할 문제는 여러 측면을 가지고 있으며 필요한 만큼의 권력은 분산되어 있다. 목표에 대해서는 우선순위에 따라 순차적으로 관심을 보이며 , 정형적인 상황에 대처하기 위해 일정한 프로그램을 갖고 있다. 앨리슨모형은 조직과정모형 외에도 합리모형과 관료정치모형이 있다. G. T. Allison, *The Essence of Decision*(Boston: Brown and Company, 1971).

3 정책결정과정상의 가치

제3장에 다룬 것처럼 정책결정 기준은 보통 공익과 정책가치를 든다. 여기서는 국방정책결정과정에서 주로 적용되는 민주성, 투명성과 비밀성, 합리성 그리고 시간적 적절성 등을 살펴본다.

1) 민주성

민주공화정에서는 민주주의가 정책결정의 기본이다. 민주주의는 국민이 주권자로서 존중받는 정치체제이다. 민주적 정책결정에서는 국민의 뜻에 거슬리는 정책결정을 할 수 없다. 민주주의 정치체제에서는 의사를 결정할 때 다수결원리가 지배한다. 하지만 소수자에 대한 배려가 전제되어야 진정한 민주주의이다.

국방에 관한 정책결정은 민주주의 원칙에 입각해야 한다. 대의제민주주의 정치체제를 채택하고 있는 우리나라에서는 국방정책을 결정할 때 국가원수, 행정수반이자 군통수권자로서 지위 때문에 대통령이 국방정책의 중심에 있는 것은 틀림이 없지만 다른 한편으로 국민의 대표인 국회에 의한 견제와 동의를 전제로 하는 경우가 많다. 헌법이 요구하는 바에 따라 민주주의원칙이 지켜져야 한다.

2) 투명성과 비밀성

국가의 정책결정은 공개적으로 투명하게 이루어져야 한다. 그러나 국가안보상으로 꼭 비밀이 요구될 때나, 국가 간의 치열한 경쟁이 있어서 국익을 보호하고자 할 때, 그리고 관련자의 인격적 보호를 위해서는 비밀로 하는 경우가 있다.

최근에는 민주적 사회에서 국민의 신뢰를 얻기 위해 투명성이 요구되고 있다. 우리나라의 「방위사업법」에서는 전문성, 효율성과 더불어 투명성을 기본이념으로 제시하고 있다. 그리고 「동법」 제2장에서는 투명성을 보장하기 위해 정책실명제 및 정책공개, 청렴서약제 및 옴부즈만 제도를 규정화하고 있다(「방위사업법」 제2조, 제5조, 제6조).

다른 국가정책에 비해 국방이나 군사에 관한 상당수의 정책결정은 보안과 비밀이 요구되는 경우가 있다. 이때는 정책의 내용이나 과정을 비밀로 하는 것이 허용된다. 또는 결정의 내용이 일정한 기간(예 30년 후 공개 등)이 지난 후 공개할 수 있도록 하고 있다.

3) 합리성

대부분의 국가정책을 결정할 때는 합리적으로 분석되고 결정되어야 한다. 합리성이란 정책목표와 정책수단의 인과적 연결이 제대로 되어야 하는 것이다. 실현 가능한 정책대안들이 모색되고, 또한 최선의 또는 최적의 정책대안이 선택되어야 함을 의미한다.

국방에 관한 정책결정 역시 합리적으로 결정되어야 한다. 특히 기술적으로 합리성이 요구되는 무기체계 선정 등의 정책결정에 있어서는 더욱 그렇다. 하지만 정책대상 기간이 중장기적 미래에 걸쳐 있는 경우에 합리성의 정도가 낮아지며 이때는 대통령 등 국방정책결정자들의 직관이 요구되기도 한다.

4) 시간적 적절성

정책을 결정할 때는 시간적 적절성(timeliness)을 충족하여야 한다. 정책의 내용에 따라서 긴급을 요하는 위기 하의 정책결정과 그렇지 않는 평상시의 정책결정이 있으며 국가의 대부분의 정책은 평상시의 정책결정이라 할 수 있다. 평상시의 정책결정에서도 시기적 적절성이 중요하다. 정책문제를 해결하기 위해서는 시간적 완급을 미리 판단하여야 한다.

국방에 관한 정책결정 중 일부는 다른 정책보다 매우 긴급한 사안이 많을 수 있다. 비상계엄의 선포, 전쟁의 선포, 그리고 국방개혁 등이 그러하다. 이때는 정책결정기간을 대폭 축소하여 신속하게 결정해야 한다.

4 국방분야 정책결정기구

정책을 결정하는 기관은 앞에서 다룬 것처럼 공식적 참여자와 비공식적 참여자로 구분되며, 국민도 포함된다. 여기서는 안보분야 주로 국방분야, 군사분야에 국한하여 정책결정자를 다룬다.

각국은 국방문제를 담당할 부서를 편성하여 정책을 채택하는 등 정책관리를 맡긴다. 대부분의 나라에서는 국방부 혹은 방위부를 두어 국방문제를 관장하게 한다. 하지만 미국에서는 미국의 세계정부로서 역할을 강조하면서 국방부 외에도 육군부, 해군부, 공군부를 별도로 두고 있다. 많은 나라에서는 병종별로 육군본부, 해군본부, 공군본부 등에 군령의 결정을 맡기며 이의 통합을 위해 합동참모본부나 총사령부를 두어 이를 운영한다. 또한 집행기능을 강화하기 위해 병무청, 방위사업청 등을 두고 있는 나라도 있다.

우리나라에서도 국방관련 부처청의 조직을 분화시키며 정책업무를 전문화시킨다. 정책업무의 분화는 시대별, 상황별로 정책의 우선순위나 정책목표에 따라 달라지며, 그 모양은 매우 다양하다. 국 단위로 볼 때 우리나라의 국방부의 정책관할 영역은 교육, 인사, 보건, 군수, 동원, 방위산업, 전력 등 기본적인 사항은 물론이고 군공항 이전과 같은 특수 업무, 그리고 국방개혁 분야 등으로 구분된다.

참고 **대한민국의 국방부/병무청/방위사업청의 정책 부서**

- 기획조정실: 기획관리관, 계획예산관, 정보화기획관
- 국방정책실: 정책기획관, 국제정책관, 국방교육정책관
- 인사복지실: 인사기획관, 동원기획관, 보건복지관
- 전력자원관리실: 군수관리관, 군사시설기획관, 전력정책관, 군공항이전사업단
- 군구조 · 국방운영개혁추진실: 군구조개혁추진관, 국방운영개혁추진관
- 병무청: 기획조정관, 병역자원국, 입영동원국, 사회복무국
- 방위사업청: 기획조정관, 획득기획국, 방산진흥국, 분석평가국

* 집행관리기구: 사업관리본부, 계약관리본부

제 2 절 정책안 채택의 의의와 내용

여기서는 정책안의 채택을 의의와 절차를 중심으로 살펴본다. 편의상 우리나라

행정부 수준에서 정책채택을 다룬다.

1 정책안 채택의 의의

1) 정책안 채택의 정의

정책분석 단계에서 정책대안들의 채택 및 비교·평가가 이루어지면 여러 대안 중 문제 해결에 가장 바람직하고 그것이 국가나 정부, 정부기관에 보다 유리하다고 생각되는 하나의 대안 혹은 복수의 대안을 선택하거나 채택한다. 때로는 복수의 대안이 조합되어 하나의 대안이 되기도 한다. 정책대안을 채택할 때 반드시 최선의 대안의 선택된다는 보장은 없으며 차선의 대안이 선택되기도 한다.

그런데 정책안의 채택은 정책안의 변동과 관련하여 정책안 신설, 정책의 변동, 정책안 폐지, 정책안 통폐합 등으로 구분할 수 있다.

정책안 신설은 공공문제를 해결하기 위한 정책이 기존에는 없는 경우에 주로 활용된다. 신규 정책안일수록 채택과정이 상대적으로 어렵고 많은 시간이 요구된다. 정책의 변동은 기존의 정책내용을 추가하거나 삭제하면서 정책의 내용(정책목표 일부, 정책수단)을 변경하는 것으로 예컨대 국회의 개정법률안 등을 들 수 있다. 정책의 변동은 정책의 신설보다는 쉽다. 그런데 너무 잦은 정책의 변동은 정책구조나 내용을 바꿈으로써 정책에 대한 정책대상 집단의 신뢰를 저버릴 가능성이 크다. 정책의 폐지는 기존의 정책의 집행을 종결시키는 것으로 예컨대 국회의 폐지법률안을 들 수 있다. 또한 전쟁의 휴전 또는 종전조약과 같은 것을 들 수 있다. 일정한 시간이 지나면 자동적으로 정책의 효력을 상실시키는 경우가 있는데 이를 일몰법(sunset law)이라 부르며, 우리나라에서 한시법(限時法)을 제정하는 경우를 들 수 있다.

정책이 신설되면서 여러 개의 관련 법률안이 통폐합되는 경우도 있다. 특히 특정 분야에 대한 기본법을 제정할 때는 관련 법률이 폐지되면서 새로운 법률이 신설된다. 예컨대 「국세기본법」 제정 등이 그렇다.

2) 최적대안의 선택과 기준

최적의 정책대안을 선택하는 과정에서 먼저 정책대안들의 실현가능성을 따진 후 실현가능성이 없거나 낮은 정책대안은 버리고 나머지 대안 중에서 가장 바람직한 대안을 고른다. 이 때 바람직한 것을 나타내는 기준은 넓게 보면 공익(국익을 포함)이 될 것이며, 보다 구체적으로는 효율성이나 형평성(혹은 공정성)이 될 것이다. 보통의 경우 예산사업에 있어서는 효율성이나 경제성을 따지게 되며, 이를 위한 분석의 도구가 비용편익분석이나 비용효과성분석이다. 이런 분석도구를 사용하더라도 결정의 유형에 따라서 결정의 원칙이 달라진다.2)

이상은 능률성을 기준으로 한 선택 방법이다. 그러나 능률성 이외에도 효과성, 형평성 등을 선택 기준으로 생각할 수도 있고 문화정책에서는 민족의 주체성 등이 기준이 될 수 있다. 문제는 하나의 정책대안을 선택해야 하는데, 2개 이상의 채택기준이 적용될 때이다. 그런데 채택기준 간의 우선순위에 대해서는 합의를 보기 어렵기 때문에 정책유형이나 정책상황에 따라 정책결정자의 판단에 의존할 수밖에 없다. 따라서 누가 정책결정자이며 어떠한 가치관을 갖고 있으며, 어떤 사회적 배경을 갖고 있느냐에 따라 정책대안 채택의 기준이 달라진다.

이러한 정책채택기준 간의 갈등과 모순뿐만 아니라 정책환경의 불확실성은 정책의 합리적 선택을 어렵게 할 가능성이 있기 때문에 초합리적인 소위 직관이나 영감 등에 의존하여 정책대안을 선택할 수 있다. 따라서 결정 주체의 높은 판단력이 요구된다.

한편 정책의 채택이 고도의 정치적 성격을 띠어서 이해관계자가 많고, 많은 국민이나 정치가들의 관심을 끄는 문제라면 합법화나 정당화 이전의 단계에서도 타협과 협상의 여지를 충분히 유의하면서 정치적 실현가능성을 따져보아야 할 것이다.

---

2) 유훈, 『정책학원론』(서울: 법문사, 1986), pp. 214－215. 즉 ① 결정의 유형이 가부의 결정일 경우 순편익이 정(＋)이면 그 사업은 해도 좋다. ② 상호배타적인 수개의 대안 중에서 하나를 채택하는 결정이면 순편익이 가장 큰 대안을 선택한다. ③ 상호배타적인 것이 아닌 수 개의 대안 중에서 예산이 허용하는 한도까지 채택하는 결정이면 비용편익비율이 가장 높은 것부터 비용 누적액이 예산한도액에 이르기까지 선택하면 된다.

2 정책안의 채택절차

1) 정책안 채택의 일반적 절차

정책안의 채택은 정책개발이나 정책분석의 단계와 밀접하게 연결되어 있으나 정부 각 조직단위는 모두 정책결정자라고 할 수 있다. 행정부에서 정책채택안은 대체로 품의제도에 의해 기안책임자로부터 결재권자에게 상향 이동되어 채택되며 채택된 정책안은 국무회의를 거쳐 최종적으로 대통령의 결재를 얻어야 되고 법률이나 중요한 국가정책안 등은 국회의 합법화 단계를 거친다.

이 과정에서 경제정책에 대해서는 경제차관회의나 경제장관회의의 사전조정을 거치며, 국가안보 문제에 대해서는 국가안전보장회의의 자문을 받고, 법령에 대해서는 법제처의 심사를 거친다. 그리고 대통령은 행정부 내에서 최종결정권자로서 대통령비서실의 보좌를 받으며, 각종 자문회의의 자문을 받도록 되어 있다. 한편 정당과 정부 그리고 의회와 행정부의 정책에 대한 협조나 조정을 위해 과거에는 정무장관실을 두었고 현재는 국무조정실에서 이를 담당하고 있다. 행정부 내의 의사결정은 그 중요도에 따라 장관이나 대통령, 국회에 이르는 절차를 거치기도 하나 중요도가 상대적으로 낮은 의사결정은 권한의 위임과정을 거처 실·국·과장에게 위임되기 때문에 이들 수준에서 정책결정이 종료되기도 한다.

또한 정책은 행정부가 발의하지 아니하고 국회에서 정책대안을 제출하여 이를 합법화시키는 경우도 많다. 즉 국회의원이나 국회 위원회가 법률을 발의하는 경우이다. 이때는 행정부 내의 정책채택절차가 생략된다.

2) 부처 수준의 정책안 채택절차와 기구

(1) 부처 내부적 채택절차: ‘품의제’

한국에서 정책안 채택의 내부절차는 대체로 품의제라고 부르는 절차에 따른다. 품의제란 정부기관 내부에 있어서 행정방침의 결정, 행정처분 등 일정한 행위를 필요로 할 때 해당 사무를 담당하는 직원이 그 행위의 가부에 대해 문서를 기안하여 결정권한있는 상사의 승인(결재)을 얻는 절차에 관한 제도를 말하며(최창호·정세욱, 1986: 123－124), 현재 공식적으로 사용하고 있는 명칭은 아니다.

그런데 품의의 주된 내용은 결재와 합의이다. 이 중 결재는 기안책임자의 기안에서 비롯되어, 보조기관을 거치고 타 기관과 관련되면 협조기관에 보내지며, 최종적으로 최종결정권자의 결재로서 정책결정과정이 마무리된다. 보다 구체적으로 보면 기안책임자인 주무관이 기안하여, 팀장 혹은 과장, 국장을 거쳐 본부장(차관보 혹은 실장)이나 차관, 장관의 순서대로 결재를 받고 중간단계에 결재에 필요한 관계기관(과, 국, 실)의 협조를 얻는 것이다. 이렇게 보면 품의제[3]는 담당자인 부하가 의견을 제시하고 상관이 그 의견을 검토하되 부하와 상의하여 결정하는 민주적인 의사결정방법이다.

(2) 합의체제: 위원회, 회의체 등

부처에서 품의제 형태로 결재체제가 갖추어있더라도 실・국・장 회의를 통해 관련 하부기관의 합의와 협력을 구하거나 협조사인을 받아 결정된다. 국방이나 군사관련 중요정책에 대해서는 일반적인 국가정책과는 약간 다르게 합의의 과정이 강조된다. 즉 국방부장관은 국장회의, 본부장(실장급)회의, 군무회의 등을 거쳐 국방에 관한 중요정책을 결정한다.

행정부 부처 수준에서 정책이 채택될 때 정책의 정당성과 합리성을 확보하기 위해 부처청의 정책을 결정하면서 위원회의 자문이나 심의를 받는 경우가 많다. 국방부, 병무청, 그리고 방위사업청에서는 소관업무와 관련하여 정책자문위원회를 두고 있으며 이들을 활용한다.

참고 **우리나라의 방위사업추진위원회**

방위사업추진위원회는 국방부장관 소속 하에 방위사업의 추진을 위한 중요정책과 재원의 운용 등을 심의・조정하기 위해 설치되었다 이 위원회는 방위력개선사업의 중기계획수립, 예산편성, 추진방법결정, 무기체계 등 기종결정, 국방과학기술에 관한 중장기정책을 수립할 때 이를 심의하고 조정한다(「방위사업법」 제9조).

3) 품의제의 장단점에 대해서는 조석준, 전게논문, pp. 117－122; 정정길, 전게서, pp. 564－566 참조.

3) 행정부 수준의 정책결정: 정책갈등과 절차

각 부처에서는 품의제에 의해 정책채택의 절차가 마무리되기도 하나 정책안에 따라서는 대통령의 결재단계를 거쳐 확정된다. 그리고 대통령의 결정사항은 대체로 국무회의의 의결을 거친다. 특히 경제안건은 국무회의 의결 이전에 경제장관회의나 경제차관회의의 심의를 거치고, 안보관련 안건은 외교안보장관회의, 국가안전보장회의를 거친 후 법제처의 심사를 받아야 한다. 여기서는 우리나라에서 행정부 수준의 최고정책결정절차를 논하고자 한다.

(1) 부처 간 정책갈등과 협력

현대사회에서 수많은 정책문제들은 매우 복잡하며 여러 부처나 기관의 업무가 혼재되어있다. 따라서 관계부처 간의 협력과 정책조정이 필요할 때가 많다. 이때 관계장관회의와 관계차관회의 등을 거쳐 정책을 조정하는 것이 매우 효율적이다(이송호, 2008: 24-25).

국가안보문제는 국방부와 외교부 간에 주로 정책갈등이 일어나지만, 우리나라에서는 국방부와 통일부 간, 국방부와 국가정보원 간에도 정책갈등이 일어난다. 이들 부처가 수행하는 기능이 다를 뿐만 아니라 이들 부처가 추구하는 이념과 가치도 다르기 때문이다.

이러한 부처 간 갈등은 부처가 자율적으로 해결할 수도 있고 외교안보장관회의, 국가안전보장회의와 같은 회의체를 통해 해결할 수 있지만, 해결이 잘 안될 때 행정수반인 대통령이 최종적 판단을 하게 되므로 대통령으로부터의 부처 장관(또는 위원장)에 대한 신임에 크게 의존한다.

(2) 국무회의와 차관회의

국무회의는 대통령, 국무총리 및 15인 이상 30인 이하의 국무위원으로 구성되는 행정부의 최고의결기관이다. 국무회의는 헌법상 심의기관으로 되어 있으나 그 의결에 의해 대통령이 구속되지 아니하며 그렇다고 단순한 자문기관도 아니다. 헌법에는 국무회의의 주요 심의안건으로 국정의 기본계획과 정부의 일반정책 등으로 17개 항을 열거하고 있다.

한편 차관회의는 각 부처의 차관들로 구성되며 국무회의를 위한 사전심의기관이다. 다시 말해 차관회의는 국무회의의 부담을 덜어주기 위한 기구이다. 그런데 국무회의의 시간을 단축하고 반대를 제거하기 위해 임시회의를 사용하고 차관회의를 생략하는 경우도 있다(조석준, 1980: 275).

국무회의는 공식적으로는 우리나라의 최고정책결정기관이나 이러한 공식적 지위에 상응하는 정책결정의 역할을 못하고 있다(정정길, 1988: 566). 이것은 국무회의에서 원안의 무수정통과율이 높으며 국무회의의 의결시간이 짧은 것을 보면 유추 해석할 수 있다. 따라서 국무회의의 선심기관인 차관회의나 경제안건의 경제장관회의 및 경제차관회의, 안보안건의 국가안전보장회의, 법령안의 법제처의 기능이 상대적으로 중요해진다.

(3) 대통령과 국무총리

대통령은 국가의 원수, 행정부의 수반, 국군의 통수권자, 집권 여당의 대표로서 최고결정권자임에 틀림없다. 대통령은 국무회의의 의장으로서 국무회의에서 각 부처 간의 갈등이나 이견을 조정할 뿐만 아니라 행정부와 국회, 행정부와 여당, 행정부와 국민을 잇는 가장 큰 연결자나 조정자로서 역할을 한다.

대통령의 정책결정은 국가이익이나 국정활동에 지대한 영향을 미치게 되므로 그의 정책활동을 보좌하기 위하여 대통령비서실과 (특별)보좌관을 둔다. 대통령에 따라서 행정각부와 대통령 비서실 간 정책결정을 둘러싼 갈등이 있기도 하며, 주도권의 쟁탈을 위한 노력을 기울이기도 한다.[4)]

한편 국무총리는 대통령에 의해 임명되며, 국무회의의 부의장이고 행정각부를 통할한다. 그리고 행정각부의 업무를 조정하기 위하여 총리령을 발한다. 국무총리의 정책결정권한은 대통령과의 관계에 의존하며, 주로 행정각부 간의 이견이나 갈등을 조정하는 기능이 강하다.

대부분의 나라에서는 국방, 군사 및 국가안보의 중요성에 비추어 대통령 등 행정수반 아래 안보담당특별보좌관을 활용하고 있으며, 이들은 국가안전보장회의의 핵심멤버이기도 하다.[5)]

---

4) 대통령비서실에 대해서는 하원, 『청와대24시』(서울: 정음사, 1985); 강인섭, "청와대비서실," 『신동아』, 1983. 8월호 참조.

5) 한국의 경우 국가안보담당특별보좌관으로는 전 · 현직 청와대 안보실장인 김장수씨와 김관진 씨를 들 수 있다. 한편 미국의 경우 대통령의 안보특별보좌관으로는 닉슨 행정부의 키신저(Henry

대통령은 국가안보정책을 결정하기 위해 국가안전보장회의의 자문과 외교안보장관회의의 보좌를 받는다. 행정수반이자 통수권자인 대통령을 실질적으로 보좌하기 위해 대통령실에 국가안보실(장)이 있다. 국가안보실장 아래 안보전략비서관, 정보융합비서관, 위기관리센터장이 있다. 한편 대통령비서실장 아래 외교안보수석비서관이 있으며, 그 아래 외교비서관, 통일비서관, 국방비서관이 있다. 최근 발표된 국가안전보장회의 개편안에 따르면 청와대 국가안보실장이 국가안전보장회의(NSC) 상임위원장을 겸하고 있다(「국가안전보장회의운영 등에 관한 규정」, 대통령령 제25751호, 2014.11.19.).

제 3 절 정책(안)의 합법화 단계

여기서는 정책(안)의 합법화 단계를 한국의 경우를 중심으로 살펴본다. 정책의 표현양식에 따라 법률, 예산, 조약 등으로 구분하여 합법화 절차를 다룬다.

1 정책의 합법화 단계의 의의

1) 정책의 합법화의 의미

정책의 합법화 단계는 특정의 선택된 정책대안이 정당성 또는 권위를 갖도록 하는 단계나 과정을 의미한다. 존스(Jones, 1984)는 합법화에 대해 보다 적절하게 표현하고 있다. 즉 그는 "합법화라고 하는 것은 법적 힘을 부여하는 것이다. 그리고 그로 인해 권위를 부여하고 정당화된다"라고 주장하였다.

따라서 정책의 합법화란 정책에 법적 힘을 부여하며, 결과적으로 정책의 권위

Kissinger), 카터 행정부에서는 브레진스키(Zbigniew Brezinski), 레이건 행정부의 맥파렌(Robert McFarlane), 부시 행정부의 스코우크로프트(Brent Scowcroft), 클린턴 행정부의 레이크(Anthony Lake) 등을 들 수 있다.

를 인정하고 정당화되는 것이다. 결국 정책이 합법화되면 정책은 정책체제의 대내·외적으로 구속력을 갖게 되며 정책과 관련된 제반 조치가 정책주관기관이나 정책대상집단의 자발적인 동의를 확보하게 된다.

정책의 합법화는 국민다수의 동의를 확보하며, 지지를 유도하고 정책에 권위를 부여하는 것이기 때문에 법치국가에서는 필수적인 과정이다. 그리고 정책의 합법화 단계에서는 정치적 제 세력들이 정책결정에 참여하는 중요한 과정으로서 이익집단, 정당, 대통령 그리고 의회가 중요한 활동인자가 된다. 따라서 정책의 합법화 단계에서는 정책의 정치적 특징을 가장 잘 반영한다. 정책의 합법화는 공식적 기관인 대통령 및 의회와 기타 관련 집단 간의 흥정, 설득, 경쟁 그리고 타협의 과정이라 할 수 있다.

정책의 합법화 단계는 정책의 정치적 과정이기 때문에 정책을 합법화하려면 정치적 활동자의 영향을 받게 된다. 정치적 활동자는 서로 상이한 결정 기준을 갖고 있는데, 그들은 가치, 유권자 및 이익집단, 여론, 결정규칙 등이 있다(최봉기, 2008: 207-208).

정책의 합법화 과정에서는 정책의 채택이나 선택의 단계에서 채택된 정책대안의 내용이 정치적 역학관계에 의해서 다소 수정되거나 변경되는 경우가 있다. 이때 수정의 범위는 단순한 자구나 문맥의 수정일 때도 있지만 내용의 수정에 이르기도 하며, 경우에 따라서는 무의사결정이 되어 일정 기간 공백의 상태에 빠지기도 한다. 때로는 하나의 정책대안의 합법화가 타 정책대안의 합법화와 연계되어서 다루어지기도 한다. 이런 점은 특정 정책이나 사업의 합법화와 정책을 다루는 정책체제의 동태적인 관계가 있음을 암시해 주는 것이다.

정책은 합법화의 단계를 거치면 대개 유효한 것이지만 필요에 따라서는 정책은 공포 또는 공표되어야 하며, 더 나아가 공표된 후 일정한 기간의 유예기간을 두어 정책효력의 발생시기를 제한하는 경우도 있다. 또한 정책을 전국적으로 실시하기 이전에 부분적으로 실시해보는 정책실험 등의 절차가 추가되기도 한다. 이것은 정책이 국민생활에 미치는 영향이 크기 때문에 사전에 만전을 기하려는 준비의 일환이다.

2) 국방분야정책의 합법화

대개 정책문제는 일정한 결정조직 단위에서 결정되거나 채택된다. 채택되거나 선택된 정책대안이 효력을 발생하려면 대내적으로는 물론 대외적으로 권위있는 기관에 의해 인정되고 공표되어야 한다. 각국의 헌법이나 법령은 정책담당기관의 권위성과 정당성을 부여하는 근원이며 근거이다. 행정부의 경우 각 부·처·청의 장 및 위원회 위원장의 결재나 국무회의의 심의, 대통령이나 행정수반의 결재 그리고 국회의 의결 등은 법령에 규정된 권위의 근거이다.

국방분야의 정책결정은 국방정책의 수준이나 형태에 따라 합법화 기구나 절차가 달라진다. 법률과 조약은 국회의 심의와 의결(국방위원회의 심의와 국회 본회의 의결 및 동의)을 요구한다. 국방관련 법령(대통령령과 부령 등)은 국방부장관이 제출하고 국무회의를 거쳐 대통령이 결재하면 정당성이 부여된다. 기타 국방관련 국책사업 등은 국방부장관, 방위사업청장, 병무청장 등의 결재로서 정당성을 갖게 되며, 전략관련 결정은 합동참모회의의 의결을 거쳐야 한다.

국방정책분야에서는 합법화에 대해 예외를 두는 경우가 있다. 비상계엄 등 위기 하의 의사결정에 있어서는 신속한 결정을 필요로 하는 경우가 많아서 국회의 동의 등에 있어서 예외를 인정하기도 하나 이는 필요한 최소에 그쳐야 할 것이다.

2 정책의 합법화 절차

1) 법률의 결정절차

행정부 수준에서 합법화 과정이 완료되기도 하지만 각종 법률의 합법화는 반드시 입법부인 국회의 의결을 거쳐 공포되어야 한다. 그런데 법률안을 국회에 제출할 수 있는 자는 국회의원과 정부이며 국회의 각 위원회도 그 소관에 속하는 사항에 관하여 법률안을 제출할 수 있고, 위원장이 제출자가 된다(「국회법」 제50조). 우리나라에서는 법률이나 명령을 국회의 소관 상임위원회와 행정부의 소관부처별로 관할한다.

참고 **대한민국 국방부 소관 주요법률**

「국군조직법」, 「군인사법」, 「군무원인사법」, 「군인보수법」, 「군인연금법」, 「군인공제회법」, 「군인복지기본법」, 「군보건의료에 관한 법률」, 「군사기밀보호법」, 「병역법」, 「향토예비군설치법」 ,「통합방위법」, 「방위사업법」, 「방어해면법」, 「전쟁기념사업법」, 「군형법」, 「군사법원법」,「국방대학교설치법」, 「육군3사관학교 설치법」, 「국방과학연구소법」, 「한국국방연구원법」, 「군공항 이전 및 지원에 관한 특별법」, 「국군포로의 송환 및 대우 등에 관한 법률」, 「군수품관리법」, 「징발법」 등

우리나라에서 법률안의 결정절차는 크게 법률안의 입안과 심사단계, 법률안의 발안 · 심의 · 의결단계 그리고 법률안의 확정단계로 구분할 수 있으며 이 중 두 번째 단계가 정책결정의 핵심이다(민진, 2015: 56−58).

(1) 법률안의 입안과 심사단계

우리나라에서 법률안 제출자는 정부, 국회의원 그리고 위원회이다. 정부가 법률안을 발의하는 경우에는 부처 안의 작성, 법제처의 심사, 그리고 대통령의 재가 절차를 거친다. 한편 국회의원이 발의하는 법률은 사전에 국회사무처 법제실에서 초안을 작성할 수 있다.

(2) 법률안의 발안 · 심의 · 의결

법률안의 제출에는 일정한 요건을 갖추어 국회사무처 의안과에 접수하여야 한다. 정부제출 법률안은 대통령의 기명날인과 국무총리 및 관계국무위원이 부서한 제출물이 첨부되어야 하며, 의원제출 법률안은 의원 20인 이상의 찬성으로 서명한 후 제출한다.

국회의장은 법안을 심의할 소관 상임위원회를 결정하고, 소관 상임위원회가 불분명할 때는 국회운영위원회와 협의하여 결정한다. 국방관련 법안은 국방위원회에 회부한다.

상임위원회가 개회되면 먼저 정부제출 법률안의 경우 소관부처 장관(혹은 차관)으로부터, 의원발의 법률안은 발의 의원으로부터 제안 설명을 듣고, 이어서 전문위원의 예비검토 보고를 받은[6] 후 대체 토론에 들어간다.

---

6) 상임위원회 전문위원은 모든 법률안에 대해 제출 이유, 주요 골자 및 문제점, 이해득실, 참고자료, 기타 필요한 사항을 조사, 검토하여 보고서를 작성한다.

위원회에서 법안심의를 마치거나 입안(위원회 제안 법안)한 때는 본회의에 보고하기 전에 법제사법위원회에 회부하여 자구에 대한 심사를 거친다(「국회법」 제86조).

법안은 본회의에 부의되어 심사보고 또는 제안설명, 질의와 토론의 절차를 거친다. 본회의에서 토론은 교섭단체별로, 그 소속 의원 수에 비례해 정한다. 법안에 대한 표결 결과는 의장이 선포한다.

(3) 법률안의 확정

법률안의 확정은 정부로의 이송, 공포로 마무리되며, 이 단계에서 대통령이 거부권을 행사할 수 있다. 확정된 이후에는 위헌법률심사를 할 수 있다.

2) 예산의 결정절차

예산의 결정은 정책을 위한 자원배분 중 대표적인 것으로 돈의 배분에 관한 의사결정의 일환인데, 정책의 결정과 맞물려 있다. 예산편성이 정책의 채택과정과 연계된다면 예산의 심의는 예산사업의 정당화, 합법화 과정과 연계된다. 아래에서는 예산의 결정을 예산의 편성과 예산의 심의로 구분하여 살펴본다.

(1) 예산의 편성

예산의 편성권은 행정부에 있다. 예산의 편성은 회계연도가 개시되기 전에 시작된다. 나라에 따라 다소 차이가 있으나 예산편성과정은 중앙예산기관(우리나라의 경우 기획재정부, 미국은 관리예산처)에 의한 행정각부에 예산편성지침 등(미국은 Call for Estimate, 영국은 Estimate Circular)이 하달되어 예산편성이 시작한다.

각 부처는 예산편성지침을 받아들여 예산요구서를 작성하여 중앙예산기관에 보낸다. 이 때 예산요구서에는 경상비와 사업비로 구분하여 작성되는데, 이 중 사업비 예산이 정책이나 사업과 관련된다. 중앙예산기관(과거 경제기획원 등, 현재는 기획재정부)은 각 부처가 제출한 예산요구서를 사정하여 중앙예산기관안을 만든 후 국무회의의 심의를 거치고 필요하면 집권당과의 당정연석회의를 거쳐 대통령의 재가를 받으면 정부예산안으로 확정된다.

2004년부터 우리나라에서는 Top-down 예산제도를 도입하였다. 이 제도는 먼저 중앙예산기관에서 총지출규모를 부처별·분야별 지출한도를 설정하고, 각 부처가 해당 한도 내에서 사업별로 예산을 요구하면 다시 중앙예산기관이 각 부처 예산요구안을 기준으로 사업별로 재정원칙과 기준준수 여부 등을 확인하는 등의 협의·보완과정을 거쳐 정부예산안을 편성하는 제도이다(김상헌, 2015: 116-117).

국방예산을 편성할 때도 다른 정부 부처와 동일한 절차를 거친다. 다만 국방예산의 규모가 크고 전문적이기 때문에 고위공무원으로 보직되어 있는 국방부 계획예산관실이 편성업무를 총괄하며, 각 군에서는 기획관리실이 각 군의 예산업무를 담당한다.

또한 국방예산은 국방중기계획을 편성하며, 이에 의거하여 1년 국방예산을 편성하도록 유도하고 있다. 국방예산의 장기성을 반영한 것이라고 본다.

(2) 예산의 심의

예산의 심의권은 국회에 있다. 정부예산안이 입법부에 제출되면 입법부는 이것을 심의하여 예산을 확정한다. 예산심의의 내용이나 성격은 정치체제의 유형(의원내각제, 대통령책임제 등)에 따라 차이가 있다.

우리나라에서는 상임위원회에서 부별 예산심의를, 예산결산특별위원회에서 종합적인 예산심의를, 그리고 본회의에서 이를 의결한 후 통과시킨다. 특히 예산의 결정에 대해서는 합리적인 결정과 점증적인 결정으로 대별되어 설명하고 있다. 합리적인 정책결정을 위해 PPBS(계획예산제)와 ZBB(영기준예산제) 등이 제시되고 있다.

국방예산은 국회 국방위원회에서 예산심의를 거친 후 예산결산특별위원회의 종합심사를 거친 후 본회의에서 확정되며 다른 정부 부처 예산과 동일하게 다루어진다.

(3) 국방비의 정책결정 내용

국방비는 각국의 정치경제체제, 안보군사적 위협상황, 그리고 국가의 재정력 등에 따라 결정된다. 총액 기준으로 보면 국방비지출 순위는 미국, 중국, 러시아, 일본, 대한민국 등의 순이지만 GDP 대비 국방비(%)를 기준으로 보면 이스라엘, 미국, 러시아, 한국, 대만, 일본의 순이다. 다음 표는 주요 국가의 국방비 총액과 GDP 대비 국방비(%)를 나타낸다.

표 9-1 주요 국가의 국방비 비교(2013년 기준)

국 가	GDP (억달러)	국방비 (억달러)	GDP 대비 국방비(%)	병 력 (천명)	국민1인당 국방비 (달러)
대한민국	12,600	305	2.42	630	596
미 국	162,000	6,004	3.7	1,492	1,896
일본	51,000	510	0.99	247	401
중 국	90,200	1,122	1.24	2,333	83
러시아	22,100	682	3.08	845	478
대 만	4,950	103	2.08	290	443
이스라엘	2,540	152	5.98	177	1,967

* 자료원: 국방부, 『2014국방백서(2014)』, p. 238.

한편 우리나라에는 시대가 변함에 따라 국가적 상황이 바뀌고 있으며 국방예산 역시 이에 따라 달라지고 있다. 국방비는 1980년에 2조 2,465억원이었던 것이, 1994년 10조원을 넘어섰으며, 2014년에는 35조 7,056억원으로 확대되었다. GDP 대비 국방비는 1980년에 5.69%에서 1992년 3.08%, 그리고 1993년부터 2%대를 기록하였으며, 2014년에는 2.38%이다. 정부재정 대비 국방비는 1980년에 34.7%, 1988년 30%, 1997년 20.7%, 그리고 2014년 14.4%로 감소하였다. 대한민국의 경제규모가 커졌음을 의미한다.

표 9-2 우리나라의 국방예산 변화 개요

연 도	국방비(억원)	GDP 대비 국방비	정부재정 대비 국방비
1980	2조 2,465	5.69%	34.7%
1990	6조 6,378	3.36%	24.2%
2000	14조 4,774	2.28%	16.3%
2010	29조 5,627	2.34%	14.7%
2014	35조 7,056	2.38%	14.4%

* 자료원: 국방부, 『2014국방백서(2014)』, p. 270에 의거 작성.

우리나라의 국방비는 전력운영비와 방위력개선비로 구성된다. 그리고 전력운영비는 병력운영비와 전력유지비로 구성된다. 전력운영비는 정예화된 병력구조,

장병복지 등에 관한 예산이며, 방위력개선비는 무기체계 등 핵심전력의 강화와 관련이 있다. 2014년 국방예산을 보면 국방비는 총 35조 7,056억원이며, 이 중 전력운영비가 25조 1,960억원(병력운영비 14조 8,409억원, 전력유지비 10조 3,551억원)이고 방위력개선비가 10조 5,096억원이다(국방부, 2014: 160). 전력운영비가 국방비의 70%를 차지하고 있다.

3) 조약의 결정절차

(1) 조약의 의의

조약이란 국제법 주체들이 법적 구속력을 받도록 체결한 국제법의 규율을 받는 국제협정이다. 조약이란 국제법에 의해 규정된 의무를 만들어내는 국제행위자들 간의 하나의 동의이다. 이 개념은 국가 간 혹은 국가의 조직 간 동의이며 이것은 쌍방 간에 법적인 권리와 의무를 창조한다(Binder, 1988: 17). 한편 1969년의 「조약법에 관한 비엔나 협약」(Vienna Convention on the Law of Treaties)에 따르면 조약이란 "단일의 문서 또는 둘 이상의 관련 문서에 구현되고 있는가에 관계없이 또한 그 특정의 명칭에 관계없이 서면형식으로 국가 간에 체결되며 또한 국제법에 의해 규율되는 국제적 합의"라고 정의한다.

조약은 국제 합의, 단순한 정치적 합의는 구분된다. 국제 합의는 법적인 구속력을 갖기는 하지만 조약은 아니며 국제기구의 결의라든가 국제 재판 회부 등을 들 수 있다. 외국과 합의를 하더라도 법적 구속력이 없는 경우가 있는데 이를 신사협정이라 한다(배종인, 2009: 20-21).

우리나라는 많은 조약과 국제기구에 가입하고 있다. 국방영역을 중심으로 보면 군비통제협약 및 기구, 국제방산협력협정(양해각서)의 체결 등인데, 전자는 회원국으로 가입한 것이며, 유엔관련기구, 핵무기, 미사일, 생화학무기, 재래식 무기등과 다자수출통제체제, 대량살상방지조약 등이다. 후자는 양국 간에 방산협력에 관한 협정을 체결하는 것이다.

참고 우리나라의 국방분야 주요조약

한국이 가입한 군비통제협약 및 기구 : 유엔군축위원회, 핵확산금지조약, 국제원자력기구, 탄도미사일확산방지를 위한 헤이그 행동규약, 생물무기금지협약, 무기거래조약, 핵공급국그룹, 대량살상무기방지구상

국제방산협정(양해각서) 체결국 31개국(2014.9월 기준): 미국(1988), 태국(1991), 프랑스(1992), 영국(1993), 독일(1997), 러시아(1997), 터키(1999), 이스라엘(1995), 베트남(2001), 인도(2005), 콜롬비아(2008), 페루(2010), 아랍에미리트(2010) 등

* 자료원: 국방부, 『2014 국방백서』, 2014.

(2) 조약체결의 절차

조약을 체결할 때 일반적인 절차는 보통 조약 문안의 교섭 채택과 인증, 조약의 구속을 받겠다는 동의, 조약의 효력 발생과 등록 및 공고의 단계를 밟는다(유병화, 1987: 150-173; 김대순, 2008: 138-157; 배종인, 2009: 161-205). 전 단계로서 조약체결의 정책과 기획단계가 제일 먼저 이루어진다.

첫째, 조약체결에 관한 정책 및 계획의 수립. 이 단계는 어떤 조약을 어떤 나라를 상대로 어떻게 교섭할 것인가를 국내적으로 결정하는 단계이다. 조약의 정책적인 면과 조약의 법기술적인 면을 다룬다.

둘째, 조약문안의 교섭과 작성. 이 단계에서는 조약문안을 마련하고 작성한다. 조약문안의 마련이란 교섭자들이 모여 그 주장하는 바를 교섭한 다음, 교섭 결과로서 문안을 작성하고 채택하는 일이다. 조약문의 인증 또는 확증이란 조약문이 작성된 다음에 조약을 채택하고 그 조약문을 결정하고 최종적으로 끝맺는 행위이다. 조약문안의 작성과정에서는 외교부가 교섭권을 독점하며 여타 행정부와 소통을 한다. 이 과정에서 비밀이 요구되며, 조약문에 사용되는 언어는 영어본이 기초가 되며 각국은 각자의 언어본을 만든다.

셋째, 조약의 구속을 받겠다는 동의는 조약당사자가 조약문 규정의 구속을 받겠다는 서약행위이다. 동의를 표시하는 방법은 서명, 조약문서의 교환, 비준, 인준, 정식 확인행위, 수락, 가입 등 여러 가지가 있다.

넷째, 조약의 효력발생과 등록 및 공고는 원칙적으로 조약은 구속의 동의를 표시한 후에 효력이 발생하나, 조약문의 채택과 동시에 효력이 발생하거나 효력이 발

생하기 전에 임시적으로 적용되기도 한다.

한편 다자조약은 3개 이상의 국제법상 주체들 간에 체결한 조약을 말한다. 다자조약체결은 양자 조약체결과는 다르게 국내 입법적 특징을 갖는다.

(3) 조약체결의 쟁점: 국회 동의 여부

조약 중에는 국회의 동의가 필요한 조약과 불필요한 조약으로 구분된다. 후자를 행정협정(executive agreement)이라 한다. 하지만 우리나라 헌법에서는 모든 조약에 대해서가 아니라 특정 조약에 대해서만 국회의 동의를 받도록 하였다. 대통령이 체결한 조약은 국무회의의 심의만 거치면 조약으로서 성립한다(배종인, 2009: 134-157).

국회의 동의가 꼭 필요한 조약으로는 「대한민국헌법」 제60조 제1항에서는 상호원조 또는 안전보장에 관한 조약, 중요한 국제조직에 관한 조약, 우호통상항해조약, 주권의 제약에 관한 조약, 강화조약, 국가나 국민에게 중대한 재정적 부담을 지우는 조약 또는 입법사항에 관한 조약으로 규정하고 있다.

제 10 장 정책의 집행

제 1 절 정책집행의 의의

1 정책집행의 의미와 개념

합리적인 정책결정과 정치적으로 타협을 거친 정책결정은 뒤따르는 정책집행을 쉽게 하는 것이 보통이다. 그러나 정책의 결정이 잘 되었다고 해서 정책이 저절로 집행되는 것은 아닌데, 결정된 정책이 전혀 집행되지 않은 경우도 있고, 때로는 집행과정에서 정책의 내용이나 방법 등이 수정되거나 변경되는 경우가 허다하다. 또한 결정된 정책이 집행을 끝마쳤을 때, 처음에 의도했던 목표를 달성하는 경우도 있지만 그렇지 못할 때도 많다.

정책과정을 정책형성, 정책결정, 정책집행, 정책평가, 정책종결로 구분할 때 정책형성이나 정책결정단계에 대한 연구에 비해서 정책집행 이후의 단계에 대한 연구는 흔하지 않다. 1970년대에 프레스만(J. Pressman)과 윌다브스키(A. Wildavsky)를 비롯한 정책학자들이 정책집행연구가 거의 없음을 지적하고 정책집행문제에 보다 적절한 관심을 기울일 것을 역설한 것은 잘 알려진 사실이다.

그런데 정책은 대부분 집행의 과정을 거쳐야 비로소 정책목표를 달성할 수 있기 때문에 정책집행에 대한 지식을 습득하여 이를 현실의 정책집행과정에서 활용한다면 정책의 성공을 기약할 수 있을 것이며, 정책의 실패를 줄일 수 있을 것이다.

여러 학자들의 견해를 바탕으로 저자는 정책집행을 "정책집행기관이 이미 결정된 정책의 목표를 달성하기 위해 정책수단을 동원하여 구체적으로 실천하는 과정이나 활동"이라고 정의한다. 이런 정의를 간단하게 설명하면 다음과 같다.

첫째, 정책집행은 정책집행기관의 활동이다. 따라서 정책집행에 영향을 미치는 기관, 국회나 언론의 행위가 정책집행 그 자체는 아니다. 둘째, 정책집행은 정책이 결정된 후부터 정책이 정책환경이나 대상집단에 일정한 영향을 미칠 때까지를 기간적 범위로 한다. 셋째, 정책집행은 정책수단을 통해 정책목표를 구체화시키는 활동이다. 따라서 정책기관과 정책대상집단이 서로 만나서 정책을 피부로 느끼게 된다. 넷째, 정책집행은 연속적인 과정이다. 따라서 정책집행은 오랫 동안 계속되며, 많은 행위자들이 개입하는 동태성을 띤다.

참고 **정책집행 사례: 사회복무요원제도의 집행**

「병역법」은 국민의 병역의무에 관한 사항을 규정하고 있는 법률이다. 이 법에는 현역과 보충역, 예비역 등을 규정하고 있는데 이 중 보충역의 한 종류인 '사회복무요원'이란 국가기관, 지방자치단체, 공공단체, 그리고 「사회복지법」 제2조에 따라 설치된 사회복지시설 등에서 공익목적 수행에 필요한 사회복지, 보건·의료, 교육·문화, 환경·안전 등의 사회서비스업무 및 행정업무 등의 지원을 위하여 소집되어 공익분야에 복무하는 사람을 말한다(「병역법」 제2조).

「병역법」 제33조 등에서 사회복무요원에 대한 규정을 하고 있으며 「병역법 시행령」에서 집행에 관한 세부규정을 정하도록 하고 있다. 특정한 경우 병무청장에게 집행권한을 위임하고 있다. 병무청장의 위임에 따라 지방병무청장은 복무기관 및 복무분야를 지정한다. 병무청 예규에 따라 실제 사회복무요원 소집순서를 조정하고 있다. 사회복무요원들의 감독은 및 관리는 집행현장인 복무기관에서 담당하는데, 복무기준에 따라 운영하고 있지만 가끔 복무관리가 소홀하다는 지적이 있다.

2 정책집행의 특성

위에서 정의한 정책집행의 개념과 관련하여 학자들이 제시하고 있는 정책집행의 특성 중 몇 가지를 설명하려 한다.[1)]

1) 복합적 성격

정책집행은 일정한 절차나 확립된 순서에 따라 실시되기도 하지만 대부분은 이들이 없이 진행되는 매우 복잡한 정책의 과정이다. 따라서 보편적인 원리나 원칙을 도출하기가 쉽지 않다. 정책집행은 각양각색으로 표출된다. 정책집행은 많은 단계로 세분되고, 많은 인물이나 집단, 조직이 참여하며, 때로는 오랜 시간이 소요되기도 한다.

정책결정기관이 의도한 바에 따라 상위법령이나 지침에 따라 정책집행이 일사불란하게 실시되는 경우보다는 다른 정책의 집행과 관계를 가지면서 실시되는 경우가 더 많다. 즉 정책집행 대상의 입장에서 보면 다양한 정책의 집행이 동시에 한 곳에서 이루어지기도 한다.

정책집행의 수준은 다양하다. 정책의 집행이 정부 내에서 대부분 이루어지기도 하지만, 정부 밖에서 집행이 이루어지기도 한다. 정부 내에서도 지방자치단체와 무관하게 집행이 되기도 하지만, 지방자치단체와 협력해야만 집행이 이루어지는 경우도 있다.

2) 정책과정의 순환성

정책집행과정은 정책결정과정과는 물론 정책평가과정과도 상호작용을 계속하면서 서로 영향을 주고 받는다. 정책목표는 정책집행과정에서 수정되고 변경될 수 있는데 이런 의미에서 정책집행은 정도의 차이는 있으나 항상 정책을 결정하거나 수정하게 되며, 따라서 '정책결정으로서 정책집행'이라는 표현을 사용하고 있다.

---

1) 예컨대 안해균 교수는 정책집행의 특성으로 정치적 성격, 매개변수, 정책결정적 성격을, 유훈 교수는 복합적 과정, 정책과정의 순환성, 정책형성과의 상호작용을 든다. 유훈, 『정책집행론』(서울: 대영문화사, 2007), pp. 149-151; 안해균, 『정책학원론』(서울: 다산출판사, 1997), p. 379.

그리고 정책목표는 정책집행의 결과에 따라서 정책을 평가하는 기준이 된다. 또한 가능한 한 정책결정의 내용에 충실하게 정책을 집행해야 되며, 정책평가를 염두에 두면서 혹은 정책집행과정 중 진행평가에 의해 정책집행을 수정할 수 있다.

다시 말해 정책집행은 단일방향에 의해 이루어지지 않는데, 즉 정책결정→정책집행→정책평가의 단계로만 계속되지는 않는다. 이런 정책과정의 순환성에 대해서는 레인과 라비노비치(Rein & Ravinovitz, 1978), 나까무라와 스몰우드(Nakamura & Smallwood) 등이 강조하고 있는데 후자들이 그린 그림을 요약하여 소개하면 [그림 10-1]과 같다.

그림 10-1 정책과정의 순환성

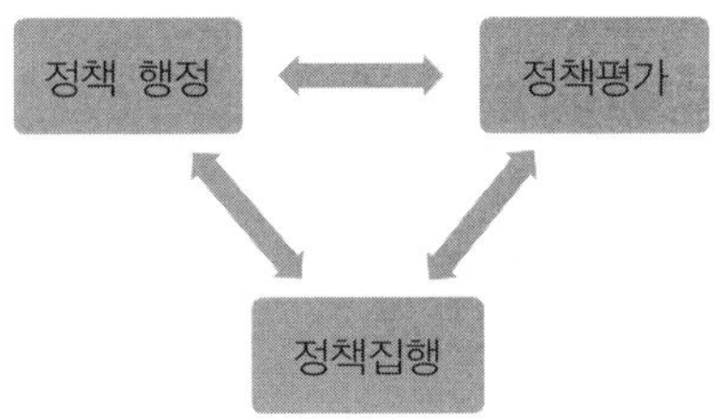

3) 관리지향성

정책집행은 정책집행기관, 주로 정부관료제를 통하여 각종 정책수단을 동원하여 실시하게 된다. 국방정책은 군대(군부대)조직에 이루어지는 경우가 많다. 정책목표를 주어진 것으로 하여 정책집행기관은 목표의 효과적인 달성을 위해 모든 노력을 경주한다. 주어진 시간이나 기간의 범위 내에서 제약된 자원을 사용하기 때문에 때로는 시간의 완급이 문제가 되기도 하며, 자원의 양과 질이 문제가 되기도 하나 궁극적으로는 정책목표의 달성을 추구한다. 따라서 목표달성을 위한 자원의 효과적 사용은 물론 목표의 달성이나 목표달성의 불가능과 같은 경우에 책임을 묻게 된다. 이와 같은 관리지향성으로 인해 '행정'과 '정책의 집행'을 구분하기 어렵게 된다. 결국 정책의 실패를 줄이고 성공을 늘리는 정책의 효율적 집행이 요구된다. 국방정책의 집행에 있어서는 지나친 성과달성 제일주의에 의해 절차적 합리성이 경시될 수 있다.

4) 정책집행기관과 정책대상의 만남

사실 정책결정에 참여하는 정책대상은 적지만 정책집행의 대상은 그 수가 많다. 정책대상은 정책을 통해서 정책집행기관과 특정한 시점, 특정한 장소에서 특정한 행위를 요구받거나 특정한 서비스를 제공받는다. 정책의 현장(現場)이 중요한 의미를 갖는다. 따라서 일선관료제(street-level bureaucracy)에 대한 관심이 요구된다.

정책집행과정은 정책집행기관과 정책대상집단이 서로 주기도 하고 받기도 하는 과정이므로 상호 신뢰가 바탕이 되어서 관계가 지속되는 것을 특징으로 하며, 소위 정책의 대응성이 요구되는 과정이기도 하다. 따라서 정책대상의 요구나 대응(저항이나 지지)에 정책집행기관이 적절하게 반응해야 한다.

국방정책의 경우 정책집행기관과 정책대상집단의 만남은 군대사회(병영) 내에서 이루어지는 경우와 군대사회 밖에서 이루어지는 경우로 나눌 수 있다.

3 정책집행 활동의 분류

1) 집행활동의 권력적 분류: 권력적 활동과 비권력적 활동

정책집행의 권한은 법령에 의해서 정부기관이나 정부공무원에게 부여된다. 이러한 권한이 강제성을 띠는가를 기준으로 권력적 활동과 비권력적 활동으로 구분된다.

공권력의 행사는 국민으로서의 지위에서 나오는 형벌의 집행, 4대 의무의 수행이나 정부규제업무과정과 관련이 있으며 이 때 공권력을 행사한다. 정책대상인 국민(예외적으로 외국인)에게 집행을 이행시키기 위해 공권력을 동원할 수 있는데 이를 권력적 활동이라고 한다. 대표적 공권력 기관으로는 경찰과 검찰을 들 수 있다. 정책집행과정에서 정부가 공권력을 발동할 때는 법령에 의해 엄격하게 제한을 받는다. 예컨대 「경찰관직무집행법」에서는 경찰관의 총기 사용 등을 제한하고 있다.

「형법」에 의한 형벌의 집행은 가장 강력한 권력행사를 동반한다. 죄를 짓고 법원의 판결에 따라 징역을 부담할 때 국가기관인 법무부의 교도행정기관에서 집행을 한다. 위임에 따라 군사법원에 의한 처분과 이에 따른 군교도소 구금도 여기에 포함된다.

국민의 4대 의무로는 국방의무, 납세의무, 근로의무, 그리고 교육의무를 들 수 있다. 이들 의무를 정당한 이유없이 이행하지 않을 때는 재판을 받고 이에 따라 공권력에 의한 집행을 받는다. 즉 정당한 이유없이 병역의무를 이행하지 않는 국민에게는 「병역법」에 따라 처벌할 수 있다. 이러한 국방의무는 성인남자가 지는 의무이며 형평성이 요구된다.

규제정책에서 정부는 국익이나 공익을 달성하기 위해 국민들의 활동을 규제하고 억제하기 위하여 일정한 절차를 거치도록 하고 있다. 이들에 대한 기준은 대개 대통령령이나 총리령, 부령 그리고 시행 세칙, 조례와 규칙 등에 규정되어 있다. 그런데 대부분의 통제 및 규제정책에서는 규제 서비스를 제공하면서 공권력의 뒷받침을 받는다. 일반인은 총기 소유를 제한받는데 사용하려면 총기 소유를 경찰서에 신고하여 허가를 받고 총기를 경찰서에 보관하여야 한다.

비권력적 활동은 정부기관이 대부분의 정책을 집행할 때 나타난다. 정부가 복지서비스, 교육서비스, 문화서비스 등을 제공할 때 정부정책의 집행기관들은 서비스와 혜택을 전달한다. 이와 관련하여 보조금을 지급할 때는 현금이나 바우처를 대상자 개인에게 지급한다. 예컨대 의무교육정책에 따라 초·중·고등 각급 학교에서는 학생들에게 의무교육을 실시한다.

2) 집행활동의 기능적 분류: 규제·지원·중재·지도활동

정책집행의 활동으로 그 성질에 따라 정부규제활동, 정부지원활동, 정부 중재활동 그리고 정부의 행정지도활동으로 구분할 수 있다(민진, 2006: 121-141). 국방정책집행활동은 여기에 실시 및 재판활동을 추가할 수 있다.

정부규제활동은 정부가 민간의 활동을 통제하려는 의도나 통제행위를 말한다. 정부규제는 정부가 국익이나 공익을 달성하기 위해 정책의 대상인 국민, 기업 그리고 집단의 특정 활동을 제약하려는 의도나 활동이다. 예컨대 독과점규제, 정치자금의 수수규제, 군사시설보호구역에서의 재산권 행사의 제약 등을 들 수 있다.

정부지원활동이란 정부가 국민 전체나 일부의 활동을 지원하려는 의도나 행위를 말한다. 정부지원활동은 정부가 국익이나 공익을 달성하기 위해 정책대상인 국민, 기업 그리고 집단의 특정 활동을 촉진 또는 조성하려는 의도나 활동이다. 예컨대 참전유공자지원, 대국민재난지원, 중소기업창업지원, 장애인지원 등을 들 수 있다.

정부중재활동이란 갈등 당사자 사이에 정부가 개입하여 양측의 협상과정을 돕거나 협상과정에서 문제점을 감소 또는 해소시킴으로써 갈등이 수용 한계를 벗어날 정도로 악화되거나 확대되는 것을 막고 유리한 결과를 실현시키는데 도움을 주는 활동을 말한다. 예컨대 언론중재위원회의 언론중재활동, 한국소비자원의 소비자 분쟁조정, 노동위원회의 노사갈등중재 등을 들 수 있다.

정부의 행정지도란 행정기관이 그 소관사무의 범위 안에서 행정목적을 실현하기 위하여 특정인에게 일정한 행위를 하거나 하지 않도록 지도, 권고, 조언하는 활동을 말한다. 예컨대 농촌진흥청의 '볍씨 보급지도'를 들 수 있다.

정부의 실시활동이란 정부가 직접적으로 서비스 및 혜택을 전달하는 역할을 한다. 국방부 등 정부소속 교육기관들은 직접 교육서비스를 제공한다. 특히 군부대는 전투력 증강을 위해 장병들을 부대에서 직접 교육하고 훈련하는 것이 일반적이다.

3) 정부집행(규제)활동의 구분: 하명, 허가, 인가 등

실제 법령(행정법학)에서는 규제정책의 집행이 법규상 행정행위, 또는 행정 처분이라는 용어로 — 예: 하명, 허가, 면제, 특허, 인가 — 사용되고 있다(김철용, 2010: 182-195; 민진, 2006: 121-141).

- 하명(下命): 작위, 부작위, 급부, 수인을 명하는 행정행위이다. 이 중 특히 부작위를 명하는 하명을 금지라고 한다. 예: 도로 통행금지, 조세부과, 군사시설보호구역 출입 제한.
- 허가(許可): 법규에 의한 부작위 하명(상대적 금지: 예컨대 「식품위생법」 37조 1항은 일정한 식품영업은 허가를 받지 아니하고는 영업을 못하게 금한다)을 특정한 경우에 해제하는 행정행위를 말한다. 예: 식품업 허가, 건축 허가, 학교주변 유흥업 허가.
- 면제(免除): 법규에 의한 작위, 급부, 수인 하명을 특정한 경우에 해제하는 행

정행위. 예: 법인세 납부 면제.

- 특허(特許): 특정인을 위하여 권리, 능력, 포괄적 법률관계 기타 법상의 힘을 설정하는 행정행위. 예: 수도, 전기, 가스사업의 면허.
- 인가(認可): 다른 법률관계의 당사자의 법률행위를 보충하여 그 법률 행위의 효력을 완성시키는 행정행위. 예: 사인 간의 토지거래 계약의 정부 인가.
- 면허(免許): 특정 활동에 종사하려는 사람에게 국가의 면허를 받도록 하는 것. 예: 의사면허와 변호사면허

국방정책 집행영역에서 대표적인 행정행위는 하명과 허가이다. 예컨대「군사보안업무시행규칙」[2]에 의거하여 군부대에서는 일반적으로 외부로부터 간행물 반입과 외부로의 제공이 금지되어 있으나 보안성 검토가 이루어진 후 군 부대장의 허가를 얻은 후에 홍보 및 보도자료를 외부에 제공할 수 있고, 외부로부터 일반 간행물을 반입할 수 있다.

제 2 절 정책집행의 과정

정책집행의 과정은 여러 단계로 나뉘지만, 정책에 따라 그 단계는 매우 다양하며 학자들로 다양한 절차를 제시하고 있다.[3] 저자는 정책집행의 과정을 정책지침의 개발, 조직화와 자원 배분, 집행 서비스 전달 및 감시의 3단계로 구분하여 설명하고자 한다.

2) 「군사기밀보호법」에 근거하여 작성된 행정규칙임.

3) 레인과 라비노비치(M. Rein and F. Ravinovitz)는 정책집행과정을 지침개발, 자원의 배분, 감시과정으로 나눈다. 존스(C. O. Jones)는 정책집행과정을 해석, 조직, 적용으로 구분한다. 그리고 리플레이와 프랭클린은 정책집행과정을 자원의 확보, 해석 및 기획, 조직화, 혜택과 제한의 전달로 나누고 있다. 한편 유훈 교수는 정책집행과정을 지침 개발, 자원의 확보, 조직화, 혜택과 제한의 전달로 구분하고 있다.

1 정책지침의 개발

정책지침의 개발이란 정책집행의 첫 단계로서 법률의 경우를 예로 들면 입법부에서 제정한 법률을 실행하기 위한 처방을 만드는 단계이다. 여기서 정책지침이란 정책의 집행을 주관하는 정부기관이나 이를 위임하여 실행하는 민간기관 그리고 정책집행의 대상자(예 정부 사업의 수혜자나 법률의 대상자)들이 행하도록 기대되는 내용을 정부(정책집행기관)가 다소간 명확히 또는 구체적으로 설명하고 있는 언명이다.

1) 정책지침의 대상

정책지침의 대상이 되는 정책집행의 내용은 행정입법과 정책사업으로 구분된다. 행정입법은 다시 법규명령과 행정규칙으로 구분된다.

법규명령은 대외적으로 일반적 구속력을 가지는 법 규범을 말한다. 원칙적으로 상위규범의 수권을 필요로 하며, 법규를 재정하는 주체와 대상 모두를 구속한다. 그리고 법규명령에 위반하면 위법행위가 된다. 헌법으로 인정되는 법규명령으로는 대통령의 긴급명령, 긴급재정경제명령, 대통령령, 총리령과 부령, 중앙선거관리위원회규칙, 국제법규와 국제조약 등이 있다. 기타 감사원 규칙, 공정거래위원회 규칙, 고시 · 훈령 · 예규 · 지침 등이 있다(김철용, 2010: 135-146).

법규명령이 필요한 이유는 현대국가에서 요구되는 입법의 내용이 복잡하고 전문적 · 기술적 사항이 많아져 법률에서는 대강을 정하고 보다 상세한 내용은 법규명령에 위임하는 경향이 증가하고 있다. 또한 행정이나 정책집행의 대상이 정세의 급격한 변화에 대응하여 극히 유동적이기 때문에 수시로 탄력적으로 입법을 하거나 개정해야 하는 등이다. 예컨대 법규명령으로 「병역법시행규칙」, 「군사기지 및 군사시설보호법시행령」, 「향토예비군설치법시행령」 등을 들 수 있다.

행정규칙은 행정기관이 법조의 형식으로 정립하는 일반적 · 추상적 규범으로 행정 내부에만 효과를 가질 뿐 대외적으로 구속력을 가지는 법 규범이 아닌 행정입법을 말한다. 행정규칙을 행정명령이라 한다. 행정규칙의 필요성은 행정의 전문성과 복잡성에 따른 해석과 재량의 불일치를 해소하며 전문적인 분야의 기준 등을 행정규칙으로 정함으로써 행정집행이 용이해진다(김철용, 2010: 161-169). 예컨대 「국방기획관리규정」, 「국립대학교학칙」, 「공군본부 직제」, 「군표창규칙」 등을 들 수 있다.

행정입법이 아닌 정책으로는 정부기관에서 운영하고 있는 각종 정책과 사업 등이다. 이들을 집행하고 실시하는데 필요한 지침을 개발하여 집행의 효율성을 도모한다.

2) 행정입법과 입법예고제

행정입법은 국민의 권리와 의무에 중대한 영향을 미치므로 주요 국가는 절차에 대해 통제를 가하고 있는데 이것이 행정절차법이다. 행정절차법은 미국의 행정절차법에서 출발하여 유럽의 주요국가가 이를 채택하고 있으며 우리나라에서는 1992년 12월 법률 제5241호로 공포되었다. 우리나라의 「행정절차법」에서는 행정처분을 할 때 처리기간과 기준을 설정하여 공포하고 사전 통지하며 의견을 청취하며, 공청회를 개최하며 행정상 입법예고를 하도록 하고 있다.

참고 **「행정절차법」과 입법예고제**

행정상 입법예고는 「행정절차법」 제4장(행정상 입법예고)에 규정되어 있다. 동법 제41조에는 "법령 등을 제정·개정 또는 폐지(이하 '입법'이라 한다)하려는 경우에는 해당 입법안을 마련한 행정청은 이를 예고하여야 한다. 다만 긴급을 요하는 경우 등은 예외를 인정한다"라고 규정되어 있다. 예고는 특별한 사정이 없으면 40일 이상으로 하며 입법안의 취지, 주요 내용 또는 전문을 관보나 공보에 인터넷, 신문, 방송 등을 통하여 널리 하도록 의무화하고 있다. 그리고 행정청은 입법안에 대하여 공청회를 개최할 수 있다. 또한 법령이 수준이 다소 낮은 행정처분에 있어서도 행정예고제를 두고 있다.

* 자료원: 「행정절차법」 제41조부터 제46조.

3) 정책집행지침의 개발

정책지침의 개발은 개발 대상인 정책의 수준, 즉 행정입법(법규명령과 행정규칙)과 정책사업인가에 따라 달라진다. 행정입법인 경우 법조문의 형식을 띠나 정책사업의 경우 법조문 형식을 띨 필요가 없다.

법규명령인 경우 상위법령에 위임을 받은 범위 안에서 지침을 개발한다. 따라서 상위법령의 입법취지와 위임의 근거 등을 고려하여 법규명령을 구체화하여야 한다. 행정규칙을 대상으로 하는 경우에는 정부 내부기관에 적용에 가능하도록 절차를 마련하는 것이므로 편리성을 추구한다. 다시 말해 행정문제를 해결하는데 필요한 적절한 수단이 되어야 하므로 기본적인 개념, 절차 및 내용 등이 의사를 소통하는데 어려움이 없도록 하여야 한다.

정책사업을 개발대상으로 하는 경우에는 정책지침이 정책사업을 운영하는데 지도기능을 행사할 수 있도록 하며 사업의 시작과 끝에 해당하는 기간의 문제, 정책주관기관, 정책대상, 정책내용, 정책목표와 정책수단 그리고 기타 사항 등을 포함시킨다.

정책지침은 개별정책이나 사업의 경우 일회로 정책사업이 끝나므로 한 번만 정책지침을 개발하여 사용하면 되지만 행정입법의 경우 그것은 보통 장기간 집행되기 때문에 환경변화에 따라, 정책시행 중 문제점이 발견되므로 이를 수정하거나 보완하여야 한다. 따라서 정책지침을 정기적으로 개정하거나 수정하여야 한다.

국방정책분야에 있어서 군부대의 지휘관은 정책의 집행과 전략의 집행업무를 수행하는데, 수없이 많은 지침을 개발하여 제시한다.

2 조직화와 자원배분

1) 조직화

조직화는 정책이나 사업을 실시하는 데 필요한 기구를 설치하고 활동을 체계화하는 단계이다. 조직화는 정책의 성격에 따라서 새로이 기구를 설치할 수도 있고, 기존의 행정조직을 활용할 수도 있다.

첫째, 기존의 정부조직이나, 군대조직, 그리고 공사와 공단 등 중개집단을 통해 효과적으로 정책을 집행할 수 있는지를 확인해야 한다. 다시 말해 정책집행을 주관하고 책임질 수 있는 기관의 존재 유무를 확인하는 것이다.

둘째, 정책집행을 주관할 수 있는 기관이 있는 경우 정책집행의 권한이나 책임 그리고 관할 범위 등을 명백히 하여야 한다. 다시 말해 기존의 정부조직 등은 이미

담당해온 업무나 활동이 있으므로 이들 업무와 충돌하지 않으면서 새로운 정책이나 사업을 집행할 수 있어야 한다. 또한 정책집행기관이 여러 개일 경우 이들 간의 수직적 감독과 권한위임관계 그리고 수직적인 업무관할 범위의 확정이 선행되어야 한다.

셋째, 정책집행을 주관할 수 있는 기관이 없거나 주관할 수는 있지만 정책을 보다 효율적으로 집행할 수 없는 경우에는 새로운 조직을 설치하여야 한다. 물론 이 경우에도 조직의 위치나 수준에 따라서는 법률에 의거하여 설립되는 경우도 있을 것이고 행정규칙 등에 의하여 설립되는 경우도 있다. 조직화 단계에서는 상시적인 조직을 설치하기도 하지만 임시적인 조직(태스크포스 등)이나 프로젝트 조직을 만들어 운영할 수 있다.

이상에서 새로운 정책이나 사업을 집행하기 위한 조직화는 조직의 설치만을 요구하는 것은 아니며, 기존의 조직을 이용하더라도 소기의 목적을 이룰 수 있는 경우가 많을 것이다. 그러나 정책을 위한 집행조직의 존속 기간도 장기일 수 있지만 임시적이거나 일시적일 수 있다.

2) 자원의 배분

정책을 결정하는 단계에서 자원의 동원에 관한 결정이 이루어지기도 하며, 심지어는 자원의 배분까지 결정되기도 한다. 그러나 결정과정에서 모든 정책이 구체적인 자원의 동원이나 배분을 결정하는 것은 아니며, 보통은 정책집행과정에서 자원의 배분이 이루어진다.

정책집행기관은 정책목표를 달성하는데 필요한 제 자원을 적절히 대상과 시기에 따라서 배분할 책임이 있다. 이런 자원으로는 인적 자원, 물적 자원, 정보자원 등을 들 수 있다. 인적 자원의 배분은 정책사업의 집행을 위한 보직의 부여, 인사이동과 전출·입 등을 포함하며 물적 자원은 예산이나 시설과 장비의 배분 등을 포함하는데 이 중 중요한 것은 예산일 것이다.

공공기관에서 예산의 배분은 매년 예산을 편성하면서 이루어지나 정책집행 중에 추가경정예산 등으로 편성되기도 한다. 또한 이미 편성된 예산에 대해서도 예산의 배정과 재배정 그리고 지출의 절차를 따르도록 하고 있으며, 예산집행의 신축성을 유지하기 위하여 계속비, 예비비, 명시이월비와 사고이월비, 이체, 국고채무부담

행위 등을 제도적으로 허용하는 한편, 기타 비예산의 성격을 가진 각종 기금의 집행 등을 통해 정책의 집행을 뒷받침하기도 한다. 국방정책분야에서는 국방중기계획에 의거하여 국방예산을 편성한다.

끝으로 정보자원의 배분에 대해서는 별로 다루어지고 있지 않으나. 정책집행을 주관하는 부서가 정책집행을 위임받게 될 부서에게 정책집행과 관련된 적절한 정보나 자료를 제공하는 과정이다. 때로는 협력기관 간에 자료와 정보를 공유할 수 있는 체제를 만들어 활용한다. 예컨대 국가정보원과 국방부(정보본부)간에 군사 및 국가안보정보를 공유한다.

3 집행서비스 전달과 감시

1) 혜택 및 제한의 전달

정책집행의 실질적 내용은 정책집행기관이 정책집행대상에게 규제하고, 지원하며, 조정 중재하고 행정지도하는 행정활동이다. 존스(C. O. Jones)는 집행단계를 적용의 단계라 부르며, 리플레이와 프랭클린(R. B. Ripley & G. A. Franklin)은 혜택과 제한의 전달단계라 부른다. 존스에 의하면 적용이란 금전적 혜택과 같은 사업의 목적이나 도구에 해당되는 것을 제공하는 단계이다(Jones, 1977: 139). 리플레이 등에 의하면 혜택과 제한의 전달이란 집행담당기관이 수혜집단에게 혜택을 제공하고 대상집단에게 통제를 가하는 단계이다(Ripley & Franklin, 1982: 4-5).

따라서 이 단계에서 정책집행기관과 정책대상집단이 서로 만나게 되고 현실적인 이해관계에 직면하게 된다. 그러므로 이 단계에서는 보다 심리적인 인간관리 전략이 요구되며, 정책집행기관과 정책대상집단 간의 상호작용이 계속된다. 국민들이 집행단계의 최후단계인 혜택과 제한이 전달되는 시점과 장소에서 정책을 느끼며 그곳에서 일선관료(street bureaucracy)들의 역할과 기능, 집행능력과 태도 등에 따라 집행에 대한 만족도와 집행의 성과가 좌우된다. 집행은 실제적인 현장은 물론이고 최근에는 사이버 또는 인터넷에서 이루어지기도 한다. 예컨대 「조세법」 시행과정에서 소득세 정산은 일선세무서나 국세청 전산망에서 이루어진다.

국방정책의 집행현장은 주로 군부대이다. 신체검사장에서 군의관과 입영대상자가 만난다. 그리고 현역병사들은 각 부대에서 지휘관 및 지휘자와 함께 훈련하고 근무하면서 만나게 된다. 군대에서 훈련 중 신체에 부상을 입은 장병들은 군대병원에서 군의관, 간호장교, 그리고 의정장교 등과 맞부딪친다.

또한 정부가 정책대상집단에게 가할 수 있는 규제의 주된 내용으로는 개개인의 신체나 재산권의 박탈이나 사용제한 등을 들 수 있으며, 정신적·육체적·금전적으로 고통을 느끼게 하는 방법도 있다. 예컨대 살인죄나 각종 형벌이 그것이며, 행정벌도 여기에 포함되고 각종 행위의 금지, 조사 및 공개 등이 포함된다. 정부 지원활동에 있어서도 정책집행대상자에게 혜택을 전달하기 위해서 앞에서 언급했던 인가나 특허, 허가와 면허 등을 전제로 하거나 일반인의 경우 혜택을 정부기관에 신청 또는 신고하여 대상으로 선정되면 혜택을 받게 한다.

따라서 정책집행기관의 정책대상집단에 대한 행위의 성격이 수혜적이건, 규제적이건 간에 그 형태는 직접적·간접적으로 전달될 수 있다. 예컨대 유치원이나 유아원을 통하여 어린이에게 유아서비스를 대신 제공하게 하면 어린이가 서비스의 혜택을 본다. 민통선 지역에 민간인의 통행을 금지하면, 그곳을 통행하려는 자는 당국의 허가를 받아야 한다. 군대에서 훈련을 받다가 큰 부상을 입거나 질병이 생기면 국가보훈대상심의위원회에서 보훈대상자로서 지정을 받아야만 국가로부터 의료혜택 등 보훈혜택을 받을 수 있다.

정책집행대상에게 혜택 및 제한을 전달하면서 정책집행기관과 정책대상 집단 간에는 정책집행의 효율을 제고하기 위하여 계속적으로 관심이 기울여지고 홍보활동 등을 통하여 지지와 동의를 구하는 작업이 계속된다. 다시 말해 정책집행기관과 정책대상 간의 신뢰를 형성하기 위한 다방면의 노력이 기울여진다. 국방부에서는 주로 대변인을 통해 국방정책을 홍보하고 군사관련 사건에 대해 설명을 한다.

2) 감 시

정책집행자는 지침에 의해서 전 단계의 혜택이나 제한의 전달이 제대로 이루어지고 있는지를 늘 살펴보아야 한다. 감시는 과정상의 모니터링(monitoring)으로서, '프로그램 커버리지(program coverage)'[4]로 알려져 있다.

---

4) 이것은 프로그램의 산출물과 서비스가 적절한 수혜대상자들에게 적정량이 전달되었는가의 정확

정책집행기관은 정책의 집행사항을 늘 점검하고 확인한다. 정책집행기관도 상하의 위계질서가 있기 때문에 정책집행에 대한 책임과 관심이 다르다. 정책집행기관에서 정책집행의 상급기관은 계속적인 지시와 독려와 자극을 통해 필요하면 적절한 리더십을 발휘하여 동기를 부여하고, 계속적으로 보고하게 함으로써 자율적으로 통제되게 한다. 우리나라에서 많은 일선기관들은 상급기관에 대한 보고가 일상화되어있다. 감시하는 단계에서 지적한 사항에 대한 후속 조치를 보고하게 하면서 환류되게 한다.

정책집행기관이 아니면서도 정책을 감시하는 기구는 많이 있으며 대표적으로는 대통령(청와대), 감사원과 국회 등을 들 수 있다. 대통령은 국정책임자로서 정책의 집행에 대해 관심을 갖는다. 감사원과 국회에서는 일상적으로 정책의 집행에 대한 감사를 하며, 국정조사와 국정감사과정에서 정책집행의 정보를 수집하여 제출하게 한다. 사법부에서도 정책문제가 재판의 전제가 되거나, 헌법소원과 관련하여 감시를 한다. 그리고 언론과 시민사회단체에서도 정책집행에 대해 감시를 한다.

국방정책에 있어서는 국방부 본부, 그리고 각 군 본부 등에서 국방정책의 집행에 대한 일상적인 감시를 한다. 국방부 본부의 실국 단위 정책사업기구들이 중심이 되어 정책집행을 감시하며, 감사관실에는 감사상 비리, 회계집행문제 들에 대한 감시를 일상적으로 계속한다. 국방부와 각 군에서는 전비태세검열이라는 명칭으로 국방부문 제 사업이나 제도를 감시하고 개선안을 제시한다.

국군통수권자이며, 행정수반으로서 대통령은 정책의 큰 흐름을 체크하며, 국회의 국방위원회 소속 국회의원과 보좌관들은 국정조사권, 국정감사권, 질문권 등을 통해 국방정책의 집행을 감시한다. 국방부 출입기자들, 안보분야 시민사회단체들도 개별적인 접근, 간접적인 보도 등을 바탕으로 하여 감시의 끈을 놓지 않는다.

성 평가를 의미한다(노화준, 2007: 147).

제 3 절 집행서비스 전달체계

1 집행서비스 전달체계의 개관

집행의 조직화를 공공서비스 전달체계와 관련시켜 보면 정부가 전달, 정부와 민간이 함께 전달, 그리고 민간이 전달하는 것으로 구분한다. 정부 전달은 다시 직접전달과 간접전달로 구분하며, 정부민간관여전달은 민관협력전달과 민관병렬전달로 구분하고, 민간전달은 민간위탁전달과 민간직접전달로 구분한다. 이들을 다음 표로 요약할 수 있다. <표 10－2>에서는 이들을 세부적으로 살펴본다.

표 10-2 공공서비스 전달체계

대분류	소분류	주체, 기관	공공서비스
정부전달	정부 직접전달	일선행정기관	국방, 치안, 사법
		자치단체	공원, 생활보호대상자 조사
	정부 간접전달	공기업	상하수도, 전기, 철도(지하철)
		준정부조직	국민연금, 직업훈련
정부민간 관여전달	민관 협력전달	정부, 기업	공항, 해양휴양지, 유통센터
	민관 병렬전달	정부, 민간	병원, 학교, 박물관, 주택
민간전달	민간 위탁전달	민간(기업)	쓰레기 및 분뇨수거, 청소
	민간 직접전달	민간(기업)	가스, 도로운송

* 자료원: 김동건의 논문(1986: 10), 최창호의 저서(1995: 302)를 수정하여 작성. 민진, 『행정학의 이해』(제3판), 2006, p. 147.

2 정부에 의한 공공서비스 전달

정부는 공공서비스 전달의 내용과 수준, 방법의 기본원칙을 결정할 뿐만 아니라 직접서비스를 전달하기도 한다. 공공서비스의 내용 중 국가나 지방자치단체의 기본적 기능 소위 순수공공재에 대해서는 정부가 직접서비스를 제공하는 것이 원칙이다. 즉 국방이나 치안, 소방 서비스, 범죄해결, 외교, 준사법적 기능(예 공정거래 심판 등)이 그것이다. 직접전달의 수단으로는 일선기관, 책임운영기관 그리고 정부 간 협약 등을 들 수 있다.

국방서비스 영역은 군부대가 직접서비스를 제공한다. 전투 및 작전기능은 물론이고 일반행정(중앙경리단), 교육기능(각급 사관학교 등), 복지기능(복지단), 의료기능(군병원), 정비기능(정비창) 등도 군에서 직접 관리한다. 심지어는 사법기능까지도 법원으로부터 위임받아 군사법원을 운영한다. 또한 군대 내에 책임운영기관을 두어 공공서비스를 제공한다. 그리고 국가기관 간에 협력하여 서비스를 전달한다. 예컨대 해양에서 안보 위협이나 범죄에 대해 해군과 해양경찰이 협력하여 문제를 해결한다.

정부가 간접적으로 전달하는 경우는 정부가 공기업이나 준정부조직을 통해 정부역할을 수행하는 것이다. 공기업은 상·하수도, 전기, 철도와 같이 국가의 기간산업이나 국민생활에 필수적인 업무를 수행하는 공기업을 설치하여 운영한다(예 한국전력, 철도공사, 한국농어촌공사, 한국주택토지공사 등). 준정부조직(Quango)은 '준공공기관' 등으로 부르는 조직으로 정부조직이 아니면서 정부부문에 준하는 공적인 기능을 수행하는 '공공조직'으로서 국민연금관리공단, 한국소비자원, 한국산업인력공단 등을 들 수 있다. 국방영역에서는 한국국방연구원, 한국군인공제회 등을 두어 정책연구업무를 수행한다.

3 정부와 민간이 공동으로 관여하는 공공서비스 전달

정부와 민간이 공공서비스를 전달하는데 공동으로 관여하는 경우가 증가하고 있다. 이들이 관여하는 방법은 정부와 민간의 병존형과 협력형으로 구분된다(민진, 2006: 160).

정부와 민간의 병존형은 정부는 정부대로, 민간은 민간대로 독자적으로 공공서비스를 제공하는 유형이다. 병원, 학교, 미술관, 주택개발 등이 그것이다. 민간의 자율성을 보장하되 정부는 보다 공공성이 높은 업무를 수행한다. 예컨대 토지주택공사는 서민형 주택을, 민간건설기업은 대형 고급주택을 건설하면서 각각의 기능을 수행한다.

정부와 민간의 협력형은 정부와 민간이 공공서비스 생산과정에서 서로 협력하는 것으로 이것은 다시 사업분담형과 자금분담형 등으로 구분할 수 있다. 사업 분담형은 사업의 일부를 정부와 민간이 분담하는 것으로 2015년 제주자치특별시의 강정항에 군항을 건설하면서 민간에서는 크루즈 여객선 부두를 건설하여 민간항구로 활용하는 것이다. 관민협력형을 민관공동생산(co－production)이라고도 한다. 민관협력에서 자원봉사를 많이 활용하고 있는 것도 강조할 수 있다. 해병전우회가 지역방범활동에 기여하는 것을 예로 들 수 있다.

4 민간에 의한 공공서비스 전달

공공서비스의 민간전달은 민간이 직접 전달하는 경우와 민간에 위탁하여 전달하는 경우로 구분할 수 있다. 공공서비스이지만 가스나 도로운송은 민간이 담당하고 있다. 물론 일부 국가에서는 도로운송이나 대중교통업무를 국가나 지방자치단체가 직접 운영하는 경우도 있지만 대부분의 선진국이나 중진국에서는 민간이 담당하게 하여 민간이나 시장의 기능에 맡긴다.

민간에 위탁하여 전달하는 경우는 쓰레기, 분뇨수거, 청소업무와 같이 공공서비스에 해당하나 민간기업에게 맡겨서 정부의 부담을 줄이고 민간의 자율성을 높이는 경우이다.

공공서비스를 민간에게 완전히 맡겨 자율적으로 운영하게 하거나 민간에게 맡기지만 감독권을 가지고 있는 경우 모두 공공서비스의 '민간화(privatization)' 문제라 부른다. 민간화나 민영화 문제는 1980년대부터 선진국을 중심으로 대두된 문제이며 우리나라에서 어김없이 찾아왔다. 시장과 민간부문의 성장으로 인해 정부는 공기업의 민영화는 물론이고 정부업무 중 일부를 민영화하여 왔다.

건물과 대지의 관리, 급식관리, 국내외 행사 개최, 병원운영관리, 주차장운영

등 종전에는 국가나 지방자치단체가 수행하던 업무를 민간이나 기업에 위탁하거나 아예 넘겨버리는 경우가 허다하다. 이를 통해 정부는 불필요한 일손을 줄이고 핵심 업무에 치중할 수 있게 되며 경비도 절약할 수 있게 된다.

이런 현상은 국방정책 분야에서도 정도의 차이는 있지만 예외없이 발생하고 있으며, 국방업무의 민영화나 민간화가 요구되고 있다. 예컨대 LG그룹이나 제일제당 그룹의 외식업체가 군부대의 급식관리를 담당하고 있으며 국방부의 국제행사 준비 등에 위임된 범위 내에서 회의 전문업체가 진행업무를 총괄하기도 한다. 심지어 미국이 걸프전을 수행할 때 군수품보급 등의 임무를 민간기업이 수행하고 미군은 오로지 작전과 전투에만 전념하기도 했다.

제 4 절 정책집행과정에서 재량과 순응

1 정책집행에서 재량

1) 집행현장에서 재량의 필요성

정책집행과정에서는 필연적으로 위임과 재량의 문제가 대두된다. 정책을 결정하는 단계에서는 추상적인 상위법규를 제정하게 되며, 이 때 일반적이고 다소 애매한 규정들을 사용한다. 세밀하게 모든 상황을 예측하고 이에 따라 모든 규정을 만들 수는 없다. 따라서 다양한 집행현장에서 많은 다양한 집행자들에게 집행권을 위임하게 된다.

정책집행현장이 일시에 한 곳에서 이루어지는 경우보다는 여러 곳에서, 시기적으로는 계속적으로 이루어지기 때문에 집행할 때 융통성이 요구된다. 예컨대 교실은 교육(정책)현장이며, 도로, 철도, 항만(부두)은 교통과 수송(정책)현장이며, 공항은 출입국관리현장이며, 교도소는 교정정책의 현장이며, 보건소는 보건의료 정책의 현장이다. 국방부문에 있어서는 신체검사 장소, 군부대, 전투현장 그리고 국제

평화군(PKO)이 파견되어 있는 지역이 국방(정책)의 현장이다.

때로는 사건이 일어나서 현장이 확인되는 경우도 있다. 강력사건에서처럼 형사 정책의 집행현장으로 인식되는 경우도 있지만 2014년 '세월호' 사건이 일어난 진도 팽목항은 교통 및 선박정책을 집행하는 현장으로서, 해양경찰, 국가의 안전기구, 전라남도청 등 자치단체, 병원 등이 모여드는 종합적 집행현장이 되었다.

따라서 정책의 집행현장에서는 실무적이고 지엽적이며 기술적인 전문성이 요구된다. 어느 정도의 기준과 준칙이 있지만 그 범위 내에서 재량이 인정될 수밖에 없다. 일반적으로는 하급, 부문, 지역관리자(혹은 관리책임자)에게 권한이 위임되고 재량권이 부여되는데 그 형식은 제도에서 명시하기도 하지만 관례상으로 인정되기도 한다.

2) 재량과 위임의 한계

정책집행과정에서 재량권은 법령이나 규정에 의해 이루어지는 것이 보통이다. 그러므로 상위규정의 취지를 잘 이해한 후 집행한다면 현장성과 상황성을 살릴 수 있는 좋은 기회가 된다. 그런데 집행자가 재량권을 잘못 행사하는 경우가 있고 이로 인해 집행상 책임이 야기되기도 한다. 즉 집행자가 무능하거나, 상황판단을 잘못하여 집행을 잘못할 수 있다. 그리고 집행자가 상위규정의 해석을 잘못하거나, 규정이 애매하여 집행자가 이를 자의적으로 해석하여 업무를 집행할 가능성도 있다. 집행권한과 관련하여 권한을 초과하여 권한을 행사한 경우 이를 '권한 일탈' 또는 '권한 남용'이라 한다.

군대에서는 지휘권한의 형태로 지휘관에게 많은 관리권도 위임되어 있는데, 지휘관은 위임된 권한 범위 내에서 재량권을 적절하게, 합법적으로 행사해야 한다.

3) 집행에 대한 외부통제

정책집행에 대한 내·외부 통제가 인정되고 있다. 집행과정에서는 내부적으로 집행의 결과를 상부기관이나 상급자에게 사전승인과 사후보고를 하게 되어 있다. 또한 집행에 대하여 국회, 감사원, 언론, 시민단체, 그리고 국제기구 등에 의해 외부통제가 이루어지고 있다.

특히 행정입법에 대해서는 유럽과 미국 등 선진국에서 의회와 사법부의 통제가 인정되고 있다. 우리나라에서는 1996년 「행정절차법」을 제정하여 행정입법의 예고 절차를 규율함으로써 간접적으로 행정입법통제의 토대를 마련하였다(홍준형, 2008: 488). 또한 법원에서는 대통령령, 국무총리령, 부령 등 행정규칙이 법률에 위반되는 여부를 사법심사하고 있다.

법령이 아닌 정책 및 사업집행의 재량권 남용과 초월에 대해서도 국회는 국정조사와 국정감사 및 자료제출권 등을 통해 통제하고 있다.

2 정책집행에 있어서 순응과 불응

1) 순응과 불응의 개념

정책집행에 있어서 순응과 불응의 문제는 비교적 최근에 관심을 갖게 된 분야이다. 정책현장에서는 정책집행 주체 간에 순응과 불응의 문제가 도사리고 있다. 집행단계에서 순응이 다반사라면 별 문제가 없겠지만 우리는 불응현상을 종종 발견하게 된다. 예컨대 도시재개발사업 중 집단시위, 일부 국민의 병역기피 등이 그것이다. 이렇듯 정책집행과정에서 불응현상이 심심치 않게 발생함으로 인해 정책집행에 영향을 준다.

순응(compliance)이란 특정의 행동규정에 일치하는 특정행위자의 모든 행동을 말하며, 불응이란 그러한 규정과 일치하지 않은 행동을 의미한다(Young, 1979: 4). 그리고 순응과 유사한 개념으로는 복종, 동조, 수용, 그리고 합의 등이 있다.

2) 순응과 불응의 원인과 형태

정책대상집단이 순응하게 되는 이유나 근거는 정당성에 대한 신념, 개인 및 집단적 이해, 정책집행주관기관의 강제나 설득, 정책환경의 압력 그리고 습관이나 관례 등이다(남궁 근, 2012: 514-519; 정정길 외, 2012: 552-555). 한편 정책 집행에 대한 불응은 그 순응요인이 부정적으로 작용할 때 발생하나 그 외 요인으로 의사전달상의 장애, 정책 자체에 대한 불만, 정부에 대한 불만 등을 들 수 있다.

공식집행자가 불응하는 형태는 정책집행자와 정책결정자가 다를 경우에 발생할 수 있는 정책집행자의 불응이 대표적인데 정책적 지시와 정보 등의 부전달 또는 선택적 전달, 연기와 지연(delay), 정책의 임의변경 집행, 불집행, 형식적 순응, 정책 자체의 취소와 변경을 위한 시도 등을 들 수 있다.

정책대상집단도 정책집행기관처럼 불응을 하고 있으며, 불응의 형태도 여러 가지이다. 정책대상집단의 불응의 형태에 대해서는 정리된 견해가 없으나 형식적 순응, 정책지시의 지연반응, 위장과 허위에 의한 집행반응, 선택적 집행반응 등을 들 수 있다(유훈, 2007: 246-255).

참고 **병역의무불이행과 병역기피**

우리나라는 「대한민국 헌법」 제39조 1항에서 국방의 의무를, 제19조에 양심의 자유를 규정하고 있다. 「병역법」에 국방의무에 관한 기본적인 사항을 규정하고 국민개병주의에 입각하여 징병제를 원칙으로 하면서 지원병제를 병행하고 있다. 또한 병역특례제도와 대체복무제도를 운영하고 있다.

병역 대상 중 일부 국민이 병역기피를 목적으로 고혈압 조작, 환자 바꿔치기, 고의적 어깨탈구 등 지능적으로 병역면탈을 시도하고 있어서 병무청에 특별단속 사법경찰관제를 신설한 바 있다.

양심적 병역거부자 문제가 사회적 이슈가 되고 있다. 종교적 이유로 병역을 거부하는 것으로 평화를 존중하는 기독교적 종교이념을 지키기 위한다는 명분이 있으나 우리 대법원은 이를 인정 않고 있다. 불응형태를 보면 징병검사에 응하지 않는 경우, 입영을 기피하는 경우, 군에 입대한 후 군사훈련이나 집총을 거부하는 경우로 구분된다.

* 자료원: 박한주, 「정책대상집단의 병역불응에 관한 연구」, 국방대학교, 석사학위논문, 2003, p. Ⅱ; 병무청, 『2010-2012 병무백서』(서울: 병무청, 2013), p. 45.

3) 순응과 불응의 관리

정책집행기관은 불응의 대상, 불응의 원인, 그리고 불응의 형태에 따라 정책 집행에 대한 불응과 순응을 관리하여야 한다. 순응과 불응에 대해 정확히 실태를 파악하고 그 원인을 규명한 후 관리대책을 세운다.

정책집행대상자들에게 불응의 가장 큰 원인은 집행대상자들에 대한 손해와 부담의 발생, 이익의 감소, 신봉하는 가치의 훼손 등에 따른 것이므로 이에 따른 손실 및 손해배상을 청구한다. 정책집행기관의 구성원들이 집행에 저항하는 것은 업무의 과중한 부담, 업무 자율성의 결여 등에서 비롯된다. 따라서 설득, 업무의 조정과 업무방법의 변화를 도모한다.

제 11 장 정책의 평가

제 1 절 정책평가의 의의

1 정책평가의 연혁과 실제

1) 정책평가의 역사

매사에 시작이 있으면 끝이 있기 마련이다. 시작과 끝은 역사의 한 장으로서, 그것 자체로 존재할 수 있지만 그것의 의미를 다가오는 미래를 위해 반추시킴으로써 활용하는 것이 바람직하다. 그런데 우리는 이런 평가의 문제를 다소 소홀히 다루어 온 경향이 있었으며, 정책이나 사업의 평가분야 역시 그 예외는 아니었다.

정책평가가 실제로 언제부터 시작되었는가를 파악하기는 어렵지만 정책이 존재했던 때부터라고 추론할 수 있다. 그런데 체계적으로 정책을 평가하기 시작한 것을 살펴보면 제2차 세계대전시의 미군의 인사정책 평가 등과 제2차 세계대전 이후의 도시개발사업, 주택건설사업, 기술교육사업, 예방보건사업 등의 평가가 시작되어 평가업무가 보편화되기 시작하였으며 선진국뿐만 아니라 개발도상국에서도 개

참고 **정책평가 사례: 대한민국의 산림녹화정책**

대한민국의 산림은 지난 20세기의 백년간에 걸쳐서 산림의 수탈에 따른 황폐화와 그러한 산림을 다시 복구하여 산림을 녹화시키는 역사적으로 드라마틱한 과정을 연출하였다. 20세기 초부터 시작된 산림의 황폐는 1950년대까지 지속적으로 진행되어왔고 1960년대부터 시작된 산림녹화의 의지는 불과 20년 내외의 짧은 기간에 그것을 성취하는 놀라운 기록을 보여주었다.

산림의 황폐화는 일제에 의한 산림수탈, 도・남벌, 임산연료, 화전 및 개간, 산불 등에 따라 일어난 것이며 당시의 사회정치적인 불안, 경제의 후진성 그리고 산림제도의 미비 등 정책환경이 산림의 황폐화를 조장하였다.

우리나라에서 산림녹화는 제1차 치산녹화 10개년 계획 등 조림사업, 사방사업, 연료림조성사업, 화전정리사업 등 정부에 의한 주도적인 정책사업에 따른 것으로 정책환경은 경제발전에 따른 산림의존도 감소, 강력한 제도적 장치, 지방재정 및 치안조직의 활용 그리고 전 국민의 동참에 따른 것이다.

우리나라의 산림녹화사업은 환경보전형의 경제발전모델을 제시하였지만 정부주도에 따라 시장기능이 훼손되고(예: 산주들의 자발성 결여) 농가임업에 대한 잠재력이 훼손되는 등 문제점도 없지 않다.

요컨대 우리나라는 치산녹화계획기간들이 도래하기 전에 사업의 목표를 달성하였으며, 이로 인해 산림녹화사업은 국내외적으로 성공적인 정책사업으로 평가받고 있다. 즉 국제식량농업기구가 제2차 세계대전 이후 전 세계에서 개발도상국임에도 불구하고 산림녹화를 가장 모범적으로 성공시킨 국가로서 한국을 꼽은 바 있다.

* 자료원: 김의경, "산림녹화의 전개과정," 한국경제연구원 연구자료, 한국경제연구원, 2003.7, pp. 499-515; http://www.forest.go.kr/2015-03-13.

발계획사업 등에 대한 평가가 진행되었다(유훈, 1993: 434).

2) 학문분야로서 정책평가

한편 하나의 학문으로서 정책평가의 기원은 1960년대 초로 보이며, 1970년대에 하나의 확고한 학문분야로 정착되었으며 여러 가지 배경에서 출발하였다.[1)]

정책평가는 실질적인 이유로 대두된 학문이라 할 수 있다. 국가의 기능이 소극국가, 입법국가, 야경국가에서 적극국가, 행정국가, 복지국가로 변천하게 됨에 따라 국가의 정책, 기획, 사업이 증가하게 되고 이에 대한 예산액이 증가하게 되자 사업,

1) 급속하게 학문적 위치를 굳히게 된 정책평가의 배경으로 노화준 교수는 기획예산제도의 발전, 사회조사나 통계분석과 같은 응용사회과학연구방법을 이용한 대규모평가사업의 존재, 정책평가에 관한 저서의 발간을 들고 있는 반면, 김명수 교수는 정부의 역할과 정책사업의 증대, 예산상의 압박과 예산의 효율적 사용을 위한 노력의 증대, 책무성의 요구, 방법론의 발달, 미연방의회와 주의회들의 역할을 들고 있다. 노화준, 『정책평가론』, 제5판(파주: 법문사, 2007), pp. 11-14; 김명수, 『공공정책평가론』, 전정증보판(서울: 박영사, 2003), pp. 55-63.

정책, 예산의 효율적 관리자로서 행정부의 자체 반성은 물론 재정부담자로서의 국민이나 이들을 대표한 의회에 대한 책임성의 확보가 필요하게 되었고 여기에 대규모의 정책평가를 가능케 한 평가방법이나 기법의 개발이 수반되었기 때문이다.

정책학이나 정책연구 분야에서 있어서도 정책결정이나 정책형성 그리고 정책집행 등에 대한 관심에 비해서 정책평가분야에 대한 관심은 상대적으로 낮았지만 최근 정책평가론이 정책학 과목으로 개설되고 여러 교과서가 출판되고 정책분석평가학회가 창설되어 운영되는 등 발전을 하고 있다.

3) 대한민국 정부에서 정책평가의 실제

우리나라의 경우 1961년에 국무총리기획조정실이 내각수반 밑에 설치되어 평가업무를 담당하였으며, 1976년부터 경제기획원의 사업분석과에서 정책평가업무를 담당해왔다. 1981년부터 감사원의 감사 중점의 하나로 효율성 감사가 제시되면서 정책의 목표달성도를 분석하는 등 정책평가에 관한 관심이 점점 높아지고 있다.

정부업무 평가가 법적 기반을 갖는 것은 2000년대에 들어와서이다. 2001년 1월 8일 「정부업무 등의 평가에 관한 기본법」(법률 제6347호)이 제정됨에 따라 우리나라는 본격적인 정책평가의 시대에 접어들었다. 2006년 4월 1일 「정부업무평가기본법」(법률 제7928호)이 제정되어 참여정부 출범 이후 통합적 정부업무 평가제도 및 성과관리제도를 도입 추진하고 있다. 즉 성과관리가 제도화되어서 정책평가의 결과를 활용하는 데까지 이르렀다.

정부평가업무는 자체평가와 특정평가로 구분되며, 자체평가는 중앙행정기관의 장(자체평가위원회)이, 특정평가는 국무총리(정부업무평가위원회)가 실시한다. 자체평가에서는 국무총리실은 주요 정책을 평가하고, 기획재정부는 예산사업을 평가하며 행정자치부는 행정관리역량을 평가한다(이윤식, 2010: 191－196, 202; 정주택 외, 2007: 186－198).

한편 국방행정의 영역에서는 국가 전체적인 평가 노력이 파급되고 있으며, 특히 국방기획제도가 국방기획관리제도로 전환되는 과정에서 정책이나 사업의 집행과 더불어 평가에 대한 관심이 고조된 바 있다. PPBEES[2]를 정립하면서 「국방기획관리훈령」이 제도화되었고, 한 때 국방부 본부에 국(局) 수준의 계획평가관실을 두

2) PPBEES는 planning, programming, budgeting, executing, evaluating 그리고 system의 약어이다.

는 등 국방정책과 사업에 대한 평가는 강화되었다.

참고 **국방기획관리제도**

국방기획관리제도는 우리나라 국방부의 관리정책의 근간이 되는 정책으로서 「국방기획관리훈령」(1979년 국방부훈령 제253호로 제정된 이후 2015년 1월 9일 동 훈령 제1768호로 개정)에 의해 국방기획관리와 관련된 각종 규정 및 지침의 기준을 제공하고 있다. 국방기획관리제도, 즉 PPBEES(Planning-Programming-Budgeting-Execution-Evaluation System)는 미국의 PPBS를 1979년에 도입하여 지난 35년 동안 체계화한 것으로 기획체계, 계획체계, 예산체계, 집행체계, 분석평가체계의 총 5단계로 구성된다.

*자료원: 이춘주, 국방기획관리, 민진 외, 『국방행정관리론』(서울: 대영문화사, 2016), p. 36.

2 정책평가의 정의와 개념적 특성

1) 정책평가의 정의

정책평가(policy evaluation)란 무엇인가? 정책의 평가라고 해서 일상적으로 사용되고 있는 평가의 의미와 다르지는 않다. 대개 '평가(評價, evaluation)'란 평가 대상의 가치, 능력 그리고 상대적 지위를 따지는 것이다. 가치란 가치, 바람직성, 그리고 효용을 의미하며, 능력이란 목적에 기여하거나 효과를 유발할 수 있는 상태를 의미하고, 상대적 지위는 비교대상과의 관계에서 위치를 의미한다(Oxford University Press, 1995: 74, 466, 1549). 평가를 하는 단계에서는 수와 양, 규모 그리고 질 등 상태를 측정하고 가치를 부여하는 작업이 따른다.

한편 정책평가는 일상적인 평가의 의미를 내포하면서도 정부의 정책이나 조치, 사업계획 등의 평가라는 점에서 양자 간에 서로 구분될 뿐만 아니라 학자들마다 다르게 정의하고 있기 때문에 정책평가 개념의 포괄 정도에 따라 개념을 유형화시키기도 한다(유훈, 1993: 433-436).

저자는 정책평가란 '현재 진행 중이거나 이미 종료된 정책 및 사업계획의 결과나 과정에서의 행위에 대하여 사후적으로 정책 내용의 가부와 정도를 측정하고, 가치를 판단하며, 그리고 정책목표와 정책수단 간에 인과관계를 추론하는 활동'이라고 정의하고자 한다.

2) 정책평가의 개념적 특징

정책평가의 개념적 특징을 살피면서 관련 개념과 비교하면 다음과 같다.

첫째, 정책평가는 정부의 정책과 사업을 평가 대상으로 한다. 정책평가는 하나의 정책 그리고 정책을 구성하는 세부사업계획을 평가하는 것이며 전체로서 정부기관이나 정책관리자를 평가하는 것은 아니다. 정책으로 볼 수 있는 각종 제도, 법령, 규칙은 물론 계획과 사업도 비슷한 논리로 접근할 수 있다. 특히 법령을 평가 대상으로 할 때 이를 '입법평가'라 부른다. 둘째, 정책평가란 정부가 추진하고 있는 정책과 사업계획 등을 대상으로 사후적(事後的)으로 평가하는 활동이다. 이런 면에서 정책이나 사업계획을 결정하기 전에 최적대안을 창출하기 위해 실시하는 정책분석(policy analysis)과는 구분된다. 정책결정 이후에 이미 결정된 정책을 평가하는 것 역시 넓은 의미의 정책평가에 속한다. 대체로 정책평가라고 하면 정책집행 결과에 관한 평가를 의미한다. 그러나 정책평가에는 정책결정의 평가, 정책집행의 평가는 물론, 정책평가에 대한 평가도 포함하는 넓은 개념이므로 정책평가는 정책집행평가의 상위개념이다.

셋째, 정책평가는 정책이나 사업계획 등을 일정한 기준에 따라 가치를 평가하는 것이다. 보통은 전체적으로 정책이 '성공적이다', '실패했다', '어느 정도 잘했다' 등으로 결과를 표현하기도 하며, 민주성, 합리성, 합법성, 능률성, 효과성, 그리고 공정성 등의 기준에서 세부적으로 평가하기도 한다.

넷째, 정책평가의 내용은 정책목표(혹은 정책기준)와 정책수단의 관계를 추론하고 따지는 과정과 행위이다. 이 과정에서 정책의 존부, 정책의 영향 정도 등을 확인한다. 이런 작업과정이 없이 평가하는 것은 과학적 정책평가라 할 수 없다. 인과관계를 추론하는 방법은 질적 방법과 계량적 방법이 있다. 통계적 방법을 반드시 활용해야 하는 것은 아니지만 주관성을 가능한 한 배제하고 논리과정이 엄밀할수록 평가에 대한 신뢰가 높아진다.

3 정책평가의 목적

정책평가의 목적에 대해서 국내 학자들은 정책평가의 일반적 목적으로 첼미스키 등(E. Chelmisky et al., 1977) 등의 견해를 소개하고 있다. 저자는 정책평가의 목적을 과학적 측면과 정책적 측면으로 구분한 후 정책적 측면을 다시 정치적 측면과 관리적 측면으로 구분하고자 한다.

1) 과학적 측면의 목적

먼저 과학적 측면에서 정책평가의 목적을 살펴보면, 정책의 이해 · 설명 · 예측을 보다 쉽게 하는 것으로 정책을 연구하는 행정학자, 정치학자 또는 정책학자 들에게 유용하다. 다시 말해 정책현상을 이해하며, 설명할 수 있게 하고 정책분석 단계에서 제시한 정책목표와 정책수단 간의 인과관계추론을 검증하면서 정책 지식과 정보를 제공한다.

2) 정책적 측면의 목적

(1) 정치적 목적

정치적 목적이란 정책평가를 통해서 정치적 지지를 획득하거나 정치적 통제를 막으려는 것을 의미하는데, 즉 책무성과 책임성을 요구한다. 그런데 저자는 정책평가의 정치적 목적으로 정부의 정당성과 정부의 효율성의 측면에서 고찰하고자 한다.

정부의 정당성 문제는 정책평가를 통해 정부 존립의 근거를 제공하는 것으로 정부 특히 행정부가 국가의 이익이나 국민의 행복과 국가발전을 위해 무엇인가 하고 있으며, 그것도 성공적으로, 효율적으로 하고 있다는 사실을 알려서 정부의 존재를 인식시키고 정치적 지지를 얻으려 하는 것이다.[3)]

(2) 관리적 목적

관리적 목적이란 정책평가를 통해서 정책을 효율적으로 관리할 수 있도록 하는

3) 물론 예외적이기는 하나 해외차관자금으로 사업을 실시하는 경우에는 차관공여국에 대해 정책이나 사업의 효과에 대한 평가결과를 보고하는 것도 같은 논리일 것이다.

것으로 정책이 결정시에 의도했던 대로 집행되지 않거나 집행의 결과가 목표를 달성하지 못한 경우, 혹은 정책과정상의 관계자의 증감, 변화 혹은 환경변화 등으로 인해 정책에 대한 변동이나 변경을 초래할 필요가 있을 때, 정부는 국민에 대한 성실한 정책관리자로서 역할을 다할 의무가 있게 된다.

이 때 정책관리자로서 정부에게는 정책변동을 위한 추가적인 의사결정정보가 요구되는데, 이에 부응하여 정책평가가 이루어진다. 다시 말해 현재의 정책, 사업, 계획을 계속할 것인가, 잠시 유보할 것인가, 완전히 중단할 것인가, 감축할 것인가, 정책, 사업, 계획의 구조나 대상(수혜자나 피해자)을 수정・변경할 것인가를 결정하는데 정책평가는 객관적이고 합리적인 정보를 제공할 수 있다.

4 정책평가의 종류와 유형

1) 정책평가의 분류기준

정책평가의 종류와 유형을 고찰하는 것은 정책결정자, 정책집행자, 정책평가자는 물론 정책을 연구하는 사람들에게 정책평가를 더 정확하게 이해하게 하고, 그것을 보다 적절하게 할 수 있게 한다. 그런데 정책평가는 학자들의 분류기준에 따라 여러 가지로 유형화되고 있다. 이들이 너무 다양하고 때로는 지나치게 개념적인 것도 있어서 오히려 다양한 분류가 정책평가를 온전하게 이해하는데 혼돈을 줄 수 있다.

정책평가의 분류기준으로는 평가자, 평가기준, 평가목적, 평가대상의 범위와 기관, 평가내용, 그리고 평가방법 등을 들 수 있다. 이들을 요약하면 다음 <참고>와 같다.

참고 정책평가의 분류기준

- 평가의 주체: 내부평가와 외부평가
- 평가의 기준: 능률성 평가, 효과성 평가, 형평성 평가, 합법성 평가
- 평가의 목적: 과정평가(혹은 형성평가)와 영향평가(혹은 총괄평가)

- 평가의 대상 범위: 기능(구조 혹은 요소)평가와 종합평가
- 평가대상기관: 중앙행정기관, 지방자치단체, 공공기관
- 평가의 내용: 질적 평가와 양적 평가/ 영향평가, 산출평가, 성과평가
- 평가의 방법: 기술적 평가와 인과적 평가
- 정책의 단계: 결정에 대한 평가, 집행에 대한 평가, 평가에 대한 평가

---

2) 정책평가의 종류와 유형

정책평가는 평가의 주체에 따라서 내부평가와 외부평가로 구분할 수 있다. 정책이나 사업의 주체가 스스로 하는 평가를 내부평가 혹은 자체평가라 하고 정책집행기관 밖의 평가를 외부평가라 한다.

정책평가는 평가기준과 관련하여 능률성 평가, 효과성 평가, 공정성 평가, 합법성 평가 등으로 구분한다. 능률성 평가는 투입자원 대 산출의 비율을 평가하는 것이며, 효과성 평가는 정책과 사업의 목표달성도를 평가하는 것이고, 형평성 평가는 정책과 사업의 집행이 과정이나 결과에서 형평한가를 평가하는 것이고, 합법성 평가는 정책집행과정에서 법을 준수했는가를 평가하는 것이다.

정책평가는 평가목적에 따라 과정평가와 영향평가로 구분한다. 이것은 형성평가와 총괄평가와 유사하다. 정책을 결정하거나 집행하는 과정에서 그것의 수정과 변경 등을 위한 평가를 과정평가 혹은 형성평가라 하고, 집행이 끝난 다음 전체적으로 영향의 유무나 정도를 평가하는 것을 영향(影響)평가 또는 총괄평가라 한다.

정책평가는 평가의 대상 범위에 따라 기능(구조 혹은 요소)평가와 종합평가로 구분한다. 기능평가(구조 혹은 요소평가)는 정책이나 사업의 하부기능이나 요소가 있을 때 이들이 전체에 미치는 부분적 영향을 추론하는 평가이며, 종합평가는 전체적인 정책이 그 결과나 영향에 미치는 인과관계를 추론하는 평가이다.

정책평가는 평가의 내용에 따라 질적 평가와 양적 평가로 구분한다. 질적 평가는 비계량적 방법으로 평가하는 것이며, 양적 평가는 계량적 방법으로 평가하는 것이다.

정책평가는 정책결과의 내용에 따라 영향평가, 산출평가, 성과평가로 구분한다. 산출(output)평가는 정책대상집단이 정책집행으로 인해 받는 자원, 혜택 그리고 규

제 등을 평가한다. 예컨대 장애인지원사업이나 국가보훈사업에서 혜택받은 장애인과 보훈대상의 수, 예산규모 등을 측정한다. 성과(outcome)평가는 정책과 사업의 목표를 달성한 정도 또는 정책문제를 해결한 정도를 말한다. 예컨대 장애인(혹은 보훈대상)이 장애자(보훈) 지원에 의해 어느 정도 생활이 윤택해졌는지를 평가한다. 영향(impact)평가는 정책과 사업이 특정 분야에 장기적으로 미친 영향을 평가하는 것이다. 예컨대 장애인(보훈대상)들이 장기적으로 복지수준이 어느 정도 향상되었는지를 평가하는 것이다.

제 2 절 정책평가의 절차와 기획단계

1 정책평가의 절차 개관

정책평가의 절차는 정책평가의 과정이라고 불리는데 정책유형이나 정책평가 연구자에 따라 다양하게 제시되고 있는 것이 사실이다. 다만 넓게 보아 정책평가의 절차는 정책평가의 기획단계, 정책평가의 실시단계, 그리고 정책평가의 사후단계로 구분할 수 있으나 그 핵심은 정책평가의 실시단계이다. 정책평가의 실시단계가 사실상 좁은 의미의 정책평가단계이다.

참고 넓은 의미의 정책평가단계

① 정책평가의 기획단계: 정책평가의 일정, 주관기관 및 대상의 선정, 활용방법 등
② 정책평가의 실시단계: 정책평가의 구체적 실시(목표 확인, 모형 설정, 인과관계 추론, 결과 해석 등
③ 정책평가의 사후단계: 정책평가 실시 후 보고서 작성, 활용과 환류

정책평가를 기획하는 단계에서 정책평가를 주관하는 기관은 정책평가가 필요한지를 확인하고 평가를 누가 할 것인지? 언제 평가할 것인지? 어떤 기준으로 평가

를 할 것인지, 어떤 내용을 평가할 것인지? 평가의 비용을 누가 부담할 것인지? 평가 후 어떻게 활용할 것인지를 개괄적으로 검토한다.

정책평가를 실시하는 단계는 구체적으로 정책평가를 하는 작업과정으로 정책목표의 확인, 평가기준의 선정, 인과모형의 설정, 연구 설계의 개발, 자료의 수집, 그리고 자료의 분석과 해석의 단계로 구분된다.

정책평가의 사후단계는 정책평가의 결과를 정리하여 보고서를 작성하고 인쇄하며 이를 활용하기 위한 단계로서 평가의 대상기관이 이를 활용하여 정책과 사업을 직접 또는 간접적으로 개선할 수 있도록 한다.

2 정책평가의 기획단계

1) 정책평가의 주체 선정

정책평가의 주체, 즉 정책평가자나 정책평가기관이 누구인가에 따라 정책평가의 목적이나 방법 심지어는 평가결과의 내용까지도 달라질 수 있다.

저자는 정책평가의 주체를 집행기관 자신, 부처 등 1차 사업 감독기관(주로 행정부), 행정부 내 기구(감사원 등 독립기구), 정부기구(입법부, 사법부 등), 정부 외 기구 등으로 구분한다.

참고 정책평가기구

집행기관 소속부처 행정부기관 정부기관 정부 외 기관

←————————————————→

평가의 적절성 높음 평가의 객관성 높음

실제 정책이나 사업의 평가는 정책이나 사업을 집행하는 기구가 자체적으로 할 수 있다. 행정부의 부처청 등 상급감독기관은 일선기관이나 하급기관의 정책 및 사업집행에 대해 평가를 할 수 있다. 입법부나 사법부 역시 소속기관에 대해서는 행정부와 같은 논리가 적용된다. 행정 각 부·처·청에 대해 대통령(직속기관), 국무총리(소속기관), 감사원 등에서는 상위자로서 정책을 평가할 수 있다. 국회와 사법부(대법원 및 헌법재판소)는 정부 차원에서 정책을 평가할 수 있다. 사법부는 법원의 제청이나 헌법소원에 따라 위헌법률심사를 실시한다. 명령규칙 등이 법률의 위반 여부가 재판의 전제가 될 때 당연히 이를 심사하여 평가해야 한다. 또한 정부 밖에서는 언론기관, 시민사회단체, 싱크탱크, 이익집단, 전문가 그리고 외국정부기관, 국제기구 등이 정책을 평가할 수 있다.

앞의 참고에서 보는 것처럼 정책평가기관이 정책의 집행기관에 가까울수록 정책평가의 적실성이 높아질 수 있으나 평가의 결과 실패 쪽으로 기울 경우 이를 왜곡할 가능성이 크다. 한편 <참고>에서 정책평기기관이 정부 외 기관 쪽에 가까울수록 정책평가의 객관성과 자율성이 높아질 수 있다. 정책을 결정하거나 집행하는 정부기관 등이 정책평가를 외부용역에 맡겨 교수 등 외부전문가들로 하여금 정책평가를 맡기는 경우도 많은데 이는 정책평가의 타당성과 신뢰성을 높이고자 하는 것이다.

정책평가를 한 기관이 실시한 경우도 있지만 복수의 기관이 실시하기도 한다. 후자의 경우 정책평가의 결과나 해석이 같은 방향이거나 유사한 정도일 때는 별 문제가 없으나 이들의 차이가 클 때는 평가 자체의 타당성 등에 대한 신뢰와 불신 문제가 제기된다. 정책의 평가결과에 대해서는 여당과 야당의 인식의 차이, 언론사 간 인식의 차이, 언론과 시민단체 간의 차이, 국가 간의 차이 등이 종종 발생한다.

한편 국민은 개별적으로 정책을 평가하기보다는 여론을 형성하고 선거를 통하여 간접적으로 정책을 평가한다. 끝으로 외국 정부, 특히 대한민국과 관계가 밀접한 외국이나 특정 정책이 상대 외국의 자국 이익과 충돌을 일으키는 경우 외국 정부는 우리나라의 정책을 평가하게 되는데, 국제관계 등 외교, 국방분야의 인권분야에 대한 정책평가가 그것이다.

국방정책이나 사업의 경우도 위의 일반 논의에서 크게 벗어나지 않는다. 집행기관으로서 각 군 본부나 직할기관 등이 자체적으로 평가하며, 이를 국방부, 방위사업청, 병무청에서 평가하고, 행정부 차원에서는 대통령실(국가안보실), 국무총리실, 감사원 등에서 평가하며, 다음으로 정부 차원에서는 국회의 국방위원회, 대법원과 헌법재판소가 평가하며, 언론, 시민사회단체, 안보관련 싱크탱크 등과 동맹국인 미국, 적국인 북한 등이 평가하며, 국제연합 등 국제기구에서도 국방관련 정책을 평가한다.

2) 정책평가의 대상 선정

정책평가의 대상은 정책이라 할 수 있지만 이 때 정책의 개념 속에는 여러 가지 의미가 내포되어 있다. 정책을 '각종의 정치적・행정적 과정을 통하여 정책환경이나 대상의 의도적인 변화를 목적으로 권위있게 결정된 공적 목표와 수단'이라고 정의하고자 한다.

그런데 구체적인 정책의 표현이나 진술 형태는 매우 다양하다. 즉 정책은 당면과제, 조치, 제도, 정책, 대책, 계획, 프로젝트, 사업, 예산사업 등으로 표현되고 있다. 이들이 어떻게 불리어지든 이들을 정책의 테두리에 포함시킨다. 이처럼 다양한 의미가 포함된 정책도 그 유형에 따라서 평가의 방법이나 기법 등이 다를 수 있기 때문에 먼저 정책을 유형[4]화시키는 것은 유용하다.

국방정책과 관련시켜 정책의 유형이나 종류를 살펴보면 장기의 정책(planning), 중기의 계획(programing), 단기의 예산사업, 예산사업과 비예산사업, 전력증강계획과 운영유지계획, 전시정책과 평시정책, 부대계획과 인력계획, 장비계획, 물자계획, 시설계획, 정보 및 통신계획, 교육훈련계획, 의무계획, 정훈계획 및 연구개발계획 등으로 구분할 수 있기 때문에[5] 국방정책을 총괄적으로 평가할 수도 있지만 유형별로 종류별로 대상부문별로 평가하는 것이 더 적실성이 높을 것으로 판단된다.

그러면 모든 정책을 평가대상으로 할 것인가? 이것은 평가 주체의 필요성, 지위, 기능, 그리고 역량에 따라 달라진다. 평가 주체가 개별적인 호기심이나 관심에서 그들이 선호하는 정책이나 사업을 평가할 수 있다. 또한 법령상에 모든 정부정책과 사업을 평가할 의무가 있는 것도 있지만 선별적으로 평가할 수 있다. 선별적

4) 예컨대, 1. 정책을 기능별로 안보정책, 국방정책, 상공정책, 노동정책, 농업정책 및 문화정책으로 분류하는 방법, 2. Almond와 Powell에 의한 추출정책, 규제정책, 분배정책, 재분배정책으로 분류하는 방법, 3. Lowi에 의한 분배정책, 규제정책, 재분배정책, 상징정책으로 분류하는 방법 등. Gabriel A. Almond and G. Bingham Powell, Jr., *Comparative Politics: A Developmental Approach* (Boston: Little, Brown & Company, 1966), pp. 195－196; Theodore J. Lowi, "American Business, Public Policy, Case Studies, and Political Theory," *World Politics*(July 1964), pp. 677－715; 유훈, 전게서, pp. 24－39에서 재인용.

5) 국방정책의 분류는 본서 제1장 정책관리의 의의와 국방정책 참조.

으로 정책이 평가되어야 하는 경우에는 평가기관의 역량 범위 안에서 평가의 결과가 최대의 효과를 얻을 수 있는 정책이나 사업에 대해 평가를 한다.

요컨대 정책평가의 대상인 정책은 정책, 제도, 법령, 계획, 예산, 사업 등을 포괄하는 넓은 의미로 파악해야 할 것이며 평가대상을 선정할 때는 대상 정책과 사업의 성질이나 파급 효과 등을 감안하여 평가한다.

3) 정책평가의 시기 선정

(1) 정책과정과 정책평가

대체로 정책과정은 정책형성, 정책집행, 정책종결의 순으로 계속되거나, 정책과정에서 수정의 작업이 계속되기도 한다. 정책평가는 정책집행 후에 하는 것이 보통이나 정책의 형성이나 집행과정에서도 정책을 평가할 수 있다. 정책결정 혹은 정책형성과정에서 정책분석이라는 사전적 검토가 이루어진다. 정책이 결정된 후 집행되기 전에도 정책결정이 잘 되었는가를 평가할 수 있다. 정책집행과정에서 정책평가는 정책수정에 대한 요구가 제기되었을 때 이루어지며, 특히 정책집행기간이 장기일 때는 시간의 경과에 따라 정책환경도 변화하는 것이기 때문에 정책집행과정에서 정책평가는 반드시 거쳐야 할 절차가 되어야 한다. 그러나 정책종결과정에서는 하나의 정책이 완성되는 것이므로 총괄적인 정책평가가 가능하며, 평가를 하는 것은 당연하다. 또한 정책평가가 이루어진 후에도 평가에 대한 평가를 할 수 있다.

(2) 정책평가의 시기

위의 정책평가과정과는 별도로 정책평가를 해야 할 시기를 살펴보자. 정책평가는 정기적으로 실시되는 경우도 있지만, 부정기적으로 실시되는 경우도 있다.

정책평가를 정기적으로 실시하는 것은 정책의 생명주기와는 관계없이 매 분기, 매 년 혹은 대통령이나 국회의원의 임기 만료시에 모든 정책이나 사업을 평가한다. 매분기별 정책평가는 과거에는 심사분석제도 등을 통해서 이루어졌으며, 매년별로는 국회의 예산안 심의나 결산심의, 기획재정부(구 경제기획원) 예산실의 예산안 사정에 의해서 이루어진다. 또한 대통령이나 국회의원의 임기만료시에는 대체로 당대의 정치 업적을 평가하는 것이 바람직하다. 또한 일몰법[6] 등에서는 조직이나

6) 일몰법은 일몰예산제도라고 하는데 일단 실시된 모든 행정활동을 일정 기간(예컨대 3년 혹은 5년) 후에 검토하여 일몰(sunset)에 달하였다고 판단되는 활동은 중지하고 일출(sunrise)시킬 필요

사업의 평가를 주기적으로 하도록 되어 있다.

부정기적으로 정책을 평가하는 이유는 여러 가지가 있다. 법 제정시 정책평가를 의무화한 경우(김명수, 2003: 52－55)는 반드시 정책에 대한 평가가 뒤따라야 하지만 의무화되어 있지 않은 경우에도 정책평가는 필요하다. 즉 정책실시과정에서 문제가 생겼을 때, 예컨대 정책대상집단이 정책조치를 수용하지 아니하고 저항하여 집행이 곤란하거나 타 정책과의 마찰이나 갈등으로 인해 당해 정책에 대한 재평가가 이루어져 정책의 중단, 계속, 수정 등 정책환경변화에 따른 정책대응을 위해 정보의 수집이 요구될 때 정책평가가 필요하다. 법률의 위헌심판, 명령의 위법소송이 제기될 때 정책(법률, 명령)을 평가해야 한다. 언론, 시민사회단체 등이 정책이나 사업의 문제점을 심각하다고 지적하면서 통제할 때 정책평가가 필요하다.

또한 정책은 정치적 성격을 띠기 때문에 위정자나 정책주관자 등이 정치·행정적 업적을 드러내어 정치적 지지나 행정상의 지위를 확보해야 할 필요가 있을 때도 정책평가가 필요하다.

4) 정책평가의 기준 선정

(1) 정책평가의 기준의 의의

정책평가의 기준으로는 여러 학자들이 여러 가지를 제시하고 있지만(박성복·이종렬, 2003; 정주택 외, 2007). 저자는 그것을 포괄적 기준과 구체적 기준으로 나누고, 구체적 기준을 다시 정치·사회적 기준과 정책적 기준으로 구분하고자 한다. 그런데 정책결정의 기준에서 다루었던 국익과 공익, 민주적 기본질서 등 헌법원리가 정책평가의 포괄적 기준으로 활용할 수 있으므로 여기서는 포괄적 기준은 다루지 않으며 구체적 기준을 중심으로 다룬다.

정책평가의 구체적 기준은 정책단계에 따라 달라진다. 즉 정책평가는 그 단계에 따라 정책결정에 대한 평가, 정책집행에 대한 평가, 그리고 정책평가에 대한 평가로 구분할 수 있다. 정책결정에 대한 평가는 정책결정이 잘 되었는가? 즉 민주적이며 합리적으로 결정되었는가, 시기적으로 적절한가 등에 대한 평가이다. 정책결

가 있다고 판단되는 활동을 재 제안시킨다는 것을 법률로서 강제한다. Dan R. Price, "Sunset Legislation Spreads Despite Flaws," *Public Administration Time*(March 15, 1979), p. 4; 신해룡, "일몰법에 관한 고찰," 『국회보』 제222호(1985.4), p. 56에서 재인용.

정 이후에 정책분석이 적절한가 등을 따지는 평가문제이기도 하다. 정책집행에 관한 평가는 일반적으로 말하는 정책평가에 해당한다. 정책평가에 대한 평가는 이미 다른 평가 주체에 의한 정책평가의 타당성과 적합성에 대한 평가를 의미한다. 다시 말하면 '정책평가연구'에 해당한다.

따라서 정책평가라고 하면 보통 정책집행에 대한 평가를 의미하며 그 평가가 적실성을 가지려면 평가과정에서 인과관계를 추론할 때 논리나 절차가 잘 구비되어야 한다.

정책평가의 구체적 기준은 정치사회적 기준과 정책적 기준으로 구분할 수 있다.

표 11-1 정책단계별 정책평가의 유형과 기준의 결합

정책단계	정책평가 기준	비 고
결정에 대한 평가	합리성, 민주성, 적절성	'정책분석'과 구분
집행에 대한 평가	능률성, 효과성, 공정성, 대응성	좁은 의미 정책평가
평가에 대한 평가	평가의 타당성	'정책평가연구'와 구분

(2) 정치 · 사회적 기준

정치 · 사회적 기준은 정책환경과의 관계에서 본 정책평가의 기준으로 체제유지, 대응성 및 형평성을 포함한다.

첫째, 체제유지는 특정 정책이 국가나 사회의 안정이나 발전에 얼마나 기여했는가 혹은 특정 정책이 정책주관기관이나 조직의 활력유지에 어느 정도 기여했느냐의 의미를 지닌 평가기준이다.

둘째, 대응성은 정책이 정책환경 또는 정책대상 집단의 요구, 선호, 그리고 가치를 충족시켜주는 정도를 뜻한다. 그런데 정책대상 집단은 수혜자나 피해자일 수 있다. 따라서 정책의 대응성은 수혜자의 만족도는 물론이고 피해자의 부담능력 및 부담의사의 한계를 고려해야 한다. 즉 정책 실시로 누가, 무엇을, 얼마나 얻고 잃었는가를 평가하는 것이다.

셋째, 형평성이란 공공정책과 관련하여 많이 논의되고 있으며 주로 '정의(正義)'와 함께 사용되고 있다. 다만 일반적으로 형평성은 '동등한 것을 동등하게, 불균등한 것은 불균등하게 다루어져야 한다는 것과 정책대상을 다루는데 있어서 차이가

공평해야 한다'는 것을 함축하고 있다(김인, 1986: 79). 정책실시의 결과 개인별, 집단별, 계층별, 부문별, 지역별 그리고 특히 국방정책의 경우 군별, 병과별, 출신별, 신분별 등 세분화할 수 있는 영역별로 형평성이 확보되었는가를 평가할 수 있다.

(3) 정책적 기준

정책적 기준이란 정책문제와 관련한 정책 자체의 평가기준으로 충분성, 효과성, 능률성 등을 들 수 있다. 첫째, 충분성은 적절성(adequacy)이라고도 하는데 정책을 통한 문제해결의 정도를 뜻한다. 즉 정책실시의 결과가 정책문제화된 사회문제를 어느 정도 해결했느냐이다. 둘째, 효과성은 보통 목표달성도를 의미하는 것으로 정책이 제시한 목표의 달성이나 미달성과 관련이 있다. 셋째, 능률성은 정책목표 달성을 위한 노력이나 비용의 정도로서 보통 투입과 산출의 비율로 표현된다. 능률성을 평가하는 기법으로는 비용편익분석 등이 있다.

참고 **감사원의 해외무기체계구입(FMS)의 효율성 평가**

FMS에 의한 해외무기구입은 2012년 현재 미국으로부터 도입이 66%에 달하고 있다. 그 동안 FMS는 제도의 경직성, 사업종결에 장기간 소요, 계약조건 미이행 및 납기지연과 같은 지적을 받아왔으나 미국 정부와 정부 대 정부 간의 계약이라는 점에서 소홀하게 다루어왔다. 감사원은 국회의 요구에 따라 FMS(Foreign Military Sales, 대외군사판매)사업을 2012년(10.25–11.20)에 감사한 바 있으며 감사대상 기관은 국방부, 방위사업청, 각 군 본부, 군수사령부 등이다.

감사결과 자금관리 분야에서는 FMS 예치금 관리 및 운용의 부적절성, FMS 대금지급의 부적정, 특별대금청구서제도 이용 부적정이 지적되었으며, 사업관리분야에서는 FMS 구매국 지위향상 후속조치 부적정, FMS 담당직원의 보직관리 부적정 등이 지적되었다.

* 자료원: 감사원, 『감사연보 2013』(서울: 감사원, 2013), pp. 583–591.

제 3 절 정책평가의 실시와 활용 및 관리

1 정책평가 실시단계와 정책평가방법

1) 정책평가의 실시단계

정책평가를 실시하는 단계[7]는 구체적으로 정책평가를 하는 작업과정으로 정책목표의 확인, 평가기준의 선정, 인과모형의 설정, 연구 설계의 개발, 자료의 수집, 그리고 자료의 분석과 해석의 단계로 구분된다.

(1) 정책목표의 확인

정책평가는 정책목표를 확인하고 식별하는 데서 시작된다. 정책목표는 정책의 필요성과 직결되는 것이며 효과성 측정의 기준인데, 대부분의 정책평가는 효과성 평가가 그 주류를 이룬다. 그런데 정책목표는 명시된 경우도 있지만 모호한 경우도 있고, 단일의 목표가 있는가 하면 복수의 목표가 있기 때문에 정책목표를 확인하거나 식별하는 것은 그렇게 쉽지 않을 수 있다. 따라서 정책목표를 확인하기 위해서는 정책(특히 법령)에 명시된 목표의 확인은 물론 정책결정의 배경검토, 관련 이해당자자의 견해 파악, 집행과정에서의 목표 변동의 확인 등이 요망되며(Nakamura and Smallwood, 1980: 12-18) 정책목표의 식별을 위한 종합적 방법이 요청된다(성규택, 1987: 89).

(2) 평가기준의 선정

정책목표의 확인이 끝나면 평가의 기준을 선정한다. 평가의 기준으로는 앞서 제시한 정책평가기준이 그대로 적용된다. 다만 정책의 유형에 따라서 정책평가의 목적에 따라서 제시된 기준 중 특정의 기준(들)이 채택·선정될 수 있다. 따라서

7) 정책평가실시단계 자체에 대해서는 나흐미아스(Nachmias)의 평가절차에 대한 견해가 비교적 많이 인용되고 있으며 그것이 평가의 적합한 기준이나 모형으로서 보이나 다소 변형된 유훈 교수의 정책평가의 절차가 더욱 명쾌해 보이기 때문에 여기서는 유훈 교수의 견해를 중심으로 요약 소개하기로 한다. David Nachmias, *Public Policy Evaluation: Approach and Method*(New York: St. Martin's Press, 1979), pp. 12-18; 유훈, 전게서, pp. 448-452.

다분히 주관이 많이 개입될 수 있는 절차라고 할 수 있다.

(3) 인과모형의 설정

기술적 평가가 아닌 인과적 평가를 하는 경우에는 정책평가를 위한 인과모형[8]의 작성이 요구된다. 그런데 모형은 보통 변수들과 변수들 간의 관계에 의해서 구성되기 때문에 평가를 위한 모형에서는 정책수단인 독립변수와 정책결과나 정책목표인 종속변수로 구성되지만 그 변수들 간의 인과관계에 영향을 미치는 제3의 변수, 매개변수 그리고 허위변수 등의 개입에 유의하여야 한다. 이렇게 인과모형을 작성하면 현실사회를 보다 추상화·단순화 시킬 수 있어서 정책세계를 보다 쉽게 이해할 수 있게 된다.

(4) 연구설계의 개발

인과모형을 선정한 다음에는 자료의 수집, 측정, 분석 그리고 해석의 작업을 위해 연구설계가 필요하다. 연구설계의 방법으로는 진실험, 준실험 그리고 비실험의 방법 등이 있는데(노화준, 2015; 정주택 외, 2007; 정정길 외, 1987) 평가목적이나 평가대상에 따라서 이들 중 어느 한 방법을 택하여 인과모형의 타당성을 밝힐 수 있다.

(5) 자료의 수집

평가에 필요한 자료는 다양하게 얻을 수 있으며, 평가되는 정책의 성격에 따라 필요한 자료의 내용은 달라진다. 그러나 가장 대표적인 자료원은 면접, 설문조사, 관찰, 문헌과 정부기록, 각종 보고서 등을 들 수 있다. 이렇게 해서 획득된 자료는 사실이나 원소재로서 존재할 가능성이 크기 때문에 자료를 정책평가에 유의미하도록 전환시키는, 즉 자료의 정책정보로의 전환작업이 필수적이다.

(6) 자료의 분석과 해석

수집된 자료의 분석방법 역시 다양하다. 보통 많이 쓰이는 분석방법으로는 상관관계분석, 회귀분석, 다중회귀분석 등 통계적 분석방법이 많이 사용되고 있으나 단순통계방법이 사용되기도 한다. 자료의 분석 못지않게 중요한 것이 자료의 해석

8) 인과모형에 대한 자세한 논의는 노화준, 전게서(2015), 제7장 "정책영향평가에 있어서의 인과적 추론과 타당성"을 참조.

인데 이는 분석결과에 어떤 정책적 의미를 부여하는 것이다. 해석을 할 때는 가능한 한 평가자의 주관을 배제하여 평가의 객관성을 유지할 수 있도록 해야 한다.

2) 정책평가의 방법

(1) 정책평가방법의 개관

정책평가의 방법은 정책의 유형, 내용, 목적에 따라 달라지지만 여기서는 영향(혹은 결과)평가를 중심으로 중요하다고 생각되는 것만 다루기로 한다. 위에서 정책평가의 절차 중에서 실질적으로 정책평가에서 가장 핵심적 단계는 인과관계의 설정과 연구설계의 개발이다. 여기서는 영향평가방법을 효과성 평가, 능률성 평가 그리고 형평성 평가로 구분하여 고찰한다.

효과성 평가는 목표달성도의 평가와 인과관계의 추론에 의한 실험적 방법평가로 나눌 수 있고, 실험적 방법은 다시 진실험적 방법과 준실험적 방법으로 나눌 수 있다.

목표달성도를 평가하는 방법은 목표가 양적으로 표현된 경우(예컨대 2016년까지 공격용헬기 국산화율 90% 달성)와 질적으로 표현된 경우로 구분할 수 있다. 목표가 양적으로 표현되어 있으면 정책목표와 실적을 비교하여 목표달성도를 평가하면 되며, 질적으로 표현된 경우는 이를 평가할 수 있도록 구체화하여 목표와 실적을 비교한다.

능률성 평가는 효과성 평가를 보완하는 것으로 보통 투입 대 산출의 비율을 평가하는 것이다. 능률성 평가를 위해서는 성과를 계량화할 수 있을 때는 비용편익분석의 방법을 계량화하기 곤란할 때, 즉 질적인 평가를 할 때는 비용효과분석을 해야 한다. 효과성 평가 후 정책이 성공했다 하더라도 내부적 운영면에서 능률성을 평가하는 것이 바람직하다.

형평성이나 공정성의 평가는 다음과 같다. 형평성이나 공정성의 문제는 수혜자나 피해자 등 이해관계자의 만족도나 인식이 중요하므로 이들을 설문지나 면접을 실시하여 평가한다. 한편 정책이나 사업을 실시한 이후에 관심 영역별로 대상집단별, 부문별, 지역별 등으로 구분한 후 계량적으로 수혜 정도와 피해 정도 등을 측정하고 비교한 후 평가한다.

(2) 인과관계의 추론

자연현상은 비교적 엄밀한 조사설계에 의해 실험설계에 따라 인과관계를 추론하는 경우가 많다. 예컨대 건강한 쥐를 세 그룹으로 무작위적으로 나눈 후 실험실에서 1주일 동안 A그룹은 매일 잠을 재우지 않고, B 그룹은 4시간만 잠을 재우고, C그룹은 충분히(예 8시간) 잠을 재운 후 활동상태를 조사하여 건강상태를 조사 한 후 수면의 정도가 쥐의 건강에 어떤 영향을 미치는지 평가한다. 그런데 사회 현상이나 정부정책은 자연현상과 달라서 엄밀한 실험설계를 하기 어렵다.

진(眞)실험적 방법은 실험실 연구에서처럼 정책실험을 하는 것으로 실험집단과 통제집단을 무작위적으로 배치한 후(집단의 구성이 거의 동질적이 됨) 실험집단에는 정책을 실시하고, 통제집단에는 정책을 실시하지 않은 채, 양 집단 간의 정책결과의 차이를 통해서 정책의 순효과를 파악하는 정책평가방법이다. 진실험 설계 중 솔로몬 4집단 설계는 사전검사의 실시 유무를 통해 정책효과측정의 내적 타당도를 최대한으로 보장하는 방법이다.

준(準)실험적 방법은 진실험적 방법보다는 통제집단과 실험집단간의 동질성은 약하지만 유사한 집단으로 배정한 후 정책을 실시하고 양 집단 간의 차이를 통해 정책효과를 파악하는 평가방법이다. 예컨대 강원도(실험집단)와 경기도(통제집단)를 대상으로 하여 강원도 출신 병역대상자들에게는 병역근무처를 개인이 선택하게 하고 경기도 주민에게는 그것을 허용하지 않은 채 1~2년 후 양 지역 병역 대상들의 병역 만족을 측정하여 평가하는 방법이다.

진실험이나 준실험이 아닌 평가방법으로는 통제집단이나 비교집단이 없이 정책의 실시 전과 실시 후의 상태나 결과를 비교하는 비(非)실험적 방법이 사용되기도 한다. 많은 정책과 사업을 평가할 때 비실험적 방법을 사용하고 있다. 따라서 평가과정에서 인과관계의 추론이 엄격하지 못하여 왜곡된 결과를 만들어낼 수 있다.

2 정책평가의 활용과 관리

1) 정책평가보고서의 작성

정책평가의 결과는 보고서로 작성되거나 논문이나 저서에서 다루어지기도 하고 선언이나 논설 형태로 작성되기도 한다. 그것은 정책평가의 목적이나 정책평가의 주체와 관련이 있다.

정책용역의 형태로 정책평가가 이루어지는 경우에는 보통 정책평가보고서의 형태로 작성되며 이 경우 정책분석보고서의 형태와 유사하지만 사전분석과 사후평가의 면에서 차이가 있을 뿐이다. 정책평가의 결과에 따라 정책적 시사점을 제시하는 것이 바람직하다. 정책평가가 학자나 전문가들의 개인적·학문적 관심 때문에 실시되는 경우에는 저서에 포함되거나 논문의 형태로 작성된다. 논문의 형태를 띨 경우 정책평가에 대한 현실성은 떨어질 수 있다. 한편 언론기관이나 NGO 등에 의한 평가는 논설, 비평기사의 형태로 제기되며, 국회나 감사원 등에서 정책평가를 하는 경우에는 국정조사, 국정감사, 그리고 정책조사 등의 형태로 작성된다. 따라서 엄격한 보고서 없이도 정책평가가 이루어질 수 있다.

2) 정책평가의 활용

정책평가의 활용은 앞에서 언급한 정책평가의 목적을 달성하기 위한 노력으로 볼 수 있다. 하지만 좁은 의미에서 보면 책무성과 같은 정치적 목적과 정책의 수정과 변동과 같은 정책관리적 목적에서 정책평가결과를 환류시켜 활용한다.

정책평가활용의 실태는 만족스럽지 못하다는 평가가 많다(유훈, 1993: 453-456; 노화준, 2015: 470-472). 패튼(M. Q. Patton)이 지적한 것처럼 정책평가는 활용중심이 되어야 한다(김성태, 2002: 566-583).

그런데 평가 결과의 활용에 대해서는 그것이 효용이 있다는 긍정적 견해와 그것이 별로 효용이 없다는 부정적 견해로 나뉜다(유훈, 1993: 453-456; 이윤식, 2010: 143-145). 전자는 평가결과가 중요하고 유용하다는데 근거하며, 후자는 평가결과에 대해 의사결정자들이 수용하려 않기 때문이다.

평가결과의 활용에 영향을 주는 요소에 대해서는 여러 학자들이 제시하고 있으나(이윤식, 2010: 153-165) 저자는 다음을 제시하고자 한다. 첫째, 평가결과의 신뢰성과 타당성에 좌우되는데 이들이 높으면 활용도가 높고 이들이 낮으면 활용도가 낮다. 둘째, 활용 주체의 관심에 좌우되는데 이런 관심은 평가결과 활용의 제도화에 따라 영향을 받는다. 평가과정에 참여를 한 기관과 개인은 평가결과에 대한 애착이 많아 평가결과를 활용할 가능성이 높다. 셋째, 평가보고서의 배포선과 관련이 있는데 일부 기관이나 전문가들에게만 배포하기 때문이다. 넷째, 평가 환경이 결과 활용을 부추기는 경우이다. 정책문제에 대해 논란이 많거나 정치적으로 정권이 불안정하거나 국민들의 지지가 낮을 정책의 평가결과를 활용하고자 한다.

3 정책평가의 문제점과 개선

1) 정책평가의 문제점

현실적으로 정책평가를 하다보면 여러 가지 어려움에 부닥친다.

첫째, 정책평가대상의 문제이다. 공공정책의 평가대상은 정부의 제 활동이기 때문에 비용의 분석은 쉬울지 몰라도 편익이나 효과, 그리고 장기적인 영향은 평가하기 곤란하다. 특히 국방이나 치안과 같은 순수공공재에 대한 정책평가는 현실적으로 많은 어려움을 수반한다.

둘째, 평가정보의 문제이다. 정책결정이나 분석을 위한 정보도 문제가 되지만 정책평가정보는 더욱 심각하다. 정보관리체제가 아직 정비되지 않았으며, 기록문서, 보고서 등의 부족은 물론, 정확성 등도 문제가 된다. 특히 국방정책 정보의 경우 보안이나 비밀을 요하는 사항이 많아서 자료나 정보의 보관과 이용이 상대적으로 어렵다.

셋째, 평가방법의 문제이다. 인과성에 의해 정책의 영향력을 평가하는 경우 진실험이 가장 좋은 방법이나 이것은 외부변수의 통제가 어렵고, 평가결과의 일반화도 곤란하며, 경우에 따라서는 전혀 비교할 수 없는 경우도 존재한다. 특히 전쟁은 1회 발생해서 그 결과가 나오기 때문에 국방정책의 평가는 그 만큼 어렵다.

넷째, 정책평가가 너무 많이 시행되고 있다. 즉 다양한 기관에 의해 중복적으로 평가되며, 평가에 많은 비용이 소요되며, 이로 인해 평가절차가 지체되기도 한다. 평가대상기관에게 평가를 준비하고 받는데 업무상 부담을 준다(정주택 외, 2007: 279－283).

2) 정책평가의 개선 및 관리

첫째, 정책평가의 주관기관과 대상기관의 사고나 행태의 변화이다. 정책평가자이든 아니든 간에 정책에 대한 책임의식과 평가에 대한 긍정적 의식을 높여야 한다. 이를 위해 공무원이나 군인의 정치적 중립이나 직업공무원제 혹은 직업군인제의 확립이 요구된다. 정책평가는 부정적이라기보다는 긍정적이며, 비관적이라기보다는 희망적임을 인식해야 한다. 이를 위해서는 평가주관기관인 감사원이나 국방부 등 정부부처청의 지속적인 노력은 물론, 평가대상기관의 순응이 요구된다. 평가대상기관의 평가결과 활용을 위한 노력이 요구된다.

둘째, 정책평가체제의 제도화이다. 특히 많은 예산이 소요되는 정책사업이나 국가와 국민에게 지대한 영향을 미칠 정책에 대해서는 정책평가를 의무화시키고 제도화시키며, 공정하고 객관적인 평가를 함으로써 평가결과를 적절히 활용할 수 있도록 하고, 아울러 인사에도 반영하는 보상체계를 갖추어야 한다. 정책실명제를 제도화하여 책임을 확보한다. 또한 평가기관별 중점평가대상을 선정하고 전체 평가 간에 적절한 정렬이 요구된다.

셋째, 평가결과의 타당성을 높이기 위해서는 평가방법의 엄밀성을 높여야 한다. 과학적인 방법을 활용하여 평가하여야 하며, 최대의 객관성을 유지하고 해석의 중립성이 요구된다. 그리고 양적인 방법이 어려울 때는 질적인 방법으로 보완하여야 한다. 그런데 국가정책의 여러 부문에서 평가모형은 계속 연구되고 있으나 국방정책의 경우 그 연구는 드물다. 특히 한국의 실정을 감안한 국방정책 평가모형의 개발이 요구된다.

넷째, 정책평가정보의 철저한 관리이다. 정책을 평가할 때 각종 평가지표를 사용하고 있는바 경제지표, 사회지표, 정치지표, 문화지표 등이 그것인데 이들은 정책평가를 위한 유용한 정보를 제공해준다. 부문별로 정책지표를 개발하고 전산화를 통해 정책정보를 신속하고 유효하게 활용해야 한다. 평가결과에 대한 정보는 내용이 비문과 관련이 없으면 인터넷상으로 공개하여 활용케 한다. 다만 국방 관련 정책정보는 보안과 비밀유지에 특별한 관심을 기울인다.

제 4 부

정책의 관리

제12장 정책의 품질관리

제1절 정책의 품질관리

1 정책품질관리의 제도 및 이론

1) 정책품질관리제도의 도입

대한민국 정부는 2005년 7월 중앙행정기관을 대상으로 품질관리제도를 도입[1]하였다. 이어 지방자치단체도 이를 도입하였는데 2007년부터는 어느 정도 제도화를 하였고 정책품질관리카드[2]라는 양식까지 마련하였다. 이 제도는 노무현 대통령

1) 정책품질관리제도의 도입 배경으로는 새로운 정책환경의 변화 측면에서 '시민사회의 발전, 국경없는 무한경쟁, 다양한 이해관계자의 참여, 일상화된 위기요인, 사회적 갈등과 비판적 언론'을 들고 있으며, 기존의 정책관리 측면에서는 '정책실패의 원인분석 및 공유 기피, 부분적이고 단편적인 정책관리, 이해관계자 의견수렴 미흡, 부실한 정책홍보관리, 정책평가보상체계 미흡' 등을 들고 있다(국무조정실, 2007: 3-4).

2) 이 카드에는 정책단계를 정책형성, 정책홍보, 정책집행, 정책평가로 나누고 정책형성은 다시 정책수립의 필요성과 정책의 수립으로 구분하였다. 단계별로 점검사항은 다음과 같다. 첫째, 정책수립의 필요성에서는 문제의 현황과 실태, 문제의 원인 및 시급 정도, 현재까지 정부의 대응 내용, 국내외 유사사례 및 참고자료이다. 둘째, 정책의 수립에서는 정책목표, 세부추진계획 및 필요자원,

의 지시(2004.6.1.)가 발단이 되어 도입되었다. 이에 따라 정부는 2005년 1월에서 6월에 걸쳐 정책품질관리를 적용할 수 있는 매뉴얼을 개발하고, 국무총리훈령 「정책품질관리규정」을 제정(2005.2.16.)하였다(박병호, 2008: 69). 2006년 4월 「정부업무평가기본법」(법률 제7928호)이 제정되어 정책품질관리제도는 정부업무평가에 통합되었다. 외견상 이 제도가 없어진 것처럼 보이지만 사실은 성과평가관리제도에 녹아 있다.

「정책품질관리규정」에서는 "정책품질관리는 정부가 정책실패 및 부실정책을 방지하기 위하여 정책의 품질을 체계적으로 관리・개선하려고 행하는 총체적인 노력과 활동"이라고 정의한다. 한편 국무조정실(2007)에서는 "정책품질관리는 정책실패를 사전에 방지하고 바람직한 정책성과를 거두기 위하여 정책형성, 집행 및 환류 등 각 단계별로 반드시 고려해야 할 사항이나 거쳐야 할 절차를 매뉴얼 화하고, 정책의 성공 및 실패사례에 대한 학습을 강화하여 정책품질을 제고하고자 하는 일련의 활동"이라고 정의한다.

2) 품질관리의 기법과 제도

(1) 품질관리기법

정책품질관리는 민간기업분야의 제품 및 서비스 품질관리에서 벤치마킹한 것이다. 그 동안 민간기업분야에서는 품질개선 사이클, 품질 분임조, 리엔지니어링(re-engineering), 6시그마(Six sigma) 품질혁신, 전사적 품질관리(Total Quality Management: TQM) 등을 통해서 품질관리를 열심히 해왔는데 이들을 간단히 살펴본다(민진, 2014: 384-386).

품질개선 사이클은 품질측정, 품질통제 그리고 개선활동을 반복한다. 제품이나 서비스의 품질을 측정한 후에는 품질을 통제하여 안정된 상태를 만들고 다시 품질을 개선한다. 품질을 개선한 후에는 다시 일관성을 유지하기 위해 품질을 측정한

계획의 사전 타당성 확보 방안, 협의 부처 및 관련 절차, 갈등관리 방안 및 정책영향평가 등의 결과에 대한 대응책이다. 셋째, 정책홍보단계에는 홍보주체 및 대상, 홍보 주요내용, 홍보매체, 홍보시기 및 구체적 홍보방법, 예상되는 비판논리 및 대응논리, 여론 대응방법이다. 넷째, 정책집행단계에서는 정책집행에 대한 점검 여부 및 방법 등, 집행상 제기된 문제점 및 대응방안이다. 다섯째, 정책평가에서는 평가방법(주체, 대상, 시기, 방법), 평가결과 및 그 시사점, 그리고 평가결과 활용방안이다.

다. 이 사이클은 영구적이지만 측정의 필요성은 시간이 지나면 감소한다.

품질분임조는 조직이 구성원에게 품질에 관한 사고를 갖도록 유도하는 조직 관리기법 중 하나로 동일한 직장에서 품질경영활동을 자주적으로 행하는 소집단을 말한다. 품질분임조는 품질의 개선 및 공정의 개선의 방법을 연구하기 위하여 주기적으로 모임을 갖는 다수의 근로자로 구성된다(김연성 외, 2006: 303-304).

리엔지니어링은 조직이 핵심업무에서 극적인 성공을 이루기 위해 업무과정을 근본적으로 재설계하는 것을 의미한다. 이는 기존의 모든 절차와 구조를 버리고 완전히 새로운 업무처리방법을 만드는 것이다(원석희, 1998: 256-257).

6시그마 품질혁신은 미국의 통신기기 업체인 모토롤라에서 시작한 방법으로 고객의 관점에서 사고해 결함이 발생할 가능성을 사전에 제거하고 프로세스의 질을 개선하려는 것으로(고두균 외, 1999: 22) 불량률의 단위를 퍼센트(percent, 백분율)에서 PPM(Parts Per Million), 즉 백만분의 몇으로 산정하여 불량률을 극소하게 하려는 것이다.

전사적 품질관리는 조직의 과정, 산출물, 서비스의 계속적 개선을 위해 수량적 방법을 이용하고 종업원의 참여를 통해 고객의 요구와 기대를 만족시키는 총체적이고 종합적인 접근이다(Denhardt, 1999: 15).

(2) 품질관리의 제도와 운영

품질의 수준을 높이기 위해 국제적·국내적으로 노력하고 있는데, 품질관리상, 표준화와 품질인증제 등을 그 일환으로 볼 수 있다. 국제적 권위를 갖는 품질대상으로는 일본의 데밍상(Deming Prize), 이를 모방해 만든 미국의 볼드리지상(Malcolm Baldridge National Quality Award)과 유럽품질상 등이 있다. 한편 한국의 품질대상으로는 1975년부터 한국표준협회에서 관리하며 현대중공업 등이 수상했다(민진, 2014: 386-387).

품질과 밀접한 관련을 갖는 것 중의 하나가 표준 및 표준화이다. 표준화란 표준을 정해 이를 활용하는 조직적 행위를 말한다. 표준화를 하게 되면 호환성, 객관성, 투명성, 단순성 등을 확보할 수 있다. ISO 표준은 대표적 국제표준이다. ISO 표준은 스위스 제네바에 소재한 국제표준화 기구가 유럽연합에 적용하기 위해 발표한 품질관련 지침이다. 품질관리시스템이 ISO의 요구사항을 충족하면 ISO 인증으로 이어진다(민진, 2014: 387-388).

2006년도에 도입한 바 있는 우리나라의 정책품질관리제도는 정책품질관리 점검사항을 제시하고 있다. 그 후 기관평가 등에 이어지고 있으며, 자체평가단계에서 정책(사업계획)수립의 적절성, 사업운영의 적절성, 평가결과의 활용 정도, 정책홍보 및 고객서비스 등을 평가하고 있다.

3) 정책의 성공과 실패

(1) 정책의 성공과 실패란?

정책의 실패에 대해서는 정책학을 연구하는 학자들은 물론이고 장관, 차관 그리고 국회의원들을 포함한 고위정치가는 물론 실·국·과장, 사무관 등 정책실무자들도 관심을 갖고 있다.

정책을 평가한 후 그 결과에 따라 정책을 성공한 정책과 실패한 정책 그리고 성공과 실패 사이에 있는 정책으로 구분할 수 있다. 우리가 성공한 정책과 실패한 정책에 관심을 갖는 이유는 다른 정책을 추진할 때 성공한 정책의 성공요인과 실패한 정책의 실패요인을 정책학습을 통해 활용할 수 있다고 보기 때문이다. 따라서 정책의 성공요인과 실패요인은 동전의 양면처럼 밀접하게 연결되어 있다.

정책의 성공과 실패는 정책의 효과성(effectiveness), 즉 정책의 목표달성도를 통해 평가하고 측정할 수 있다. 특히 정책의 실패는 정책이 현저하게 그 목표를 달성하지 못하거나 부정적인 결과를 발생한 경우이다. 한편 정책의 성공이란 정책이 의도한 목표를 달성하는 것으로 충분하며, 여기에 생각하지 못했던 긍정적 효과가 발생한 경우를 포함할 수 있을 것이다.

정책의 성공과 실패를 판단하는 기준으로 '현저성(顯著性)'은 정책목표에서 매우 중요한 부분, 결정적이고 핵심적인 사항으로서, 성공(成功)은 넘침이나 달성을, 실패(失敗)는 부족이나 결함을 의미한다. 그렇지만 이것은 상당히 애매한 것으로 평가자의 주관적 판단에 좌우될 수 있으며, 핵심적인 것이 복수일 경우 부분적인 성공과 실패가 가능하다.

(2) 정책의 성공과 실패요인

정책의 성공과 실패의 원인이나 요인으로 여러 가지가 제시되었지만(민진, 1985;

김종범, 2004; 고길곤 외, 2015). 저자는 정책목표 측면, 정책수단 측면, 정책주관기관 측면, 정책대상집단 측면, 정책환경 측면과 기타로 구분하여 다음 참고와 같이 제시한다.

참고 **정책실패의 요인**

- 정책목표 측면: 실현 불가능한 목표, 정책집행지침의 부족
- 정책수단 측면: 정보·시간·인력·예산 부족, 정책홍보 부족, 절차의 미흡 등
- 정책주관기관 측면: 정책조직의 결함, 무능력과 소신부족, 리더십 부족 등
- 정책대상집단 측면: 정책이해 부족, 정책에 대한 저항 등
- 정책환경 측면: 불확실성과 여건 불비, 집행환경 불순, 우연적 요소 등
- 기타: 정책학습의 부족

정책의 성공과 실패의 원인으로 제시된 여러 요인이나 원인들은 그것이 직접적 원인이 될 수도 있고 간접적 원인이 될 수 있다.[3] 즉 성공과 실패의 결정적 원인과 경미한 원인으로 구분이 가능하다. 정책의 성공과 실패를 관리하기 위해서는 그것의 직접적이며 중요한 요인을 관리해야 하는 것이지만 정책의 품질을 관리하는 단계에서는 간접적이며 경미한 요인도 함께 다룬다.

(3) 정책의 성공 및 실패와 정책학습

정책의 성공과 실패의 경험은 정부정책관리자들에게는 유익한 학습의 원천이 될 수 있다.

정책학습이란 정책과정에 참여하는 개인이나 조직이 특정한 정책목표나 수단의 효과성, 적절성 또는 효율성 등과 관련된 경험이나 체계적 사고를 통하여 목표와 수단을 바꾸어나가는 과정이다. 정책평가에 참여하는 행위자들은 많은 경우 정책의 성공과 실패를 통하여 배우는 정책학습(policy learning)에 관여한다. 정책의 성공과 실패는 모두 과거의 정책가정들과 목적과 수단들 간의 인과논리들 가운데 무엇이 제대로 되었고 무엇이 잘못되었는지를 밝혀냄으로써 그 사실들을 통해 배

3) 고길곤 등(2015)은 경전철사업실패요인으로서 인간 인지능력의 한계, 정책실패의 점증적 수정의 부재, 이해관계 충돌 조정의 부재, 관련계획의 미집행이나 인구·경제적 환경의 변화와 환경복잡성 등은 직접적 원인이라기보다는 간접적 원인이라고 평가한다.

울 수 있다. 그러나 정책의 성공은 많은 경우 학습의 기회보다는 벤치마킹의 대상이 되고 정책의 실패는 학습의 기회들을 제공한다(노화준, 2012: 547－548).

정부조직이 정책실패를 되풀이하지 않도록 조직 내에서 실패에 대한 학습과 문제해결책에 대한 학습이 이루어지고, 관련 지식이 새롭게 창출되고 공유될 수 있는 환경이 구축되어 역량을 집중할 수 있도록 적극적으로 지원하는 것이 정책실패를 방지하는 방안이다(김도훈, 2002: 303).

2 정책품질관리의 의의와 특성

1) 정책품질관리의 정의와 특성

저자는 정책품질관리를 "정부가 정책의 성공을 확보하고 그 실패를 방지하며, 전체적으로 정책효과를 높이기 위하여 정책의 품질을 체계적으로 관리·개선하려고 행하는 총체적인 노력과 활동"이라고 정의하고자 한다.

따라서 정책품질관리는 품질관리라고 하는 활동과 정책이 관리의 대상이라는 점에서 몇 가지 특성이 부각된다.

첫째, 정책품질관리는 관리의 대상이 품질(品質, quality)이다. 품질의 내용은 그것이 제품(goods)인가 서비스(service)인가에 따라 달라진다. 제품의 품질은 생산과정에 관심을 기울이며, 서비스의 품질은 전달과정에 관심을 기울인다. 제품은 대량 생산이 가능하나 서비스는 주로 직접적 접촉을 통해 이루어진다. 정책은 서비스의 일종이지만 작품으로서의 성질을 갖기 때문에 서비스 품질관리의 원리가 대체로 적용된다. 그런데 정책서비스에 대한 평가기준으로는 효과성, 능률성, 민주성, 형평성 그리고 정책고객의 만족도 등을 들 수 있다.

둘째, 정책품질관리는 조직이 총체적으로 노력하고 관리하는 것이다. 부분적인 노력과 조직 전체로서의 체계적 노력이 요청된다. 말단 부서 및 관련자의 행위와 노력에서 출발하여 최고위관리자나 지도자의 리더십이 함께 요구된다. 이런 점에서 전사적 품질관리(TQM)[4]의 내용이 그대로 적용될 수 있다. 나아가 복수의 조직

4) 정책품질관리와 전사적 품질관리(TQM)의 차이에 대한 다음의 논의는 정책품질관리의 특성을 이

의 연합이나 공동노력이 요구되기도 한다. 셋째, 정책품질관리는 '정책'이 갖고 있는 특성에 따라서 품질관리의 내용이 영향을 받는다. 정책은 내용의 구성이 복잡하며 많은 행위자가 관여하는 것이기 때문에 품질에 영향을 미치는 요인이 매우 많다. 즉 정책 거버넌스로 인해 여러 기관이 참여하므로 단일요인만이 아닌 복수의 요인들을 고려해야 한다. 또한 정책은 그것을 결정해서 집행할 때까지 일정한 기간을 필요로 하므로 단기적으로 품질을 평가하기가 쉽지 않다. 전체적으로 인과관계를 엄격하게 규명하기가 어렵다.

넷째, 정책의 성공과 같은 목표달성이나 정책실패와 같은 극단적인 상태가 종종 다루어진다. 그런데 정책실패는 항상 일어나는 현상은 아니며 극단적인 경우이므로 정책실패의 원인을 규명한다고 해서 그것이 직접적인 품질관리를 하는 것은 아니며 참고사항이 될 수 있을 뿐으로 정책의 실패요인 등은 정책품질관리를 위한 아이디어를 제시해줄 수는 있다.

2) 정책품질관리의 개념적 체계

정책품질관리는 정책의 효과와 제반 가치를 달성하기 위한 총체적 활동이다. 그것은 정책의 제반 가치와 효과성을 달성함으로써 궁극적으로는 인간의 삶을 윤택하게 하여 행복감을 높이고 국가와 지방자치단체 등 공공동체의 이익을 증진시키는데 기여한다.

정책품질관리는 품질관리의 구성요소들을 탐색하고 이들을 하나씩 잘 관리하여 품질을 높이는 것이다. 그런데 정책의 효과를 비롯한 정책가치들은 절차적 가치와 결과적 가치로 구분할 수 있다. 결과적 가치에는 정책의 효과성과 정책고객의 만족이 포함되며, 절차적 가치로는 정책의 민주성, 정책의 능률성, 정책의 대응성 등이 포함된다. 이들 가치는 정책구성요소별로 각각 중요 중점이 다르다.

한편 품질관리의 구성요소로는 정책의 역동관계인 정책주관기관과 정책대상집단, 정책의 인과관계인 정책의 목표와 정책수단, 그리고 정책환경과 기타 등을 들

해하는데 도움을 줄 것이다. i. 정책품질관리의 대상 고객은 제품의 구매자처럼 특정화하기 곤란하다. ii. 정책품질관리는 업무프로세스가 제품의 제조공정처럼 명확하지 않다. iii. 정책품질관리의 성과평가기준을 명확하게 설정하기 어렵다. iv. TQM은 일반적으로 제품의 품질 제고를 위하여 조직내부의 프로세스 개선에 초점을 맞추고 있으나 정책품질관리는 조직 내외의 문제 모두에 관심이 있다(박병호, 2008: 71).

수 있다. 정책의 역동관계에서는 주로 정책의 민주성과 정책고객의 만족을 관찰하며, 정책의 인과관계에서는 주로 정책의 효과성과 정책의 합리성 그리고 정책의 능률성을 관찰하고, 정책환경에서는 정책환경에 대한 대응성을 관찰한다. 이들을 도표로 나타내면 다음과 같다.

그림 12-1 정책품질관리체계

품질관리요소	⇔	정책의 가치	⇒	궁극적 가치
• 정책의 역동관계 – 정책주관기관 – 정책대상집단 • 정책의 인과관계 – 정책의 목표 – 정책의 수단 • 정책환경과 기타 – 정책환경 – 정책 자체 요인		• 역동관계의 가치 – 정책의 민주성 – 정책에 대한 고객만족 • 인과관계의 가치 – 정책의 합리성 – 정책의 능률성 · 효과성 • 정책환경 관련 및 기타 가치 – 정책의 환경대응성 – 기타: 정책의 합법성		• 조직의 성과 • 공동체이익 증진 • 인간적 삶의 질 향상

제 2 절 정책의 형성과정에서 정책품질관리

정책형성과정은 정책의제 채택, 정책분석, 그리고 최종안 선택의 3단계를 거치는 것이 보통이다. 이들 단계에서 중요한 것은 정책의제 채택관련 품질관리, 정책대안 개발관련 품질관리, 그리고 최종안 선택(정책의 결정)관련 품질관리 등이다.

1 정책의제 채택과 관련한 정책품질관리

1) 정책문제 정의단계의 품질관리

정책문제의 정의란 정책문제의 내용을 규정하는 행위, 활동, 또는 과정을 말한다. 즉, 정책문제의 구성요소, 원인과 결과 등의 내용을 규정하여 '무엇이 문제인지'를 밝히는 것이다. 예컨대 '대한민국에서 청년실업은 심각한 문제인가? 그 원인은 무엇이고 그것을 방치하면 어떠한 결과가 일어날 것인가'를 규명하는 것이다.

그런데 정책문제의 정의가 명확하지 않는 때가 많이 있다. 그것은 정책문제를 정의하는 사람 및 집단의 능력이 부족하거나 이해관계가 개입할 때, 혹은 가치관이나 세계관이 차이가 있을 때 나타난다. 현대사회에 있어서 상당수의 사회문제들은 복잡하게 얽혀있다. 무엇이 옳고 그른지, 그 문제의 핵심은 무엇인지 확연하게 구별되지 않는 문제들이 많다. 이처럼 복잡한 문제를 능력이나 시간의 부족 때문에 해결하려고만 하거나, 편견의 개입으로 한 측면만을 보고 문제 자체를 무시하려고 할 때, 정책문제의 정의는 어렵게 된다. 정책문제를 정확하게 정의하지 않고서는 정책목표의 설정이나 정책수단의 탐색이 별로 의미가 없게 된다. 이것은 마치 의사가 환자의 질병을 잘못 진단하여 처방을 내리는 것과 다를 바 없는데, 이런 현상을 '제3종의 오류'라고 부른다.

정책문제를 적절하게 인식하기 위해서는 문제에 대한 관심과 주의가 요청된다. 무사안일한 자세로서는 정책문제를 파악하기 어렵다. 정책문제를 제기하는 이해관계자 집단, 언론매체들의 주장이나 견해를 예의주시하면서 정책문제의 확산과정을 검토하고 추적하는 등 보다 적극적인 정책문제의 발굴자세가 요구된다. 정책문제를 정확하게 정의하기 위해서는 정책문제에 대한 분석능력이 요청된다. 즉, 정책담당공무원의 다양한 정책경험과 판단능력 등이 요청된다.

2) 정책의제화단계의 품질관리

정책의제화란 정부(중앙정부와 지방자치단체)가 공익을 달성하기 위해 여러 가지 사회문제 중에서 공적으로 채택하거나, 선택하는 과정을 말한다. 정책의제화를 사업의 수준으로 이해하면 각종 사업의 실시 여부와 시기에 관한 결정이 될 것이다.

정책은 정책체제의 기본가치를 달성하는 수단이어야 한다. 자유주의국가에서 정부의 지나친 사회간섭은 바람직하지 않으며, 사회주의국가에서 사회복지를 충분히 제공하지 않는 것 또한 바람직하지 않다.

정책은 정책체제의 부담능력 범위 안에서 의제화되어야 한다. 정책의제가 체제의 능력을 초과하거나 지나치게 부담을 준다면 결국 정책은 실패하게 된다. 만약 정부가 완전한 사회보장을 시도한다면 그것은 이상적인 정책이 될 수는 있으되 정부의 부담능력 결여로 정부 자체를 곤경에 빠뜨린다.

정책의제화 자체는 정책실패와 직접 관계가 있지는 않다. 그러나 공익을 위해서는 반드시 해결해야 할 문제인 데도 불구하고 힘있는 이익집단의 반대에 의해서 정책의제화되지 못하는 경우가 가끔 있었다(예 과거 우리나라에서 토지실명제와 금융실명제의 의제화 과정).

다른 한편, 정책의제화 시기가 지나치게 빠르거나 늦어서 정책의 효과를 거두지 못하는 경우가 가끔 있다. 우리나라에서는 중대한 사건이 터진 후에야 비로소 이에 대응하려는 사후적·임기응변적 행태를 종종 본다. 적시성 없는 정책을 수립한다하더라도 그로 인해 정책의 효과를 거둘 수 없다. 눈앞에 닥친 문제에 대해서만 관심을 기울이기 때문에 머지않은 장래에 심각해지고 중대해질 문제를 등한시하여 후일 많은 비용과 노력을 투자하면서도 비난을 받기도 한다.

정책의제화의 적절성을 확보하기 위해서는 정책수행을 담당하는 체제의 능력과 의도를 먼저 검토한 후 정책문제의 확산을 주도하는 세력들의 주장과 논리를 검토하여야 한다. 예컨대 특정 국책사업(예 4대강 개발사업) 등을 강력하게 찬성하는 자와 반대하는 자의 주장과 논리를 일단 정책토론의 장으로 끌어올리되, 문제의 완급을 살펴보면서 정책체제의 차원에서 정부가 다루어야 할 우선순위를 확인하고 규명하는 작업에 충실하여야 한다. 특히 정부로서는 특정한 정책문제를 주도하는 세력이 정부의 밖에 없을 때 공공필요나 국익의 차원에서 정책의제화를 추진하는 데 소홀히 해서는 안된다. 국방부문이 대표적인 예이다.

정책문제에 비추어 이를 해결하기 위한 정책이 없거나 있더라도 미흡함으로 인해 기회를 놓쳐서는 안 된다. 따라서 적절한 정책수행시기를 포착하기 위한 노력이 요구된다. 그리고 다가오는 정보화사회에서는 사후적 정책수립보다는 예측적 정책수립이 요청된다.

2 정책대안 개발과 관련한 정책품질관리

1) 정책대안의 충분한 탐색

정책대안(policy alternative)은 채택 가능한 여러 가지 정책들 하나하나를 지칭하는 용어로서 특정한 정책문제를 해결하기 위해 정책목표와 정책수단들 간의 조합이다.[5] 최선의 정책대안을 탐색하기 위해서는 무엇보다도 정책대안들을 광범위하게 탐색하고 개발하여야 한다. 다시 말해 특정의 정책문제를 해결하기 위하여 비교적 중요하다고 생각되는 다수의 정책대안을 발굴해 내는 것이다.

그런데 각종 이해관계집단의 반발이나 정책개발자의 능력부족으로 정책대안의 탐색이 충분하지 못한 경우가 많으며, 그렇게 되면 최선의 정책대안을 추출하기가 곤란하여 결국은 정책의 성공을 방해할 가능성이 커진다.

그러면 정책대안의 탐색이 충분하지 못하는 원인은 무엇일까? 정책대안의 원천의 부족이나 오류와 시간적 한계를 들 수 있다. 대한민국에서 정책대안을 탐색할 때는 우리나라의 과거의 선례나 전례, 그리고 외국에서의 경험, 각종 이론이나 법칙에 의한 창조, 그리고 주관적·객관적 방법에 의존하게 된다. 현재 우리나라의 정책상황은 과거의 그것이나 외국의 그것과는 다르기 때문에 무조건적으로 선례를 모방하거나 미국 및 일본과 같은 선진국의 제도를 모방하면 정책이 실패하고 문제가 발생할 소지가 많다. 그리고 정책대안의 개발을 특정 소수 엘리트 집단에게 전적으로 의존할 때 역시 정책대안의 탐색이 넉넉하지 못하게 된다.

2) 정책대안의 합리적 분석

(1) 정책대안의 합리적 분석의 의미

정책대안이 탐색되면 그들을 일정한 평가기준에 따라 분석하고 평가해야 한다. 즉 분석가의 합리적 분석이 요구된다. 합리적 분석이란 정책대안을 분석하는 과정이 지적인 과정으로서 논리적으로 주장되고 입증되며 일정한 절차와 기법을 활용하여 결론을 내거나 예측하는 활동을 의미한다.

---

5) 정책대안 개발이란 이러한 정책대안을 탐색하고 비교하며 평가하고 최종결정권자에게 선택을 건의하는 행위나 활동을 의미한다.

그런데 정책대안의 소망성(desirability)이나 사업의 타당성에 대한 분석과 평가가 불완전하거나 비합리적인 경우가 있다. 이렇게 되면 정책의 질은 낮아질 것이다. 정책대안이나 사업의 타당성의 분석과 평가가 불완전하게 되는 경우를 정책목표의 차원, 정책수단의 차원, 기타 타 정책과의 관계에서 찾을 수 있다.

(2) 분야별 분석의 합리성 문제

정책목표의 내용이 불명확하거나 추상적이거나 탈규범적일 때 정책은 실패할 가능성이 높다. 정책목표가 명확하면 집행기관으로의 의사전달이 잘 될 수 있기 때문이다. 또한 정책대상집단에게 변화의 요구가 다양하거나, 그들이 수용할 수 있는 능력을 초과할 때 정책은 실패할 가능성은 높아지고 그것이 특정적이고 적을수록 성공할 가능성은 높아진다. 그리고 정책목표의 내용이 규범이나 도덕을 일탈할 때 실패할 가능성은 높아진다(예 독일에서 나찌의 유태인 학살).

정책수단의 정책목표 부적합성이나 실현불가능성이 정책의 실패를 초래한다. 정책목표와 이를 달성하기 위한 정책수단 간에 내적 일관성, 즉 인과관계가 없다면 정책의 성공은 기대할 수 없다. 예컨대 농어민후계자 육성을 위해 후계자들에 대한 재정지원이 전혀 없거나 있더라도 그것이 소량이라면 농어민후계자 육성정책은 효과가 없을 것이다. 정책수단의 실현불가능성을 판단할 때는 예산상·행정상·시간상 제약이나 정책대상집단의 능력 및 태도를 고려하여야 한다. 그런데 정책대안의 인과관계의 결여나 실현불가능성은 정책분석의 시간 부족(소위 졸속행정), 정책분석가의 능력부족, 정보의 부족이나 선거 등 정치적 목적 때문에 능력 이상의 목표를 설정함으로써 비롯된다.

다른 정책과의 관계가 특정 정책의 성공과 실패에 영향을 줄 수 있다. 시간적 순서에 따른 정책들의 정책목표가 상이하거나 경쟁적일 때 정책실패의 가능성은 높다. 정책의 선결조건으로서 타 정책이 해결되지 않으면 그것은 실패를 면치 못하는 경우가 있다(예 수도권 인구 억제정책은 다른 정책인 지방자치제의 실시가 있어야만 보다 나은 결과를 가져올 수 있다).

(3) 정책분석의 합리화 방안

정책대안을 개발하는 단계에서는 정책목표는 실현가능한 것인지, 도덕적으로 흠이 없는지, 전체적인 국가의 목표(예 국정지표)에 부합되는지 검토하여야 한다.

또한 정책수단은 정책목표에 맞게 짝을 이루고 있는지, 가능한 수단들을 동원했는지 확인하여야 한다.

정책대안이 과학적이고 체계적으로 분석되기 위해서는 정책문제를 분석할 수 있는 충분한 양의 정보와 정확한 정보가 이용될 수 있도록 구비되어야한다. 즉, 양질의 통계, 과거의 정책기록들과 정책목록 등 정책정보를 축적하고 관리할 수 있어야 한다.

또한 정보를 분석하고 해석할 수 있는 분석가들의 능력이 뒤따라야 한다. 정책대안들이 미칠 영향력을 예측하고 그들의 장단점을 종합적이고 체계적으로 비교하고 평가하기 위해서는 다양한 분석기법이 현실의 정책문제를 분석하는데 사용되므로 정책분석능력이 요청된다. 다시 말해 적어도 비용편익분석 정도의 기법을 적용할 수 있어야 한다.

정책대안이 합리적으로 분석되기 위해서는 정책분석가가 누구이든 간에 객관적이고 중립적인 태도가 요구된다. 주관적인 편견이나 이해관계에 따라 정책이나 사업을 판단하는 중요한 요소를 무시하거나 간과해서는 안 된다. 분석가가 효율성만을 강조하고 평등이나 분배에 대한 기준을 소홀히 해서는 안 된다.

정책대안은 가능한 한 충분한 시간을 두고 분석되어야 한다. 정책연구의 지시시기와 정책대안의 분석시기 간에는 상당한 시차가 있어야 한다. 그리고 정책이 다른 정책과 유기적인 관계를 맺고 있을 때는 정책간의 일관성을 유지하도록 노력을 기울여야 한다.

3 정책의 결정과 관련한 정책품질관리

1) 정책결정자의 정책리더십과 정책 태도

정책결정자나 정책결정기구의 리더십과 정책결정자의 태도는 정책결정의 질을 결정하는데 영향을 준다. 정책을 효율적으로 추진할 수 있는 동력은 정책결정기구의 추진력에 달려있다.

정책결정자의 리더십의 단절, 부족 그리고 잘못된 발휘가 정책의 실패를 초래하는 경우가 많다. 국가발전이나 국민복지의 향상을 위해 당장 필수불가결한 사업이나 정책인 데도 불구하고 정책결정자의 변경으로 필연적으로 부작용이 나타나고 정책이 질이 낮아진다. 부처 장관의 대통령, 국회 상임위원회, 이익집단, 언론, 시민사회단체 그리고 관료제 내부로부터의 지지와 협조를 얻을 수 있는 리더십은 정책결정의 질에 영향을 미친다.

정책결정자의 정책관련 태도는 정책결정의 질에 영향을 준다. 특히 정책결정자의 비민주적 태도가 정책의 실패를 초래한다. 정책결정자의 권위주의적 행태는 정책입안자, 정책관련기관, 정책이해관계자의 다양하고 합리적인 요구나 견해를 무시할 수 있으며, 심한 경우에는 합법적 절차마저 고의적으로 지키지 않을 수 있는데, 이렇게 되면 정책을 집행하는 단계에서 커다란 저항과 불응에 직면하게 되어 정책은 실패할 가능성이 많아진다.

한편 정책(사업)결정자의 정치적 공약, 과도한 출세욕이나 사업의욕, 개인적 편견, 판단의 오류 등에 의해 타당성이 없는 정책이나 사업이 무리하게 추진될 수 있다. 재임 중에 가시적인 업적을 남기려는 전시행정행태는 정책결정의 질을 낮춘다.

2) 정책결정체제와 정책거버넌스의 특성

정책결정자나 정책결정기구의 자율성은 정책결정의 질을 결정하는데 영향을 준다. 정책추진기구의 정책자율성과 협조적 정책거버넌스는 정책결정의 질을 높인다. 정책추진기구가 정책을 효율적으로 추진할 수 있는 있는 것은 관련기구로부터 독립성과 자율성에 의존한다. 정당, 이익집단, 시민사회단체 등 외부로부터의 간섭과 압력에 의해 정책결정의 내용이 왜곡되고 변형된다면 정책집행단계에서 부작용을 낳게 되어 정책의 질을 낮추게 된다.

정책결정체제와 정책거버넌스의 특성이 정책결정의 질에 영향을 미친다. 정책결정기구가 자율성을 갖되 관련 기구나 정책행위자들과 협력하며 적절히 견제를 받으면서 정책을 결정할 때 좋은 정책이 나오기 쉽다. 권위주의체제 아래서 일방독주적 정책결정은 문제를 일으키는 경우가 많다. 독주적 정책결정을 막기 위해 정책결정에 대한 적절한 통제력이 요구된다. 불합리하거나 정당하지 못한 결정을 제어할 수 있는 정책통제력이 부족하면 정책의 실패를 막기 어렵다. 감사원, 국회, 사법부, 언론, 전문가 및 국민의 정책통제력이 부족할 경우 고도의 복잡성을 띤 정책결정이 합리성과 정당성을 확보하기가 매우 어려울 것이다.

3) 정책결정절차에서의 민주성과 합법성

정책결정은 민주적이어야 하므로 국민의 의사를 대변하는 여야 정당 간에 토의와 협상을 통해 수립되어야 한다. 그런데 정당 간의 정파적 이해관계에 따라 국회에서 정책이 결정되거나, 행정수반이나 장관의 정치적 이해관계에 따라 행정부에서 정책이 결정된다면 정책의 효과성은 낮아진다.

정책안 채택의 민주성은 참여나 의견 개진의 제도화를 통해서 확보될 수 있는데, 그것이 합법성의 문제이다. 행정부 내에서의 필요한 절차 그리고 입법예고제 등의 절차는 정책결정을 폐쇄성으로부터 개방성으로 유도하는 장치이므로 최대한으로 이를 지키도록 노력하여야 한다. 법령이나 절차적으로 이해관계자와 관련 전문가의 참여를 보장하는 절차의 유무와 실제 공청회 등의 노력은 정책결정의 질에 직접적으로 영향을 준다. 정책결정의 정당성은 정책결정절차의 구비와 이의 실현에 달려있다.

4) 정책결정환경과 관련한 정책품질관리문제

정책결정환경은 해당 정책의 결정을 둘러싼 환경으로 정책품질관리와 관련시켜보면 합리적인 정책분석, 정당하고 합법적인 정책결정을 저해하는 요인을 생각할 수 있으며, 정책결정환경으로서 확실성과 불확실성, 그리고 정책여건을 들 수 있다.

정책결정에 있어서 불확실성은 너무 많이 논의되고 있다. 불확실성이 높은 정책일수록 실패할 가능성은 많으나 어떤 전략을 선택하는가에 따라 그 정도는 달라질 수 있다. 정책을 결정할 때 그 여건이 구비되어 있지 못하면 정책이 실패할 가능성은 높다. 우리나라의 경우 정책실시 여건이 구비되어 있지 않은 데도 불구하고 정책을 우선적으로 결정·집행하여 정책이 실패·중단·연기되는 경우가 허다하다. 경제적·사회적·기술적 여건 못지않게 국민의 의식수준 등 심리요건도 매우 중요하다.

위기 하에서 정책을 결정할 때, 그리고 비교적 정책결정 환경이 급박할 경우에는 완벽하게 합리적 절차를 거치면서 의사를 결정하기 어렵다. 초합리적인 직관에 의해 정책을 결정할 때가 있는데 의사결정자의 경험과 경륜에 의지할 수밖에 없다. 초합리적 판단이 반드시 나쁘다고는 볼 수 없다.

제 3 절 정책의 집행과정에서 정책품질관리

정책집행과정은 지침의 개발, 조직화와 자원배분, 실시준비, 혜택과 제한의 전달 그리고 감시단계로 구분할 수 있다. 이들 단계와 관련하여 정책품질관리를 위한 방법에 대하여 살펴보기로 한다.

1 지침의 개발과 관련한 정책품질관리

1) 지침개발단계에서 품질문제

정책지침의 개발이란 정책집행의 첫 단계로서 법률의 경우를 예로 들면, 입법부에서 제정한 법률을 실행하기 위해 처방을 만드는 단계이다. 여기서 정책지침이란 정부사업의 수혜자나 법률의 대상자가 행하도록 기대되는 내용을 행정공무원 등이 다소간 또는 명확하고 구체적으로 설명하고 있는 언명이다(김찬동, 1982: 142). 정책지침은 행정규칙과 그 밖의 정책지침으로 나뉘는데 후자에는 훈령, 지시, 예규, 고지, 지침 등의 형태로 매우 다양하다.

정책지침 개발과정에서 나타나는 정책실패의 원인 중 하나는 지침의 구체성 결여의 문제이다. 정책의 지침이 구체성이 결여되면 집행자들은 해석상 갈등이 생기게 되고 혼란을 가져와 정책의 성공을 제약하게 된다. 더구나 정책지침이 없는 경우는 집행 자체를 불가능하게 한다. 한편 나까무라와 스몰우드는 정책지침이 잘못 전달되거나 수신자에 의해 잘못 해석되면 정책은 실패한다고 지적한다(Nakamura & Smallwood, 1980). 지침이 이렇게도 해석되고 저렇게도 해석되는 것은 정책집행과정에 많은 문제를 야기할 것이다.

2) 정책지침의 구체성

정책지침은 정책목표를 달성할 수 있도록 구체적이고 명확해야 한다. 정책의 내용은 물론이고 정책관할권, 정책대상집단, 정책집행 거부자에 대한 억제와 유인 등이 가능한 한 제도화되어서 해석상 오류를 제거하여야 한다. 정책지침은 때로는 보다 세부적인 내용으로 구체화 할 수 있을 것이다.

2 조직화 및 자원배분과 관련한 정책품질관리

1) 조직화 및 자원배분과정의 품질관리

조직화란 정책이나 사업을 실시하는데 필요한 기구를 설치하고 활동을 체계화하는 단계이다. 조직화는 정책의 성격에 따라서 새로이 기구를 설치할 수도 있고 기존의 조직을 활용할 수도 있다. 자원배분이란 조직이 정책목표를 달성하기 위해 여러 자원을 분야나 시기별로 배분하는 과정이나 행위를 말한다. 조직화와 자원의 배분과정에서 나타나는 정책실패의 원인을 살펴보면 다음과 같다.

첫째, 집행기관과 집행절차의 결여나 미흡이다. 정책의 실시를 주관할 기관, 조직, 그리고 절차가 특별히 존재하지 않거나, 있다고 하더라도 기능의 행사가 곤란한 경우는 정책의 성공을 기약하기가 어렵다. 정책을 실시할 기구가 없다는 것은 정책에 대한 책임기관이 없다는 의미이다. 그리고 표준운영절차(SOP: standard operational procedure)가 없는 경우 시간을 허비하여 집행에 비효율성을 나타낼 가능성이 크다.

둘째, 정책집행권한의 부족이다. 정책집행기구가 설사 있다 하더라도 집행권한이 없거나 약하면 정책집행은 매우 어렵게 된다. 집행기관이 일선기관이나 지방행정기관, 준정부조직 등에 대하여 감독 및 통제권한이 없다면 효율적인 집행은 곤란하게 되고 정책은 실패할 가능성이 커진다. 또한 집행기관이 집행대상인 국민들에 대한 강제권, 지도권 등이 없다면 역시 집행은 어렵게 된다. 집행권한은 정책의 내용에 따라 달라질 수 있지만 특정 정책의 집행을 명령한 후 이에 대해 거절하거나 위반할 때 강제할 수 있는 제재권, 인사권, 그리고 예산삭감권이 없다면 정책의 집행은 어렵게 된다. 여러 중앙관서가 지방기관이 있는 국세청이나 경찰청보다 집행력이 약한 경우가 여기에 해당한다.

셋째, 예산 등 자원의 부족이다. 정책수단 중 가장 중요한 것 중 하나가 재원, 즉 예산의 부족이다. 정책집행과정에서 예산이 부족하게 되면 사업을 단축하거나 왜곡시킬 수 있는 가능성이 크다. 인력의 부족도 정책실패를 가져온다. 국제화 정책에 대해 국제적인 능력을 갖춘 공무원이 부족하게 되면 정책은 효율적으로 집행하기 곤란해진다.

2) 적절한 조직화와 자원배분의 충분성

정책집행기관을 확인하거나 설정하고 이들에게 확실하게 정책집행의 권한과 절차를 보장하여야 한다. 집행의 책임과 함께 권한도 부여함으로써 책임과 권한이 균형을 이루게 하여야 한다. 그리고 정책을 집행하는데 필요한 예산, 인사, 정보, 시설 등 제 자원을 확보해 주어야 한다. 특히 지방자치제의 도입 이후 집행권이 지방자치기관에 위임되는 경우가 많다. 이때는 지방자치기관에게 적절한 권한과 책임의 이양이 뒤따라야 지방의 현지성을 살릴 수 있다. 재량의 범위를 한정하되 재량권을 부여하여야 한다.

3 집행준비과정에서 정책품질관리

1) 집행준비과정에서의 품질문제

정책을 실시하기 위해서는 여러 가지 준비절차가 필요하다. 그들 중 하나가 교육과 홍보이다. 제도의 배경과 본질에 대한 교육과 홍보는 정책의 성공에 상당히 중요한 의미를 갖고 있다. 정책에 대한 교육과 홍보의 부족이 정책을 실패하게 할 가능성이 크다는 것이다. 사람들은 정책의 내용을 모르면 먼저 반대하거나 저항하게 된다. 정책에 대한 순응이 부족하면 정책의 집행비용과 노력이 많이 요구된다. 더구나 국민들은 각각 다른 이해관계를 가질 수 있으므로 동일한 정책을 보는 시각 자체가 다를 수 있다. 이런 차이가 클수록 정책이 실패할 가능성은 커진다. 특히 새로운 정책을 도입하여 운영하거나 기존의 정책과 다른 정책을 도입할 때는 정책의 취지나 의미, 그리고 내용에 대한 상세한 교육과 홍보가 필요하다.

2) 교육과 홍보의 철저

정책집행이 효과를 거두려면 집행대상의 순응과 협조가 요구되는데 이 때 정책에 대한 교육과 홍보를 철저히 하여야 정책에 대한 지지와 관심을 확보할 수 있을 것이다. 정보화사회에는 언론매체를 통한 정부정책의 홍보와 교육이 매우 효과적이며, 전달의 수단도 멀티미디어 시대에 맞추어 다양화할 필요가 있다.

4 혜택 및 제한의 전달과정에서 정책품질관리

1) 혜택과 제한의 전달과정에서 품질문제

혜택 및 제한의 전달이란 집행담당기관이 수혜집단에게 혜택을 제공하고 규제집단에게 통제를 가하는 것이다(Riplay & Franklin, 1982: 4). 이 과정에서 정책집행의 실패원인으로는 정책집행기관 간의 협조부족과 정책집행자의 능력과 태도상의 문제 등을 들 수 있다.

정책집행기관 간의 협조의 부족이나 관할권 싸움은 정책집행의 성공을 방해한다. 하나의 정책대상을 놓고 여러 부처, 여러 기관이 함께 집행자의 위치에 있거나 서로 협력해야 할 때가 있다. 이때 서로 관할권을 놓고서 다툼을 벌이게 되면 정책의 집행은 지연되고, 실시되더라도 국민에게 손실을 입힐 가능성이 커진다. 집행기관이 확실하게 정해져 있다 하더라도 다른 기관의 협조가 꼭 필요할 때 이를 얻지 못하게 되면 정책집행은 어렵게 된다. 이때는 정책집행기관의 리더십이 요구된다.

정책집행자의 무능이나 능력의 부족은 정책집행을 곤란하게 한다. 정책의 집행은 특정 분야에 대한 전문적인 지식과 기술을 요구할 때가 많다. 예컨대 인구를 억제하기 위해 불임사업을 할 때 보건소의 간호사 등이 이에 대한 지식이나 경험이 없다면 정책은 성공하기 어려울 것이다. 신참집행자의 경우는 대체로 전문적인 능력이 부족하다. 신참자가 지나치게 많거나 고참자를 지나치게 믿으면 전문성은 결여되기 쉽다. 새로이 대두되고 있는 환경이나 에너지 분야 등에 대해서는 종전의 정책집행자들은 능력이 부족할 가능성이 크다.

정책집행자의 비자발적 태도는 정책의 성공적 집행을 가로 막는다. 소극적 태도나 무사안일적 업무태도는 정책의 집행을 더디게 하며 실패하게 한다. 더구나 부정적 태도는 정책의 집행을 방해하는 것이다. 이러한 태도를 갖는 사람들이 정책집행자들에게 많이 포함되어 있으면 정책은 성공할 수 없다.

정책대상집단에 대한 획일적 적용이 정책을 실패로 이끈다. 대상집단은 매우 다양할 수 있다. 그런데 대상집단의 속성을 제대로 인식하지 못하거나 정책집행기관의 행정편의주의 때문에 획일적으로 적용하는 경우가 있는데 이렇게 되면 대상집단의 정책에 대한 거부현상과 무관심을 유도하게 되어 정책은 성공할 수 없게 된다.

2) 전달의 효율성과 적절성

정책의 집행과정에서 전달은 효율적으로 수행되어야 한다. 정책집행기관들 간의 협력을 확보하며 정책집행자들의 능력과 사기를 올려야 한다. 집행기관의 권한과 관할의 대상을 명백히 하고, 그것이 부족할 때는 보다 상급으로부터의 관할관을 인정받도록 함으로써 관할권 다툼을 사전에 막아야 한다. 정책집행 대상자들의 능력을 개발하기 위해서는 정책실시 성과에 대한 평가와 이에 따른 인사상 조치가 뒤따라야 할 것이다.

전달이 적절하려면 정책대상집단의 관리를 잘 하여야 한다. 대상집단은 고정불변의 물체는 아니다. 더구나 대상집단의 규모가 크고 구성이 다양할 때는 획일적 적용보다는 차별적 적용이 요구된다. 즉 대상집단을 여러 기준에 따라 분류하고 이들에 따라 집행방법을 달리 모색하여야 할 것이다. 대상집단이 정책의 실시에 대하여 만족할 수 있도록 하여야 하지만 집단이기주의나 지역이기주의에 따른 과도한 집행대상들의 요구는 적절하게 제한하여야 한다.

5 정책감시과정에서 정책품질관리

1) 정책감시과정에서 품질문제

정책의 감시단계란 정책의 혜택과 제한을 전달하는 행위들이 제대로 이루어지고 있는지를 살펴보는 단계이다. 이 단계에서는 보고체제의 문제나 사후관리의 문제를 정책실패의 원인으로 제시할 수 있다.

보고체제의 결함은 적절한 감시를 저해하는 원인이 된다. 지나치게 보고의 양이 많거나 보고의 기관이 많은 경우는 물론, 그 반대로 보고의 기회가 거의 없거나 보고기관이 거의 없는 경우에 정책의 집행에 대한 정보의 수집과 분석, 그리고 평가가 곤란하게 된다. 정책집행방법에 대한 정보는 물론 정책집행의 결과에 대한 정보 역시 정확성을 띠어야 하는데 그것이 부정확할 경우 적절한 감시가 이루어지지 않는다.

정책에 대한 사후관리가 부적절하게 되면 정책은 실패하게 된다. 정책집행에 대한 문제를 인식하고 이에 대한 통제나 감독이 따르지 못하거나 적절한 유인이 제공되지 못하면 정책은 성공할 수 없게 된다. 정책집행상의 문제를 인식하는 것 자체가 곧 정책의 성공을 보장하지 않는다. 잘못이 있으면 이를 시정하게 해야 하는데 그를 소홀하게 하면 정책대상자들은 학습효과에 따라서 계속 정책에 불응할 수 있다. 또한 정부의 정책을 열심히 따르는 국민에게 더욱 잘 할 수 있는 유인의 제공이 없다면 정책의 성공을 이끌기 곤란하다. 시작만 있고 끝마무리가 없다면 정책은 성공하지 못한다.

2) 적절한 감시의 활용

정책집행에 대하여 적절한 대상에 대해, 주기적으로, 적절한 요소를 감독하고 통제하여야 한다. 정책집행기관이 항상 완벽하게 업무를 추진하지는 않고 다른 정책업무를 함께 수행하다 보면 특정 정책이 소홀해질 수 있다. 따라서 계속적으로 감시와 감독이 필요하다. 정책대상집단은 고정불변의 물체는 아니다. 정책집행결과를 끊임없이 점검하고 검토하여야 한다.

제 4 절 정책의 평가와 환류과정에서 정책품질관리

정책평가와 환류과정에서의 품질관리문제는 정책평가과정에서의 품질관리 그리고 정책환류과정에서의 품질관리로 구분하여 다루기로 한다.

1 정책평가과정에서 정책품질관리

1) 정책평가행위의 타당성 확보

정책평가를 실시하는 단계는 정책목표의 확인, 평가기준의 선정, 인과모형의 설정, 연구설계의 개발, 자료의 수집, 그리고 자료의 분석과 해석의 단계로 구분되는데, 이 단계마다 평가의 정확성이 요구된다.

따라서 정책평가행위의 질을 높이는 단계에서는 계획적이고 합리적인 노력이 필요하며, 평가의 방법이나 인과관계를 설정할 때 비교적 전문적이고 기술적인 지식과 기법을 활용하여야 한다. 즉 객관적인 평가방법의 도입과 실시, 정책의 원인과 결과, 즉 인과관계의 추론을 통한 타당성 확보가 요구된다. 또한 평가결과에 대해서는 풍부한 경험과 논리를 바탕으로 질적인 해석이 되어야 한다.

2) 정책평가관리의 효율성 증진

평가관리의 효율성은 평가의 기획과 실시 그리고 사후단계가 유기적으로 연결되어 정책평가의 효율성을 높이는 것이다. 조직관리의 차원에서 정책평가의 주체, 인력, 예산, 시기, 대상 등을 효율적으로 관리해야 한다. 즉 복수의 평가기관 선정, 적절한 평가의 비용부담, 평가의 활용계획 등이 모색되어 정책평가의 목적에 따라 정책평가결과를 최대한 활용할 수 있어야 한다. 정책평가결과는 정책주관기관이나 감독기관, 그리고 학자나 국민 등이 활용할 수 있도록 홍보하고 소통할 수 있는 도구가 되어야 한다.

정책실패는 극한적인 경우이므로 정책실패의 징후를 빨리 정확하게 발견하여 정책의 실패를 최소화하여야 한다. 가능하면 그러한 징후나 정책오류가 자동적으로 발견될 수 있는 장치를 마련하는 것이 바람직하다. 또한 정책의 성공과 실패에 대한 보상과 유인, 책임과 통제를 통해서 정책이 실패하기보다는 성공할 수 있도록 여건을 조성하여야 한다.

2 정책환류과정에서 정책품질관리

1) 정책평가결과의 정책개선 활용성 제고

정책평가의 정책개선 활용성 제고란 정책평가를 통해서 정책을 개선하는데 기여하도록 하는 것으로 정책이 결정시에 의도했던 대로 집행되지 않거나 집행결과가 기대이하로 목표를 달성하지 못한 경우, 혹은 정책과정상의 관계자의 증감, 변화 혹은 환경변화 등으로 인해 정책에 대한 변동이나 변경을 초래할 필요가 있다. 정책평가를 통해 현재의 정책, 사업, 계획을 계속할 것인가, 잠시 유보할 것인가, 완전히 중단할 것인가, 감축할 것인가, 정책·사업·계획의 구조나 대상(수혜자나 피해자)을 수정·변경할 것인가를 결정하는데, 정책평가는 객관적이고 합리적인 정보를 제공하여 정책의 개선에 기여해야 한다.

2) 정책학습 연계 제고

정책을 평가하는 단계에서는 정책의 성공요인과 실패요인, 관리상 장애요인 등을 구조적이거나 종합적으로 규명하게 된다. 따라서 유사한 정책사례별 정책관리를 위해서, 혹은 모든 정책을 관리하는데 있어서 정책평가의 결과는 학습할 수 있는 기초자료가 된다. 정책평가단계에서 기존의 유사 부문, 유사 유형의 정책의 성공과 실패경험이 대상정책의 결정·집행과정에 활용되었는지도 살펴본다. 관련된 사례나 평가의 결과가 정책지식으로 편입되어 활용되어야 한다.

제 13 장 정책의 변동과 정책 간 관계

제 1 절 정책의 생애, 정책의 탄생과 정책의 소멸

1 정책의 생애

정책이 고정된 상태로 지속되는 경우는 거의 없다. 법률, 조약, 그리고 제도 등의 형태로 정책이 일단 만들어지면 정책환경이 변화하거나 정책이해관계자의 요구나 수요의 변화에 따라 정책의 내용(정책목표와 정책수단)이 바뀐다. 시간이 흐르면서 이런 정책의 변화가 계속되다가 정책은 다른 정책에 용해되거나 마지막 단계에서는 정책이 소멸된다. 정책이 태어나서 소멸되는 것은 확인이 비교적 쉬우나, 정책이 변동되는 과정은 매우 다양하고 복잡하며 확인이 곤란하다.

따라서 정책의 생애(policy life cycle)는 인간 등 유기체의 생애와 같이 일반적으로는 탄생 → 변동 → 소멸의 순서를 거친다. 정책은 탄생되자마자 소멸(폐기)되는 경우가 있지만, 그것은 예외적이고 대부분은 다음 참고와 같이 변동과정이 매우 다양하게 전개된다. 즉 정책의 변동단계에서는 정책의 내용이 계속 확대되기도 하며, 축소되기도 하고, 확대와 축소가 반복되다가 소멸되고도 하며, 내용 및 구조가 변화되다가 소멸된다. 개별정책 하나만을 대상으로 할 때 다음과 같이 변동의 내용을 정리할 수 있다.

참고 정책 생애의 다양성

① 정책의 탄생 → 정책의 소멸
② 정책의 탄생 → 정책의 유지 → 정책의 소멸
③ 정책의 탄생 → 정책의 확대 → 정책의 소멸
④ 정책의 탄생 → 정책의 축소 → 정책의 소멸
⑤ 정책의 탄생 → 정책의 확대와 축소 등 수정 → 정책의 소멸
⑥ 정책의 탄생 → 정책의 목적 일부와 수단의 변경 → 정책의 소멸

정책의 생애에 따르면 정책의 탄생과정과 소멸(폐기)과정은 물론이고 정책의 변동과정에서도 정책관리주체나 기관들이 끊임없이 관심을 갖고 관리해야만 정책의 효과성을 확보할 수 있게 된다.

정책학이나 정책관리론에서는 정책의 탄생을 별도로 다루지 않고 정책결정론이나 정책형성론에서 다루고 있어서 '정책의 탄생'이라는 말이 잘 사용되지 않고 있을 뿐이다.

2 정책의 탄생

1) 정책탄생에 대한 논의

정책의 탄생(policy birth)이란 무엇인가? 저자는 '정책의 탄생'이란 "정책으로서 구조를 갖추고 만들어진 후 제도적 정당성을 부여받는 행위"로 정의하고자 한다. 정책으로서의 구조는 앞에서 언급한 바처럼 정책은 최소한 정책의 목표와 정책의 수단, 그리고 정책의 대상자와 정책주관기관이 확정되어 있는 것이다. 이들 외에도 형식적 요건으로서 정책의 유효기간, 정책처리절차 등이 포함되어야 한다. 또한 정책으로서 제도적 정당성을 부여받기 위해서는 권위있는 정부기관 혹은 국제기구에

의해 공표되고 선언되어야 한다.

정책은 왜, 어떻게 탄생하는가? 그것은 정책의 필요성, 즉 정책수요에서 출발한다. 정책의 수요란 정부가 개입할 것인가 아니면 더 이상 개입하지 않을 것인가와 같은 극단적인 경우는 물론이고, 이미 정부가 개입하고 있는데 그 개입이 효과를 보지 못하고 있다고 판단될 때 다른 방법이 있다면 그 방법으로 대체하는 경우 등을 포함한다.

이런 의미에서 정책의 탄생을 '정책의 혁신(policy innovation)'이라 부르기도 한다.[1] 그것은 정책의 탄생을 새로움을 추구하고 기존의 질서를 깨뜨리는 행위로 인식하기 때문이다.

따라서 정책이 탄생하는 것은 정부가 활동하기를 원하는 객관적인 조건이 무르익고 이를 정책으로 채택하여 결정하는 정부의 공식적 정책행위자들의 의지가 강렬할 때 비로소 정책의제로 채택되어 공식적 결정기구에서 논의된 후 정당화 또는 합법화되는 것이다.

해결을 기다리는 공공문제가 있고, 정치적 지지를 얻고자 하는 주요 정당들이 공약으로 내걸고 이를 선거를 통해 정치적 능력을 부여받으면 대통령과 국회 등을 통해 합법화하는 것이다. 이것은 정책을 제도화하고자 하는 강렬한 의지가 없다면 불가능하다. 저자는 이를 앞에서 정책의제설정과 채택, 정책결정, 그리고 정책의 가치부문에서 다룬 바 있다.

정책의 탄생은 새로운 정책을 탄생시키는 경우도 있고 기존정책의 내용과 구조를 변경하여 재탄생시키는 경우도 있다. 또한 새로운 정책의 탄생이 기존의 정책을 실질적으로 폐기시키는 경우도 있다.

정책경험이 적은 나라에서는 그 경험이 많은 나라로부터 정책의 내용이나 구조를 모방하여 정책을 탄생시키는 경향이 있다. 하지만 새로운 정책을 앞장서서 탄생시키는 나라들은 각국의 공공문제를 해결하기 위해 정책을 탄생시키며, 국가 내부적으로 정책문제를 해결하기 위한 방안을 논의한다. 다른 시각에서 보면 이것은 정책의 확산에 해당한다.

그런데 정책의 탄생이 쉽지 않다. 대체로 정책은 탄생이 가장 어렵고, 그 이후부터는 비교적 쉽다고 할 수 있다. 정책의 탄생이 어려운 이유는 위에서 제시한 정

1) Brian Hogwood & Guy Peters, *Policy Dynamics*(New York: St. Martin's Press, 1983).

책의 환경이 조성되지 않거나 정책결정자들이 정책을 만들어야 할 동기가 부족하기 때문이다. 때로는 정책에 대한 찬반이 너무 심해서 타협과 합의를 거치기 어렵기 때문에 발생하기도 한다.

그렇지만 어렵게 탄생한 정책일수록 정책의 변동과정은 순탄하나, 쉽게 탄생한 정책일수록 오히려 정책오류가 많이 발생하여 집행과정에서 어려움에 부닥치고 정책의 기본골격이 수정되는 등 혼란을 겪는 경우가 많다.

정책안이 너무 자세하게 규정되는 경우보다는 추상적으로 규정된 경우에 정책의 집행과정에서 그 내용이 세부적으로 규정되기도 한다. 그러나 그것 자체가 정책의 탄생은 아니다.

2) 정책탄생의 조건

정책탄생의 조건으로는 정책문제의 숙성, 정책대안의 개발, 그리고 정책체제의 결정을 들고자 한다.2)

(1) 정책문제의 숙성

정책문제의 숙성은 정책탄생의 기본적 조건이다. 공공문제가 정책 내부적으로나 외부적으로 중요하고 심각한 문제로 인식되어야만 정책문제, 즉 정책으로 탈바꿈할 수 있다. 민간부문, 즉 시장 그리고 사회에서 해결이 되기 어렵거나 해결하는데 비용이 많이 드는 사회문제야말로 정부가 개입하도록 요구하며, 결국 정책의제화가 요구된다. 문제를 더 이상 방치하면 사회적 비용이 많이 들거나 미래의 부담이 증가한다면, 현재 정책체제가 이를 해결해야 하기 때문이다. 중요 사건이 발생하면 문제의 심각성을 일깨운다. 여론이 들끓고 이익집단이나 시민사회단체가 문제를 제기한다. 문제의 해결을 주도하는 자가 정부이며, 정부가 원칙과 기준을 제시해야 한다.

(2) 정책대안의 개발

정책은 정책안으로서 골격과 내용이 갖추어져야 비로소 정책이 될 수 있다. 정

2) 정책의 탄생, 정책의 변동 그리고 정책의 소멸을 설명하는데 이론적으로는 킹던(J. Kingdon)의 정책흐름모형(policy stream model)이 정책의제화와 관련된 것이기는 하나 비교적 적합하다고 본다. 하지만 개별정책들을 탄생하고 변동시키는 데는 이런 이유 외에도 정책담당자나 정책담담기관장의 교체를 들 수 있다.

책대안의 개발이 선행되어야만 정책이 외형적으로 탄생하는 것이다. 정책공동체에서는 정책문제를 해결할 수 있는 여러 가지 방법이나 수단을 알고 있어야 하고, 미래에 가져올 영향 정도를 확인하여야 한다. 이러한 작업은 정부 내에서 혹은 민간부문 그리고 전문가집단(Think-Tank)에서 수행할 수 있다. 국내에 대안이 없으면 외국의 선례나 전례를 벤치마킹할 수 있다. 정책을 도입함으로써 얻을 수 있는 편익이나 장점과, 부담해야 할 비용이나 단점 등이 확인되어야 한다.

정책대안이 개발된 다음에는 이것이 정책안으로 작성되어야 한다. 공식적인 정책결정기구에 제출되려면 정책으로서의 모습이 갖추어져야 한다. 정책안은 외양과 구조가 완비되어야 한다. 외양이란 법률이나 조약, 계획, 기타로 구분할 수 있으며 구조는 법률의 경우 조문 형태, 조약은 조약문의 형태로 작성된다. 구조 속에 중요개념에 대한 정의, 목적, 각종 정책수단, 기한, 책임부서 등 조직 등이 명시된다.

(3) 정책체제의 결정

정책을 결정함으로써 정책은 탄생·변동·소멸한다. 정책의 절차나 과정은 정책을 탄생하게 하는 틀이나 기구이며 절차적 정당성을 보장한다. 많은 나라는 정책을 담당하는 국가기구로서 의회와 행정부, 사법부 등을 두고 있다. 이들 기구는 각각 제도화된 절차에 따라 정책을 탄생·변동·소멸시킨다. 의회에서는 여당과 야당이 타협과 절충을 통해 기본적 사항을 결정하며 다른 국가기관들은 법규명령, 규칙 등을 통해 세세한 사항까지 확정시킨다. 그리고 이것은 대외적으로 공표되고 선언되어야만 정책으로서 효력이 생긴다.

3 정책의 소멸과 종결

1) 정책의 소멸

(1) 정책소멸의 의의

정책의 소멸(政策消滅, policy death)이란 정책으로서 외형과 의의가 없어지는 상태를 말하며 정책의 탄생에 대비되는 용어이다. 정책이 소멸되면 정책으로서 구조가 소멸되며, 정책의 조치가 더 이상 없게 된다. 또한 정책으로서 외형은 존재하더라도 실효성이 없다면 그것은 정책이 소멸되었다고 간주한다. 정책은 정책결정기관에 의해 탄생할 때처럼 소멸과 폐기에 대한 결정을 하여야 한다. 이것이 정책종결이다

(2) 정책소멸의 조건

정책소멸의 조건은 정책변동의 조건 중 매우 상황이 나쁠 때 발생하며 이를 정책주관기관이 문제의 상태가 완전히 해결되었거나 정책으로 전혀 문제를 해결할 수 없을 때 이를 지각하는 정책결정자에 의해 결정된다.

즉 정책문제가 완전히 해결되었다면 정책은 정책목표를 달성한 것이 되고 더 이상 정책은 그 존재 이유를 잃게 된다. 한편 그 정책으로 정책목표를 더 이상 달성할 수 없다면 정책의 존재는 유명무실하게 된다.

2) 정책종결의 의의와 유형

(1) 정책종결의 의의

정책의 종결(policy termination)이란 특정한 정책을 의도적으로 종식시키거나 중지하는 것을 의미한다.[3] 정책의 종결은 정부의 의도적인 폐지·소멸 등의 결정행위가 있어야만 한다. 정책이 하나의 법률로 표현된 경우에는 법률을 폐기하는 의사결정을 하여야 그 정책은 종결되며, 전쟁과 같은 정책은 종전이나 휴전에 대한 것을 선언해야 전쟁이 종결된다.

그런데 이러한 결정행위 없이도 정책이 실질적으로 사문화된 경우도 있다. 즉 정책이 유명무실한 경우로서 정책이 외형적으로 존재하지만 정책이 집행되지 않는 경우이다. 사문화된 정책들은 정부가 일정한 시기에 폐지시키는 행위를 하는 것이 관리상 필요하다.

정책의 종결은 실질적인 의미에서 관련 법률, 사업, 조직, 예산 등이 폐지되는 것을 의미하며, 이 중 하나라도 종결되면 부분종결에 해당한다.[4] 즉 정책의 종결은 정책의 외형으로서의 법률이나 실질적인 사업 등을 폐지하는 것이다.

3) 유훈, 『정책집행론』(서울: 대영문화사, 2007), p. 320.
4) 정정길·최종원·이시원·정준금·정광호, 『정책학원론』(서울: 대명출판사, 2012).

(2) 정책종결의 유형

정책의 종결은 소요되는 시간과 기간에 따라 폭발형, 점감형, 그리고 혼합형의 세 가지 유형이 있다.[5] 첫째, 폭발형(爆發型)은 권위있는 의사결정에 의해 일시에 정책이 폐지되는 것이다. 권위있는 결정이 내려지기 전에 상당히 오랜 기간 토론과 논의가 이루어지며 어느 정도는 이를 예측할 수 있다. 둘째, 점감형(漸減型)은 정책이 서서히 소멸되는 과정을 거쳐 결국 없어지는 것으로 기능과 사업, 조직과 예산 등을 서서히 축소시키면서 최종적으로 종결시키는 유형이다. 점감형은 베트남 전쟁의 종전에서 볼 수 있다. 셋째, 혼합형(混合型)은 폭발형과 점감형 모두의 성격이 나타나는 경우이다. 폭발형은 사회에 미치는 충격이 너무 크다. 점감형은 정책종결 반대자의 저항에 부딪혀 종결이 힘들 수 있다.[6]

정책의 종결은 그 정도에 따라 완전종결과 부분종결로 구분할 수 있다. 완전(完全)종결은 정책에 관련된 법률의 폐지는 물론, 예산의 동결과 함께 기존조직이 창출하는 효과까지도 전부 종식시키는 경우에 해당한다. 정책의 완전종결은 정책의 기조논리를 변경할 때 발생한다. 그런데 정책의 기조논리는 이미 많은 사람의 동의를 바탕으로 존재하는 것이므로 혁명이나 정권의 변동을 제외하고는 급속히 순간적으로 변하는 경우는 드물다.[7]

3) 정책종결의 관리

정책이 탄생할 때 그 소멸기간을 사전에 정하는 경우도 있지만, 대개는 정책의 소멸기간을 정하지 않는다. 전자의 경우는 일몰법(日沒法, sunset law)에서 잘 드러난다. 그런데 정책을 종결시키는 외적 조건이 갖추어졌을 때 이를 종결시키는 것은 생각만큼 쉽지는 않다.

정책의 종결이 어려운 원인으로 제시되는 것들은 정책종결에 대한 저항, 정책과 조직의 항구성, 동태적 보수주의, 법적인 제약, 높은 비용 등이다.[8] 정책이해관

5) Eugene Bachrach, *The Implementation Game: What Happens after a Bill Becomes a Law*(Cambridge, Massachusetts: The MIT Press, 1973).

6) 정정길 외, 전게서(2012), pp. 708－709; 최봉기, 『정책학원론』(서울: 박영사, 2008), pp. 487－488; Bachrach, *op.cit.*, 1973, pp. 126－136.

7) 최봉기, 전게서(2008), p. 485.

8) Peter deLeon, "a Theory of Policy Termination," in Judith May and Aaron Wildavsky(eds), *The Policy Cycle*(Beverly Hills: Sage Publications, 1978), pp. 379－386; 유훈, 전게서(1993), pp.

계자들의 반대가 심할 수 있으며, 한번 정책이 탄생하면 자체 논리에 따라 생존할 수 있고, 정책목표를 달성했을 다른 새로운 목표를 제시하며, 법률을 변경시키거나 폐지시켜야 하고, 종결하는 과정에서 나름으로 비용과 부담이 많이 든다.

정책의 종결을 관리할 때는 그 이유가 명백하여야 한다. 특히 정책의 피해가 정책의 이익보다 현저하게 크거나, 정책목표를 달성했거나 달성이 불가능하다는 것을 정확하게 분석하고 이를 방치할 경우 피해가 더 크며 누적적이 될 것이라는 것을 확실히 보여주어야 한다.

그럼에도 불구하고 정책의 종결은 정책의 탄생과 변동으로 인해 생긴 이해관계면에서 기존의 질서를 허무는 행위이므로 정책종결로 인한 피해자에 대해 단기적이며 적절한 보상이 뒤따르는 것이 그 집행을 쉽게 한다.

참고 **정책의 탄생과 소멸 사례: 대한민국 국가계획제도**

대한민국 국가계획 중 가장 대표적인 사례가 경제개발5개년계획이다. 우리나라는 제3공화국에 들어와 제1차 5개년개발계획을 실시하여 1996년까지 제7차 5개년계획을 추진하여 왔으며, 1987년 제6차 계획은 경제사회발전을 동시에 도모하는 계획으로 발전되었다. 경제후진국 시절인 1962년에 조국근대화 전략의 하나로 제1차 계획을 시작하였고 7차에 걸친 경제개발계획을 성공적으로 실시함으로써 중진국으로 진입하였으며 그 후 국가수준의 종합개발계획은 사실상 폐지되었다.

표 13-1 한국의 국가계획의 변천

	계획기간	계획기조	계획의 특성
1차 계획	1962-1966	사회경제의 악순환 시정	계획 탄생(최초)
2차 계획	1967-1971	산업구조의 근대화	계획 승계
3차 계획	1972-1976	성장, 안정, 균형의 조화	계획 승계
4차 계획	1977-1981	성장, 형평, 능률	계획 승계
5차 계획	1982-1986	안정, 능률, 균형	계획 승계
6차 계획	1987-1991	경제선진화, 국민복지증진	계획 승계(확대)
7차 계획	1992-1996	통일대비경제력확충 등	계획 소멸(최종)

* 자료원: 민진, 『행정학의 이해』, 제3판(2006), pp. 136-137 참조하여 재작성.

498-501 재인용.

제 2 절 정책의 변동

1 정책변동의 의의

1) 정책변동의 개념

정책변동이란 정책의 구조나 내용의 수정과 변화에 대한 활동이나 행위이다. 조금 넓게는 여기에 정책종결행위까지 포함한다.[9] 정책종결은 앞에서 이미 다루었으므로 여기서는 좁은 의미의 정책 변동을 설명한다.

구조의 내용은 정책의 목표와 정책의 수단, 정책주관기관과 정책대상집단 및 기타 정책수행절차 등을 들 수 있다. 따라서 이들 구성요소 중 어느 하나라도 바뀌어지면 정책변동이라고 할 수 있다.

변화되는 정책구조나 내용이 갖는 의의가 핵심적인 사항인가, 중요한 사항인가, 경미한 사항인가에 따라 정책변동의 질이 달라진다. 예컨대 정책이 법령의 형태를 띠고 있을 때는 핵심적인 사항은 법률의 개정에, 중요한 사항은 대통령령과 부령 등 법규명령에, 경미한 사항은 예규 등의 개정에서 다루어진다.

대체로 중요한 사항은 정책목표와 정책수단으로 구성되며, 이 중에서도 핵심적인 사항은 정책목표이다. 정책주관기관이나 정책대상집단 그리고 정책수행절차 등에도 중요한 사항이 포함될 수는 있다.

2) 정책변동의 다양성

다음 [그림 13-1]은 정책을 구성하는 요소들의 변동의 조합을 나타낸 것이다. 오른쪽으로 갈수록 정책변동이 크다는 것을, 왼쪽으로 갈수록 변동의 폭이 작다는 것을 보인다.

9) 유훈, 전게서(2007); 권기헌, 『정책학』(서울: 박영사, 2008); 정정길 외, 전게서(2012) 등.

그림 13-1 정책의 변동 모습

<table>
<tr><td rowspan="2">정책구성요소</td><td colspan="7">정책변동의 폭</td></tr>
<tr><td colspan="7">소규모 ―――――――――――――――― 대규모</td></tr>
<tr><td>정책목표</td><td></td><td></td><td></td><td></td><td></td><td>★</td><td>★</td></tr>
<tr><td>정책수단</td><td></td><td></td><td></td><td>★</td><td>★</td><td>★</td><td>★</td></tr>
<tr><td>정책주관기관</td><td rowspan="3">1개</td><td rowspan="3">2개</td><td rowspan="3">3개</td><td rowspan="3">2개</td><td>★</td><td rowspan="3">2개
이내</td><td>★</td></tr>
<tr><td>정책대상집단</td><td>★</td><td>★</td></tr>
<tr><td>정책수행절차</td><td>★</td><td>★</td></tr>
</table>

★표는 '변동이 있다'는 의미임.

핵심적인 정책변동은 정책의 목표가 변동할 때이다. 그런데 모든 정책의 목표가 변동되는 경우는 드물고 정책의 목표 중 일부가 변동되는 경우가 많다. 만약 정책목표가 모두 변동된다면 그것은 더 이상 정책의 부분적인 변동은 아니며 정책이 소멸된 것이나 다름없다. 정책의 목표가 일부 변동할 때 이를 중요한 변동이라고 보아야 한다.

부분적인 변동 중에서도 정책주관기관, 정책대상집단, 그리고 정책수행절차 등이 일부 변동될 때가 많다.

정책변동에 대한 논의는 상당히 다양하게 전개되고 있다. 정책변동의 조건은 정책탄생의 조건과 맥락은 같으나 다소 차이를 보인다. 정책변동의 형태는 매우 다양하기 때문에 정책변동의 조건은 정책변동의 형태나 유형에 의존하게 된다.

2 정책변동의 유형

정책변동의 유형은 다양하게 제시되고 있다. 호그우드와 피터스(Hogwood & Peters)는 정책 변동의 유형을 그 내용에 따라 정책혁신, 정책유지, 정책승계, 그리고 정책종결로 나누고 있는데 많은 국내 학자들이 여기에 동조하고 있다. 그런데 노화준 교수는 이들에 정책전환을 포함한다. 여기서 정책혁신은 정책의 탄생에 해당한다. 정책유지는 정책의 변동이 거의 없는 경우이다. 정책전환은 정책의 기본 특성이 대폭적으로 바꾸어진 것을 의미한다. 따라서 아래에서 정책변동 중에서 정책유지와 정책전환을 간단히 다루고, 정책승계는 별도로 보다 자세하게 다룬다.

1) 정책유지

정책유지(政策維持: policy maintenance)란 현재의 정책이 가진 기본특성을 그대로 지속시키는 것을 의미한다. 그런데 시간이 변화하면서 정책을 구성하는 사업내용이나 예산액수, 집행절차의 변경이 있더라도 정책의 기본특성이 유지된다면 정책유지로 본다(정정길 외, 2012: 705). 모든 정책은 시간이 흐름에 따라 그 내용이 변화되기 마련이어서 어느 정도의 변화까지를 정책유지로 봐야 하는지 혼란이 있을 수 있다. 따라서 내용의 승계와 구분하기 어려운 경우가 많다.

2) 정책전환

정책전환(政策轉換)이란 정책이 추구하는 가치와 정책목적 및 이것을 달성할 정책수단들을 완전히 폐지할 뿐만 아니라, 새로운 가치를 추구하기 위한 정책목적을 설정하고 이것을 달성할 정책수단과 활동을 개발하여 시행하는 것이다. 예컨대 출산제한정책이 출산장려정책으로 바꾸어진 경우를 들 수 있다(노화준, 2012).

그림 13-2 정책변동 전후 흐름도

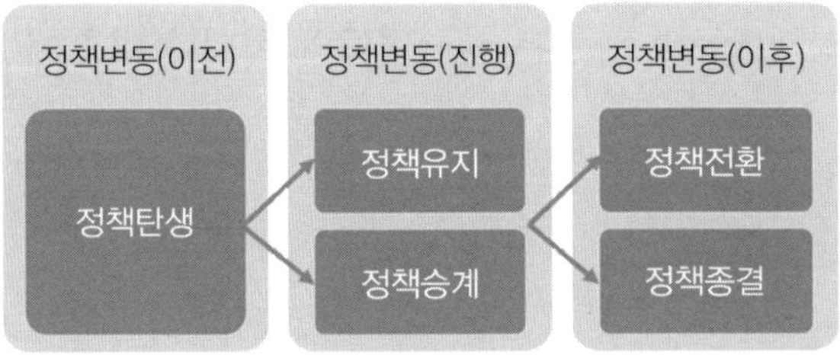

3) 정책승계

(1) 정책승계의 의의

정책승계(政策承繼, policy succession)는 정책의 상당한 변동을 의미한다. 정책승계는 현존하는 정책의 기본적 성격을 바꾸는 것으로서 정책을 근본적으로 수정하는 경우와 정책을 없애고 새로이 완전히 대체하는 경우를 포함한다. 어떤 경우라도 정책의 기본적 성격이 포함되는 정책목표를 유지한다. 즉 정책의 승계란 기존정책의 목표는 바꾸지 않고 그 수단의 핵심이 되는 내용의 일부 또는 전부를 바꾸는 것이다.[10]

정책승계는 정책 대체, 부분종결, 복합적 승계, 정책통합과 정책분할로 구분된다.[11] 정책승계는 사실상 정책종결과 밀접하게 연결되어 있다.[12] 정책을 완전히 종결하거나 부분적으로 종결하는 것과 직접적으로 관련이 있기 때문이다.

(2) 정책승계의 종류

첫째, 정책대체(policy replacement)란 정책목표를 변경시키지 않는 범위 안에서 정책내용, 즉 정책수단을 완전히 새로운 것으로 바꾸는 것이다.

둘째, 부분종결(partial termination)이란 정책의 일부를 유지하면서 다른 일부는 완전히 폐지하는 것이다. 정책유지와 정책종결이 배합된 것이다. 예를 들어 석유파동으로 석유부족이 일시적으로 심해지자 석유소비를 억제하기 위해 소비세를 부과하고 석유배급제를 실시했는데, 석유공급이 어느 정도 안정되자 소비세는 유지하되 배급제는 폐지하는 경우이다.

셋째, 복합적 정책승계란 정책유지, 정책대체, 정책종결, 그리고 정책추가(정책혁신과 유사) 등이 3개 이상이 복합적으로 나타나는 경우이다.

넷째, 정책통합(policy consolidation)과 정책분할(policy splitting)이다. 정책통합은 2개 이상의 유사한 정책이 통합되어 하나의 정책이 되는 것이며, 정책분할이란 하나로 통합되어 있는 정책이 분야별로 2개 이상의 별개의 정책으로 쪼개어지는 경우이다.

---

10) 정정길 외, 전게서(2012), pp. 707–708 재인용.

11) Brian Hogwood & Guy Peters, *Policy Dynamics*(New York: St. Martin's Press, 1983); 정정길 외, 전게서(2012), pp. 707–708 재인용.

12) Brewer와 deLeon(1983)은 부분종결의 종류를 대체, 분할, 점진적 감축, 단절 등의 다섯 가지로 설명하고 있다.

참고 **정책승계 사례: 해·공군 투자비의 점진적 증대**

육·해·공군 3군의 균형발전에 관한 논의가 확산되면서 국방부에서는 해·공군의 전력증강투자비를 점차 증가시키려고 노력하고 있다. 해·공군을 합친 투자비율이 육군을 넘어선 원년은 1993년으로 육군 투자비율이 42%, 해·공군 투자비율이 48%였다.

전력투자비의 정책문제 흐름을 보면, 그 때까지 우리나라에서는 상대적으로 육군 대비 해·공군력 건설은 저조하였다. 이 때 대외적으로 미국은 해양전략을 강화하고 공군무기체계의 고도화를 추진하였다. 정치적으로 김영삼 대통령이 이끄는 문민정부가 출범하였고 개혁 및 과거청산 등의 분위기가 조성되었다. 정책대안의 흐름을 보면 각 군 참모총장(특히 해·공군)의 활동으로 군통수권자인 대통령을 설득하는 등 정책대안을 만들어갔다.

* 자료원: 부형욱, "방위력 개선사업에서의 정책변동," 『국방정책연구』, 2002 봄(서울: 한국국방연구원), pp. 147-149.

3 정책변동의 환경요인

정책을 승계할 때나 정책을 종결시킬 때는 정책주관기관의 결정이 있어야 하는데, 이때 정책기관의 정책변동에 대한 의지와 관심이 요구된다. 이러한 의지와 관심에 영향을 주는 요인으로는 정책탄생의 경우와 대체로 비슷하나 다소 차이가 있다. 대체로 정책문제의 변화에서 비롯되나 이외에도 정책환경의 변화, 정책주관기관의 변화, 정책대상집단의 변화 등에서 비롯된다.

1) 정책문제의 상태변화

정책은 정책문제를 해결하여 궁극적으로 국민의 삶을 윤택하게 하며 국가의 이익을 높이려는 수단이다. 정책문제가 어느 정도 해결되었는가가 정책의 변동을 야기한다. 현재 정책목표를 달성했다 하더라도 앞으로 계속 그것을 달성해야 한다면 여전히 그 정책목표는 유효하다.

한편 그 정책으로 정책목표를 더 이상 달성할 수 없다면 정책의 존재는 유명무실하게 된다. 이 때 정책수단을 바꿀 것인지 아니면, 정책을 아예 포기할 것인지를 결정해야 한다. 정책목표를 부분적으로 달성했을 때는 이에 따라 부분종결이나 정책수단 및 정책주관기관 등의 변경을 통해 정책목표를 달성할 수 있다.

2) 정책환경의 변화

정책문제와 관련하여 정책환경의 변화는, 특히 극심한 변화는 정책의 변동을 초래한다. 인구문제 등 사회적 환경의 변화, 국민문화와 의식 등 문화적 환경의 변화, 생산, 노동수급, 환율, 무역수지 등 경제적 환경의 변화, 남북한 관계 등 국제관계의 변화 등은 대부분의 국가정책의 변동에 영향을 준다. 이들은 정책문제에 변동을 가하기도 하며 정책주관기관이나 정책대상집단의 이해관계나 현상인식에 영향을 주어 결국 정책의 변동을 야기한다.

3) 정책주관기관의 변화

정책을 탄생시킬 때의 정책주관기관과 정책을 변동시킬 때의 그것이 다를 때는 으레 정책변동이 있게 된다. 시간이 흐르면, 즉 시차(time lag)가 있게 되면 정부구성원들의 자리바꿈이 뒤따르기 때문이다.

이런 변동은 대통령선거나 국회의원선거, 지방자치단체장과 지방의회의원선거, 교육감선거 등 정치적 선거에 따라 달라지기도 하며, 행정부에서는 장·차관이나 고위공무원에 대한 임명, 헌법재판소 재판관이나 대법관 등 사법부 정책행위자들의 변경에서 비롯된다.

이러한 정책행위자가 동일하다 하더라도 그들의 정책현실과 사물에 대한 인식이 달라지거나, 환경변화가 충격을 주게 되면 정책변동을 통해서 어려움을 극복하거나 회피하려 한다.

4) 정책대상집단의 변화

정책대상집단은 정책탄생의 결정과 정책집행으로부터 이익을 보거나 피해를 보는 사람이나 집단이다. 시간이 흐름에 따라 정책대상집단 역시 성장하고 변화하게 된다. 정책에 대한 기대 수준이 바뀌게 되고, 정책에 대한 평가기준도 바뀌게 되므로 이들의 요구와 주장이 정치인이나 행정가들에게 전달되면 정책주관기관이 변화하게 되고, 이로 인해 정책은 변동하게 된다.

4 정책변동의 관리

정책변동을 관리하는 것은 정책관리자의 책임이다. 정책은 일회성 또는 단기적인 정책이 없는 것이 아니지만 대부분의 정책은 오랜 기간 동안 지속된다. 따라서 시간이 흐르면서 정책환경과 정책주체들이 변화하고 정책이 어느 정도 집행되면서 정책효과도 변화가 있기 마련이다. 이때 정책변동을 효율적으로 관리할 필요성이 부각된다.

그러므로 주로 장기적으로 지속되는 주요 정책들에 대해서 주기적으로 효과성을 점검하는 일이 요구된다. 이를 위해 정책환경의 변동, 관련 타 법률의 제정 등 변동의 주요 요인들을 점검한다. 일몰법에 의해서 다루어지는 단기정책을 제외하고는 정책의 변동 여부를 평가하고 이에 따른 적절한 대응책이 요구된다.

참고 **정책변동 사례: 대한민국 헌법의 변동(제정과 개정)**

헌법은 특정 국가의 기본법으로서 국가의 통치조직과 통치작용의 원리를 정하고 국민의 기본권을 규정하는 최고법이다.[13)]

대한민국 헌법은 제1공화국 1948년 헌법이 제정되면서 1952년에 1차 개정, 제2공화국 1960년에 3차 개정, 제3공화국 1962년에 5차 개정, 제4공화국 1972년에 7차 개정, 제5공화국 1980년에 8차 개정, 그리고 제6공화국 1987년에 9차 개정을 하는 등 변화를 해왔다. 대한민국헌법은 민주공화국, 기본권보장, 자유민주주의, 그리고 권력분립주의를 표방하여 왔으며 헌법이 개정되는 과정에서 기본권 분야, 국가권력기관 분야, 경제질서 분야 등에서 변동을 해왔다. 공화국별, 제정 및 개정시기별로 주요 내용의 변동내용을 정리하면 다음 〈표 13-2〉와 같다.

우리나라 헌법은 공화국별로는 기본권이 변동하고 있으며, 개정시기별로는 통치구조, 통치작용, 그리고 기타 사항이 변동하고 있다.

표 13-2 대한민국헌법의 제정과 개정의 주요 변동 내용

공화국	헌법 제·개정	확정시기	주요변동 내용	
			기본권 분야	통치구조·작용/기타
제1공	제 정	1948.7.17	기본권법률유보	대통령중심제, 단원국회
	제1차	1952.7.4		2원정부제
	제2차	1954.11.29		대통령중심제

제2공	제3차	1960.6.15	기본권법률유보 삭제	내각책임제
	제4차	1960.11.29		3.15부정선거자소급입법
제3공	제5차	1962.12.27	생존권보장, 인간의 존엄과 가치	대통령중심제
	제6차	1969.10.17		대통령탄핵소추 제한
제4공	제7차	1972.11.21	법률유보조항 신설	신대통령제
제5공	제8차	1980.10.22	행복추구권 신설	대통령간선, 7년임기
제6공	제9차	1987.10.27.	기본권보장 확대	대통령직선, 헌법재판소

저자 작성.

참고 **정책변동 사례: 대한민국 「병역법」의 변동(제정과 개정)**

「병역법」은 국민의 병역의무와 관련사항을 규정하는 법이다. 대한민국 「병역법」은 제1공화국 1949년 8월 6일 「병역법」(법률 제41호)이 제정되면서 총 104번의 개정을 거쳐 오늘에 이르고 있다. 전면개정 연혁만 보면 1957년 8월 15일, 1962년 10월 1일, 1970년 10월 31일, 1993년 12월 31일 각각 전면 개정을 하는 등 변화를 해왔다.

주요 변동사항으로는 「병역법」을 제정하던 당시 의무병제도를 기본으로 하였다. 1962년 병사복무기간 연장가능성을 추가하였다. 1969년부터는 방위병제도가 신설되었다. 1973년부터는 「병역의무특례제도에 관한 법률」을 제정하면서 병역특례제도가 양산되기 시작하였다. 1994년에는 방위병제도가 폐지되고 상근예비역제도가 도입되었으며, 1995년부터 공익근무요원제도가 도입되었다. 1982년에는 전투경찰제도의 도입에 따라 전환근무제도가 허용되며, 2001년에는 의무소방대원제도가 도입되었다. 2006년부터는 사회복무제도가 확대되었으며 2013년 사회복무제도가 대폭 변화되고 있다.

* 자료원: 법제처, 『대한민국 법령집』에 의거 저자 작성.
「병역법」(법률 제41호,1949.8.6 제정~ 법률 13778호, 2016.1.19. 개정)

13) 김철수, 『헌법학개론』, 제14전정판(서울: 박영사, 2002), p. 12.

제 3 절 정책 간의 관계와 정책의 이전 및 확산

1 정책 간 관계의 의의와 유형

1) 정책 간의 관계의 의의

정부가 하는 일이 다양화하면서 정부정책 간에는 서로 경쟁을 하기도 하며 전체적인 국가이익을 위해 정책간의 조화가 필요하기도 하다. 또한 정부 수준에 따라서 정책간의 상하관계가 형성되기도 하며, 정책의 내용에 따라서 상하관계가 형성되기도 한다. 지금까지는 주로 정책 하나의 생애를 중심으로 논의됐다면 여기서는 정책 상호간의 관계에 대해서 다룬다.

정책 간의 관계는 정책의 내용, 정책의 목표와 수단 간의 관계나 정책주관기관이나 정책대상집단과의 관계로 귀착된다. 그리고 정책의 공간적 범위나 시간적 순서에 따라서도 일어날 수 있다.

정책은 정책을 주관하는 기관과 정책의 대상집단이 있기 때문에 실질적으로는 사람과 조직에 의해서 영향을 받게 되며, 정책상호 간의 관계가 정책과 관련된 사람이나 조직 간의 관계로 귀착되는 경우가 많다.

2) 정책 간의 관계 유형

(1) 경쟁과 협력의 관계

경쟁과 협력관계는 대등한 정책간의 관계를 말한다. 이 중 정책의 경쟁관계는 특정 정책과 다른 정책이 자원의 획득이나 분배와 관련하여 충돌하거나 집행과정에서 충돌하는 경우를 말한다. 국방정책과 복지정책은 국가예산 배분과정에서 소위 "빵인가 아니면 총인가?"라는 구절에서 보듯이 한정된 예산자원을 놓고 서로 경쟁적이 된다. 범죄혐의자의 인권을 지나치게 보호하면 범죄피해자의 인권은 크게 보호받지 못할 수 있다. 예술작품의 창의성을 지나치게 규제하면 예술가의 창작 의욕은 낮아지고 결국 예술산업의 경쟁력 약화를 가져올 수 있다.

다음으로 정책의 협력관계는 하나의 정책이 다른 정책에 긍정적 영향을 미칠 수 있을 때 발생한다. 예컨대 민간(상용)과학기술 발전정책이 국방(군용)과학기술 발전에 기여할 수 있을 뿐더러 역으로도 그 관계가 성립한다. 한국문화의 진흥과 보급정책이 한국 상품의 브랜드 가치를 높여 수출에 크게 기여할 수 있다.

정책의 경쟁과 협력관계는 국가 간의 관계에서 뿐만 아니라 지방자치단체 간에도 일어날 수 있다. 또한 국가와 지방자치단체 간의 정책 간에도 일어날 수 있고, 여당과 야당 간에도 일어날 수 있다. 이 때 많이 요구되는 행위가 정책주관기관 간의 정책공조나 정책협력이다.

(2) 상하관계

상하관계는 포섭관계라 할 수 있으며, 정책이 포괄하는 범위가 상위–중위–하위로 구분할 수 있을 때 나타날 수 있다. 또는 기본정책분야와 부분정책분야와의 관계에서 나타날 수 있다. 따라서 상위정책의 범위 내에서 하위정책이 결정되며, 기본정책의 범위 안에서 부분정책이 결정된다.

상위정책일수록 추상적이고 가치지향적이나 중·하위 정책일수록 구체적이고 사실지향적이 된다. 따라서 중·하위정책을 결정하거나 집행하는 단계에서 갈등이 드러나고 충돌이 있기 쉽다. 하위정책이나 부분정책을 결정하거나 집행할 때는 결정기관이나 집행기관 간에 정책협조가 있어야 한다.

참고 **상위정책과 중·하위정책의 예**

(상위정책) (중·하위정책)

- 국가안보정책 : 외교정책, 국방정책, 통일정책
- 노인기본정책 : 노인보험정책, 노인생활정책, 노인고용정책

(3) 시간적 선후관계

정책의 시간적 선후관계는 하나의 정책이 상대적으로 먼저 결정되고 집행된 다음에 다른 정책이 결정되고 집행됐을 때 효과적이 되는 경우이다. 그러나 이런 정책을 찾기는 쉽지 않다.

3) 정책 간의 관계관리

(1) 정책 간의 관계관리

정책은 많고, 정책을 담당하는 기관 역시 많을 수밖에 없다. 따라서 국민들은 정책의 대상집단으로서 정책분야나 내용별로 쪼개어져 다루어진다. 개별정책으로서는 효율적이라 하더라도 국가 전체적으로 볼 때, 다른 정책과의 관계에서 보면 비효율적일 가능성이 높아진다. 따라서 정부 관계자는 그가 누구이건 간에 정책간의 관계를 확인하고 검토하여 바람직한 정책관리를 할 필요가 있다. 이들은 어쩔 수 없이 대통령 등 행정수반, 국회, 그리고 사법부 등 최고기관이 될 수밖에 없다. 이들의 권위를 위임받은 국무총리와 부총리, 대통령위원회, 그리고 장・차관 등이 담당할 수 있다.

(2) 정책관계 관리의 효율화

현행의 법과 제도 아래에서 정책이 제도화된 경우, 다소 형식적일지 모르지만 법률의 경우 법제처가, 조약의 경우 외교부에서 전체적으로 조정하면서 관리할 수 있도록 되어 있다. 특히 자원의 면에서 예산은 기획재정부에서, 공무원 조직은 행정자치부에서, 공직 인력은 인사혁신처에서, 시설은 국토교통부에서 담당하므로 자원배분 및 할당단계에서 국가적 차원, 국익의 차원에서 정책수단을 관리할 필요가 있다.

한편 감사원에서 정책감사의 차원에서 개별정책에 대한 감사도 중요하지만, 정책 간의 관계에서 오는 비능률 등을 적시하여 정책의 효율적 개선을 도모하게 한다면 더욱 효과가 클 것이다.

(3) 정책관계관리의 제도화

행정부 수준에서는 대통령과 국무총리가 정책관계관리를 책임지는 지위에 있지만 실질적으로는 소속기관이나 직속기관에서 실무적 검토를 한다. 대통령비서실, 안보정책실, 대통령위원회 등에서는 분야별 정책 간의 충돌과 경쟁 등을 주기적으로 혹은 문제를 인지하는 경우마다 검토하여 이를 처리해야 한다. 또한 국무총리실에서는 정책관계관리를 전담하는 하부기관을 두어 정책문제를 조정할 수 있다. 부총리에게도 어느 정도 권한을 위임할 수 있다.

국방정책의 영역에서는 국방부를 중심으로 방위사업청과 병무청이 중앙행정기관으로서 정책관계관리를 담당하며, 각 군 본부 역시 이런 기능을 수행한다. 최근에는 한미연합사와 각 군 본부는 군사전략 및 작전에 관해서 업무를 수행하고 국방정책이나 군사정책 분야는 국방부나 통합기능을 전담하는 사령부 등에서 정책관계업무를 담당한다.

2 정책의 이전

1) 정책이전의 의의

특정 국가의 정책이 다른 나라에 전파되거나, 특정 지방자치단체의 정책이 다른 지방자치단체에 확산되면서 정책이전이라는 개념이 관심을 끌고 있다. 우리나라에서는 역사적으로 중국의 당(唐), 원(元), 명(明), 그리고 청(淸)나라의 법과 제도를 모방하였으며, 일제 강점기에는 일본제국의 법과 제도를 모방하거나 강제로 집행하였고, 대한민국 수립 이후에는 미국의 법과 제도를 모방하여 정책을 개발한 경험이 많다.

정책이전(政策移轉, policy transfer)이란 어느 시기, 어느 장소의 정책에 대한 지식, 행정계획, 제도 등이 다른 시기 또는 장소에서 정책, 행정계획, 제도 등의 개발에 사용되는 과정을 의미하며, 정책수렴, 그리고 정책확산도 같은 의미로 사용한다(Dolowitz, 1996: 344). 이러한 정책이전은 국가 간에 나타나는 것이 가장 일반적인 현상이지만 지방정부 간, 지역 간 이전도 가능하다. 그리고 과거 정책을 현재의 정책으로 고려하는 것도 이에 포함할 수 있다(정준금, 2006: 55).

정책이전은 다음과 같은 개념적 특성을 갖는다(정준금, 2006: 57). 첫째, 정책이전은 정부 영역간의 정책이동을 의미한다. 정책의 하위개념 속에는 프로그램, 정책 아이디어, 이념, 태도와 문화적 가치, 행정계획이 모두 포함된다. 둘째, 정책 이전은 정책이전 주체의 역할과 활동을 매우 중요한 요소로 파악한다. 셋째, 이전 과정에 대한 분석을 통해 정책이전이 정책결과에 미치는 영향을 파악한다. 정책 이전의 주체, 목적, 내용에 따라 정책결과가 달라지므로 정책이전은 정책결과에 영향을 미치는 중요한 독립변수가 된다.

2) 정책이전의 동기와 메카니즘

정책을 이전하는 동기는 강제성과 자발성을 기준으로 자신의 필요에 의해서 그것을 시도하는 것과 외부적 압력에 의해서 시도되는 것으로 구분할 수 있으며, 전자를 자발적 이전, 후자를 강제적 이전(coercive transfer)이라 부른다. 정책이전의 동기는 정책확산의 동기와 거의 같다.

자발적 이전의 경우는 특정 정책 주체가 정책문제를 해결하기 위해 다른 정책단위에서 정책경험을 탐색하고, 거기서 정책적 시사점을 찾아 필요하면 제도나 계획 등을 포함한 정책을 벤치마킹하여 자국의 정책체제의 정책으로 만드는 것이다.

강제적 이전은 국제조직이 국가단위의 정부로 하여금 프로그램이나 정책을 채택하도록 강제하는 경우를 말하며, 중앙정부가 지방자치단체로 하여금 특정 정책을 채택하도록 하는 것도 여기에 해당한다. 예컨대 EU 가입국들은 EU 가입 자체는 자발적이나 EU의 규정을 각국에 도입할 의무가 있다.

정책이전 혹은 정책확산의 메카니즘(기제, 機制)은 다음과 같이 네 가지 형태로 구분된다.[14] 첫째, 모방(coping)은 가장 좁은 의미의 정책이전으로 외국이나 다른 정부의 정책을 원형 그대로 모방하는 것이다. 둘째, 본받기(emulation)는 정책이나 사업을 본받는 것으로, 특히 정책의 기본이념이나 사상을 이전하는 것이다. 셋째, 조합(combination)은 하나의 정책이 아니라 여러 개의 정책이나 사업을 혼합하여 모방하는 것이다. 넷째, 자극(inspiring)은 명시적으로 정책을 이전하는 것이 아니라 어느 한 지역의 정책이 다른 지역의 정책을 개발하는 자극을 주는 것을 말한다.

3) 정책이전의 관리

정책이전은 모두 성공하지도 않고 실패하지도 않는다. 성공을 더 많이 유발하고 실패를 더 적게 하기 위해서 어떤 노력을 해야 할까?

Dolowitz와 Marsh(2000: 19－22; 정준금, 2006: 73 재인용)[15]에 따르면 국가 간

14) D. P. Dolowitz and D. Marsh, "Who Learns What from Whom: A Review of Policy Transfer Literature," *Policy Studies*, 10(1), 1996, p. 13; 정준금, 전게서(2006), p. 70 재인용.

15) Dolowitz와 Marsh, *op. cit.*(2000), pp. 19－22; 정준금, 전게서(2006), p. 73 재인용.

정책이전에 있어서 다음 세 가지 요소가 정책이전의 실패요인이 된다고 한다. 첫째, 정보가 부족한 경우로서 정책 자체 및 정책 운영방식, 그리고 상황적 요인들에 대한 정보 부족으로 인한 정책실패로서, 이를 무지한 이전이라 한다. 둘째, 정책 이전이 되었지만 성공에 영향을 미치는 중요 요소가 빠진 경우 정책은 실패하며, 이를 불완전 이전이라 한다. 셋째, 이전 국가와 이전 대상국간의 경제적 · 사회적 · 정치적 · 이념적 맥락의 차이를 고려하지 못한 정책이전으로, 이를 부적합 이전이라 부른다.

정책이전을 결정할 때는 사전 정책분석을 잘하면 어느 정도 정책의 실패를 막고 정책의 성공을 이끌 수 있다. 선진국의 정책과 제도라고 무조건 모방한다면 정책이 실패할 가능성은 크다.

3 정책의 확산

1) 정책확산의 의의

정책확산은 정책이전의 다른 측면을 보여주는 활동으로 정책혁신의 확산이라는 주제로 연구되어 왔으며, 미국과 같은 연방국가체제의 50여 개주에서 정책이 확산되는 현상을 설명하는 개념으로 매우 유용하게 사용되고 있다.

정책혁신의 확산(이하 '정책확산'이라 함)이란 "일정 지역에서 어떤 정부에 의하여 새롭게 개발 또는 도입된 정책이 다른 정부 단위에 의해 받아들여져서 정책을 채택한 정부의 수가 늘어가는 것"이라고 정의할 수 있다.[16] "정부의 정책결정이 다른 정부의 정책에 영향을 받는 과정"이라고도 정의된다.[17] 따라서 정책이전과 정책확산을 비교하면 전자는 정부 단위간의 정책의 흐름을 강조한 것임에 반해, 후자는 그 이전 이후의 정부 단위 그룹들을 대상으로 적용범위가 확대되는 것을 말한다.

16) Eyestone, *op. cit.*, 1977, p. 441; France S. Berry & 김대진, "정책혁신과 확산 연구의 과거, 현재 그리고 미래," 『한국정책학회보』, 19(4), 2010, p. 77 재인용.
17) D. Braun & F. Gilardy, "Taking 'Galtons problem' seriously: Towards a Theory of Policy Diffusion," *Journal of Theoretical Politics*, 18(3), 2006, p. 299.

2) 정책확산의 쟁점 사항

정책확산은 확산의 속도·방향·동기·영향요인 등이 중요한 관심 주제들이다.[18] 그런데 정책확산의 동기는 정책이전의 동기와 거의 같아 여기서는 다루지 않는다.

정책확산의 속도에 따라 정책의 혁신은 초기채택자로부터 중기채택자, 그리고 느림보채택자로 확산되어 간다.[19] 이것은 주로 국제정치 연구분야에서 정책 확산을 설명할 때 유용하다. 예컨대 전자정부 서비스의 국제적 확산에 있어서 한국이나 미국 등이 전자정부의 활용에 있어서 상위순위에 있기 때문에 전자정부 서비스를 개발하고자 하는 후발국가들은 자신들의 전자정부정책을 수립하는데 있어서 한국이나 미국의 전자정부 서비스를 모방하거나 사례로서 참고할 것이라고 가정한다. 확산의 속도에서는 초기채택자와 느림보채택자로 구분할 수 있다.

정책확산은 확산의 방향에 따라 수직적 확산과 수평적 확산으로 구분한다. 수직적 확산은 상위정부나 국제기구로부터 하위정부나 개별국가로 정책이 전파되는 하향확산(Top down)과 하위정부수준에서 상위정부수준으로 확대되는 상향확산(Bottom up)으로 나눌 수 있다.

한편 정책확산의 영향요인으로는 외부적 확산요인과 내부적 확산요인, 그리고 최근에는 네트워크 요인 등이 주장되고 있다. 외부적 확산요인은 이웃한 정부 단위에 의한 정책학습과 모방을 강조한다. 즉 이웃 정부가 새로운 조세제도를 채택하면 이웃한 정부가 유사한 조세제도를 쉽게 도입할 수 있다. 내부적 영향 요인이란 단위정부의 행정적·정치적·경제적·사회적 요인을 들 수 있다. 네트워크 요인이란 단위정부 간의 정책 아이디어의 소통과 소통의 기제에 영향을 받는다는 것이다.[20]

---

18) Berry & 김대진, 전게서(2010), pp. 79–80.
19) Collier and Messick, *op. cit.*, 1975; Berry & 김대진, 전게서, 1999.
20) 이대웅·권기헌, "정책확산의 영향요인 분석," 『한국정책학회보』, 23(2), 2014. 6, pp. 93–120.

참고 **정책확산 사례: 출산장려정책**

우리나라에서 출산장려정책은 기초자치단체가 주도하였다. 전라남도 함평군이 2002년 출산장려정책을 최초로 제정한 이래 2011년 228개 기초자치단체가 출산장려조례를 제정하여 92.1%의 채택률을 보이고 있다. 기초자치단체의 출산장려조례 채택률은 중앙정부가 「저출산 고령사회기본법」을 제정한 2005년 약 20%, 광역자치단체 중 서울시가 최초로 출산장려정책을 제정한 2007년 약 51%를 기록하고 있다.

기초자치단체의 경우 228개 기초자치단체 중 누적 수는 2002년(1), 2003년(2), 2004년(15), 2005년(46), 2006년(81), 2007년(117), 2008년(156), 2009년(188), 2010년(202), 2011년(210)으로 확대되고 있다. 광역자치단체는 16개 중 2007년부터 급격하게 확산되고 있다.

정책확산은 기초자치단체간 수평확산, 기초자치단체에서 광역자치단체와 중앙정부로의 상향확산, 중앙정부에서 광역자치단체로의 하향확산 등 복합적으로 이루어지고 있다.

그림 13-3 출산장려정책의 확산(기초자치단체의 경우)

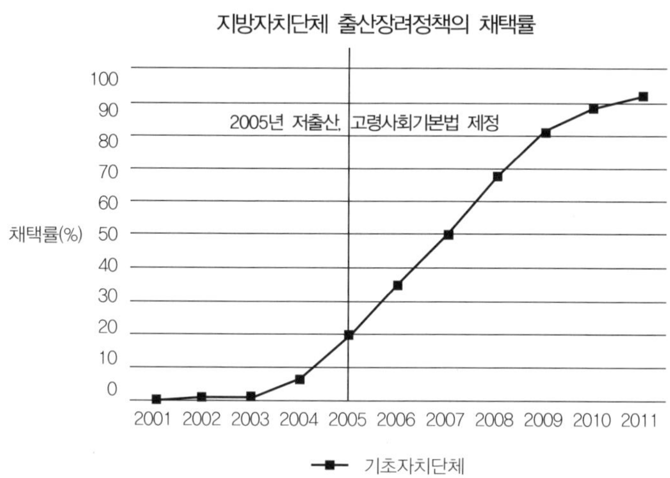

* 자료원: 이석환, 2014: 161-184.

제 14 장 정책홍보와 공공갈등관리

제 1 절 정책홍보관리

1 정책홍보의 의의와 활동

1) 정책홍보의 의의

정책을 성공에 이르게 하거나 실패로 떨어뜨리는 데는 여러 가지 요인이 있지만 오늘날처럼 언론 등 대중매체와 인터넷에 노출되어 있는 사회에서는 정책홍보(정책 PR)가 중요하게 인식되고 있다. 또한 정책의 품질을 증진시키기 위해서도 정책홍보는 중요하다고 인식되고 있다. 이런 이유로 노무현 정부 때에는 전 행정부처에 정책홍보실을 설치하여 운영하는 등 큰 관심을 보였으나 현재는 다소 관심이 줄어든 셈이다.

정책홍보는 정부 또는 정부의 행정기관이 정책의 수행과 직·간접적으로 관련된 공중집단을 조사·파악하고 각 집단과의 관계를 관리하는 커뮤니케이션 활동으로 규정할 수 있다(신호창·이두원, 2002; 차희원·김영욱·신호창, 2005). 정책홍보는 몇 가지 개념적 특성이 있는데 쌍방형적 의사소통, 내용의 정확성과 진실성, 이해당사자의 이해와 협조 등이다.

정책홍보는 정부 중심의 단방향적 의사소통관계가 아니라 쌍방향적 의사소통 활동으로 이해된다(김영욱, 2011: 114-117). 즉 정부와 언론 혹은 정부와 정책대상 집단 간의 관계에서 볼 수 있는 것처럼 일방적 지시가 아니라 상호작용하는 특징을 강조한다. 하지만 정부가 정책홍보 방향을 결정하고 집행하는 주체임에는 변함이 없다.

정책홍보의 내용은 정확성과 진실성이 있어야 한다. 정부나 정부기관이 정책의 내용을 왜곡하여 알리거나 부작용 등을 숨겨서는 안 된다. 고의적인 거짓은 쌍방향의 의사소통에 있어서는 불신을 야기하는 원인이 되기 때문이다.

정책홍보의 목적은 정책홍보를 통해 정책에 대한 국민 특히 이해당사자들의 이해와 협조를 구하고 결과적으로 국민의 신뢰를 얻는 것이다. 이를 위해 쌍방향적인 소통에서는 국민의 참여를 유도하는 방법이 수반되어야 한다.

2) 정책홍보 내용

정책홍보는 다양한 내용을 포함하는데, 공중 측면에서는 언론관계, 입법기관관계, 시민단체관계, 지역주민관계 그리고 내부공중관계 등을 들 수 있다. 기능 측면에서는 위기관리, 쟁점관리, 갈등관리, 명성관리, 마케팅 PR, 로비 등이 정책 활동영역에 속한다(신호창 · 이두원 · 조성은, 2011: 44-45). 이 중 정부의 대언론 관계가 주로 관심을 받아 왔고, 연구되어 왔다.

또한 정책홍보는 정책과정이나 정책단계별로 다른 초점을 갖는다(이두원, 2015: 186-187).

첫째, 정책구상단계에서 정책홍보활동은 조사연구와 여론수렴에 초점을 맞춘다. 정책에 대한 충분한 여론수렴 및 예상되는 쟁점에 대하여 충분한 조사와 분석 그리고 전문가의 자문 등이 주요 활동이 된다.

둘째, 정책결정단계에서 정책홍보활동은 공중 및 쟁점 파악, 예방관리, 홍보 프로그램 기획 등에 초점이 맞추어진다. 이해관계를 갖고 출현할 것으로 예상되는 공중집단들과 갈등적 쟁점사항을 관리하며, 정책에 대한 국민적 합의와 공감대를 형성할 수 있는 홍보 프로그램의 시간과 예산 등을 계획한다.

셋째, 정책집행단계에서 정책홍보활동은 목표 공중을 대상으로 맞춤형 메시지를 개발하고 정책집행에 대한 홍보, 위기관리, 홍보매체 및 이벤트 활동 전개 등을 수행하는데 초점이 맞추어진다.

넷째, 정책평가단계의 정책홍보활동은 공중의 태도 변화를 포함한 정책홍보 효과의 평가에 초점이 맞추어진다.

3) 정책홍보 사례: 환경영향평가제도 사례

다음은 홍보매체에 따른 정책홍보 사례를 비교한 것으로 환경영향평가제도에 관한 것이다. 환경영향평가제도와 관련하여 환경부와 산하기관에서는 다음의 세 가지 매체를 발간하고 있다. 『환경평가이야기』는 만화로 작성된 것이며, 『환경백서』는 환경부가 매년 발간하는 국가기본환경정책서이고, 『환경평가리뷰』는 환경평가 연구원이 주기적으로 작성 발표하는 홍보매체이다.

표 14-1 환경영향평가분야에서 인쇄매체를 활용한 사례 비교

구 성	절차적 요소	『환경평가이야기』	『환경백서』	『환경평가리뷰』
발신자	홍보주체	환경부	환경부	환경평가연구원
수신자	대상독자/고객	국민, 제도관계자	국 민	제도관계자
메시지	간행물내용	개정법 특성	환경정책정보	제도관련 이슈
매 체	프로그램	팜플릿	연간보고서	정기간행물
효과 및 활용	정보활용범위	개념/실무정보	학술/이론정보	모니터링정보
	활동의 지속성	일회성	주기성, 연속성	주기성, 불연속성

*자료원: 박하늘 · 최준규, 『환경포럼』, 17(6)(한국환경정책평가원, 2013), p. 11.

2 정책홍보의 관련행위자

1) 정책홍보 관련행위자

정책홍보와 관련하여 이 과정에 참여하는 행위자들은 정부와 정책대상집단 그리고 언론과 정책공중(예 국민) 등을 들 수 있다. 정부가 정책을 수행하면서 직접

정책대상집단에게 규제하거나 지원하는 등 정책행위를 하며, 그 과정에서 언론이 여론을 주도하여 넓은 의미의 국민에게 영향을 미친다. 때로는 정부가 정책대상집단을 대상으로 직접적으로 홍보하기도 한다. 이들을 그림으로 나타내면 [그림 14-1]과 같다.

그림 14-1 정책홍보와 정책행위자

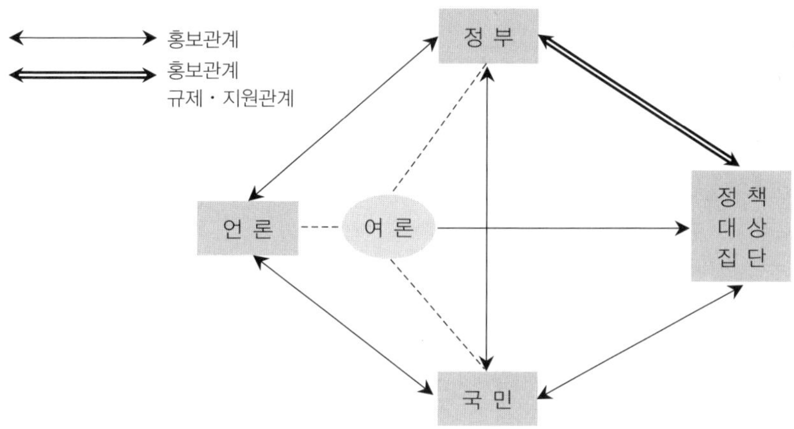

2) 정부의 정책홍보 전담기구

정책홍보는 공공기관에서 만든 정책을 정책대상자에게 알리는 것을 말한다. 다시 말해 정책홍보는 정책과정의 전반에 걸쳐 정책추진조직과 정책대상집단 간의 정보제공, 참여, 소통을 관리하는 것을 의미하며 이에 대한 총괄책임은 정책홍보조직이 담당한다(김찬동 · 김정욱, 2011.12: 13-17). 정책홍보에서 정책주관기관과 언론기관이 매우 중요한 역할을 담당한다.

정책홍보를 담당하는 부서는 정부기관의 주요 활동에 대해 사전에 평가활동을 하며, 주요 공중의 태도변화 및 환경변화를 파악하고 있어야 한다. 그리고 공공정책의 수립과 집행과정 등 의사결정과정에서 자문을 하며, 공중과 정부 각 기관 간의 쌍방향 커뮤니케이션의 매개기능을 수행한다(신호창 · 이두원 · 조성은, 2011). 최근에는 인터넷 시대에 발맞추어 SNS, 페이스북, 소셜미디어를 담당하는 팀이나 팀원을 두고 있다.

2015년 현재 우리나라 행정부에서 정책홍보를 담당하는 주무부처는 문화체육관광부이며 제2차관 아래 국민소통실이 있다. 국민소통실 아래에는 홍보정책관과 홍보콘텐츠기획관이 있다. 청와대에서 홍보수석실을 두는 등 개별기관들도 홍보부서를 운영하고 있다. 한편 국회에서는 국회의장 아래 대변인이 있고 국회사무처에 홍보기획관이 있다. 대법원에는 공보관(홍보심의관)이 있다.

참고 **정부 및 공공기관의 주요 정책홍보부서**

- 국회: 국회의장 대변인/ 국회사무처 홍보기획관
- 대법원: 공보관 및 홍보심의관, 각급 법원의 공보판사
- 문화체육관광부
  [홍보정책관] 홍보정책과, 정책여론과, 분석과, 홍보협력과
  [홍보콘텐츠기획관] 홍보콘텐츠과, 주민홍보과, 정책포털과, 온라인소통과
- 대통령비서실: [홍보수석]: 홍보기획, 대변인, 국정홍보, 뉴미디어정책
- 통일부: 대변인, 홍보담당관
- 서울특별시: [대변인실]: 언론행정담당관, 언론지원담당관
- 국방부/병무청: 각각 대변인실
- 한국전력공사: 홍보실

우리나라의 정책홍보와 관련해서는 전문성의 부족을 들고 있다. 담당인력의 부족은 물론, 정책홍보 담당부서의 부족도 제기되고 있다. 또한 최고관리자의 정책홍보인식의 부족, 언론인과 정부의 홍보담당자 사이에 기본적인 인식의 차이를 보이고 있다. 정부가 제공하는 핵심정보에는 내용이 부족하며, 언론의 부정적 보도에 대해서는 매우 신속하게 대응하는 경향이 있다(황상재, 2012: 18-21).

국방부의 홍보전담기구는 국방부 대변인(이하 대변인)이다. 국방부 대변인 아래 홍보담당관과 정책홍보담당관이 있다. 대변인은 1년 단위로 국방홍보종합계획을 수립하며 계획을 종합하고 조정하기 위해 기관별 주무과장을 위원으로 하는 국방홍보전략회의를 가지며 수시로 홍보간담회를 갖는다. 그리고 홍보자문위원을 위촉하여 운영한다. 국방부에서는 정책과 홍보를 연계를 위해 노력하며, 정책의 과정 단계별로 기획홍보를 추진한다(「국방홍보령」, 2016.2.15.).

3) 정책홍보와 공중

정책홍보를 하는 데는 의미있는 공중(significant publics)이 있다. 이런 공중들은 그들의 연령, 성별, 학력, 지역, 가치관, 그리고 이해관계에 따라 선호하는 매체가 다르고 정보를 얻고 사람들과 소통하는 방식도 다르다. 언론은 대중매체로서 중요한 정책통로 중의 하나이다.

정책홍보의 공중(publics)은 정책의 수행과 직접·간접적인 이해관계에 따라 특별공중과 불특정 다수의 공중으로 구분할 수 있다(이두원, 2005: 184). 특별 공중은 이해관계의 입장과 영향력 정도에 따라 집단이 세분화 되어야 한다. 또한 정책에 대한 노출 및 관여 정도에 따라 잠재적 공중, 인식적 공중 그리고 활동적 공중 등으로 구분해야 맞춤형 정보제공이 가능하다.

여기서는 정책홍보의 공중을 수혜집단과 피해집단, 지지자와 반대자 집단, 지식인계층 그리고 일반국민으로 구분하여 살펴본다.

정책홍보의 공중은 이해관계에 따라 수혜집단과 피해집단으로 구분할 수 있다. 수혜집단은 정책의 결정·집행·평가 등 정책수행으로 인해 이익을 보는 집단으로서 경제적 이익, 정신적 이익, 신체적 이익 등을 망라한다. 그런데 이익의 정도는 대규모일 수도 있고 소규모일 수도 있다. 이익을 보는 대상이 국민 대다수일 경우도 있지만 지역적·계층적으로 편중되거나 아니면 극히 일부의 국민일 수도 있다. 정책홍보의 공중으로서 피해자집단은 정책의 수행으로 인해 피해를 보거나 부담을 지는 집단을 의미하며 그 정도나 대상규모는 수혜집단과 동일하다.

정책홍보에 있어서 직접적 이해관계자가 아니지만 특정 정책에 대해 지지자와 반대자 집단이 있다(이두원, 2005: 186). 정책수행이 지역주민이나 이해집단의 반대로 순조롭게 진행되지 않을 때 정부는 정책홍보를 통하여 지지기반을 마련하고 정부와 반대집단 사이의 갈등을 조정하고 완화해줄 수 있는 적극적인 후원자 그룹을 획득하는 활동이 필요하다. 또한 이해관계집단에게 객관적 가치판단의 준거 틀로 작용하는 범국민적 분위기를 조성하는 것이 필요하다. 그런데 정책에 대한 지지자와 반대자 사이에 극렬한 대립이 있어 사회적 갈등으로 표출된 경우도 가끔 있으므로 정부의 정책홍보가 더더욱 중요해진다.

정책홍보와 관련하여 지식인층과 시민사회단체 등은 사회지도층으로 인식하며 행동한다. 그들은 친환경, 지속가능 발전에 우호적이며, 사회의 변화와 혁신에 동참하는 경향이 있다. 이런 점으로 인해 특정 정부정책을 수행하는데 있어서 그들이 친정부세력이 될 수도 있고 그렇지 않을 수도 있다. 어쨌든 이들에게 정책문제와 관련된 실상을 정확하고 투명하게 알림으로써 현실에 대한 인식을 정확하게 하여 정책을 지지하거나 반대하게 하는 것이 바람직하다.

정책공중 중 불특정 다수로서 일반공중은 공직자선거에서는 참정권을 행사하며, 납세 및 병역과 관련해서는 의무자로서 존재한다. 너무나 다수이기에 잘 보이지는 않지만 수혜집단과 피해집단 역시 불특정 다수에 포함된다. 따라서 이들은 개별적인 정책문제에 대해서 큰 관심이 없다. 그러나 이들의 정책에 대한 수용과 이해, 정부에 대한 신뢰수준 등은 정부 홍보의 영향력에 간접적으로 영향을 미친다.

우리나라 국방부에서는 국민들이 국방정책을 체감할 수 있도록 '아들을 군에 보낸 부모님 초청 정책설명회', '국민참여단 안보현장 견학' 등 행사를 하고 있으며, '체험! 대한민국 수호현장', 행사 개최, 어린이 군인체험관 시험 운영 등을 통해 어릴 때부터 군에 대한 친밀감과 긍정적 인식을 갖도록 하고 있다(대한민국 국방부, 2014: 216-217).

4) 정부와 언론

(1) 정책홍보와 언론의 관계

대한민국에서 정부와 언론의 관계를 보면 대한제국 말에는 언론이 문맹퇴치를 위해 노력했었고, 일제식민지시대에는 민족독립을 위해 저항하고 비판하는 정신이 충일했었다. 대한민국이 설립된 이후 다소 자유분방한 언론의 자유를 누렸지만 1970년대와 1980년대 권위주의정부 아래서 언론은 정부로부터 통제를 당해왔다. 제6공화국 정부에 들어오면서 정부대별로 정부와 언론의 관계는 다소 달라져 왔으나 대체로 언론의 자유가 대폭 신장된 상태에서 정부와 언론은 정부정책 이슈와 관련하여 다소 경쟁적인 관계에 돌입하였기 때문에 정책홍보가 노무현 정부 때부터 그 중요성을 인정받게 되었다.

정부는 언론의 중요성을 인식하고 대 언론관계에 항상 촉각을 세우고 원만한 관계를 유지하기 위해 노력하고 있다. 그런데 언론의 사회비판적 기능 때문에 정부와 언론의 관계는 항상 협조하는 관계만 있는 것은 아니고 긴장의 관계에 놓이기도 한다.

정부는 정기 또는 수시 기자회견을 통해 정부정책을 알려준다. 그리고 정부 각 부처의 대변인으로 언론인을 충원하기도 하여 언론을 이해하는 기본적 조건 아래 정책홍보를 하고자 한다.

(2) 언론의 기능과 정책홍보

언론은 사회적 기능을 통해 정부정책에 관여한다(유재천 · 이민웅, 1994: 72-76). 첫째, 언론은 정확한 사실을 전달한다. 언론은 사회에서 일어난 제반 사건과 정부의 각종 정책 등과 같은 사실을 객관적으로 전달하고 보도하는 기능을 갖는다. 둘째, 언론은 정부에 대하여 감시하고 견제한다. 언론은 정부의 정책결정과정을 추적하고 발표되는 정책의 진실성 여부와 그 적실성에 대한 탐사와 비판을 통해 정부를 견제한다. 셋째, 주변환경을 감시한다. 언론은 사회 전반에서 일어나는 크고 작은 사건도 직접 알려줌으로써 국민이 환경변화에 대비하고 적응할 수 있도록 해준다. 넷째, 언론은 여론을 형성한다.

언론은 정부정책에 대하여 보도를 통해서, 언론사의 의견을 제시함으로써, 다른 조직과 연대와 협력을 통해서, 선거공약, 그리고 인사검증 등을 통해서 영향을 미치며 개입을 한다(민진, 2015: 276-280).

언론사에서 정부정책을 직접적으로 담당하는 부서는 신문사는 편집국과 논설위원실이며 방송사는 보도본부와 편성본부 등이다. 이들 기구에 속해있는 본부장, 실장, 국장, 논설 및 해설위원, 그리고 일선기자들이 정책을 분석하고 평가하며 나름의 의견을 제시하고 보도하면서 여론을 선도한다.

3 정책홍보의 방법

1) 일반적인 정책홍보방법

정책홍보방법은 공공관계의 주체나 목표 그리고 문제의 상황에 따라 달라진다. 그런데 홍보방법은 공공관계 주체와 공중간의 대면 관계에 따라서 대인 의사전달과 미디어에 의한 의사전달로 구분할 수 있다(민진, 2014: 418-421). 미디어에 의한 의사전달에는 홍보, 광고, 사보 등이 있다.

(1) 대인의사전달

대인의사전달은 공공관계의 주체와 목표공중(정책대상집단이나 관련 집단) 간에 직접적으로 의사가 전달되는 공공관계이다. 정부기관과 국민이나 주민, 이익집단이 직접 공청회, 반상회 등에서 의사를 전달한다. 또한 정부 각 부·처·청이 정책고객을 선정한 후 주기적으로 해당기관의 정책을 우편 또는 이 메일로 알리기도 한다.

(2) 홍 보

홍보(publicity)란 조직이나 정책에 대한 정보를 출판물이나 뉴스미디어에 제공하는 것을 말한다. 예컨대 라디오, 텔레비전, 잡지, 신문과 각종 기관지와 같은 미디어에 사실적이고 흥미가 있으며 뉴스 가치가 있는 정보를 제공하는 것이다(Yale, 2001: 3).

언론기관에 제공되는 홍보의 대부분은 뉴스 릴리스(news release 혹은 press release)다. 뉴스 릴리스는 누가, 무엇을, 언제, 어디서, 왜, 그리고 어떻게를 알려주는 형태를 갖는다.

정책조직이 사용할 수 있는 홍보의 통로로는 기자회견, 단독회견, 홍보자료의 배포, 성명서, 기자초청 오찬회, 개인적 접촉, 특별행사의 실시, 집들이 및 공장 견학, 공짜 취재여행 등이 있다. 한편 홍보매체로는 신문, 잡지, 라디오, 텔레비전, 자서전, 뉴스 레터, 웹진 등 전자매체, 그리고 홈페이지 등이 있다.

(3) 광 고

광고는 중요 홍보수단이지만 정책분야에서는 그렇게 많이 사용되지는 않고 공익광고에서 주로 사용하고 있다. 공익광고는 그 시대의 지배적 가치를 표출함으로써 대중의 변화를 유도하고 정책에 대한 국민적 합의를 이끌어내는 공익적인 의사전달수단이며 TV나 신문을 활용하는 경우가 많다.

(4) 사 보

사보란 공공관계 주체가 발행하는 일체의 정기발간물로서 외부로부터 아무런 제약없이 메시지가 전달된다. 사보는 발간기간에 따라 연보, 계간보, 월보, 주보, 일보 등으로 구분된다. 또한 사보는 매체에 따라 인쇄사보와 전자사보로 구분된다. 국회는 『국회보』, 감사원은 『감사월보』, 문화체육관광부는 『Weekly 공감』, 경기도 의회는 『글로벌 의정』을 발간한다.

국방부는 연간으로 『국방백서』를 발간하고 있으며, 합동참모본부는 『합참』, 육군본부는 『육군』, 해군본부는 『해군』, 공군본부는 『공군』이라는 월보를 각각 발간하고 있다. 『국방백서』는 주요 국가에서 매년 발간하는 국방정책서로서 공개사항을 담고 있다.

2) 언론사에 대한 정책홍보방법

언론기관은 회사별로 추구하는 지향과 가치가 약간 다르며 이들이 언론보도에 영향을 미친다. 일반적으로 우리나라에서 조선일보, 중앙일보, 그리고 동아일보 등 3대 신문사는 보수적 신문으로, 한겨레신문과 경향신문은 진보적 신문으로, 그리고 서울신문과 한국일보는 중도적 신문이라고 평가되고 있다. 방송사의 경우 약간의 편차는 있겠지만 KBS는 보수적, MBC는 진보적 그리고 SBS는 중도적으로 알려져 있으나 상대적이다. 정부가 정책홍보를 하는 경우에도 언론사들의 이러한 특징을 반영하여 홍보전략을 짜는 것으로 알려져 있다.

하지만 보통 언론사는 항상 기사거리를 찾으며, 언론사 간에 속보와 특종 경쟁이 치열하다. 언론사가 정부를 칭찬하는 경우보다는 정부의 잘못을 꼬집고 비판하는 것이 언론의 속성이며, 이것이 국민에게는 당연하게 여겨지고 광고수입을 높이게 한다. 때로는 미리 편집방향을 정해놓고 취재를 하며 이를 보도하는 경우도 있는데, 이때 이 보도가 정부의 정책방향과 일치하지 않거나 오보가 난 경우 정부 홍보담당들을 당황하게 한다.

기자들이 정부 부처나 기관에 파견되어 정부로부터 정책내용을 전달받고 정책담당자들을 인터뷰하는 것은 일상사가 되었다. 따라서 정부가 이들과 건전한 관계를 맺고 이들을 어떻게 활용하는가가 중요시된다.

대부분의 정부부처에는 뉴스 룸에 언론사에 나온 기자들이 상주하고 있다. 대변인이 총괄적으로 해당 기자들과 관계를 맺고 정책을 알려준다. 다른 부처와 마찬가지로 국방부에는 국방부 전문기자들이 대변인실에 나와 있다. 부처에 출입하지 않은 기자들도 특정 정책문제에 대하여 인터뷰를 요청할 수 있다.

국방문제나 국방정책에 대한 보도는 적과의 전쟁을 전제로 하는 경우 국가이익에 치명적일 수 있다. 군사적으로 적국이 아니라 하더라도 군사동맹국이나 경쟁국과는 국익이라는 면에서 국방부는 국가비밀을 생산하고 관리해야 할 책임이 있으므로 국방정책을 홍보할 때는 특별한 주의가 요청된다.

3) 소셜 미디어를 통한 정책홍보방법

소셜 미디어(social media)란 '사회적 관계 개념을 사이버 공간에 적용한 개인 간의 상호작용적 소통채널'이라 정의할 수 있다. 최근 스마트 폰의 보급으로 인해 개인의 생활, 조직의 생활은 물론 정부정책 홍보영역에서도 큰 변화를 가져오고 있다(권이섭 · 이승철, 2012: 126).

소셜 미디어의 범주로는 블로그, 눈, 위키스, 팟케스트, 포럼, 콘텐츠 커뮤니티, 마이크로 블로킹 등을 들 수 있다(소셜 미디어연구포럼, 2012: 29).

이런 소셜 미디어들은 소통과 홍보면에서 장점을 갖고 있으며, 정보공유를 촉진하고 위기관리 면에서 신속한 상황을 전파하는 등 장점이 있다. 그러나 소셜 미디어는 개인정보의 유출과 사생활보호의 어려움, 범죄악용 가능성, 부정확하고 허위사실의 급속한 확산 가능성, 그리고 동질적 의견의 소통으로 인한 사회통합 저해 등 문제점이 제기되고 있다(권이섭 · 이승철, 2012: 128－129).

대한민국 군에서는 정책홍보수단으로 블로그, 트위터, 페이스북, 미투데이, 유튜브 등을 활용하고 있으며, 2003년에는 카카오스토리, 플리커(Flickr)로 운용 매체를 확대하였고(대한민국 국방부, 2014: 217), 국방부, 육군, 해군, 공군이 각각 운영하고 있다. 소셜 미디어의 콘트롤 타워의 확립, 맞춤형 홍보 서비스 제공, 전통적인 미디어와 현대적 미디어의 활용 등이 정책 개선안으로 제시된 바 있다(권이섭 · 이승철, 2012: 132－134).

참고 **정책사례: 천안함 사건과 정책홍보**

2010년 3월 26일 대한민국 해군 초계함인 천안함이 백령도 인근에서 침몰하고 해군장병 46명이 사망하는 상황을 맞게 되었다. 천안함 사건 직후 대한민국정부는 민간합동조사반을 구성하여 침몰원인을 분석하였으며 2010년 5월 20일 천안함이 북한의 잠수함이 발사한 어뢰에 피격되어 침몰하였다고 발표하였다. 즉 '천안함 폭침사건'이라고 결론을 내렸다. 그 후 남북한관계가 경색되었다.

그런데 침몰원인에 대한 정부가 1번 어뢰의 파편을 제시한 이후에도 각종 의혹이 끊이질 않았다. 예컨대 천안함 사고 시각에 대한 끊임없는 말 바꾸기, 천안함 사고동영상의 뒤늦은 발견 등이 의혹을 부추겼다. 거기다 북한당국의 격침 부인, 중국과 러시아의 회의적 태도, 야당 및 민간전문가의 북한 피격설 부인, 미국이 개입했다는 일부 루머 및 이명박 정부여당의 천안함사태 선거 악용설 등이 그것이다(이상신, 2010: 102-103).

천안함 사태에 관한 언론의 보도는 어떠했는가? 엄청난 기사와 뉴스보도 분량으로 인해 국민의 알 권리를 충족시키는 등 긍정적인 측면도 있었지만 동시에 흥미 위주의 추측성 기사, 과도한 해석, 확인되지 않은 관계자를 인용한 예측기사 등으로 인해 구조와 사태 수습을 해야 하고 원인을 규명해야 할 군과 정부 뿐만 아니라 국민 전체에게 혼란을 가져다 주었으며, 직접적인 희생자 및 유가족 등에게도 직·간접적인 피해를 야기시켰고, 국민에게는 불안감을 불러일으켰다(김재범·문성철, 2010: 130).

군 당국은 이번 사태와 관련하여 12개의 언론 사안에 대해서는 '오보'라는 공식 입장을 밝혔고, 9건에 대해서는 '왜곡보도'라고 밝혔다. 이것은 언론의 선정주의적, 경마식, 한건주의식 황색 저널리즘이 난무했다는 것을 보여준다. 그 결과 국가안보차원의 사건을 정치적 사건으로 전락시킨 것이다.

일부 언론학자는 군 당국과 언론계에 대해 다음과 같이 평가했다. 군의 문제점으로 첫째, 군의 통제, 비밀주의 전략의 실패, 둘째, 사후약방문, 셋째, 공보시스템의 부재, 넷째, 정보관리능력의 부재 등을 제시하였다. 한편 그들은 언론사는 데스크와 편집역량, 취재역량이 부족하다고 질타하였다(김재범·문성철, 2010: 131-141).

또한 이번 사태의 원인을 규명하는 과정에서 초계함의 내부구조, 한국군의 대잠능력 등이 무분별하게 공개되었다. 즉 이번 천안함 사태는 국방부 대변인이 창구역할을 하였으나 긴박하게 전개되는 육·해·공군 합동군사작전인 경우에는 합참의장이 직접, 인명구조 및 인양작전은 함대사령관 등 주요직위자가 직접 언론에 브리핑하는 것 등을 포함해야 한다(정경영, 2010: 106).

이 사건이 정책홍보에 주는 시사점은 첫째, 지킬 정보와 공개할 정보를 엄격하게 관리해야 한다. 즉 군과 관련한 사고가 일어날 경우 철저하게 조사를 하되 군사기밀에 속하는 사항은 절대 공개하지 않아야 한다. 둘째, 대변인 및 브리핑발표자 등 언론발표자의 사태 및 상황별 융통성이다.

제 2 절 공공갈등의 관리

1 공공갈등의 의의와 유형

1) 공공갈등의 의의

사회가 다원화・복잡화되면서 사회적 갈등현상 역시 다양화하고 있으며 이를 정책적으로 관리해야 할 정부의 기능도 강조되고 있다. 더구나 우리나라는 압축적 경제성장을 경험하면서 사회적으로 많은 갈등문제를 발생시켰다. 그런데 이런 갈등이 장기간 해결되지 않거나 해결하는데 많은 시간, 노력, 그리고 비용이 들고 있다. 그리고 사회적 갈등의 주체가 정부일 경우도 많아지고 있다. 따라서 공공분야에서 정책갈등문제는 우리나라 정부에서도 그 심각성을 인식하여 2007년에는 「공공기관의 갈등예방과 해결에 관한 규정」이 제정되어 시행되고 있다.

정책대상 특히 정책의 실시로 인해 직접・간접적으로 영향을 받는 이해관계자들이 정책을 어떻게, 얼마나 잘 수용하는가는 정책의 효과에 크게 영향을 미친다. 정책의 수용성을 높이기 위한 정부의 노력은 정책갈등관리로 나타난다.

공공갈등이란 「공공기관의 갈등예방과 해결에 관한 규정」 제2조에 따르면 '공공정책(법령의 제정, 개정, 각종 사업계획의 수립 추진을 포함)을 수립하거나 추진하는 과정에서 발생하는 이해관계의 충돌을 말한다'고 규정하고 있다. 그런데 공공갈등은 이해관계뿐만 아니라 목표, 가치 등이 대립하여 이로 인해 물리적・심리적으로 충돌하는 것을 의미한다(채종헌, 2012: 29).

참고 **「공공기관의 갈등예방과 해결에 관한 규정」(대통령령 제19886호, 2007.2.12. 제정)**

중앙행정기관의 갈등예방과 해결에 관한 역할과 책무, 갈등해결에 관한 사항을 규정함으로써 중앙행정기관의 갈등관리능력을 향상시키고, 중앙행정기관과 국민이 정책의 입안・결정・집행단계에서 발생하는 갈등을 대화와 타협, 참여와 협력을 통해 원만하게 예방하거나 해결하는데 필요한 제도와 절차를 마련하는 것이다.

중앙행정기관의 장은 필요하면 갈등영향분석을 실시하며, 갈등관리심의위원회를 설치하고, 참여적 의사결정방법을 활용하며, 사안별로 갈등조정위원회를 설치하고, 갈등연구기관을 설치・운영할 수 있다.

2) 공공갈등의 유형과 정책관리

공공갈등은 기준에 따라 다양하게 분류될 수 있는데, 갈등 당사자를 기준으로 공공갈등을 분류하면 개인 간 갈등, 집단 간 갈등, 국가 간 갈등 등으로 구분할 수 있다. 한편 갈등 당사자를 국가, 자치단체, 국민 등으로 구분하면 민민갈등, 민관갈등, 관관갈등, 그리고 국제갈등으로 구분할 수 있다.

민민(民民)갈등은 민간과 민간간의 갈등으로 사용자 집단과 노동자 집단 간의 갈등을 예로 들 수 있다. 민관(民官)갈등은 정부(국가와 지방자치단체)와 국민 혹은 기업, 사회단체 간의 갈등을 의미한다. 관관(官官)갈등은 입법부와 행정부 등 헌법기관 간의 갈등, 중앙정부와 지방자치단체의 갈등, 자치단체 간의 갈등 등을 들 수 있다. 국제(國際)갈등은 국가 간 갈등을 말한다. 민민갈등과 국제갈등은 정부의 개입이 필요한가에 따라 정책관리의 대상이 되며, 민관갈등과 관관갈등은 대부분 정책관리의 대상이 된다.

2 공공갈등의 원인과 해결

공공갈등이 왜 일어나는가에 대한 논의, 즉 공공갈등의 원인에 관한 논의는 비교적 많다. 공공갈등은 갈등 주체 간에 상호의존성이라는 조건에서 출발한다. 정책의 결정, 정책의 집행과정에서 정책주체들은 목표, 가치 그리고 이해관계 등이 서로 부딪친다는 것이다. 공공갈등의 원인과 해결방안을 다음과 같이 주체상의 원인, 절차상의 원인, 그리고 내용상의 원인으로 구분하여 제시한다.

1) 주체상 원인과 해결

공공갈등의 이해관계자들이 공공갈등을 관리하는 주체로서 지각, 정책 주체의 능력이나 의지 그리고 주체의 목표와 기능이 갈등을 야기한다. 이런 주체상 갈등으로는 세대갈등, 노사갈등, 빈부갈등, 권언(權言)갈등, 지역갈등, 검경(檢警)갈등, 국제갈등, 신구(新舊)갈등 등을 들 수 있다.

갈등 주체들 간의 느낌, 감정, 자존감, 인식의 차이가 갈등을 야기한다(Ledrach,

1987: 박진, 2010: 118–119 재인용). 특히 인간의 프레이밍(framing)의 차이는 갈등을 유발하는 기본이 된다. 여기서 프레이밍이란 사람들이 세상의 사건을 해석하고, 초점을 맞추고, 조직화하는 정신적 과정을 말한다(Snow & Benford, 2002: 197–219). 역사적 갈등은 대체로 여기에서 출발한다. 한국과 일본 간의 위안부문제갈등, 미국에서 인권문제와 흑백갈등, 빈부 및 노사갈등이 여기에 해당한다.

갈등 주체 간의 목표와 기능이 차이가 있어서 갈등을 일으키는 경우이다.[1] 입법부, 사법부, 행정부의 부(府) 간 갈등, 정부 부처 간의 갈등, 중앙정부와 지방자치단체와의 갈등이 그것이다. 입법부는 민주성을, 행정부는 효율성을 그리고 사법부는 공정성을 추구하므로 가치의 갈등이 수반한다. 한편 중앙정부와 지방자치단체의 기능은 근본적인 차이가 있다. 중앙정부나 연방정부는 종합성과 통일성을 추구하나 지방자치단체는 지역성과 부분성을 추구하기 때문에 서로 충돌할 가능성이 높다. 이런 목표갈등이 있는 경우에는 목표의 차이를 서로 인정하고 이 범위 안에서 조화를 이루는 방법을 모색하거나 사법부에 의한 관할권 조정과 같은 방법을 활용한다.

정책 주체에 대한 신뢰감은 정책갈등을 야기하는데 영향을 준다. 국민이나 주민이 정부에 대해 신뢰를 많이 한다면 그들이 추진하는 정책에 대해서도 보통 신뢰를 하여 정책을 수용한다. 반대로 정부를 불신하게 되면 정책도 불신하여 민관 간에 갈등이 일어난다. 국가 간에도 서로 불신하면 특정 정책에 대해 협력보다는 갈등을 한다.

2) 절차상 원인과 해결

공공갈등을 해결해가는 절차나 과정에서 일어나는 원인으로는 의사결정의 합의기구와 과정 결합, 절차의 정당성과 공정성, 그리고 정보공개의 부실에서 비롯된다.

첫째, 정책과정에서 이해관계자나 집단이 충돌할 때 이들 간에 합의에 이를 수 있는 제도나 기구 등이 마련되어 있지 않다면 공공갈등은 확산된다. 공공부문이나 혹은 민간부문에서 사전적 공공갈등 예방 및 중재기구가 부족하거나 결여되어 있

1) 정용덕 교수는 이들을 권력배분과 관련한 갈등으로 다룬다. 정용덕 외, 『공공갈등과 정책조정리더십』(파주: 법문사, 2011).

을 때는 갈등이 발생하면 이를 해결하기 곤란하며 갈등은 더욱 커진다.

당사자 간 합의를 유도하기 위하여 노력하며 이를 위한 사전적 절차를 완비하여야 한다. 보통은 공신력 있는 정부를 중심으로 공공갈등 해결기구를 만든다. 예컨대 노사정위원회, 언론중재위원회, 사회통합위원회 등이 이 기능을 수행한다.

둘째, 정책을 결정하거나 집행하는 과정에서 정책대상자나 집단이 참여할 수 있는 기회가 부족하면 이해관계가 충분히 반영되지 않을 가능성이 크며, 따라서 정책을 오해할 소지가 많고 이로 인해 정책갈등을 일으킨다. 절차 때문에 일어나는 정책갈등을 해결하기 위해서는 사전적 절차를 완비하여야 한다. 입법예고절차, 정책관련 청문회와 공청회 등을 활용한다.

셋째, 정책과정에서 정보공개의 부족과 투명성의 확보 부족 등은 공공갈등을 야기한다. 국민들은 알권리에 대한 의식이 높아가고 있다. 그런데 정부와 국민 간에는 정보의 비대칭이 존재한다. 정책정보의 비대칭으로 말미암아 국민들의 정책결과에 대한 피해의식과 두려움이 생길 수 있다. 정책정보를 공개하여 이해당사자가 양질의 정보를 충분히 알 수 있게 한다. 또한 공동조사와 같은 방법을 활용하여 정보의 생산과정에서 이해관계자를 참여하게 한다.

3) 내용상 원인과 해결

(1) 가치갈등

가치갈등은 이념적·종교적 원인에 의해 가치가 충돌하여 갈등이 발생하는 경우이다. 예컨대 공산주의와 민주주의의 갈등은 남북한 간, 대한민국에서 북한을 추종하는 일부 진보세력과 대한민국의 자유를 지키려는 보수세력 간에 갈등을 일으켜왔다. 또한 종교적 신념에 따라서 종교집단 간 갈등과 대립이 끊이지 않고 있는데 종교적 이유로 군복무를 거부하는 사례도 있다. 종교적 갈등이 심한 경우 새로운 국가의 탄생을 부추기기도 한다. 경제개발과 환경보전이라는 가치는 늘 평행선을 달리고 있다. 경제개발을 빨리하면 할수록 환경이 파괴될 가능성이 높기 때문이다. 국가의 자존심 때문에 국제 갈등이 일어나곤 한다. 최근에는 안전 가치가 중시되고 있다. 핵폐기물이나 원자력발전소 건립 등과 같은 경우에 발생하는 갈등을 들 수 있다.

가치갈등을 해결하는 것은 매우 어렵다. 종교적 신념을 바꾸기는 너무 어렵다.

또한 이념적 가치 역시 바꾸기가 매우 어렵다. 서로의 가치를 이해하고 공존하는 방법을 찾는 것 말고 뾰족한 방법이 없다.

(2) 이익갈등

이익갈등은 공공정책에 따른 물질적 손해 또는 이익의 충돌에 의해서 갈등이 발생한다. 정책갈등의 대부분은 자원의 제한으로 인한 불충분한 이익, 즉 이익갈등에서 비롯된다. 대부분의 정책은 시행 결과 일부 집단에게 손해를 주기도 하고 이익을 주기 때문이다. 이익과 손해의 정도는 수혜집단과 피해집단 내에서도 집단별로 차이가 있다. 이익갈등이 지역과 같은 공간적 범위를 대상으로 하면 지역이기주의, 국가이기주의로 변질한다.

이익갈등의 해결은 손해의 보상에 달려 있다. 정당하고 적당한 보상이 이루어진다면 갈등은 대부분 해결된다. 그런데 이해관계자의 범위는 이익과 피해에 따라서 여러 개의 다양한 집단으로 구분될 수 있기 때문에 이들에 대한 집단별 비례와 충분이 중요하다. 즉 불공정하지 않는 보상이 되어야 갈등이 해결될 수 있다. 국가 간의 다툼이 있을 때는 국제사법재판소 등이 재판작용을 통해 이를 중재한다.

(3) 기타 공공갈등

집단의 정체성 문제와 관련한 갈등이다. 성, 연령, 인종, 민족 등 집단의 정체성으로 인해 집단 간 갈등이 일어난다. 대한민국에서 일어나고 있는 양성평등 정책의 범위와 진전 속도(예 군가산점제를 둘러싼 갈등)에 관한 공공갈등을 들 수 있다(정용덕 외, 2011: 8-9).

민족의 문제는 간단치 않은 정체성 문제이다. 중동 지역의 쿠르드 족처럼 터키, 이라크 등에서 일부지역의 독립을 추구하는 경우도 있으며 중화인민공화국에서는 다민족국가로 구성되어있기 때문에 특히 신장, 위구르 지방에서 자치국으로서 지위에도 불구하고 중국정부와 갈등이 계속되고 있다. 한편 일부 선진국에서는 원주민과 다른 지역의 이주민들과 관계(호주에서 원주민과 유럽 이주민의 관계), 식민국가와 피식민국가 국민과의 관계(영국에서 영국민과 인도출신계의 관계), 본국인과 이민과의 관계(독일에서 독일인과 터키계 간), 원 소속 대륙(예 미국에서 아프리카 출신, 남미출신, 아시아 출신 등) 등이 사회문제가 되고 있다. 민족의 문제는 국가적 관심사로서 다루어야만 해결할 수 있는 문제이다.

참고 **공공갈등 사례: 국군기무사령부 과천 이전**

2002년 4월 4일 국방부가 서울 종로구 소격동에 있는 국군기무사령부를 경기도 과천시 주암동 지역으로 이전하겠다는 계획을 발표했던 것을 계기로 과천시장을 비롯한 과천시의회, 시민단체, 지역주민 등이 기무사의 과천 이전(일부는 과천 이전에는 반대 않고 주암동으로의 이전만 반대)을 반대하며 발생한 갈등이다. 갈등 단계별 특징은 다음과 같다.

첫째, 갈등생성 및 잠복기: 기무사를 이전하기로 결정하고 이전 예정지로 '과천시 주암동 지역'을 선정하는 과정이다.

둘째, 갈등표면화기: 기무사를 과천시 주암동 지역으로 이전시키겠다는 국방부의 발표와 그에 따른 과천시, 과천시의회, 지역주민들의 반대의사 표명단계이다.

셋째, 갈등확대기: 기무사의 과천 이전 반대측 집단행동이 두드러진 시기이다. 단순한 성명서와 질의서 배포 차원이 아닌 행동으로 반대의사를 표명하는 단계로 과천시장의 단식, 촛불집회, 현수막 및 포스터 부착, 피켓시위 등이 있었다.

넷째, 갈등완화기: 갈등상황이 최정점을 지나 조금씩 완화하는 단계로 이해당사자인 기무사와 과천시 간에 대화가 시작된다.

다섯째, 갈등해결기: 국방부, 기무사, 과천시, 과천시의회, 지역주민대표로 등으로 구성된 다자간 협의체 회의가 9차례에 걸쳐 진행되면서 핵심이해당사자 사이에 합의를 이루는 과정이다.

이번 사례의 공공갈등의 원인으로는 사전의견수렴의 미흡, 과도한 이전부지 면적, 일방적 추진과 대화와 타협의 미흡, 갈등관리의 실기, 그리고 일관되고 조율된 입장 표시의 미흡 등이 제시되었다.

그런데 최종적으로 공공갈등의 협상이 성공한 이유로는 기관 입장이 아닌 이해관계에 입각한 협상의 진행, 대표성을 갖춘 협의기구의 활용, 다양한 대안의 개발 등을 들고 있다.

* 자료원: 박홍엽, 국군기무사령부 과천이전(2006).

3 공공갈등의 전개와 갈등관리방법

1) 갈등의 전개와 갈등관리

공공갈등의 전개과정은 다양하다. 그런데 다음과 같이 갈등이 발생한 후 소멸하는 경우보다는 갈등이 발생하여 그것이 상승하다가 위기에 다른 경우가 정책관리의 대상이므로 이를 중심으로 다룬다.

박진은 갈등국면을 갈등의 상승국면, 갈등의 위기국면, 갈등의 결말국면 그리고 갈등 이후의 단계로 나눈다(박진, 2010: 36-42). 첫째, 갈등의 상승국면으로 표면화된 갈등에 적절히 대응하지 않으면 갈등은 점차 그 정도를 더해간다. 둘째, 갈등의 위기국면으로 상승국면에 있는 공공갈등이 더욱 확대되고 고조될 때이다. 셋째, 갈등의 결말국면으로 공공갈등이 해결되어 정부관여가 마무리된다. 넷째, 갈등 이후의 단계로서 관련 분야에 대한 제도화 또는 기구 설립이 뒤따른다.

한편 임도빈과 허준영[2)]은 '쇠고기수입정책과 촛불시위에 관한 연구'에서 갈등포아기, 갈등표출기, 갈등절정기 그리고 갈등소멸기로 나누고 각 단계별로 정부의 공공갈등 관리방법을 제시한다.

정부는 갈등의 전개 국면에 맞추어 일정하게 개입하는 경우가 많다. 갈등의 주요 쟁점을 확인하고 이에 따라 관련 기관과 책임자를 선정하며 갈등관리를 주도해야 한다. 갈등이 위기에 도달하면 정부는 위기관리체제로 진입하여 공공갈등을 관리해야 하며 갈등관리 매뉴얼이 작동되어야 한다. 갈등이 소멸되면 재발방지를 위해 관련 분야에 대한 제도화 또는 기구설립이 뒤따른다. 정부의 권위와 능력만으로 공공갈등을 해결하기 어려운 때와 정부와 국민간의 민관갈등에서는 시민사회단체나 사회 각계 지도자들에게 공공갈등의 중재를 맡게 한다.

2) 갈등의 관리방법

갈등관리는 정부가 공익(혹은 국익)을 달성하기 위해 공공갈등 상황을 점검하고 문제를 확인한 후 해결책을 동원하여 갈등을 해결하려는 노력이나 행위를 말한다. 우리나라의 「공공갈등의 예방 및 해결에 관한 규정」에 따르면 주요한 관리방식으로 갈등영향분석, 참여적 결정에 의한 합의형성, 협상과 조정에 의한 공공갈등 관리를 제시하고 있다.

(1) 갈등영향분석

갈등영향분석은 정부가 어떤 정책이나 사업을 시행할 때 실시하는 것으로 예상되거나 이미 발생한 갈등의 쟁점, 이해관계자, 이해관계 등을 밝혀내고 합의 형성 가능성을 진단하여 합의형성절차를 마련하는 것이다(지속가능위원회, 2005: 130).

---

2) ① 갈등포아기: 갈등 영향에 대비하고 민감성을 제고, ② 갈등표출기: 조율된 초동대응과 적극적 해결의지의 중요성, ③ 갈등절정기: 갈등문제와 갈등구조에 대한 재인식, ④ 갈등소멸기: 갈등의 원인분석 및 재발방지 노력. 임도빈 · 허준영, "쇠고기수입정책," 정용덕 외, 전게서(2011), pp. 398－403.

갈등영향분석은 이해관계자, 관련단체, 그리고 전문가와의 심층 면담을 거친다.

(2) 참여적 의사결정

참여적 의사결정에 의한 합의형성은 정책과정에 이해관계자 및 전문가의 참여를 통해 사회적 합의를 도출하려는 것이다. 참여의 보장은 민주주의의 기본으로 정책집행과정에서도 정책대상집단의 저항을 줄이고 순응을 높여 공공갈등을 줄여 준다.

(3) 협상과 조정 및 중재

공공갈등이 있을 때는 정책과정에서 이해당사자들이 직접 대면하여 협상하거나 제3자가 중재 또는 조정하는 방식으로 갈등에 개입한다. 협상과정에서 이해당사자는 자유로운 분위기에서 자신들의 입장을 피력하고 타협을 하도록 한다. 갈등을 해결하기 위해 선정된 조정자와 중재자는 공정하고 객관적으로 갈등을 조정하여야 한다.

제 5 부

정책사례연구

제 15 장 국방정책 사례

제 1 절 국방 · 군사시설관리정책

1 국방 및 군사시설관리의 의의

1) 국방 · 군사시설관리의 정의

국방 · 군사시설은 국방 및 군사적 목적을 위해 활용하는 시설을 의미하며, 시설 및 시설이 속해있는 토지 등 공간까지 포함하는 개념으로 대표적으로는 군사훈련장, 사령부 등 지휘본부, 병영, 진지, 군병원, 군교육시설, 군대주택(관사), 기타 복지시설 등을 포함한다.

국방 및 군사시설관리는 국방 및 군사시설에 관하여 계획하고 결정하여 집행하며 이를 평가하여 환류하는 모든 관리적 활동을 의미한다. 특히 정부나 국방부, 각 군 본부 수준에서 관심을 갖는 국방 · 군사시설정책은 병영시설정책, 군사시설보호정책, 그리고 군사시설건설 및 이전정책으로 구분할 수 있다. 이 중 국방 · 군사시설정책(사업)은 군사시설의 설치, 이전 및 변경에 관한 사업과 군사시설 또는 군사시설사업으로 인해 이주하게 되는 이주민의 대책사업 등을 말한다.

참고 **국방 · 군사시설의 정의**

군사작전, 전투준비, 교육 · 훈련, 병영생활 등에 필요한 시설, 국방 · 군사에 관한 연구 및 시험시설, 군용유류 및 폭발물의 저장 · 처리시설, 진지 구축시설, 군사목적을 위한 장애물 또는 폭발물에 관한 시설, 대한민국에 주둔하는 외국군대의 부대시설과 그 구성원 · 군무원 · 가족의 거주를 위한 주택시설 등 군사목적에 필요한 시설, 그 밖에 군부대에 부속된 시설(군인의 주거 · 복지 · 체육 또는 휴양) 등을 위해 필요한 시설을 말한다.

*자료원: 「국방 · 군사시설에 관한 법률」(법률 7540호, 2005.5.30., 제2조 1항).

2) 국방 · 군사시설정책의 역사와 의의

국방군사시설정책을 병영시설정책, 군사시설보호정책, 그리고 군사시설건설 및 이전정책으로 구분하여 간단히 살펴본다.

국방 · 군사시설정책은 1960년대에 미(美) 8군의 시설기준을 모델로 병영마스터 플랜(Master plan)을 작성하였으나 시설정책이라고 보기는 어려웠다. 그 후 율곡사업 추진시기('74~84)에 특정 시설분야에 한해 시설마스터 플랜이 도입되었으며 1983년에 대대급 현대화사업 이후 병영기본계획서가 마련되면서 정책이라고 볼 수 있게 된다. 그 후 「병영기획에 관한 규정」을 개정하면서 보완을 거친다(서성완, 2015: 368-369).

군사시설(기지)을 보호하고 군사작전을 원활하게 하기 위해 군사시설보호법, 해군기지법, 군용항공기지법 등 군사시설보호관련법을 제정하고, 이를 근거로 하여 남북한 접경지역 등을 중심으로 군사보호구역을 정하여 군사시설을 보호하고 있으며, 이 범위에서 토지를 소유하고 있는 국민들의 재산권은 제한된다. 시민들의 재산권 의식이 강화되면서 시설규제 완화조치가 이루어지고 있다(민진, 2015: 24-25).

국방 · 군사시설의 건설 및 이전은 군 내부 관리라기보다는 군사시설이 위치하는 국가나 지역사회와 직접 관련이 있어서 정치권과 시민사회는 물론 동맹국의 관심을 받고 있다. 안보 및 국방환경의 변화와 군사시설이 놓여있는 지역사회에서 도시화 등으로 인해 새로운 군사시설을 설치하거나 기존의 군사시설이 다른 지역으로 이전하고 있는 현상을 볼 수 있다. 전자의 예로는 제주해군기지 건설사업을, 후자의 예로는 평택미군기지 이전사업, 과천기무사령부 이전사업, 그리고 광주 공군비행단 이전 문제 등을 들 수 있다. 아래에서는 앞의 두 사업 사례를 중심으로 다룬다.

2 제주해군기지 건설사업

1) 정책사례의 의의와 전개, 내용

(1) 정책사례의 의의

제주해군기지 사례는 해군기지 입지지역 주민들의 이익갈등에서 시작하여 평화(평화의 섬 제주)와 안보(대양해군 건설 및 남방해역 해상수송로 보장)이라는 두 개의 시각이 격렬하게 대립하는 가치와 이념갈등으로 전환되며, 초기의 민·관 갈등에서 민·민 갈등으로 비화해 제주도 전역을 넘어 전국적인 갈등사안으로 증폭된 사건이다. 따라서 갈등의 규모와 파장이 국지적으로 끝나지 않고 제주특별자치도의 갈등관리역량은 물론, 정부 부처의 갈등조정역량까지를 시험하는 대표적인 갈등사례라고 할 수 있다(은재호 외, 2011: 320).

(2) 사업의 전개

제주해군기지 건설사업은 전형적인 NIMBY(Not in my backyard) 현상을 보여주는 갈등사례로서 갈등의 확대와 완화를 거듭하며 전개되었다. 즉 갈등생성 및 잠복기 이후에 표면화기를 거쳐 급속히 확대되는 일반적인 경우와는 달리 오랜 시간을 두고 확대와 완화를 반복하는 경향을 보인다(은재호 외, 2011: 331). 주요 경과는 다음과 같다.

참고 **제주해군기지 사업추진경과**

1993.12. 국방부 합동참모회의시 제주해군기지 신규 소요 결정
1995.04. 국무회의에서 제주해군기지 국책사업으로 선정
2002.05~2006.05. 제주도(화순항) 지역사회 해군기지건설 반대, 갈등 표면화
2005.11~2006.11. 제주해군기지범도민유치위원회 및 제주사랑범도민실천연대 발족
　화순, 위미, 강정지역 유치 희망(마을회 → 제주도)

2006.06. 해군기지건설계획의 공개
2006.07. 제주특별자치도 출범
2006.12~2007.5. 제주도지사, 대토론회 및 여론조사 실시
후보지 선정 여론조사(한국갤럽) 찬성 54.3%, 반대 38.2%
2007.06. 강정마을을 후보지로 선정(제주도 건의→국방부 확정)
2008.09. 정부, 제주해군기지를 민군복합형 관광미항으로 사업확정 발표
2009.08. 제주도지사(김태환) 주민소환투표 무산
2010.01. 기지 항만공사 착공
2010.02. 항만공사 착수 위한 부대면허조건 이행완료(가배수로 조성 등)
2012.02. 국가정책조정회의: 사업추진 결정 및 합동 언론 발표
2012.03. 항만공사 본격 개시
2016.02. 해군기지(민·군 복합항) 공사 준공

---

* 자료원: 관련 논문 및 해군 제주민군복합항 건설사업단 홈페이지 검색(2016.02.16.)
http//www.navy.mil.kr/sub-guide/jeju-main.jsp.

(3) 사업의 내용

2006년부터 2015년 간 9,776억원을 투자하여 제주 강정해안에 15만톤급 크루즈선과 해군기동 전력을 수용할 수 있도록 제주해군기지를 민·군 복합형 관광미항[1]으로 건설하는 것이다. 기지 규모는 49만㎡(14.9만평)으로, 항만공사는 함정계류부두 2,400m, 외곽방파제 2,500m, 육상공사는 지휘·행정·보급·정비·시설과 복지·체육·종교·의료시설 등을 포함한다.

2) 정책사례의 분석

(1) 찬성집단과 반대집단의 형성

해군기지사업을 결정하는 과정에서 찬성집단과 반대집단이 생겨나 대립하였다. 해군기지 찬성집단으로는 국방부(해군), 제주도를 비롯하여 제주해군기지 범도민추진협의회 및 찬성측 지역주민, 관광업계 및 건설업계를 들 수 있고, 반대집단으로는 제주도(초기), 제주군사기지범대책위원회, 해군기지반대대책위원회 및 연대

---

1) 최초에는 제주도 화순지역에 해군기지를 건설하는 계획을 입안하였으나 지역주민의 반대 등으로 갈등이 잠복해 있다가 제주도의 화순, 위미 그리고 강정마을의 3개 후보지를 내걸고 선정하였으며, 최종적으로 강정마을로 후보지가 결정되었다. 이 단계에서는 제주해군기지 반대를 완화하기 위해 단순한 해군기지건설계획에서 민·군 복합 크루즈항 건설로 선회하였다(은재호 외, 2011: 331-333).

시민사회단체와 종교단체를 들 수 있다. 찬성집단과 반대집단의 갈등이 심해지자 해양수산부, 제주도, 제주도의회, 총리실, 국회, 행정법원 등이 조정자로서 역할을 했다(은재호 외, 2011: 332-333).

(2) 찬성집단과 반대집단의 분야별 인식과 기대의 차이

해군기지시설에 대한 인식으로서는 반대집단은 해군기지는 혐오시설로서 경제성이 없으며, 제주도에 해군기지가 입지할 이유가 없고, 군사시설은 안전성의 면에서 매우 위험하다고 보았다. 찬성 측의 시설에 대한 인식은 해군기지는 혐오시설이 아니며, 경제성이 높고, 국가안보를 위해 제주기지는 반드시 필요하며, 해군기지는 위험시설이 아니라고 인식하였다(은재호 외, 2011: 333-336).

의사결정과정에 대한 인식에서는 찬성 측은 민주적 절차를 충분히 거쳤다고 보았으나 반대 측에서는 의사결정과정의 불투명성과 불공정성 면에서 민주적 절차를 충분히 거치지 않았다고 인식했다(은재호 외, 2011: 336-337).

제주도는 공동체의 유산을 기초로 높은 자치의식과 자치권을 향유하며 중앙행정기관에 대한 불신을 갖고 있는 반면, 해군과 국방부는 국가안보와 관련된 문제를 주민의 여론에 따라 결정하는 것에 대해 거부감이 있었다(은재호 외, 2011: 337-339).

해군기지건설에 찬성하는 집단은 해군 및 국방부의 기지건설계획이 국가안보상의 관점과 토지수용과 농·어업권에 대한 보상 그리고 지역경제발전에 대한 기대를 갖고 있었다. 반대 측은 평화와 환경보전, 삶의 질 수호를 가치지향으로 내세웠다. 제주도청, 제주도의회, 그리고 총리실은 공식적 조정자로서 기능을 했으나 한계가 있었고 국회와 행정법원이 부분적으로 관여했다(은재호 외, 2011: 339-342).

3) 정책사례의 시사점

제주해군기지사업에서 입지갈등의 원인으로는 편익과 비용에 대한 정부(국방부와 해군)와 지역사회 및 주민 간의 인식과 기대의 차이, 의사결정규칙에 대한 인식의 차이, 그리고 입지후보 마을의 지역적 동질성 등을 들 수 있다. 따라서 다층거버넌스의 구축, 협의에 의한 규칙 제정의 필요, 조정절차의 설계와 조정기술의 확산 필요성 등이 제시되었다(은재호 외, 2011: 343-347).

주민들과 지역사회의 의사를 반영하여 사업내용을 해군기지에서 민군 복합형 관광미항으로 변경하여 국가안보와 지역사회 이익을 동시에 충족할 수 있었다.

3 평택미군(美軍)기지 이전사업

1) 정책사례의 의의와 전개, 내용

(1) 정책사례의 의의

미군기지 이전사업은 한국 정부와 미국 정부 간의 합의를 필요로 하는 대형 국책사업으로서 한미동맹의 표출 사례이다. 국방부 수준에서는 한국군과 미국군 간의 합의를 요하는 사업으로 SCM과 MCM과 같은 한・미간 군사협의체에서 이를 실질적으로 심의하였다.

국내에서는 군사주권 문제로 인식하는 일부 진보세력과 한미동맹의 연장으로 보는 보수세력 간의 갈등으로 비화하였으며, 16조원에 달하는 경비조달 문제로 인해 국회의 동의를 필요로 하고, 미군부대에게 공여한 지역인 서울 및 동두천 등에서는 지역경제 침체의 문제가 야기되었으며, 새로운 입지인 평택 및 대구 지역 등에는 환경문제 등이 야기되는 등 지역갈등이 있었다.

(2) 사업 개요

미군기지 이전사업은 미군기지를 평택 등으로 이전하는 YRP(Yongsan Relocation Program)사업과 의정부 및 동두천 등에 있는 기지를 평택 및 대구 등으로 이전하는 LPP(Land Partnership Plan)사업으로 나누어 추진하고 있다. YRP 사업 총사업비는 약 8.86조원으로 대한민국이 비용을 부담하고, LPP사업 예상 총사업비는 7.1조원으로 미국에서 비용을 부담한다. 한미 양국의 총사업비가 약 16조원에 이르는 초대형 사업이다(김기수, 2015: 243).

사업을 마치게 되면 반환받는 기지는 지자체 또는 일반사업가가 개발하여 국토의 효율적인 이용이 가능하게 되고, 주한미군으로서도 그 동안 91개 구역 약 7,300여만평에 흩어져 있던 낡은 시설이 평택과 오산의 중부권과 대구, 왜관, 김천의 남부권 등 2개 권역으로 재배치하여 전방지역에서는 한미합동훈련장과 훈련시설을 유지하고, 후방지역에서는 지원체계를 강화하게 된다(김기수, 2015: 244).

공여구역은 현 공여구역의 32% 만 유지하게 되어, 49개 구역 약 2,300여만평의 현대화된 시설로 재배치됨에 따라 안정적 주둔 여건을 갖추게 될 것이다. 본 사업을 통해 미래 한미동맹이 한 단계 업그레이드되는 초석이 마련될 것으로 기대된다(김기수, 2015: 244).

(3) 사업의 전개

미군기지 이전사업은 1990년대 초부터 제기되다가 2003년에 한미 정상간(노무현 대통령과 부시 대통령 간) 용산기지 조기이전합의를 기점으로 관련 조약의 국회비준 동의, 특별법 제정 등이 이어지면서 활발해졌으며, 2007년에 착공하고 2016년에 완공을 목표로 진행되고 있다. 미군기지 이전을 확정하고 추진하는 단계에서 평택지역 주민과 시민사회단체의 반대 속에서 갈등관리를 하면서 새로운 공여지는 물론, 기존의 공여지로부터 모두 문제를 야기하였다.

참고 평택미군기지 사업 경과

1990.06. 용산기지 이전 한・미 기본합의서/양해각서 체결
1993.06. 이전비용 문제로 용산기지 이전사업 보류
2003.04. 한미 정상간 용산기지 조기이전 합의(노무현 대통령)
2004.12. 용산기지 이전협정(YRP)/ 연합토지관리계획 개정 협정(LPP) 국회 비준동의, 미군이전 평택시 지원특별법 제정
2006.07. 국방부 주한미군기지사업단 창설
2007.07. 용산공원조성특별법 제정
2007.11. 평택기지이전사업 기공식
2007.12. 국방부-LH공사 기부 대 양여 시행협약 체결
* LH 공사에서 3.4조원 규모를 건설하고 국방부에서 5.46조원 규모를 집행 2010.10. 제42차 SCM, 한미 국방장관 2016년 이전완료 합의
2014.10. 제46차 SCM '연합사' 일부 잔류 결정
* 연합사는 평택 이전 대상에 미포함되어 사업에 미치는 영향 없음

* 자료원: 김기수, "주한미군기지 평택이전 사업에 관한 소고,"『군사논단』, 제82호(2015년 여름), pp. 243-251.

2) 정책사례의 분석

(1) 국제관계적 접근: 한미관계의 관점

주한미군기지 이전문제는 한국과 미국의 국제문제로서 조약의 체결 갱신과 사업단계에서 양국, 즉 미국(국방부) 측과 한국(국방부) 측간의 긴밀한 관계와 협력을 바탕으로 추진되었다.

정부는 용산의 미군기지 이전에 필요한 「연합토지관리계획(LPP)」 개정 협정을 국회에서 비준을 받고, 미군기지 이전이라는 특수성을 감안해 「주한미군이전에 따른 평택시 지원에 등에 관한 특별법」을 제정해 이전사업을 추진하고 있다.

(2) 찬성집단과 반대집단의 형성

미군기지 이전사업을 결정하고 추진하는 과정에서 찬성집단과 반대집단이 생겨나 대립하였다. 그리고 이를 중재하기 위해 총리실에 주한미군대책기획단을 설치하여 운영하였다.

미군기지 찬성집단으로는 한국에서는 국방부, 평택시, 평택시 중소상공인을 들 수 있으며, 미국에서는 국방부, 미8군사령부, 주한미대사관을 들 수 있다. 반대집단으로는 지역사회단체(팽성대책위) 및 연대 시민사회단체(범대위, 평택대책위 등)[2]를 들 수 있다. 이들은 평화대행진을 하는 등 반대여론을 확산하였다.

(3) 정책사례의 주요 쟁점과 정부의 역할

핵심쟁점은 미군기지 이전추진 대 이전반대였으며, 하위쟁점은 기지대상 지역의 주민에 대한 보상문제와 평택시에 대한 도시발전 지원문제이었다. 하지만 그 밖에도 포천, 동두천 등 기존 미군기지지역의 지역경제 공동화 등이 부정적 파급효과로 제시되었다.

한편 정부는 특별법 제정을 통해 지자체와 주민들에게 추가적으로 보상해 줄 수 있는 보상체계를 만들었다는 점과 미군기지 이전에 반대하는 단체들의 논리에 맞서 꾸준히 대응논리를 개발해냈다(최병은, 2006: 107－108).

---

2) 범대위는 평택미군기지확장저지범국민대책위원회를 말하며, 평택대책위는 미군기지확장반대평택대책위원회를 말한다. 팽성대책위는 미군기지확장반대팽성대책위원회를 말한다.

제 2 절 베트남전 파병에 대한 정책결정

1 베트남전의 의의

1) 베트남의 역사와 베트남전쟁

근대에 들어와 베트남은 전통왕조(939~1862년)가 무너지면서 프랑스의 지배를 받았고 1945년 일본이 베트남을 잠시 지배했으나 호찌민이 주도하는 베트남독립동맹(Viet Min)이 저항운동을 하면서 베트남민주공화국(소위 월맹) 수립을 선포하였다. 그런데 1945년 7월 일본 패망 후 프랑스군이 베트남을 재점령하였다. 현대의 베트남전쟁은 1차, 2차, 3차에 걸쳐 발발하였다(국방부 군사편찬연구소, 2007: 1-7에서 요약).

제1차 베트남전쟁(1946~1954)은 1946년 호찌민군과 프랑스군 간에 일어났고, 남북분단체제가 계속되었다. 1955년 남부베트남에 응오딘 디엠의 베트남공화국(소위 월남, 남베트남)이 설립되었고 미국의 지원을 받았다.

제2차 베트남전쟁(1962~1973)은 미국 등 자유주의국가연합군과 중국 등의 지원을 받은 북베트남간의 전쟁이다. 미국 내에서의 반전 여론과 1968년 베트남전의 '뗏' 공세를 전환점으로 하여 닉슨정부가 들어서면서 1968년부터 1972년까지 미군 철수를 시작하여 북베트남의 승리로 마무리되었다.

제3차 베트남 전쟁(1973~1975)은 남북 베트남간의 전쟁으로 1973년 베트남평화협정이 발효되고 1975년에 북베트남이 남베트남을 무너뜨림으로써 베트남사회주의공화국(The Socialist Republic Vietnam)이 출범되어 오늘에 이르고 있다.

2) 제2차 베트남전쟁

한국의 베트남전 파병은 제2차 베트남전에서이다. 제2차 베트남전쟁은 1962년부터 1973년까지 약 10년간 베트남 전역에서 계속되었다.

미국 존슨행정부는 1964년부터 미국 의회로부터 베트남에서의 전쟁수행권한을 위임받아 '베트남전의 미국화'를 선언했고 미국, 한국을 비롯한 8개국이 남베트남에 파병하였으며 소련, 중국, 북한 등이 북베트남을 지원하는 국제전 양상을 띠게 되었다.

민주주의진영의 주요 참전국가는 미국, 한국, 태국, 필리핀, 오스트레일리아, 뉴질랜드, 타이완, 그리고 스페인 등이다. 참전 병력은 전쟁 초기인 1964년에 17,607명, 한창 때인 1968년에는 614,051명, 전쟁이 끝났을 때인 1972년에는 67,392명이었다. 참전 주력국은 미국, 한국, 오스트레일리아 순이다. 미국군 파병규모는 1964년 17,200명, 1968년에 548,383명, 1972년에 29,655명이었으며, 한국군 파병규모는 1964년 140명, 1968년에 49,869명, 1972년에 37,438명 이었다(자료는 국방부 군사편찬연구소, 2007: 15에서 발췌).

참전국의 전사 및 사망자 수는 미국 64,201명, 한국 5,099명, 오스트레일리아 520명, 태국 350명, 그리고 뉴질랜드 39명 등이다. 한편 남·북베트남 군인은 전사자 1,010,000명, 부상 2,600,000명, 민간인은 사망 415,000명, 부상 1,130,000명이다(자료는 국방부 군사편찬연구소, 2007: 16-17에서 발췌).

2 한국군 파병의 전개

1) 한(韓)·미(美)·월(越) 국제관계속 한국군의 베트남 파병

베트남전쟁에서 대한민국의 국군 파병은 미국의 동남아전략, 미국 및 남베트남 정부의 파병 요청과 한국정부의 파병 수락이라는 국제관계 역학 속에서 이루어졌다. 한국군 파병은 미국에 존슨 행정부가 들어서면서 새로운 동남아 전략, 즉 베트남전을 국제전화하려는 미국의 전쟁정책 방침에 따라 자유우방국들에게 참전을 요청하면서 시작된다.

한편 한국군의 철군은 「베트남평화조약」이 조인되면서 규정에 따라 이루어진다. 한국군의 철군은 베트남전쟁에서 북베트남군의 우세, 미국 내 반전운동 격화 등에 따른 미국의 닉슨 행정부의 베트남 정책변화에 따른 것이다.

베트남 파병은 한국군으로서는 6·25전쟁(한국전쟁) 이후 국제무대에서 국군을 최초로 파병하는 기회였으며, 대한민국 국군의 용맹성을 자유우방에 알리는 기회이기도 하였다. 한국군 파병은 1964년 제1차 파병을 시작으로 제2차, 제3차, 그리고 제4차 파병으로 이어진다. 추가적인 파병이 있었으며 8년 6개월 동안 베트남에 파견되었던 한국군은 1973년 3월 완전 철군하였다.

2) 한국군 파병의 전개

(1) 제1차 파병(이동외과병원, 태권도 교관단)

미국의 존슨 대통령이 한국을 포함한 25개 자유우방국에 서한을 보내 남베트남을 지원해 주도록 요청하면서 본격적인 파병활동이 시작된다. 즉 1964년 5월 9일 존슨 미국대통령 서한이 접수되었고 박정희 대통령이 파병을 결심하였다. 이에 국방부(장관: 김성은)는 제1차 파병안을 검토하여 파병을 위한 조치를 마련하였다. 즉 파병 내용은 130명 규모의 이동외과병원과 10명으로 편성된 태권도 교관이다. 한국 정부는 1964년 베트남 정부의 한국군 파병요청 서한을 접수한 후 동년 7월 31일 국회에서 정부가 제출한 파병동의안을 본회의에 상정하여 만장일치로 통과시켰다. 한국 정부는 1964년 9월 11일 해군 LST편으로 부산항을 출발하였으며 9월 22일 남베트남의 수도 사이공(Saigon)에 도착하였고, 9월 28일부터 붕따우(Vung Tau)에서 첫 업무를 개시하였다(국방부 군사편찬연구소, 2007: 26－27).

(2) 제2차 파병(건설지원단)

1964년 통킹만 사건으로 북베트남과 미군간의 전쟁이 확대되면서 미군과 남베트남군의 후방을 지원할 병력이 필요하였다. 이에 미국의 존슨대통령은 1964년 12월 18일 브라운 주한 미대사를 통해 한국군의 추가 파병을 요청하였고, 친서를 보냈다. 박대통령의 지시에 따라 국방부는 파병안을 마련하고 주한미군사령관과 합의하였으며, 동시에 남베트남정부로부터 정식으로 파병을 요청받았다. 이에 정부는 국군파병에 대한 국회의 동의를 얻었다. 이렇게 하여 한국군군사원조단(비둘기부대)은 약 2,000명 규모로서 1965년 3월 10일 인천항을 출발하여 3월 16일 도착하였으며, 사이공 외곽도로건설 등의 임무를 수행하였다(국방부 군사편찬연구소, 2007: 27－28).

(3) 제3차 파병(수도사단과 제2해병사단)

1965년이 되면서 베트남에서 전쟁상황은 미군 측에 불리하게 전개되었다. 한국 정부는 베트남전 파병을 국가전략 차원에서 활용하기 위해 당시 김현철 주미대사와 이동원 외무장관을 통해 추가파병 가능성을 제시하였고, 일정한 파병조건을 내걸었다. 1965년 5월 17일부터 18일까지 워싱턴에서 한미정상회담을 개최하여 이 자리에서 파병조건의 대부분이 타결되었다. 이후 베트남 정부의 한국군 파병요청이 있었으며 1965년 8월 14일 국회에서 파병동의안이 가결되었다. 파병부대는 수도사단(맹호부대), 제2해병여단(청룡부대)으로 대규모 전투부대였으며 더불어 군수지원사령부를 운영하고 주월한국군사령부를 창설(초대 사령관 채명신)하여 운영하였다. 그런데 파병부대가 전투부대였기 때문에 한국 사회에서 여야당 간의 갈등이 있었다. 1965년 10월 9일 청룡부대가, 11월 1일 수도사단이 각각 남베트남에 도착하여 전투에 참여하였다(국방부 군사편찬연구소, 2007: 28-31).

(4) 제4차 파병(제9사단)

1965년 7월 베트남에서의 전쟁상황이 더욱 악화되고 미국 내에서 반전여론이 확산되면서 미국 정부는 베트남 전쟁의 국제전적 요소를 부각시키며 한국군의 추가파병을 요청했다. 이에 한국정부는 미국의 한국에 대한 안보 공약을 문서로서 보장받았으며, 이어 1966년 2월 22일 남베트남 정부의 공식 요청에 따라 국회의 동의를 얻어 수도사단 제26연대와 백마사단의 추가파병을 실시하였다. 이에 따라 한국군은 군단급 규모로 확대되어 독자적 작전을 할 수 있게되었다(국방부 군사편찬연구소, 2007: 31-33).

3) 한국군 철군

한국군은 제4차 파병 이후에 미국 정부의 요청에 따라 1967년 해병대 증편과 관련하여 2,963명을 국회의 동의 없이 파병하였다.[3] 미국 정부는 계속하여 추가 파병을 한국정부에 요청하였으나 1968년 1월 북한 공작원의 청와대 습격 미수사건, 북한에 의한 미국 정보수집함 푸에블로호(Pueblo) 납치사건과 이의 처리과정에서 박정희 대통령은 추가파병 불가 방침을 결정하였다(국방부 군사편찬연구소, 2007:

3) 이를 '제5차 파병'이라 하기도 한다. 양창식, "베트남파병결정의 배경 및 과정"(2002), pp. 141-142.

34－35).

1969년 미국은 닉슨정부가 들어섰고, 베트남에서의 미군의 단계적 철수정책을 발표하였으며 1970년에는 한국의 주한미군 1개 사단을 철수하였다. 이에 따라 1971년 11월 6일 한국 정부에서는 한국군 제1단계 철수계획을 발표하였다. 1973년 1월 23일 베트남 평화협정이 체결되면서 평화조약 발효 후 60일 이내에 모든 외국군을 철군한다는 규정에 따라 한국군도 소위 '개선문 계획'을 수립하여 신속하게 철군하였다. 1973년 1월 30일 선발대를 비롯하여, 본대가 철군하였고 3월 23일 후발대가 한국에 복귀하였다(국방부 군사편찬연구소, 2007: 35－36).

3 한국군 파병의 분석

1) 정책결정환경으로서 국제질서와 국가이익

(1) 파병과 국제질서

베트남전쟁에서 대한민국의 국군 파병은 미국의 동남아전략, 미국 및 남베트남정부의 파병 요청과 한국 정부의 파병 수락이라는 국제관계 역학 속에서 이루어졌다. 한편 국군의 철군은 「베트남평화조약」이 조인되면서 규정에 따라 철군하게 된다.

한국군의 파병은 미국 존슨 행정부의 새로운 동남아 전략 때문이다. 베트남전을 국제전화하려는 미국의 전쟁정책 방침에 따라 자유우방국들에게 참전을 요청한다. 한편 한국군의 철군은 베트남전쟁 상황 악화, 미국 내 반전운동 격화 등에 따른 미국 닉슨행정부의 베트남 정책변화에 따른 것이다.

(2) 파병과 대한민국의 국가이익

한편 1961년 5월 출범한 대한민국의 박정희 정부의 최대 과제는 미국과 안보동맹체제를 더욱 강화하여 북한의 위협에 대응하는 것과 아울러 경제적 빈곤상태를 시급히 해소하는 것이었다. 이를 위해 대한민국 정부는 한일국교정상화와 함께 국군의 베트남 파병을 국가전략으로 선택하여 안보와 경제라는 두 마리 토끼를 동시에 잡으려 했다.

한국 정부가 파병을 결정할 때 국가 이익은 다음과 같다. 1·2차 파병의 목적은 자유민주주의를 수호하고 6·25전쟁에 대한 미국 및 우방의 지원에 대한 보답과 같은 명분론이 우세하였다. 한편 3·4차 파병의 목적은 표면상 미국과 자유우방과의 의리를 지키는 것이었지만 한국군 현대화를 지원받고, 미국으로부터 군사원조이관을 중지하며 경제적 실리를 추구하는 것으로서 대 월남 수출 여건을 보장받으며, 미국의 한국경제를 지원을 보장받는 것이었다(유윤식, 1992: 121).

2) 파병결정의 구체적 내용과 파병과정에서 정책행위자

(1) 파병의 내용

한국군의 파병 내용은 1·2차 파병과 3·4차 파병의 내용이 많이 다르다. 1차 파병은 군 의료진과 태권도 교관단이었다. 장교는 35명, 사병은 119명으로 소수 인원이었다. 2차 파병에서는 건설공병단으로 장교 50명과 사병 978명이었다. 파병 규모는 1차에서 2차로 가는 동안 상당한 수적 증가를 보인다. 하지만 내용에 있어서는 1차 파병과 2차 파병 모두 후방지원과 태권도 보급임무를 위한 것이다. 3차 파병은 감편된 보병 1개 사단 18,500명 수준이었으며, 4차 파병에서는 증강된 1개 사단 규모 25,000명 수준이었다. 이들은 모두 베트남에서 전투임무를 수행하였다(유윤식, 1992: 119-120).

따라서 1·2차 파병에서는 파병에 대한 사회적·정치적 논란이 적었지만 3·4차 파병과정에서는 사회적·정치적 논란이 많았고, 국가적 이익을 얻으려는 노력이 많았다.

(2) 파병과 주요 정책행위자

파병의 주요 행위자는 국제적으로는 주로 미국과 베트남이었지만 국내적으로는 박정희 대통령, 국회, 국방부와 외무부 등이었다.

박정희 대통령은 군 장성 출신으로서 군사쿠데타에 의해 집권하였으며, 민선대통령으로서 시대적 사명을 다하기 위해 베트남 파병문제를 통해 미국으로부터의 개인적 신뢰 확보와 더불어 이를 통한 국가발전을 위해 파병문제를 전략적으로 활용하려했다. 박대통령은 군사문제에 정통하였으며, 파병을 먼저 결심하고 주도하였다.

국회는 군대파병을 동의하는 국가기관으로서 역할을 하였다. 1·2차 파병시에는 국회에서 거의 만장일치로 파견동의안을 통과시켰으나, 3·4차 파병에서는 야당의 일부 반대 속에 동의안이 통과되었다.

주요 관계부처는 국방부와 외무부였다. 1·2차 파병시에는 국방부가 중심이 되어 집행계획을 마련하고 추진하였으며, 3·4차 파병에서는 외무부(장관: 이동원)가 중심이 되었고, 국방부는 군사문제에, 상공부는 무역문제 등에 치중하였다. 특히 이동원 외무부장관은 한미협상과정을 주도하면서 국익의 확보를 위해 노력했다(유윤식, 1992: 122).

군부에서는 파병 장병을 지휘하고 작전을 수행하며, 교육을 하는 등 실질적인 집행업무를 수행했다. 즉 작전수행과정에서 대한민국 군대의 위용을 떨쳤으며, 또한 대민업무, 민사업무를 수행하는 과정에서 한국과 베트남의 관계에서 실질적 역할을 했다.

3) 파병이 한국에 미친 영향

군사적 측면에서 보면, 1·2차 파병에서는 파월 장병의 숙식, 급여, 신분보장 등을 중점 논의하였으며, 군 장비현대화는 거론만 되었다. 3·4차 파월에서는 파월 장병의 봉급이 25% 인상되었으며, 전·사상자의 처우가 개선되는 한편, 현대화된 장비가 보급되어 장비의 교체가 있었으며, 한국군 사단이 보강되었다(유윤식, 1992: 124).

경제적 측면에서는 1·2차 파병 때에는 한국 상품의 대 월남 수출에 대한 논의만 있었으나, 3·4차 파병 때에는 미국은 한국이 요청한 내용의 일부를 수용하여 한국의 대 월남수출품목의 확대, 시멘트 수출의 보장, 미국의 대한 경제개발차관 및 원조지원 등이 부분적으로 이루어졌다(유윤식, 1992: 125).

정치적 측면에서 보면 박정희 정부의 안정에 기여하였다. 박정희 정부는 미국 정부로부터 신뢰를 확보할 수 있었으며, 파병이 경제개발계획을 성공적으로 달성하는데 기여하여 경제성장을 가속시킴으로써 체제 안정을 도모할 수 있었다.

한미동맹의 면에서 국군의 베트남 파병은 미국 정부의 요청에 부응하여 한국이 응답한 것이므로 미국이 한반도에 대한 안보공약을 확실하게 하도록 하는데 기여하였으며, 한미관계를 미국 일변도의 일방적 관계에서 어느 정도 상호의존적 관계로 격상시켰다(양창식, 2002: 103－158).

4 한국군 파병의 정책적 시사점

한국군의 베트남전 파병에 관한 결정은 변화하는 국제질서 속에서 통수권자의 파병 결정에 따라 취해진 것으로 결정권과 집행권이 비교적 확연하게 구분되었다. 즉 우리나라에서는 대통령, 국회, 국방부 및 외무부 장관을 중심으로 결정되고 조정되었으며, 국방부와 육군본부, 해병대사령부 등 군이 집행업무를 전담하였다.

군대 파병문제는 국제적 외교문제로서 조약의 형식으로 의사결정이 이루어졌다는 점이 독특하다. 또한 한국과 미국정부 간에 협상을 통해 파견 규모나 파견의 조건 등을 명시하는 것이 주목할 만한 사실이다.

한편 군대 파병에 비해 철군은 일사천리로 이루어졌다. 또한 군사적 결정을 할 때 미국의 동맹국으로서의 대한민국은 파병의 대의명분과 함께 경제적 이익 등 국가이익을 최대한 달성할 수 있도록 노력했다는 점이 확인되었다.

제 3 절 국방개혁법 제정 사례

1 국방개혁과 국방개혁법의 의의

1) 국방개혁의 의의

국방개혁은 국방부문의 정부개혁을 의미한다. 그런데 개혁의 의미는 변화, 혁신, 쇄신, 개편, 개선, 그리고 리엔지니어링 등과 교차하여 사용되고 있다. 따라서 국방개혁은 국방변화, 군사혁신, 국방쇄신, 국방개선 등의 개념과 교차하여 사용된다. 구체적으로 군사운영혁신, 군사변화, 국방행정(서비스)개혁, 그리고 군 구조 개편 등이 언급된다(민진, 2005: 5－7).

국방개혁은 국가사회에서의 한 체제로서 국방부문의 대폭적인 변화를 의미한다. 이 중 군사혁신(RMA)은 기술변화, 무기체계의 발전과 관련된 교리, 군 구조의 변화를 총칭하며, 국방업무혁신은 국방관리업무나 절차의 대폭적인 개선, 즉 효율화에 초점을 둔다. 이에 반해 국방행정개혁은 민군관계를 포함한 정부개혁과 효율적인 업무개혁을 포함한다. 군사혁신이 기술적 변화에 대한 적극적인 반응이라면, 국방행정개혁은 정치적 환경변화에 대한 적극적 반응이다. 국방업무혁신이 조직내부의 관리적 효율성의 측면이 강조되는데 반해 국방행정개혁은 국방체제로서의 내·외부적 관리 모두를 포함하며, 정치적 민주성의 측면이 더욱 강조된다.

2) 국방개혁법의 의의

대한민국 국회는 2006년 12월 1일 본회의를 열어 2020년까지 군 병력을 50만 명 수준으로 감축하는 것을 골자로 한 국방개혁법안을 통과시켰다.

국방개혁 문제는 국가안보의 핵심 사안인지라 국방정책공동체는 물론이고 전 국민, 정당, 언론, 시민단체, 전문가 등의 관심이 많았고, 참여정부의 주요 개혁사안의 하나로 군 통수권자인 노무현 대통령의 강력한 의지가 반영된 것이다.

참여정부의 국방개혁법은 2003년 5월 대통령의 지시에 따른 국방부의 '자주국방 비전'보고에서 출발하였는데, 2005년 6월 1일 국방개혁추진위원회를 발족하였으며, 2005년 9월 15일 '국방개혁 2020(안)'을 발표함으로써 구체화되었고, 2005년 11월 29일 국무회의를 통과한 후, 대통령 재가를 받아 2005년 12월 5일 「국방개혁 기본법(안)」이 국회에 제출되었다. 이후 2006년 12월 1일 국회 본회의를 통과하여 「국방개혁에 관한 법률」로서 확정되었다. 법률 처리에 약 1년간의 기간이 소요되었다(민진, 2007).

국회 입법화 과정에서는 국방개혁문제를 굳이 법제화해야 하는가에 대한 제도적·절차적 문제는 물론이고 국방개혁의 범위와 내용 등에 관한 문제에 이르기 까지 다양한 논의가 진행되었다.

국방개혁을 위해 「국방개혁에 관한 법률」(법률 제 8097호, 2006.12.28.)을 제정하였으며, 이에 따라 「국방개혁에 관한 법률 시행령」(대통령령 제19961호, 2007.3.27.)을 제정하였고, 「국방개혁 추진 규정」(국방부훈령 제853호, 2008.1.10.)을 마련하여 시행하고 있다.

국방개혁법에 따라 국방개혁 기본계획이 수립되고 있는데 2005년 12월 27일에 국방개혁기본계획(2006~2020)이, 2009년 6월 26일에 국방개혁기본계획(2009~2020)이, 2012년 8월 29일에 국방개혁기본계획(2012~2030)이 각각 수립되어 국방개혁을 실질적으로 집행할 수 있게 되었다.

2 「국방개혁에 관한 법률」의 주요 내용

「국방개혁에 관한 법률」(이하 '국방개혁법'이라 함)은 총칙, 국방개혁의 추진, 국방운영체제의 선진화, 군 구조 · 전력체계 및 각 군의 균형 발전, 병영문화의 개선 · 발전의 5개장과 부칙으로 구성되어있다.

첫째, 총칙에서는 국방개혁법의 목적, 기본이념, 정의, 그리고 정부의 의무를 규정하고 있다. 국방개혁법은 국방개혁에 관한 기본사항을 정함으로써 선진 정예 강군을 육성함을 목적으로 한다. 국방개혁의 기본이념은 문민기반의 확대, 합동성 강화와 각 군의 균형발전, 군구조의 기술집약형으로의 개선, 저비용 · 고효율의 국방관리체제로의 혁신, 사회변화에 부응하는 새로운 병영문화의 혁신을 들고 있다. 그리고 국방개혁과 관련한 정부의 기본의무를 규정하고 있다.

둘째, 국방개혁의 추진과 관련하여 국방개혁기본계획의 수립, 국방개혁위원회의 기능, 구성, 보고 등을 규정하고 있다. 국방부장관은 국방개혁의 목표 등을 포함하여 대통령의 승인을 얻어 국방개혁기본계획을 수립하며, 5년 단위로 추진계획을 시행하되 국내외안보정세 등을 분석 · 평가하여 동 계획에 반영하여야 한다. 또한 국방부장관 아래에 국방개혁에 관한 중요사항을 심의하기 위하여 20인 이내의 국방개혁위원회를 구성하여야 한다. 국방부장관은 매년 국방개혁에 관하여 대통령 및 국회에 전년도 국방개혁의 추진실적 및 향후계획 등 국방개혁과 관련된 사항을 보고하여야 한다.

셋째, 국방운영체제의 선진화와 관련하여 국방인력의 운영구조와 국방인력 및 인사관리에 관하여 규정하고 있다. 국방인력의 운영구조에서는 군인과 민간인력의 전문성과 특수성이 조화되도록 하여 문민기반을 조성하고, 기술집약형 인력구조로 전환하며, 군무원 등 민간인력 및 여군인력의 활용을 확대하며, 우수 국방인력을 확보하고 전문성을 향상시키며, 책임운영기관 등을 확대한다. 또한 인사관리의 효율성 및 공정성을 제고하기 위하여 장교의 진급, 국방부 및 합동참모본부의 장교 보직, 참모총장 등에 관한 보직의 추천, 중장 이상의 장교의 보직관리 문제 등을 규정하고 있다.

넷째, 군사력 발전과 관련하여 질 위주의 기술집약형 군사력 구조를 지향하면서 전력구조·전력체계 및 각 군의 균형발전을 규정하고 있다. 군 구조는 각 군의 고유한 전문능력을 유지·발전시키면서 합동성을 강화하고, 단계별로 무기 및 장비분야의 전력체계를 발전시키며, 상비병력의 규모는 2020년까지 50만명 수준을 목표로 한다. 그리고 적정 간부의 비율을 유지하고, 예비전력은 정예화하며, 해안 등의 경계임무는 타 기관으로 전환하는 한편 합동참모본부와 국방부 직할부대 등은 균형적으로 편성한다.

다섯째, 병영문화의 개선 및 발전과 관련하여 국방부장관은 장병의 기본권이 보장되고, 복지수준을 향상시킬 수 있도록 노력한다.

3 국방개혁법 제정의 분석

1) 국방개혁의 형식은 법제화

'국방개혁을 굳이 법제화하여야 하는가'의 문제는 국방부의 법제화 검토와 방침이 알려지면서 계속 야기되었던 문제이다. 국방개혁을 할 때 법률의 형태를 띠는 경우는 매우 드물다. 국방개혁이 법률의 형태를 띠는 경우는 프랑스의 「국방계획법」과 중국의 「중국국방법(中華人民共和國國防法)」을 들 수 있다. 우리나라는 프랑스의 「국방계획법」을 벤치마킹하였다. 국방이나 군의 특수한 분야(군 구조개편, 병역제도 개편)만을 개혁하면서도 법률제정의 형태를 띠기도 한다. 우리나라의 군 구조 개편계획(소위 818계획, 1988년~1990년)과 미국의 Goldwater-Nichols법(국방재조직법, Defence Reorganization Act) 등도 한 예이다.

이번 국방개혁은 법률의 형식을 띠었다. 그 이유는 다음과 같다(민진, 2005: 65-66).

첫째, 국방개혁의 지속성과 일관성을 확보해준다. 법률로서 국방개혁을 제도화하는 것은 행정규칙이나 사업계획으로 국방개혁을 추진하는 것에 비해 제도화의 수준이 높아서 안정성이 매우 높다. 정권의 교체나 국방부 장관의 교체에도 불구하고 국방개혁은 어느 정도 일관성 있고 지속적으로 추진될 수 있다.

둘째, 국방개혁의 내용적 합리성과 자원배분의 효율성을 제고한다. 국방개혁법에 국방개혁의 목적, 기본이념, 그리고 주요 내용을 보다 체계적이고 명확하게 규정함으로써 개혁에 대한 방향을 제시하고 하위명령들이 이를 구체화함으로써 수직적 연계성은 물론, 수평적 연계성을 확보할 수 있게 해준다. 또한 비교적 장기간에 걸쳐 국방개혁이 추진됨으로써 시간적 고려도 가능하게 되어 자원배분의 효율을 도모할 수 있을 것이다.

셋째, 국방개혁에 대해 강력한 국민적 동의와 지지를 확보할 수 있게 한다. 국민들은 국회에서 토론과정을 통해 국방개혁이 자신들에게 어떤 재정적 부담과 편익을 줄 것인지를 어느 정도 알게 된다. 또한 국방개혁법이 국방부(행정부)에서만 결정된 것이 아니라 국민의 대표기관인 국회에서 결정되었으므로 국방개혁의 정당성이 확보되며, 이에 따라 국민들의 지지를 받게 된다.

넷째, 국방개혁에 대한 개혁추진 주체의 사전학습을 가능하게 한다. 국방개혁이 공론화되는 과정에서 국방개혁을 추진하는 국방부는 국방개혁의 목표와 수단, 국방개혁의 장점과 단점을 보다 상세하게 점검해 볼 수 있었다. 국방개혁이 집행되어 아직 구체화되기 전에 개혁의 기대효과는 물론이고 단점이나 문제점, 애로사항 등을 미리 점검해보는 좋은 기회이다.

2) 국방개혁 법제화 과정의 정책행위자와 핵심 쟁점

(1) 주요 정책행위자

국방개혁(소위 '국방개혁 2020')의 법제화 과정에서 대통령과 청와대, 국방개혁위원회, 국방개혁추진단, 국방부, 국회 국방위원회 등이 주로 활동하였다.

노무현 대통령은 통수권자로서 국방개혁의 중심세력이었다. 그는 국방개혁의 필요성을 실감하고 각종 행사시 이를 언급하였으며, 청와대 국방보좌관인 윤광웅

씨(예비역 해군 중장)를 국방부장관으로 임명하여 국방개혁을 주도하도록 하였다.

국방부 장관과 국방부 관료들은 국방개혁법안을 입안하고 이를 가다듬으며 각 군을 설득하고 국방개혁의 시행안을 마련하는 등 실질적인 역할을 하였다. 노무현 대통령이 집권한 이후 이미 국방부에서는 2003년 5월 대통령 지시로 '자주국방 비전'과 '자주국방 추진계획'을 보고한 바 있었다. 윤광웅 장관은 장관 취임 이후에 이를 바탕으로 '국방개혁 2020'을 작성하여 대통령에게 보고하였다.

국회는 국방개혁법을 법제화하는 과정에서 국회의 심의기능을 십분 활용하였다. 국회 심의과정에서 국방부가 제출한 국방개혁원안이 많이 수정되었으며, 최초 제출안의 명칭이 「국방개혁기본법안」이었는데 이것이 「국방개혁에 관한 법률」로 개칭되었다. 또한 국회 국방위원회에서는 국방개혁안을 심의하였으며 이 문제의 특수성에 비추어 소위원회를 구성하여 보다 정밀하게 심의하였다.

정당은 국방개혁안에 대해 다소 다른 입장을 보인다. 2005년 '국군의 날'을 맞아 각 정당은 대변인을 통해 국방개혁에 관한 공식 논평을 하였는데 자유민주연합은 반대, 한나라당은 조건부 입장(실질적 전력증강에는 찬성하나 병력감축에는 반대) 표명, 그리고 여타의 정당은 모두 찬성의 견해를 피력하였다(한종호, 2005: 3; 김동한, 2008: 211 재인용).

(2) 핵심 쟁점: 병력감축

특히 국방개혁의 쟁점 중에 가장 논란이 많은 주제가 '병력감축' 문제이었는 데 이를 둘러싸고 정책연합이 이루어졌다.

한국군의 병력구조는 현대전 양상에 부합하도록 개편하여 당시 68만명의 병력을 2020년에 50만명으로 감축한다는 것이며, 특히 육군 병력을 대폭 감축한다는 것이 주된 내용이었다. 즉 육군은 54만 8천명에서 37만명으로, 해군은 6만 8천명에서 6만 4천명으로, 공군은 6만 5천명 수준을 유지하는 것이었다. 또한 예비병력은 2020년까지 연차적으로 150만명으로 감축하는 것이다.

병력감축과 관련하여 대립적인 논쟁이 극명하게 드러났는데 북한과의 신뢰 구축 및 한미동맹 유지라는 전제조건과 관련하여 국회 국방위원회에서는 열린우리당 소속 조성태 의원과 한나라당 소속의 황진하 의원이 감축을 반대하였으며, 결국 이들의 의견을 반영하여 2020년까지 병력 50만명을 목표로 하며, 북한에 대한 위협평가 등을 반영하여 3년마다 국방개혁기본계획을 작성하는 것으로 합의를 보았다.

국방개혁의 병력감축 쟁점과 관련하여 '현상타파연합'과 '현상유지연합'의 동맹체가 결성되었다. 즉 현상타파연합으로는 국방부, 여당(열린우리당)과 진보성향의 언론, 시민사회단체가, 현상유지연합으로는 야당(한나라당, 자유민주연합), 보수성향의 언론, 보수사회단체로 구분되는 모양을 띠고 있다(김동한, 2008: 217).

4 국방개혁법 제정의 시사점

1) 국방개혁법 제정과정에서 볼 수 있는 시사점

첫째, 국방개혁이 법제화되어서 개혁이 상시화되고 있다. 즉 노무현 대통령이 의도한 대로 국방개혁은 안정성 속에서 일관성 있게 추진되고 있다. 국방부에서는 중앙정부 수준 차원에서 국방개혁에 관한 기본계획을 수립하고 있으며, 이에 따라 개혁을 실천하고 있다. 그리고 국방개혁본부를 두어 이를 관장하고 감독하고 있다. 하지만 개혁이 상시화됨으로써 개혁의 긴박성은 줄어들고 있다.

둘째, 국방개혁의 중심에 군통수권자인 대통령이 있었고 그를 지근에서 보좌한 국방보좌관이 국방부장관이 되어 이 개혁을 주도했다. 따라서 국방개혁안은 성공적으로 국회심의를 통과하여 법제화되었다. 국방문제의 특수성에 비추어볼 때, 그리고 남북한 관계가 크게 변화하지 않은 상태에서 병력감축과 같은 정책문제를 다루는 것은 매우 어렵지만 정부 최고위층의 의지와 노력이 있다면 이를 성사시킬 수 있다는 점을 확인했다.

셋째, 그럼에도 불구하고 국회 국방위원회의 심의과정에서 국회의 영향력을 확인할 수 있었으며, 정당간의 세력 분포, 육군 장성 출신 국회의원이라는 군사전문가의 정책 영향력(조성태 의원, 황진하 의원)에 따라 법제화의 취지는 상당수 퇴색되었다고 판단된다. 즉 정당 간의 정책연합보다는 장성 출신과 비장성 출신 국회의원 간의 정책이해의 차이가 중요 변수였다.

넷째, 현상타파연합과 현상유지연합의 집단화와 활동이 비교적 극명하게 나타났다. 개혁을 주장하는 대통령, 국방부(장관), 열린우리당(여당), 진보지향의 언론기관과 시민사회단체는 현상타파연합을 형성하였고, 자민련과 한나라당(야당), 보수성향의 언론기관과 시민사회단체는 현상유지연합을 형성하였다.

2) 향후 국방개혁의 과제

향후 국방개혁의 과제는 국방개혁을 성공시키기 위해 주체적 노력이 필요하다는 점이다. 국방개혁은 법제화를 통해서 이미 제도적 터전을 마련하였다. 이제 법제화된지 10여년이 지났으므로 구체적 개혁의 열매를 맺어야 할 때이다. 하지만 국방개혁이 일시적으로 끝맺음할 수 있는 것은 아니다. 앞으로의 국방개혁의 성공 여부는 대내·외적 안보환경과 우리의 주체적 노력과 의지에 달려있다.

국방개혁의 완성연도인 2020년까지 미래 안보환경은 불확실하며, 북핵문제, 미군감축, 전시작전권 전환 등 중요 고려요소가 남아있다. 국가안보 현실에 대한 정확한 진단과 이에 따른 국방태세의 확립이 없이는 국방개혁의 미래 역시 보장받기 어렵다.

국방개혁을 성공적으로 추진하기 위해서는 국방개혁 관련 추진자, 이해관계자, 그리고 국회 등 정책공동체의 공감대 확보 등을 포함한 국방개혁공동체의 노력과 협력이 요구된다. 국방개혁이 우리의 국가안보 역량을 키우기 위한 개혁이라는 점을 인식할 때 개혁의 성공에 한걸음 더 다가설 것이다.

참고문헌

국내 문헌

가상준 · 안순철 · 임재형 · 김학린, "한국공공분쟁의 현황 및 특징: 1990 – 2007," 『한국정치학회보』, 43(2).

강근복, 「한국에 있어서 사회 · 경제적 쟁점의 정책의제형성과정에 관한 연구」, 박사학위논문, 성균관대학교 대학원, 1985.

강성남, 『비교행정론』, 서울: 장원출판사, 1999.

강인섭, "청와대비서실," 『신동아』, 1983. 8월호.

강인재, "정책지침의 개발유형과 집행전략," 『발전정책연구』, 제11집, 1983.

고길곤 · 이보라 · 이주현 "종합적 접근으로서의 정책실패 사례연구: 경전철사업 사례를 중심으로," 『행정논총』, 54(1), 2015.

고두균 외, 『6시그마 경영: 이해와 적용』, 서울: 한국생산성본부, 1999.

구영록, "대외정치 핵심 개념으로서의 국가이익," 경남대학교 극동문제연구소, 『한국과 국제정치』, 10(1), 1994.

구영록, 『한국의 국가이익』, 서울: 법문사, 1995.

국방부 군사편찬연구소, 『통계로 본 베트남전쟁과 한국군』, 서울: 정문사문화주식회사, 2007.

국방정보본부, 『미국의 국가안보전략과 국방전략』, 서울, 2010.12.

권기헌, 『정책학』, 서울: 박영사, 2008.

———, "정책실패요인분석을 통한 정책학습방안에 대한 연구," 한국정책학회, 『하계학술발표논문집』, 2004.

권영성, 『헌법학원론』, 파주: 법문사, 2010.

권이섭 · 이승철, 「소셜 미디어를 이용한 군홍보정책에 관한 연구」, 『사회과학연구』, 21집,

대전: 한남대학교, 2012.
김기수, “주한미군기지 평택이전 사업에 관한 소고,” 『군사논단』, 제82호(2015년 여름).
______, 『북한정책론』, 서울: 팔복원, 2013.
김기태, 「한국의 베트남 전 참전과 한미관계」, 박사학위논문, 한국외국어대학교 대학원, 1982.
김대순, 『국제법』 제14판, 서울: 삼영사, 2008.
김대식 · 노영기 · 안국신, 『현대경제학원론』(제5판), 서울: 박영사, 2006.
김도훈, “학습조직과 시스템사고를 중심으로 본 시화호 정책실패의 원인과 교훈,” 『한국정책학회보』, 12(1), 2002.
김동한, “노무현 정부의 국방개혁정책 결정과정 연구,” 『군사논단』, 제53호(2008년 봄).
김명수, 『공공정책평가론』(전정증보판), 서울: 박영사, 2003,
김민, “JTBC ‘뉴스 9’의 ‘세월호’ 보도,” 『신문과 방송』, 2014.08.
김병진, 『정책학개론』, 전정판, 서울: 박영사, 2002.
김병환 · 민현경, “한국 NGO의 역할 유형에 관한 경험적 분석: NGO 활동가들의 자기인식을 중심으로,” 『한국정치학회보』, 36(4), 2002.
김상헌, “재정개혁: top-down 예산제도,” 박순애 외, 『행정학사례연구』, 서울: 대영문화사, 2015.
김석준, 『국가능력과 경제통치술』, 서울: 이화여자대학교 출판부, 2002.
김성태, “Michael Q. Patton의 활용성 중심 평가이론,” 오석홍 · 김영평 편, 『정책학의 주요이론』, 서울: 박영사, 2002.
김성후, “국민 알권리 위해 언론과 군이 손잡다,” 『신문과 방송』, 2012.12.
김순양, “정책과정분석에서 정책네트워크(policy Network)모형,” 『한국정책학회보』, 19(4), 2010.
김신복, “정책개발의 과정과 방법,” 유훈 외 공저, 『정책학』, 서울: 법문사, 1982.
김애경, “중국의 국가 이익 재구성 분석: 대 개도국 외교전략 변화를 중심으로,” 『민주사회와 정책연구』, 제23호, 민주사회정책연구원, 2013.
김연성 외, 『품질경영론』(제3판), 서울: 박영사, 2006.
김영래, 『한국이익집단과 민주주의 발전』, 서울: 대왕사, 1990.
김응수, “글로벌 테러리즘 양상과 한국 대테러체제계 발전방향에 관한 연구,” 『군사논단』, 제70호, 2012년 여름.
김의영, 『거버넌스의 정치학』, 서울: 명인문화사, 2014.
김재범 · 문성철, “천안함 사태 언론보도 진단과 개선방안,” 『한국논단』, 249집, 2010.
김종범, “정책실패(Policy Failure),” 한국정책학회, 『추계학술발표논문집』, 2004.
김준기, 『정부와 NGO』, 서울: 박영사, 2006.
김찬동, “정책집행에 있어서 유효성과 능률,” 『논문집』, 제2집, 한국방송통신대학, 1982.

김찬동 · 김정욱, 『서울시 정책홍보의 효과성 제고방안: 언론매체를 중심으로』(서울연구원 정책과제 연구보고서 333), 서울연구원, 2011.12.
김철수, 『헌법학개론』, 서울: 박영사, 2002; 2010.
김철용, 『행정법』, 서울: 박영사, 2010.
김춘식, "4대강 사업에 대한 신문보도비평," 『신문과 방송』, 2013.10,
김현우, 『한국국회론』, 서울: 한국학술정보(주), 2010.
김형렬, 『정책학개론』, 서울: 법문사, 1990.
남궁근, 『정책학』, 파주: 법문사, 2012.
남궁근 · 이희선 · 김선호 · 김지원 공역, W. N. Dunn저, 『정책분석론』, 파주: 법문사, 2013.
남복현, 『헌법불합치결정의 현안』, 서울: 한국학술정보(주), 2011.
노화준, 『정책분석론』(제3전정판), 서울: 박영사, 2006.
______, 『정책평가론』(제5판), 파주: 법문사, 2015.
______, 『정책학원론』(제3전정판), 서울: 박영사, 2012,
노훈 외, 『한국의 국방정책 2030』, 서울: 한국국방연구원, 2010.
미래연구센터, "선제적 대응의 국가미래전략 수립 방향," Future Horizon, 과학기술정책연구원(STEPI), 2011.
민진, "공공정책실패원인에 관한 연구," 『한국행정학보』, 19(1), 1985.
______, "국가안보관련 국내외 NGO 현황과 협력방안 연구," 김덕영 외, 『전환기의 국내안보』, 서울: 국방대학교 안보문제연구소, 2001.
______, "국방개혁 입법 연구," 국방대학교 안보문제연구소, 『국방개혁과 국방관리체제의 혁신』, 2005.
______, "국방개혁의 법제화의미와 향후 과제," 국방대학교 안보문제연구소, 『μ 안보리뷰』, 서울: 국방대학교, 2007.1.12.
______, "국방행정과 국방행정서비스," 민진 · 이주실 · 김민석 편, 『국방행정관리론』, 서울: 대명출판사, 2015.
______, "안보 국방정책관련 정책공동체의 실태 및 연계방안," 민진 · 김병조 · 신용도 · 하도형 · 이홍섭, 『안보정책의 심화방안과 대외협력의 전개』, 서울: 국방대학교 안보문제연구소, 2007.
______, "정책형성과정에 있어서의 정책실패의 원인과 관리," 『감사』, 제32호, 겨울호, 서울: 감사원, 1992.
______, 『조직관리론』(제5판), 서울: 대영문화사, 2014.
______, 『한국정책체계론』, 서울: 대영문화사, 2015.
______, 『행정학의 이해』(제3판), 서울: 대명출판사, 2006.
민진 · 이주실 · 김민석 편, 『국방행정관리론』, 서울: 대명출판사, 2015.
박균성, "프랑스 행정법상 공익 개념," 『법학』, 47(3), 서울대학교, 2006.9.

박병원, “한국 국가 미래전략방향: 핀란드 미래비전 2030,” Future Horizon, 과학기술정책연구원(STEPI), 2011.

박병호, “정책품질관리 제도 및 운영에 관한 이론적 · 실증적 고찰,” 『사회과학』, 41(1), 성균관대학교, 2008.

박상필, 『NGO와 정부 그리고 정책』, 서울: 한울, 2008.

박성복 · 이종렬, 『정책학강의』, 서울: 대영문화사, 2003.

박영택, “북한 군부의 위상 강화와 정책결정 영향력,” 『국방정책연구』, 서울: 한국국방연구원, 2007 겨울.

박장호 · 임보영, “규제영향분석의 실효성에 대한 이론적 논의,” 『행정논총』, 47(1), 서울대학교 한국행정연구소, 2009.

박정환, “비용추계제도를 통한 국회소통구조 확립 필요,” 국회예산정책처, 『예산춘추』, 2014 겨울호(통권 제37호).

박진, 『공공갈등관리매뉴얼: 건설 · 환경 분야 사례』, 서울: 푸른 길, 2010.

박진우 · 이형민 · 한동섭, “고리 원자력발전소 블랙아웃 사고에 대한 매체별 보도 프레임 분석,” 『언론과학연구』, 14(2), 2014.

박천오, “한국 이익집단의 정책과정상의 영향력과 활동패턴: 정부관료제와의 관계를 중심으로,” 『한국행정학보』, 33(1), 1999.

박하늘 · 최준규, 『환경포럼』, 17(6), 한국환경정책평가원, 2013.

박한주, 「정책대상집단의 병역불응에 관한 연구」, 국방대학교, 석사학위논문, 2003.

박홍엽, “국군기무사령부 과천이전,” 박진 · 채종헌 편저, 『갈등조정, 소통의 미학』, 서울: 굿인포메이션, 2006: 273-308.

방수철, 「국방정책과정에 있어서 언론의 역할에 관한 연구」, 석사학위논문, 국방대학교, 2006.

방정배 · 김민남, 『언론과 현대사회』, 서울: 나남출판, 1995.

배종인, 『헌법과 조약체결』, 서울: 삼우사, 2009.

베리, F.S.(Berry, France S.) & 김대진, “정책혁신과 확산 연구의 과거, 현재 그리고 미래,” 『한국정책학회보』, 19(4), 2010.

부형욱, “방위력 개선사업에서의 정책변동,” 『국방정책연구』, 2002. 봄.

서병철, “외교 · 안보 · 통일과 싱크탱크,” 황윤원 외, 『싱크탱크와 국가경쟁력』, 서울: 나남출판, 2003.

서성완, “국방군사시설관리,” 민진 · 이주실 · 김민석 편, 『국방행정관리론』, 서울: 대명출판사, 2015.

성낙인, 『헌법학』, 파주: 법문사, 2013.

소셜미디어연구포럼, 『소셜미디어란 무엇인가?』, 2012.

신명순, 『비교정치』, 서울: 박영사, 1999.

신무섭, 『재무행정학』(개정7판), 서울: 대영문화사, 2014.
신호창 · 이두원, 『행정 PR 원론』, 서울: 이화여자대학교출판부, 2002.
신호창 · 이두원 · 조성은, 『정책 PR』, 서울: 커뮤니케이션즈, 2011.
안해균, 『정책학원론』(제3판), 서울: 다산출판사, 1997.
양승일, 『정책변동론』, 서울: 양서원, 2006.
양창식, "베트남 파병정책 결정 배경 및 과정," 국방부 군사편찬연구소, 『베트남 전쟁연구 총서1』, 서울: 국방부, 2002.
원석희, 『서비스품질경영』, 서울: 형설출판, 1998.
유병화, 『국제법 1』, 서울: 진성사, 1987.
유윤식, 「한국의 월남파병 결정에 관한 연구」, 박사학위논문, 명지대학교 대학원, 1992.
유재천 · 이민웅, 『정부와 언론』, 서울: 나남출판, 1994.
유훈 외, 『정책학개론』, 서울: 법문사, 1978.
유훈, 『정책집행론』, 서울: 대영문화사, 2007.
_____, 『정책학원론』(개정판), 서울: 법문사, 1993.
_____, 『재무행정론』, 서울: 법문사, 2007.
_____, 『정책학』, 서울: 법문사, 1986.
_____, 『정책학원론』(개정판), 서울: 법문사, 1993.
윤수재, 『효율적인 정책관리방안』, 서울: 한국행정연구원, 2004.
윤현근, "국방정책의 개념과 결정과정," 황병무, 차영구 편저, 『국방정책의 이론과 실제』, 서울: 오름, 2002.
윤호진, "이라크 전쟁 전후 북핵 문제에 대한 언론의 보도논조 및 역할," 『한국국제정치학회 하계학술회의』, 2003.
은재호 · 김형성 · 최대용, "국방군사시설 입지갈등의 원인과 해법," 『한국정책학회보』, 20(2), 2011.6.
이극찬, 『정치학』(제6전정판), 서울: 법문사, 1999.
이달곤 · 하혜수 · 정정화 · 전주상 · 김철회, 『지방자치론』, 서울: 박영사, 2012.
이대웅 · 권기헌, "정책확산의 영향요인 분석," 『한국정책학회보』, 23(2), 2014.6.
이두원, "행정구역 통합을 위한 정책홍보 커뮤니케이션 탐색 연구: 2005년 청주시 · 원군 통합 실패 사례를 중심으로," 『커뮤니케이션학 연구 일반』, 14(3), 2006.
이상신, "정부신뢰위기: 천안함 사건을 중심으로," 『한국정치학회보』, 44(4), 2010.12.
이상우, 『국제정치학강의』, 서울: 박영사, 2009.
이상철, 『군사행정법』, 서울: 경세원, 1997.
이상환, "연성국력의 측면에서 본 G2와 G20에 대한 경험적 고찰: 정치적 민주화와 국가투명성을 중심으로," 『정치 · 정보연구』, 16(2), 한국정치정보학회, 2013.
_____, "유엔 안전보장이사회의 재구성과 상임이사국의 자격: 경성국력과 연성국력에 대

한 경험적 분석을 중심으로," 『정치・정보연구』, 17(2), 한국정치정보학회, 2014.
이석환, "한국 지방정부 출산장려정책의 상향적 정책확산," 『한국행정학보』, 48(2), 2014.
이송호, 『관계장관회의』, 서울: 대영문화사, 2008.
이윤식, 『정책평가론』, 서울: 대영문화사, 2010.
이재영, 『국가의 힘』, 서울: 대왕사, 2002.
이재풍, 「NGO활동이 국방정책과정에 미치는 영향에 관한 연구」, 경상대학교, 박사학위논문, 2007.
이정호, "미국 하원 국방위원회 구성의 정치경제학," 『한국정치학회보』, 29(3), 1996.
이정훈, 「장교 인력정책변동에 관한 연구」, 석사학위논문, 국방대학교, 2007.
이창진, "우리나라 우주개발사업에서 이해당사자(stakeholder)의 기대조건," 『한국항공우주학회지』, 39(11), 2011.
임도빈, "교통법규위반차량 신고보상금제도," 이달곤 외, 『정책사례연구』, 서울: 대영문화사, 2005.
임도빈・김순은・고길곤・조원혁, 『정부경쟁력: 이론과 평가지표』, 서울: 박영사, 2014.
임도빈・허준영, "쇠고기수입정책," 정용덕 외, 『공공갈등과 정책조정리더십』, 파주: 법문사, 2011.
임승빈, 『지방자치론』(제2판), 파주: 법문사, 2006.
______, "국책사업 갈등관리에 관한 연구," 『한국정책연구』, 12(4), 2012.
______, "북한이탈주민 정착을 위한 지역사회 지원체계 및 이해관계자 분석," 『한국정책연구』, 12(2), 2012.6.
장영수, 『헌법학』(제8판), 서울: 홍문사, 2014.
전경만, "안보정책 결정 측면에서 본 국가이익," 한국국방연구원, 『국방논집』, 33, 1999년 봄.
전상경, 『정책분석의 정치경제』, 서울: 박영사, 2012.
전영한・이경희, "정책수단연구: 기원, 전개, 그리고 미래," 김병섭 외, 『정책수단론』, 파주: 법문사, 2013.
전현준・김국신・정영태・최수영・김진환, 『북한의 국력 평가 연구』, 서울: 통일연구원, 2009.
정경영, "천안함 사태와 한국의 안보태세," 『군사논단』, 62호, 서울: 한국군사학회, 2010.
정수영・이성권・민경세・전서탁, "경량전철 차량시스템 이해관계자 요구사항 분석을 위한 시스템 엔지니어링 적용기술연구," 『2012년도 한국철도학회 춘계학술대회 논문집』, 2012.
정연정, "이익집단," 한국정치학회 편, 『정치학이해의 길잡이』, 파주: 법문사, 2008.
정용덕 외, 『공공갈등과 정책조정리더십』, 서울: 법문사, 2011.
정윤수・장지호・김영민・박용성, "정책품질관리제도 운영의 성과와 한계," 『지방정부연구』, 11(4), 2007.

정은숙, 『글로벌 거버넌스와 국제안보: 이슈와 행위자』, 서울: 한울, 2012.
정정길, 『정책결정론』, 서울: 대명출판사, 1989.
______, 『행정학의 새로운 이해』, 서울: 대명출판사, 2002.
정정길 · 최종원 · 이시원 · 정준금 · 정광호, 『정책학원론』, 서울: 대명출판사, 2012.
정정길 · 성규택 · 이장 · 이윤식, 『정책평가』, 서울: 전광출판사, 1987.
정주택 외 공저, 『정책평가론』, 파주: 법문사, 2007.
정준금, "정책결정에 있어서 정책이전의 역할 분석을 위한 서설적 연구," 『한국사회와 행정연구』, 17(2), 2006.
정창화, "입법영향평가제도(GFA)에 관한 연구: 독일 GFA 평가방법과 분석 기법을 중심으로," 『유럽연구』, 25(2), 한국유럽학회, 2007 여름.
조기숙, "정당과 정책," 윤정석 · 신명순 · 심지연 편저, 『한국정당정치론』, 서울: 법문사, 1996.
조석준, "기술적 결정이론과 정책학," 유훈 외, 『정책학개론』, 서울: 법문사, 1978.
______, "품의제도와 한국행정의 의사결정과정," 『행정논총』, 22(1), 서울: 서울대학교, 1984.
______, 『한국행정학』, 서울: 박영사, 1980.
차희원 · 김영욱 · 신호창, "정책PR의 평가지표 개발에 관한 연구: 국정홍보처 실무자와 외부전문가의 의견비교를 중심으로," 『홍보학연구』, 9(1), 2005.
채종헌, 『효과적 공공관계갈등관리를 위한 행동경제학적 선택설계에 관한 연구』(KIPA 연구보고서 2012-4), 서울: 한국행정연구원, 2012.
최병은, 「한국의 민군관계 유형화에 관한 연구」, 박사학위논문, 경기대학교, 2006.
최봉기, 『정책학개론』, 서울: 박영사, 2008.
최신융 · 강제상 · 임선엽 · 임영제, 『행정기획론』(제4판), 서울: 박영사, 2007.
최창호, 『지방자치학』, 서울: 삼영사, 2006.
최창호 · 정세욱, 『행정학』(개정판), 서울: 법문사, 1986.
최창호 · 강형기, 『지방자치학』, 서울: 삼영사, 2014.
콜린 플린트 저, 한국지정학연구회 옮김, 『지정학이란 무엇인가』 *Introduction to Geopolitics*, 서울: 도서출판 길, 2006.
하도형, "중국해양전략의 인식적 기반: 해권(海權)과 국가이익을 중심으로," 『국방연구』, 55(3), 2012.9.
하원, 『청와대 24시』, 서울: 정음사, 1985.
한국사회학회 편, 『대한민국의 60년의 사회변동』, 서울: 인간사랑, 2010.
한용섭, 『국방정책론』, 서울: 박영사, 2012.
허만형, "진화론적 관점에서의 정책품질관리 효과 분석," 『한국정책학회보』, 15(1), 2006.
허범, "대통령 선거정책공약의 설계를 위한 개념의 틀과 지도지침," 『한국정책학회보』,

6(2), 1997.
_____, “정책학의 정책문제지향성,” 성균관대학교 사회과학연구소, 『한국공공정책론』, 서울: 대왕사, 1984.
허영, 『헌법학개론』, 서울: 박영사, 2013.
홍준형, 『법정책의 이론과 실제』, 파주: 법문사, 2008.
황상재, “효율적 정책홍보를 위한 정부와 언론과의 시스템 개선방안,” *Local Administration*, May 2012.
황윤원 외, 『싱크탱크와 국가경쟁력』, 서울: 나남출판, 2003.
황진환, 『군사학개론』, 서울: 양서각, 2011.

한국 및 외국 법규

「공공기관의 운영에 관한 법률」(법률 제12673호, 2014.5.18. 개정)
「국가안전보장회의운영등에 관한 규정」(대통령령 제25751호, 2014.11.19.)
「국방개혁 추진 규정」(국방부훈령 제853호, 2008.1.10.)
「국방개혁에 관한 법률 시행령」(대통령령 제19961호, 2007.3.27.)
「국방개혁에 관한 법률」(법률 제8097호, 2006.12.28.)
「국방정책 심의회의 운영 훈령」(국방부훈령 제1476호, 2012.11.16. 개정)
「국방홍보령」(2016.2.15.)
「국회법」(2004)
「기획관리제도」(국방부 훈령 제308호, 1983.7.30.)
「대한민국헌법」 제60조, 제113조
「러시아연방헌법」(1993년 개정)
「미합중국헌법」
「방위사업법」(법률 제2조, 제5조, 제6조)

「법원조직법」
「병역법」(법률 제13778호, 일부개정)
「병영기본계획훈령」(국방부훈령 제1188호, 2009.8.24.)
「일본국헌법」(1952년 개정)
「정부업무평가기본법」(법률 제7928호, 2016.4.1.)
「조선민주주의인민공화국 사회주의 헌법」(2010.04.09.개정)
「중화인민공화국 헌법」(2004년 개정)
「행정규제기본법」(법률 제2조)

「행정절차법」(법률 제12844호, 2014.11.19.)

정부기관 등의 발간자료

감사원, 『감사연보 2013』, 서울: 감사원, 2013.
______, 『국정과 감사: 감사원 20년』, 서울: 감사원, 1983.
경제기획원, 『정부 주요 업무심사 분석보고서』, 서울: 경제기획원, 1984.
국무조정실, 『국민이 만족하는 명품정책, 정책품질관리제도가 만든다』, 참여정부 정책보고서, 내부자료, 2007.
______, 「정책품질관리 표준 매뉴얼」, 2005.
국방기술품질원, 『미국방위산업 정책 이슈와 국방예산』(주요국 국방·군사 동향 시리즈 12-01), 2016.
국방부, 『1998-2002 국방정책』, 서울: 대한민국 국방부, 2002.
______, 『정예화된 선진 강군』, 서울: 대한민국 국방부, 2013.
______, 『참여정부의 국방정책』, 서울: 대한민국 국방부, 2003.
______, 『2014 국방백서』, 서울: 국방부, 2014.
국방정보본부, 『2013년 일본방위백서』, 서울: 국방정보본부, 2013.
국회도서관, 『세계의 헌법 1, 2』, 서울: 국회도서관, 2010.
병무청, 『2010-2012 병무백서』, 서울: 병무청, 2013.
전국경제인연합회, 『'83년 민간경제백서』, 서울: 전국경제인연합회, 1983.
중앙선거관리위원회, 알림, e-선거정보, 등록일, 2012.10.29.
지속가능위원회, 『공공갈등관리를 위한 이론과 기법: 상권/하권』, 2005.
합동참모본부, 『합동연합작전 군사용어사전』, 2010.

언론, 인터넷 자료

「중앙일보」, 2014.09.20.
「조선일보」, 2012.12.18. A6; 2016.1.21. 사설.
감사원, http://www.bai.go.kr/bai/html/intro/history=bai89 2015-03-26.
대통령실, http://www.president.go.kr/policy/assignment01.php 2015-02-10.
민주정책연구원, http://www.idp.or.kr/library 2015-03-23.
새누리당, http://www.saenuriparty.kr/web/intro/web 2015-03-23.
새정치민주연합, http://npad.kr/npad/ 2015-03-23.
엔파드, http://npad.kr/npad/ 2015-03-23.

여의도연구원, http://www.ydi.or.kr/ 2015-03-23.
조선일보, http://news.chosun.com/svc/news/www/printContentNews.html?type 2014-03-06.
중앙선거관리위원회, http://www.nec.go.kr/common/forprint.jsp 2014.02.03.
청와대 비서실, http://www1.president.go.kr/cheongwadae/organization.php 2015-03-20.
코나스, http://www.konas.net(검색일: 2010.12.20.).
헌법재판소, http://www.ccourt.go.kr/cckhome/html/kor/print/printKorHome.html 2014-07-28.

일본 문헌

防衛省 編輯, 『日本의 防衛(防衛白書)』, 平成 22年版, 東京: ぎょうせい.
山內敏弘, "일본의 군사대국화와 개헌론".
服副 實, 『防衛學槪論』, 東京: 原書房, 1980.

[Books & Articles]

Allison, G. T., *The Essence of Decision*, Boston: Brown and Company, 1971.

Almond, G. A., Powell, Jr., G. B., Dalton R. J. & Strøm, K., *Comparative Politics Today: A World View*, 9th ed., New York: Pearson Longman, 2008.

Anderson, James E., *Public Policy making*, 3rd ed., Holt, Rinehart and Winston, 1984.

Bachrach, Eugene, *The Implementation Game: What Happens after a Bill Becomes a Law*, Cambridge, Massachusetts: The Mit Press, 1970.

Bachrach, P. and Baratz, M. S., *Power and Poverty*, New York: Oxford University Press, 1979.

Bailey, R., "Media Relations," In R. Tench& L. Yeomans(eds.), *Exploring Public Relations*, 310-330, Englewood Cliffs, New Jersey: Prentice-Hall, 2006.

Berry, Frances S. and W. D. Berry, "State Lottery Adoptions as Policy Innovations: An Event History Analysis," *The American Political Science Review*, 84(2), 1999: 395-415.

Binder, Guyora, *Treaty and Political Contradiction*, New York: Praeger Publishers, 1988.

Birkland, Thomas A., *An Introduction to Policy Process: Theories, Concepts, and Models of Public Policy Making*, 3rd ed., New York: M. E. Sharpe, 2011.

Braun, D. & Gilardy, F. Taking, "'Galtons problem' seriously: Towards a Theory of Policy Diffusion," *Journal of Theoretical Politics*, 18(3), 2006: 298-322.

Brewer, G. D. and P. deLeon, *The Foundation of Policy Analysis*, Homewood, Illinois: The Dorsey Press, 1983.

Chelmisky, E., "An Analysis of the Proceedings of a Symposium on the Use of Evaluations by Federal Agencies," *Symposium Report*, Vol. 2, M77–39, Metreck Division, Metrek Corporation, July 1977.

Cline, Ray S., *World Power Assessment 1977*, Boulder: Westview Press, 1977.

Cobb, R. W. and C. D. Elder, *Participation in American Politics*, 2nd ed., Baltimore: The Johns Hopkins University Press, 1983.

Cobb, R. W., J. K. Ross, and M. H. Ross, "Agenda Building as a Comparative Process," *American Political Science Review*, Vol. 70, March 1976: 126–138.

Cyert, R. & J. March, *A Behavioral Theory of the Firm*, Englewood Cliffs: Prentice–Hall, 1963.

deLeon, Peter, "a Theory of Policy Termination," in Judith May and Aaron Wildavsky(eds.), *The Policy Cycle*, Beverly Hills: Sage Publications, 1978.

Denhardt, R. B., *The Pursuit of Significance: Strategies for Managerial Success in Public Organizations*, Monterey, California: Wadsworth Publishing Company, 1999.

Dolowitz, D. P. and D. Marsh, "Who Learns What from Whom: A Review of Policy Transfer Literature," *Policy Studies*, 10(1), 1996.

Dolowitz, D. P., "Toward a Model of Policy Transfer: An Examination of the British and American Welfare to Work System," Ph.D. dissertation, University of Strathclyde, 1996.

Dunn, William N., *Public Policy Analysis: An Introduction*, Englewood Cliffs, NJ: Prentice–Hall, 2012.

Dye, T. R., *Understanding Public Policy*, 4th ed., Englewood Cliffs, NJ: Prentice–Hall, Inc., 1984.

Eyestone, Rovert, *From Social Issue to Public Policy*, NY: John Wiley & Sons, 1978.

Fleiser, C. and B. E. Bensoussan, *Strategies and Competetative Analysis: Method for Analysing Business Competition*, Upper Saddle River, NJ: Pearson Education, 2003.

Furubo, Jan–Eric, R. C. Rist, & R. Sandahl(ed.), *International Atlas of Evaluation*, New Jersey: Transaction Publishers, 2002.

Gerston, N., *Making Public Policy–From Conflict to Resolution*, Glenview, Illinois: Scott, Foresman and Company, 1983.

Gray, A., Bill Jenkins and Bob Segsworth(eds.), *Budgeting, Auditing and Evaluation: Functions and Integration in Seven Governments*, New Brunswick, NJ: Transaction Publishers, 1993.

Hague, Rod & Harrop Martin, *Comparative Government and Politics*, 6th ed., Palgrave Macmillan, 김계동 외 공역, 『현대비교정치론』, 서울: 명인출판사, 2007.

Hogwood, B. W. and L. A. Gunn, *Policy Analysis for the Real World*, Oxford: Oxford

University Press, 1984.

Hogwood, Brian & Peters Guy, *Policy Dynamics*, New York: St. Martin's Press, 1983.

Ingram, Helen & D. E. Mann(ed.). "Why Policies Succeed and Fail," *Politics and Public Policy*. Vol. 8. Beverly Hills, CA: Sage, 1989.

Jillson, Cal, *American Government*, 4th ed., New York: Routledge, 2008.

Jones, C. O., *An Introduction to the Study of Public Policy*, 3rd ed., Monterey, California: Brooks/Cole Publishing Company, 1984.

Kegley, Jr. C. W. with S. L. Blanton, *World Politics: Trend and Transformation*, 12th ed., Boston, MA: Wadsworth, 2010.

Kerr, D. H., "The Logic of Policy and Successful Policies," *Policy Science*, No. 7, 1979.

Kingdon, John, *Agendas, Alternatives and Public Policies*, 2nd ed., New York: Longman, 2003.

Kolko, Gabriel, *Anatomy War: Vietnam, The United States and the Modern Historical Experience*, New York: Random House, 1985.

Larson, J. S., *Why Government Programs fail?*, New York: Praeger Publishers, 1980.

McGann, James G., *Think Tanks and Policy Advice in the United States*, Abingdon, Oxon: Routledge, 2007.

Meltsner, A. J., *Policy Analysts in the Bureaucracy*, Berkeley: University of California Press, 1976.

Miller, David C., "Methods for Estimating Social Futures," in *Methodology of Social Impact Assessment*, Kurt Finsterbusch and C. P. Wolfs(eds.), Stroudsbur: PA Dowden: Huchinson & Ross, 1977, 202–210.

Ministry of National Defense, *2012 Defense White Paper*, Seoul: Republic of Korea, 2012.

Mohr, Lawrence B., *Impact Analysis for Program Evaluation*, 2nd ed., Beverly Hills, CA: Sage Publications, 2003.

Morgenthau, Hans J., with K. W. Thompson, W. D. Clinton, *Politics among Nations, The Struggle for Power and Peace*, 7th ed., New York: McGraw–Hill, 2006.

Nachmias, David, *Public Policy Evaluation: Approach and Method*, New York: St. Martin's Press, 1979.

Nakamura, R. T. & F. Smallwood, *The Politics and Policy Implementation*, New York : Saint Martin's Press, 1980.

Nuechterlain, D. E., *American Recommitted: United States National Interest in a Re-constructed World*, Lexington: University of Kentucky Press, 1991.

Oxford University Press, *The Oxford Dictionary* 9th ed., Oxford: Oxford University Press, 1995.

Patton, M. Q., *Qualitative Evaluation Methods*, Beverly Hills, Cal.: Sage Publications, Inc., 1980.

Price, Dan R., "Sunset Legislation Spreads Despite Flaws," *Public Administration Time*, March 15, 1979.

Quade, E. S., *Analysis for Public Decisions*, New York: Elsevier Science, 1982.

Reider, Rob, *Benchmarkings Strategies*, New York: John Wiley & Sons, 2000.

Rein, Martin and Franklin F. Ravinovitz, "Implementation: A theoritical Perspective," in Walter D. Burnham and Martha W. Weinberg, ed., *American Politics and Public Policy*, Cambridge, Mass.: MIT Press, 1978.

Rhodes, R. A. W., *Understanding Governance*, Buckingham: Open University Press, 1997.

Riplay, R. B. & G. A. Franklin, *Bureaucracy and Policy Implementation*, 2nd ed., Homewood, Ill.: Dorsey Press, 1982.

Rothgeb, Jr., J. M., *Defining Power: Influence and Force and in the Contemporary System*, New York: St. Martin's Press, Inc., 1993.

Sabatier, P. A. & C. M. Weible, *Theories of Policy Process*, 3rd ed., Boulder, CO: Westview Press, 2014.

Shepsle, Kenneth A., "The Strategy of Ambiguity: Uncertainty and Electoral Competition," *American Political Science Review*, Vol. 66, 1972.

Singer, David J., *Measuring the Correlates of War*, Ann Arbor: Cambridge University Press, 1980.

Snow, D. A, & R. D. Benford, "Ideology, Frame Resonance and Participation Mobilization," *International Social Movement Research*, 1: 2002, 197-219.

Sorenson, T. C., *Decision making in the White House*, New York: Colombia University Press, 1963.

Stooker, G., Governance as Theory: Five Propositions, *International Social Society Journal*, 50(1), 1998, 17-28.

Suchman, Edward, *Evaluative Research*, New York: Russell Sage Foundation, 1967.

US Department of Defense, QDR 2010.

Weible, C. M.. et al., "Themes and Variations: Taking Stock of Advocacy Coalition Framework," *The Policy Studies Journal*, 37(1), 2009: 121-140.

Weiss, C. H., *Evaluation Research*, Englewood Cliffs, NJ: Prentice-Hall Inc., 1972.

Yale, D. R., *The Publicity Handbook*, new edition, Chicago: McGraw-Hill, 2001.

Young, Oran, *Systems of Political Science*, Englewood Cliffs: Prentice-Hall, 1981.

Young, Oran, *Compliance and Public Authority*, Baltimore: Johns Hopkins University Press, 1979.

찾아보기

ㅅ

ㅇ

ㅈ

ㅊ

ㅍ

ㅎ

민 진

〈약 력〉

건국대학교 행정학과 졸업(행정학사)
서울대학교 행정대학원 졸업(행정학석사 및 행정학박사)
입법고등고시(제3회) 및 행정고등고시(제24회) 합격(국회 입법조사국 사무관)
입법고시, 행정고시, 사법시험, 개방형고위공무원임용 등 시험위원 역임
서울행정학회(구 관악행정학회) 회장, 한국조직학회 회장 역임
국무총리실, 국방부, 행정자치부, 산림청 등의 정책평가위원 등 역임
미국 Georgia대학교, Florida주립대학교, 영국 Oxford 대학교 방문학자
국방대학원 교수(1982~1999), 국방대학교 교수(2000~현재)
국방대학교 도서관장, 국방관리대학원장 및 부총장 역임
국방대학교 교수(현재)

〈저 서〉

『행정학개설』(제5판), 서울: 고시연구사, 2000.
『행정학의 이해』(제3판), 서울: 대명출판사, 2006.
『조직관리론』(제5판), 서울: 대영문화사, 2014.
『조직의 건강과 질병』, 서울: 대영문화사, 2012.
『한국정책체계론』, 서울: 대영문화사, 2015.
『한국행정론』(공저), 서울: 대명출판사, 2003.
『국방행정관리론』(공편), 서울: 대명출판사, 2015.

정책관리론

펴낸날 제1판 제1쇄 2016년 7월 15일
지은이 민 진
펴낸이 임춘환
펴낸곳 도서출판 대영문화사
주소 서울특별시 용산구 청파로 61길 5(청파동 1가) 제일빌딩 2층
등록 1975년 12월 26일 제3-16호
전화 (02)716-3883, (02)714-3062
팩스 (02)703-3839
홈페이지 http://www.dymbook.co.kr

ISBN 978-89-7644-563-6
값 20,000원